日本教育学の系譜

吉田熊次　篠原助市　長田新　森昭

小笠原道雄
田中毎実
森田尚人
矢野智司
［著］

勁草書房

はしがき

本著は、日本の大学で「教育学」という学問がひとつのディシプリン（学科）としてどのように成立し、発展してきたかということを探求する、つまり「日本教育学説史」の構想を具体化する教育哲学的試みのひとつです。それによって日本の教育学の性格や特徴の原基形態がかなり明らかになるのではないか、と考えています。言わば、自分の教育研究の対象である「教育学」探しの旅にも通ずる事柄なのです。ですから、私は本書を教育学の学習や研究に従事している学生・大学院生、研究者さらには教育実践に日々尽力している教師の皆さんや広く教育活動に参画している保護者をふくむ、多くの教育関係者に読んでほしいと願っています。

なぜ私たちは自分探しの旅に出かけるのでしょうか。それは、自分のＤＮＡ探しの旅にも似ているようです。しかしながら私たちの国では、この大学のディシプリンとしての教育学は「アカデミズム教育学」と呼ばれ、実践遊離の「座学」、「講壇教育学」と揶揄され、特に戦後の一九六〇年代以降、実践に役立たない実践遊離の思想、理論として軽視されてきました。

このような風潮の中で私たちの企図する「日本教育学説史」がなぜ必要なのでしょうか。言い換えれば、いったいなぜ日本の教育学の性格や特徴の解明が期待される「日本教育学説史」の教育哲学の側からの研究がいま必要なのでしょうか。ここは意見のわかれるところです。そもそも日本の教育学の原基形態が明らかになったとしても今日の多発する教育問題の解決になんの有効性があるのかという「そもそも」論から、そんな「古いもの探し」のまどろっこしい論議より、一刀両断直ちに解決する手段を求める実に荒っぽい即効性を求める主張が教育界ではまかり通っているのです。

これらの意見、主張にたいして私はそれを全面的に否定するものではありません。むしろこのような意見や主張がなされる背景をこそ探求すべき事柄と考えます。そこには具体的に実践学としての教育学を考える原石が潜んでいるからです。しかしその原石を探求するということは、なにも原石を闇雲に砕いて（分析し）、その重さを計量し（数値化）、その上で教育学とは何であるかを「決めつける（概念化）」ことだけでは十分ではないように思えるのです。このような「分析」、「数値化」や「概念化」にひとつの「ものさし（規準）」や思考の「作法」の原点、つまり思考回路の発見を促してそこから新たな思考の根拠を見い出し、それらを全体として教育実践の「省察」(Reflexion) へ導くのが「教育学説史」ではないかと考えるからです。分かり易くいえば、ここでは原石をキーストーン（要石）に練り上げる作業、つまり哲学的なコンセンサスを獲得する思考を鍛えることが必要なのです。このような意味でも私は、学問の成熟度はその学問の「学説史」研究の質（練り上げ方）にかかっているとすら考えているのです。

このようなだいそれた企図のもとで今回『日本教育学の系譜』の俎上に挙げられた人物、吉田熊次（一八七四—一九六四）、篠原助市（一八七六—一九五七）、長田新（一八八七—一九六一）、森昭（一九一五—一九七九）は、日本の教育学の原基形態を探る際、言わばその代表選手としての側面と同時に、所属した機関でも「教育学」研究に大きな足跡を残した影響力の強い人物です。

これらの人々は、その生誕の年をみれば明らかなように、大正四年生まれの森をのぞき、三者ともに明治生まれのまさに生粋の「明治人」、しかも吉田、篠原は自由民権運動の展開を体感しながら、長田もややおくれはしますが共に一八八九年二月一一日の大日本帝国憲法発布を肌で感じる「同世代人」です。加えて森共々、大正デモクラシー、第二次世界大戦、そして敗戦というわが国の歴史的な大変動を体験することになります。

これらの時代状況の個々の動向を全体として規定していたのは当時の私たちの国の国家体制であったでしょう。そのような体制下、文部行政のもとで、大学の専門分野としての「教育学」は設置されるのです。ここでは教育学が制度化された教育機関と関係づけながら簡潔に四名の代表選手を紹介します。

吉田熊次は、一九〇四年、女子高等師範学校教授 兼 東京高等師範学校教授としてドイツに留学。哲学史、倫理学、論理学、教育学を学び、フランス、イギリスにも滞在し、三年半にわたる留学後の一九〇七年、帝国大学文科大学の助教授を兼任して最初の教育学講座を担当しました。それは明治政府が招聘したお雇い外国人エミール・ハウスクネヒト（一八五三―一九二七）の退任の八年後のことでした。一九一二年には「カント及びカント以前の道徳教授論」により文学博士の学位を取得し、さらには一九三二年にはアメリカ、ヨーロッパを歴訪し、一九一六年教授に昇任し名実ともに教育学講座を主管しました。一九三四年定年退官しますが、一九一七年に臨時教育会議監事、一九二四年には文政審議会監事として学制改革に携わります。なかでも一九三二年国民精神文化研究員となり、一九三六年には文部省によって設置された日本諸学振興員会の主要なメンバーとなり、教育学を牽引しました。吉田は『西洋教育史概説』（一九一九）を著し、西洋教育思想家の学説研究をおこない、同時に「教育問題は教育学によって解説されるべき」という理念を主張し、教育学を総合的な学問として確立しようとしました。

篠原助市は、師範学校を卒業後、教員・校長を歴任し、一九〇一年（東京）高等師範学校予科に入学。一九〇六年には同研究科を修了、福井師範学校附属小学校の主事に着任しますが、一九一四年、三七歳で京都帝国大学文科大学哲学科の学生となり、続いて大学院に進み、朝永三十郎、小西重直などの薫陶を受けます。一九一九年母校東京高等師範学校の教育学教授に就任、一九二三年には新設された東北帝国大学法文学部の教授に就任します。この間、海外留学のため、アメリカへ出発、パリを経てベルリン、ロンドンへ渡りますが家庭の事情で留学を切り上げて帰国します。一九三〇年には五四歳で東京文理科大学教授に就任、名著『教育の本質と教育学』（学位論文）を刊行します。その序で篠原は「教育学の自立は現下の教育学の最も重要な問題の一つであり、各方面からの問題の集中する、言わば、焦点であるかの観を呈している。そしてそれは同時に又私の年来の最も大なる関心であった」と記しています。一九四一年、同大学を退官しますが、同著は戦前の日本における教育学の金字塔として高く評価されています。

長田新は、一九〇六年広島高等師範学校に入学、一九一〇年同学校英語科を卒業、大分師範学校教諭をへて、一九一二年京都帝国大学哲学科（教育学教授法専攻）に入学、一九一五年「ヴォランタリズムの教育学」の卒業論文を書きます。卒業後、京都帝国大学総長を辞し帝国教育会長であった在京の澤柳政太郎の助手として、教育学研究に従事します。澤柳が創設した成城小学校で教育実践や新教育運動を展開しますが、一九一九年広島高等師範学校講師、一九二〇年教授に就任、一九二八年には教育学研究のためドイツ・ライプチヒ大学に留学。テオドール・リットについて教育哲学を研究し、一九二九年四月、新設された広島文理科大学助教授に就任、翌年広島文理科大学教授 兼 広島高等師範学校教授に就任、名実共に広島学園の顔となりました。この間の一九三三年三月には京都帝国大学より文学博士の学位を授与されています。論文は「ペスタロッチー研究」でした。長田教育学の特徴は、一九四〇年代頃迄はペスタロッチー教育学を基底に文化教育学を構築することでした。長田のペスタロッチー研究はスイスはもとより国際的にも高い評価を得ています。

これら三者の略歴からもうかがわれるように、大学での教育学（教授法）が名称として出現したのは、（東京）帝国大学でエミール・ハウスクネヒトがドイツ語と教授法を担当した一八八七年に始まります。第二は一八九七年創設の京都帝国大学の教育学教授法講座、そして一九二九年の東京と広島の高等師範学校研究科からの組み替えによる両文理科大学教育学科という極めて限定された四高等教育機関が中心でした。その他、教育学は官立の女子高等師範学校と奈良女子高等師範学校並びに私学の慶応義塾大学、早稲田大学等でも講じられていました。

森昭は前記三者とは世代論的にことなる位置にあります。しかしながら篠原、長田と同じ思索の道場ともいうべき京都帝国大学文学部哲学科に入学し、一九四〇年同大学を卒業後は大学院に入学、同時に文学部の副手を勤めます。この俊英は大阪高等医学専門学校でドイツ語や倫理学を担当の後、一九四六年、関西学院大学の助教授として教育学を担当しております。この間ヤスパースの『独逸的精神』を翻訳したり、一九四八年には『教育哲学序論』を刊行したりして、一九四九年には大阪大学文学部助教授に就任します。一九五二年、森はドイツ学術交流会（DAAD）の戦後第一期の給費生としてドイツ連邦共和国に留学、帰国後には『ドイツ教育の示唆するもの』を刊行、自分の体験を踏まえてドイツ社会の基底を、そして教育研究の動向を鋭く指摘しています。特記すべきは、一九六一年大著『教育人間学――人間生成としての教育』を刊行し、大阪大学文学部教授となり、教育哲学・教育史講座並びに大学院研究科教育学専攻を担当したことです。翌年大阪大学から文学博士の学位を授与されています。その後森は病に冒されながらも大阪大学人間科学部の創設に奔走し、一九七二年に創設された同学部教授となり、人間形成論講座を担当します。

森の浩瀚な本著は、戦後わが国教育学研究が世界に誇れる第一のものです。享年六一での逝去は余りにも早く、学界の損失は計り知れないものがあります。

さて私たちの教育哲学的立場から日本の教育学説史を探求する方法としては、具体的には、広く思想史研究の手法といってよいでしょう。

思想史研究の作法は、テクストを生んだ社会状況、時代状況との相互関係を深く読み解き対象の全体を理解し把握することです。これがなかなか難しい。それには自分の歴史意識を研ぎすまし、時代を強く意識しテクストをしっかり丁寧に「読む」こと以外に王道はありません。それは決して「大きな物語」によりかかることではなく、自己の思考の訓練に通底する作業です。そして次にそれを「話し、伝える」ことです。この「話し、伝える」作業にも「作法」が必要です。ドイツの大学には「神聖なる野蛮」という言葉があります。大学の講義等で同僚を徹底的に攻撃するが、それはあくまでも学理上の論争であって人格的な領域には及ばないという鉄則です。先達への思想に内在的に深く分け入り、かつ思想史研究における言語論的転回にも目くばりしながら、その全体像を求めて謙虚な態度で参入することです。

最後に、私はこの作業を皆さんの所属する機関についておこなっていただければと、夢のような願望を抱いています。それは私たちのこの小さな「点」のような探求が「線」になり、各大学の「ゼミナール史」を形成し、それがやがて全国の教育学研究機関に拡大され「面」となり、「日本教育学説史」が完成することになるからです。

さあ、一緒に教育学のＤＮＡ探しの旅にでかけませんか！

小笠原　道雄

日本教育学の系譜——吉田熊次・篠原助市・長田新・森昭／目次

目次

序　論　戦後教育学の来歴を語り継ぐために

森田　尚人

教育学研究の多様化・分散化が著しく進む現在の状況を前にして、かつて教育学が単一の学問領域として通用していたことを想像するのは難しい。産業構造の高度化・国際化にともなって教育の果たすべき役割に対する関心がますます増大している一方で、多様化・広域化する教育問題が深刻さの度合いを深めるにつれて、教育学研究に実践に対する即効的な対応を求める圧力が強まっている。こうしたことが、特定の教育問題への対応をもって研究領域とするような、サブディシプリンごとに個別学会が簇生する状況につながっているように思われる。多種多様な教育現象に関する研究のありようを教育学というひとまとまりの学問分野として通約するためのメルクマールを、教育という事象を対象とする学問ということに求めるならば、たんなるトートロジーになってしまうだろう。問題は、教育という事象そのものが多様化して、学校教育を範型とした一義的な規定では、もはや教育学そのものが維持できなくなっていることにある。のみならず他方では、教育を対象として取り上げる学問は何も教育学に限らないという状況があって、さまざまな領域で生起する教育問題について、社会諸科学はさまざまな学問方法論にもとづいて科学的分析を試みているのである。

　こうしたなかで、教育学がひとつの学問分野として存在し、たとえサブディシプリンが分立していたとしても、それらを統括する学理的根拠を提示しうると考えられていた時代に遡って、当時の教育関係者の学問的営為を論じることに、いったいどのような意味があるのだろうか。それに答えるには、やや遠回りになるが、本書の成立経緯についてふれ、戦後の学会状況についてのわれわれの見解を述べておく必要があるだろう。本書は、教育哲学を主専攻としてきた四名の著者（小笠原道雄、田中毎実、森田尚人、矢野智司）による日本の教育学説史に関する共同研究の報告である。もともとこのプロジェクトは「戦後教育哲学の出発」をテーマに、教育哲学会の特定課題研究助成を受けてはじまった。当初意図していたのは、田中毎実の言葉を援用すれば、戦後教育哲学の「出発点」へ遡行することだった。「しかしそれは、なにも新たな歴史的事実を見いだそうとするからではない。遡行の意図は、始点に回帰して教育哲学そのものの根源的な立て直しを図ることにある(1)」。

　だが、われわれはただちに、戦後教育哲学の原点に遡るには、戦前期教育学の動向について考察することが欠かせないことに気づかされることになる。戦後教育学が戦前との断絶をことさらに強調して再出発をはかったことは、誰しもが認めるところであろう。だが、いかなる学問分野であれ、従来からの研究活動を継承することなしに新たな展開が見込めるとは到底考えられないはずである。にもかかわらず、戦後教育学イデオロギーは戦前期教育学の学問的達成を封印し、その痕跡を徹底して消し去ろうとした。たしかにそれは敗戦という歴史的経験に直面して、戦時期の教育イデオロギーを根底から覆すという大義のために、戦後教育学がとった方略のひとつであったろう。だが、明治以来紡がれてきた学問の伝承を拒否し、それに代えて過剰な政治的イデオロギーを持ち込んだことによって失われたものを、われわれは冷静に評価すべき時期に来ているように思われる。そのためにもわが国の教育学研究の歴史をトータルに捉える必要があるだろう。だが、われわれが試みたのは、個々の教育学者の理論形成過程に内在して、その理論内容の再構成をめざすことであった。また、そのことを通して戦前期の教育学の水準を明らかにし、そこでの学問的訓練が戦後にどのように引き継がれたのか、あるいはどのように忘却せられて、戦前・戦後の断絶が演出されるようになったのかを、できるだけ具体的に論じることであった。

本書では明治から昭和にかけての四人の教育学者が取り上げられる。吉田熊次（一八七四―一九六四）、篠原助市（一八七六―一九五七）、長田新（一八八七―一九六一）、森昭（一九一五―一九七六）である。それらの人びとは、著者らが自らの問題関心に沿って選び出したものであり、論じられるべきテーマについて、あらかじめ共通了解があったわけではない。それぞれの主題については、著者ごとにこれまでの研究活動を振り返るなかで浮かび上がった切実な課題意識が込められているのであって、そうした各人に独自な問題関心はできるかぎり尊重してきた。研究助成期間が終了した後も、断続的に研究会がもたれたが、そこでの討議はわれわれの問題意識にともなう論点を明確なかたちにしていくのに役立った。ただ、学説史研究の方法論に関していえば、われわれの間にははっきりとした合意があった。教育学理論の構築、あるいは教育思想の形成・変遷をたどるにあたっては、内在的アプローチに徹することを心がけたということである。つまり、彼らは迫りくる時代の危機が突きつける教育課題に直面して、どのような理論を参照枠組としながら、独自な教育学理論の形成を行なっていったのかを、あくまで内側から読み解くことを志向したのである。そのためにわれわれが心がけたのは、第一に、なによりもテクストを正確に読むというあたりまえのことであった。これまでの学説史研究に関していえば、きちんとテクスト読解がなされた上で議論がなされているのかどうか、疑念を覚えることが多々あったからである。第二に、彼らの教育理論を再構成する際に必要とされる概念体系・内容の分析にあたっては、われわれ自身の理論的な参照枠組について十分に自覚的であることを心がけた。そして、第三に、語ることである。「語る」ということは、先入見や思い込みからわれわれができるだけ自由になるために、お互いの間の議論を大切にしたという次元にとどまるものではなかった。教育学説史の観点からすると、過去の時代の教育学理論や思想は、われわれがそれらについて「語る」ことによってのみ、現代に生きるということを意味している。逆にいえば、近代日本においてみるべき教育学研究の遺産がないとされてきたのは、われわれが先達の業績を歴史のなかに埋もれるがままに放置してきたことの結果なのではないかということなのである。

これまでわが国の教育学説史研究は、主として日本教育史を専門とする研究者によって担われてきた。明治維新にはじまる日本社会の近代化は、西洋諸国で整備されつつあった学校制度をモデルに、全国民を対象にした公教育制度の創設を差し迫った課題としたが、教育学もまたそうした動きにともなって輸入され、次第に制度化された学問分野のひとつとして体裁を整えるようになった。そのかぎりで、教育学説史を学問の制度化というカテゴリーを媒介させて論じることには十分な意義があるといえよう。いかなる教育理論や教育思想といえども、それらが生まれた時代状況にともなう歴史的刻印を帯びざるをえないからである。だが、だからといって、教育学をめぐる議論の本質を外部の歴史状況に還元して説明したり、あるいは、特権化された視点からイデオロギー的に断罪するスタンスはこの分野の研究蓄積を貧しいものにするだけであろう。こうした方法論的立場を外在的アプローチと呼ぶことができるとすれば、これまでの教育学説史研究にはそうした傾向が顕著だった。

日本教育史のなかで、この分野の研究を牽引してきたのは寺﨑昌男である。寺﨑は一九八一年のレヴュー論文で、学説史研究が振るわない理由を検討して、まず教育学説史研究の対象たるべき日本の近代教育学そのものの「移入性」を指摘している。教育学の歴史は「明治初期以来、アメリカ、ヨーロッパの教育学・教授理論のたえざる移入、その流行盛衰の歴史にほかならなかった」(2)。そうした見解はなにも寺﨑だけにみられたわけでなく、戦後の教育学者によって広く共有された見方だった。森昭は、本書第四章でも言及されるように、「まことに今世紀最初の三〇年は、海外教育思潮の送迎と展示が日本教育学界の体質となるにいたった時代である」(3)としており、また大浦猛も教育哲学会のシンポジウムで、「欧米諸国においてつぎつぎに現われ出てくるさまざまな教育思潮が、熱心に、また敏速に導入・紹介され、しかも気楽に次々と乗り換えられてゆく」教育学のありようは、「今日に至るまで続けられている」[4]と批判的に論じている。そうだとすれば、「日本教育学」がいっとき隆盛をきわめた戦時期を除けば、わが国の教育学説の歴史は外国教育学説の研究でもって代替可能ということになりかねない。だが、寺﨑論文の意義は、こうしたわが国の教育学の歴史に対するネガティヴな通念が、戦前の教育学との断絶を強調するために、戦後教育学のイデオローグによって意図的につくりだされたことと重ねて理解しているように思われることである。寺﨑は宗像誠也や宮原誠一の例を引いているが、とりわけ宗像が、丸山眞男の戦前政治学に対する批判に触発されて、[5]戦前の教育学をその非科学性と教育現実に対する無力さゆえに批判した一文を引用している。寺﨑の引用箇所のあとに若干つけ加えて、ここでも引用しておきたい。

「戦前の日本の教育学が強くドイツ風な観念論に影響されたということはあらためていうまでもない。その影響は相当徹底的で、ほとんど学問の概念や態度を決定していた。教育現象に関する経験的な調査や観察は教育学ではないかの如くであり、学問となるためにはむしろ歴史的社会的な現実を偶然として捨象し、そうすることによつて始めて教育の本質の認識に到達し、普遍妥当的な教育的規範に到達することができるというような考え方であつた。その結果極めて観念的、抽象的、そして或る意味で形式的ないわゆる『哲学的』教育学が形成された。こういう教育学は当然日本の教育の現実に対して高踏的になつた。すなわち一面において日本の教育政策に無関係になり、他面においていわゆる教育の現場、教室や遊び場や街頭から離れた。こういう教育学は概して不毛の、役に立たぬ学問であつたといえよう[6]」。

もちろん寺﨑は、この宗像の所論に肯定的な含意をもたせて引用しているわけではない。それから十数年後に、寺﨑はもう一歩踏み出して、こうした「戦前の教育学は全部ダメ」という、「全面否定・清算の論理を再批判する必要があるのではないか」と述べている。「輸入学」という学問的性格は人文科学や社会諸科学に共通してみられるのであって、教育学だけが負っていたわけではない(7)。しかしながら、ここで戦前教育学を再評価するにあたっての寺﨑の分析枠組は、われわれの眼からすれば、宗像の「不毛の、役立たずの学問」という非難にむしろ引きずられて、ただそれを裏返したに過ぎないようにみえる。というのは、再評価の軸として設定されるのが、「戦前の教育学者たちは本当に教育実践や教育の現実問題と無縁だったのか」という問いであったからである。そうした視点にこだわるかぎり、戦後教育学のメインストリームが戦前教育学の遺産を選別するのに用いた基準を相変わらず受け継ぐことになってしまう。つまり、戦後の教育史研究において、教育学説の歴史的意義を教育実践への影響関係によって評価することは、ごく一般的にみられたことだった。それゆえ、研究するに値するとされた教育学者は、大正デモクラシー期の新教育運動や昭和初期の教育科学運動に関わった教育学者に限られる傾向があったのである。たとえば、澤柳政太郎のケースがそれにあたる。京都帝国大学総長時代に強権的な教授会介入によっていわゆる「澤柳事件」を引き起こしたにもかかわらず、澤柳が戦後になって一躍教育史のヒーロー的存在に祭り上げられたのは、成城学園小学校の創設者として、自由教育の推進者とみなされたからである。また、篠原助市が「ドイツ観念論哲学にもとづく教育哲学者」のなかでも研究に値するわずかな教育学者のひとりとして生き延びたのは、手塚岸衛の「自由教育」を通して大正期の教育改革実践に影響を与えたという一面があったからだった。その点で寺﨑は、稲垣忠彦の『教育学説の系譜』で用いられた、「教育学説における教育の事実（とりわけ実践）と理論の関連を重視する」という分析枠組をそのまま継承しているようにみえる(8)。

たしかに教育理論は、それが科学的であろうとするならば、何らかのかたちで教育実践（あるいは教育政策）を通して検証されねばならないのは避け難いことである。だが、教育実践との直接的な関連ということだけが教育学の歴史的評価軸として突出させられるならば、教育実践の形態が限りなく多様化していく今日の趨勢のなかでは、教育学それ自体もまた下位分野への分散を繰り返し、際限なく拡散していくことに手を貸すことにしかならないだろう。本書において、われわれが個々の教育学説をあくまで理論内在的に分析することにこだわったのは、それを通して、教育学がひとつの学問分野として存立しうるための根拠を求めようとしたからであり、そうした努力の跡をかつての教育学者の仕事のなかに見出そうとしたからにほかならない。教育学は心理学、あるいは社会学をはじめとする社会科学のもたらした「確実な」データにもとづいて理論構成がなされるとしても、それがひとつの学問分野として成立するのは、そこでの研究活動がある種の原理によって統括されることを自覚して行われているからである。つまり、科学としての教育学とは、教育の実際や事実をたんに累積したり、比較研究するにとどまるものでなく、そうした事実連関がどのような視点から、そして、いかなる根拠にもとづいて、そのように認識されるにいたったかについて示さなければならないのである。

ところでわが国の近代化において、学問研究の制度化が（東京）帝国大学を中心に整えられていったことは言うまでもないことであろう。研究者間の研究交流をめざす学会もまた、帝国大学を本源として組織され、展開していった。法学や政治学のような国家行政に直截に関わる分野でも、あるいは哲学や歴史学など学術文化そのものの発展に比重をおくような領域でも、こうした事情に変わるところはなかった。だが、教員養成という実際的な政策課題と関わって発展してきた教育学の分野では、異なるかたちの展開がみられた。わが国の教育学研究の歴史を遡れば、高等師範学校と帝国大学という異なる学問的源泉にたどりつくからである。そうした事情もあってか、わが国における最初の全国的な学会組織である日本教育学会が創設されるにいたったのは、太平洋戦争が勃発して間もない一九四一（昭和一六）年一二月末のことだった。「創設趣旨」書には、全国の大学や高等師範学校、府県師範学校などにおいて、「何れも窓なき単子として独り淋しく専門の領域にたて籠つて」教育学の教授と研究にあたっている者たちが相互に切磋琢磨できるような研究交流をめざして創設する、とある。[9]

戦後も一〇年ほど経過した頃、いわゆる五五年体制が成立して間もない頃に、教育史学会と教育哲学会が相次いで結成された。すでにアメリカ占領軍の影響下に教育社会学会がつくられていたが、それまで教育学のなかで基軸的な位置を占めていた二つの学問領域が、それぞれの学会をつくって分立したことの影響は大きく、以後多くの個別専門学会が組織されていく契機となった。ところで筆者の個人的な印象からすると、教育史学会と教育哲学会に所属する会員は、かつてはかなり重複していたように思われる。もともとは単一の学問分野であった教育学は、あくまで歴史的事実を踏まえて、教育のあるべき理念や政策の向かう方向を考察しようとするものであったから、そうした固有の性格をもつ学問分野において、さらに歴史的分野と哲学的分野とを独立・分離させる試みには、もっと外的な、実際的な事情が反映していたのではないかと考えるべきであろう。そのひとつの要因が日本教育学会に対する政治的スタンスの違いにあったのであり、こうした観点からすると、両学会の設立動機にはかなりの温度差があったように思われる。

教育哲学会は一九五七年、教育史学会に一年遅れて結成された。教育問題が五五年体制の政治的対立軸のひとつを構成するようになると、保守対革新という政治的対立は、やがて政治的立場を明確に打ち出すようになった日本教育学会に対する個々の研究者の対応の相違と二重写しになっていったのである。とりわけ当時は、「道徳の時間」特設をめぐる文部省と日教組の抗争が、教育学の世界にある種の態度決定を迫るような状況をつくりだしていた。本書の著者のひとりである小笠原は、私見ではあるがと断った上で、「教育哲学会の成立を誘発する大きな要因のひとつとして当時の日本教育学会の政治的立場との違和感、特に、個人的な研究者の政治的姿勢の相違が底流としてあったのではなかろうか[10]」と述べている。教育哲学会創設時の代表理事であった稲富栄次郎（上智大学）は、機関誌『教育哲学研究』の「創刊の辞」でこう述べている。

「言うまでもなく教育哲学会は、教育諸般の問題に関して基礎的な研究をなすことを以てその使命とする。ゆえに洋の東西、時の古今を問わず、いやしくも教育上重要な問題や学説は、ことごとくとりてもって我々が研究の対象とするのである。これが究明に当たっては、特殊の偏見に泥まず、時流に阿らず、つとめて中正の立場から、客観的に真理を追求するという立場を堅持したいのである」[11]。

他方で、教育史学会の設立事情については、詳しいことはわからない。ただ、師範学校が新制大学に移行したことにともなって大量に発生した大学教員に対して、研究業績を発表する機会を与えることを意図したものだ、と聞いたことがある。初代代表理事石川謙、事務局長梅根悟という布陣で発足したことは、この学会が旧高等師範学校系のリーダーシップのもとで誕生したことを物語っている。ただ「教育史学会設立趣意書」からは左派系教育学者が強力なヘゲモニーを握っていた事情が読み取れるから、同学会と日本教育学会との間には、教育哲学会の場合とは対照的に、イデオロギー上の強い親和性があったとみるべきであろう。趣意書では、教育史研究の課題はなにより「科学としての教育史学の方法論が問われている」とした上で、「一言でいえば、教育史の研究が、外国書の翻訳や知識の集積や、史実の解釈などにとどまることなく、現実の実践を指導する科学として、再出発しようとしているということでありましょう」と述べられている。こうした物言いのなかに、戦後いち早く『近代教育史』全三巻を世に問うた教史研（教育史研究会）に結集したマルクス主義教育学者たちの歴史観・学問観が、教育史学会の設立にあたって直截に反映されていたことを知ることができる[12]。そうしたイデオロギー的立場は、日本教育学会の会長を長く務めた長田新の学問的転回と符合するものであったといえよう。本書で小笠原が詳細に検討しているように、戦後の長田は社会主義体制のめざましい発展に接して、「社会科学としての教育学」を構想するようになっていた。当時にあって、社会科学という言葉はマルクス主義の立場を含意することが多かったから、教育史学会と日本教育学会のリーダーたちはなにより「現実の実践を指導する科学」ということのなかに、自分たちの学問の存立根拠を求めたのである。

さきに、教育学説史研究を主導してきたのは日本教育史の専門家であった、と書いた。こうした「科学としての教育史」の立場からすれば、戦前期の教育学説は観念的・思弁的で、しかも教育実践に対して無力であるがゆえに、その著作に即して理論内容に立ち入って分析することなど、ほとんど研究課題にすらのぼらないことになるだろう。もちろん教育史学会のなかに学説史研究へ向かう動きが皆無だったわけではない。一九七七年から三年間にわたって、梅根を代表とする共同研究「近代日本における教育学・教育学説の成立・発展に関する分析研究」が行われ、その研究成果報告として『教育学説史研究』という小さな雑誌が三号にわたって刊行された。だが、そこでも戦前の大学や（高等）師範学校で教育・研究活動にあたった個々の教育学者の学問的努力を、内在的に理解しようという試みはほとんど現われなかった。そうした研究姿勢を正統化したのが、マルクス主義に固有ないわゆる発展史観であったことは、教史研のもっとも若いメンバーであった海老原治善の論文から知ることができる。「私は、教育学説の発展を、観念論哲学の方法にたつ教育学の段階、これを克服したものとしての科学としての教育学の段階、さらに社会科学としての教育学（歴史・政策批判から、政策形成科学としての教育計画論へ）と、これを基底としつつ人間形成の科学としての教育学の段階、と発展してきているとみたい」[13]。とくに海老原は、「科学としての教育学の段階」を画するのを、明治四三年の澤柳政太郎による『実際的教育学』の出現に認め、戦前・戦後を通じてさほど注目されなかった同書の意義が広く知られるようになったのは、自分がそれを教史研の人たちとの共著『教育科学――その課題と方法』（海後勝雄編、一九五六）のなかで高く評価したことにはじまる、と自負しさえしていた[14]。

戦後の教育学説史研究において、ほとんど澤柳のみが研究に値するとみなされてきたのは、教育実践との関わりだけでなく、こうした科学としての教育学への道を拓いた点が評価されたという面が大きかった。稲垣忠彦は『教育学説の系譜』の解説で、制度の理論として移入された「学校教育学」に対して真正面から批判を行なった存在として澤柳を位置づける。

「それは事実、実際から遊離した教育学への批判であり、教育の実際と無関係に交代する教育学の告発であり、教育の事実にもとづき、教育の事実――それは現実に一大系統をなして存在している――を研究する科学としての教育学の建設の主張であった[15]」。

『教育学説の系譜』が教育学説のアンソロジーにとどまっているのに対して、稲葉宏雄の『近代日本の教育学』は、京都帝国大学教授だった二人の教育学者、谷本富と小西重直を取り上げ、それらの学説内容について立ち入って論じているという意味で、戦後の教育学説史研究のなかで特筆すべきものであろう。だが、稲葉は戦前の「講壇教育学」を負の教育遺産とみなす通説を踏襲しながら、澤柳に対してだけは「近代日本の教育学生成にとって画期的意味をもつもの」という高い評価を与えている。それは、澤柳が「ありうべき教育学、科学としての教育学の学問的任務が教育の実際、事実の究明と論究にあることを確固として主張[16]」したからにほかならない。戦前の教育学者の業績を研究する意味は、澤柳を引照基準とすることによって、はじめてその妥当性が担保されるかのようである。

以上のことからいえることは、これまでの教育学説史研究において、「科学としての教育学」というテーゼが主要な分析枠組のひとつであり続けた、と同時に、それが決定的な評価基準でもあったということである。科学としての教育学は明治末に澤柳によって種を蒔かれ、昭和期に入って教育科学運動のなかで花開いたというストーリーになるのであろう。だが、ここで「科学」の含意しているのは、実証科学のみとは言い切れないものの、限りなくサイエンスに近似したものであって、ヴィッセンシャフトという意味に対応するものではなかった。だが学説史研究が、教育学という学問がどのように成立してきたかを問うものであるならば、われわれは歴史のなかにヴィッセンシャフトとしての教育学の構築に努力してきた人びとの学問的営為の跡をたどらねばならないはずである。じつはこうした視点は、かつて教育史学会のなかで提起されたことがあった。一九九八年の教育史学会第四二回大会は「教育学への教育史研究の貢献――教育学説史研究の再検討」というテーマのもとで行われた。司会にあたった金子茂は、本シンポジウムに期待される問題点のひとつを、こう述べている。

「ヴィッセンシャフトの一分野として認知されるためには、教育学はどうならなければならないかという問題をめぐって大きな努力が注がれて来た事実を否定出来ない。ヴィッセンシャフトの世界においてしっかりした市民権を得るために、教育学は隣接科学の成果を借りながら体系の構築を試みてきたわけだから、そうした試みの流れを追いながら、教育学とはいかなるものであったかを相対化してみようとする教育史研究のあり方があるはずである(17)」。

本書の著者たちが共有する問題意識もまた、ここで述べられているところと変わらない。教育学が教育についての歴史的および哲学的研究の接するところに成立するのであるならば、ヴィッセンシャフトとしての教育学の成立過程をたどることは、教育学そのものの存立根拠を理論的に問うことでもなければならないだろう。われわれは本書において、戦前から戦後にかけて四人の代表的な教育学者を取り上げて、彼らの教育学理論の特質を内在的に分析しようとしている。彼らはいずれも同時代の欧米の思想界の動向に深い影響を受けたが、それはたんなる外国の教育学説の移入・紹介にとどまるものではなく、わが国が直面する教育課題に取り組むにあたって、世界的な同時代性のもとでの思想的磁場を共有するなかで、それぞれに理論構築が試みられたということなのである。

第一章は、森田尚人による吉田熊次論である。吉田は東京帝国大学教育学講座の最初の日本人教官として、科学（ヴィッセンシャフト）としての教育学の体系構築をめざした教育学者だった。主著『系統的教育学』は、奇しくも澤柳の『実際的教育学』と同じ一九〇九年に刊行されたが、戦前と戦後で両著に対する評価は逆転し、吉田の業績がまったく顧みられなくなったことに、戦後教育学の大きな陥穽のひとつが見出されよう。『実際的教育学』の刊行間もない頃に吉田は書評をものして、学問論に及んでいるが、それは、両者の差異、つまりサイエンスとヴィッセンシャフトの違いを端的に示すものでもある。筆者が『実際的教育学』をはじめて読んだときの印象とまったく重なるので、吉田の澤柳批判について、少し長めの引用をしておきたい。

「先ず第一に著者の謂うが如き実際的教育学なるものは出来得べきことであるか何うかは甚だ疑はしく思ふ。仮に出来得るものと想像するも、著者は唯其等の問題を指摘せられたに止まつている。即ち学校の大きさに関しては如何なる問題があるとか、学級編成に関しては如何なる問題があるとか、或は学科の分配、教授の用具等に関しては如何なる問題があるとか、其の他訓練の問題に関しては斯う云ふ問題があるとか云ふ様に、種々の問題を摘発せられたにすぎぬと言っても宜しい。若し之に理論的解決を加へんとするならば、恐らく現在著者が費やした所の四七八頁の十倍の紙数を費やさなければならないであろう[18]」。

吉田にとって、実際的教育学がいかなる意味でも理論的教育学にとって代わることができないのは、「理論的研究としては如何なる根拠があるかと云うことが最も大切であって、其の根拠を確にすることが、軈て理論的研究の本旨[19]」でなければならないからである。吉田は学生時代に倫理学を専攻し、卒業後に教育学に転じた。欧米の教育に関する歴史的事実を踏まえ、同時代の教育学・哲学・社会学などの動向に学びながら、教育という事実や行為をトータルに捉えるための理論的根拠を問い続けた。と同時に、国定修身教科書の編纂体験を踏まえて、国民道徳論のイデオローグとしても活躍した。他の三章と異なって、本章では吉田の生涯にわたる業績すべてをカバーできていない。四〇歳代はじめまで、吉田の教育学体系がひとまずかたちづくられるまでの思想形成過程がたどられる。

第二章の篠原助市は、戦前のいわゆる「ドイツ観念論風」の教育学者のなかで、戦後になってももっとも広く読み継がれたひとりといえるだろう。『批判的教育学の問題』や『欧州教育思想史』は教育学の古典を収めたシリーズのなかで復刻されたし、また『理論的教育学』は一九七〇年代に入っても教職課程の教科書として流通していたほどだった[20]。だが、矢野智司は二つの分析視角を交錯させながら、まったく新しい篠原像を描き出す。ひとつは、京都学派人間学という思想史的文脈のなかに位置づけることによって、教育学における戦前と戦後をつなぐミッシング・リンクとしての篠原教育学の再発見にいたったことである。本稿に先立つ「人間学――京都学派人間学と日本の教育学との失われた環を求めて[21]」において、矢野は大正新教育の時期から戦後五〇年代にかけての約半世紀にわたる日本の教育学説史を、西田幾多郎と田邊元という二人の哲学者に深く影響を受けた京都学派の哲学思想と人間学を中心に、鳥瞰的に描き出した。本稿をその図柄に重ねるようにマッピングしてみれば、新カント派哲学者との批判的対話を通して独自な哲学的立場を展開しつつあった西田哲学と篠原教育学の間には、同一の思想的課題が通底していたことがみえてくるはずである。

いまひとつは、西田の篠原への影響が「自覚」の概念を中心に論じられることである。矢野は、篠原のよく知られている「自然の理性化」が、西田の自覚論にもとづいた教育の原理であることを論証して、「自覚」という戦後教育学のなかで見失われたカテゴリーを蘇らせようとする。矢野はこれまで多くの著書や論文を通して、教育学の基礎概念の再構成を試みてきた。「交換」に対して「贈与」を、「発達」に対して「生成」を対置させてきたのは、制度化された教育のなかで自明視されてきた教育学の概念体系を流動化させ、これまでの教育学的思考に回収されない重層化された概念枠組によって、所与の教育現実そのものを相対化し、新たな理論を構築することをめざしてきたのである。「自覚」もまたそうした概念のひとつとして、教育と教育学の地平を押し拡げる可能性をもつものとして提示される。

第三章は、長田新についてのはじめての評伝ということになるだろう。小笠原道雄は一教育学者の学問的遍歴というレヴェルにとどまらずに、大正から昭和前期にかけて、敗戦を間に挟んだ激動する歴史を、さながら長田の一身に凝縮させたかのように、政治と教育がもっとも鋭く交錯した時代相を描き出す。長田もまた京都学派との思想的関係は生涯続くものだった。澤柳のもとで大正新教育運動との実践的な関わりをもったことから、戦後日本教育学会の初代会長として民主化のための教育研究を推進したことまで、長田はつねに歴史の表舞台で活躍してきた教育学者だった。にもかかわらず、長田の学問的業績が真正面から取り上げられることは少なかった。ただ戦時期の言説についてわずかに論及した批判的研究はあったが(22)。小笠原の広島大学入学と長田の退官は入れ違って直接的な師弟関係にはなかったが、小笠原は長田の担当した教育哲学講座の主任教授を長く勤めることになる。本稿執筆にあたって小笠原の脳裡に去来していたものは、少なくとも二つあったように推測される。ひとつは、広島文理科大学で長田と並び立つ教育哲学者でありながら、占領軍の指令でパージされた稲富栄次郎の存在である。のちに稲富が中心となって教育哲学会が創設されたことについては先述した。いまひとつは、東日本大震災における東電福島第一原発事故が突きつけた、「原子力の平和利用」をめぐる戦後のイデオロギー状況のことである。小笠原はテオドール・リットと長田を対比させながら、危機の時代に生きる思想家のあり方を考えているのである。

本稿では、長田の代表的な諸著作が順に取り上げられて、生涯にわたる思想的変遷がたどられる。長田は処女作『現代教育哲学の根本問題』で、二〇世紀ドイツにおける教育学の布置状況を、実証主義に立脚する「経験主義的教育学」と新カント派に立脚する「批判主義」という二つの思想潮流があったことを指摘している。吉田熊次を前者に、篠原助市を後者に配することができるとすれば、長田の「文化教育学」の立場は、ディルタイ派の生命哲学によって、こうした対立する思想状況をのり超えることをめざすものであった。このことは、戦前期のわが国の教育学が、ドイツと同型の思想状況のなかで、時代の課題と主体的に向き合っていたことを物語るものだ。さらに長田は、戦時期の『国家教育学』から戦後のマルクス主義の影響を受けた「社会科学としての教育学」へと断続的に学問的立場を転換させていくが、それを追認する小笠原の思索のプロセスには苦渋の跡が深く刻まれているようにみえる。教育学は政治の動向と深くかかわらざるをえない学問であるがゆえに、その学説史研究においてあくまで内在的な思想史的分析を徹底させようとするならば、われわれは幾重にもこうした困難に立ち会わねばならないだろう。

第四章の森昭論では、対象と書き手の関係はいっそう直接的であって、そうした対象との距離の取り方が思想史方法論のみならず、森の多面的な業績評価についても大きく規定することは免れない。田中毎実は大阪大学在学中から森のもとで学び、同大学助手として研究者のキャリアもそこからスタートさせた。先行する学問的業績は、われわれによって語られることなしには歴史の闇のなかに滅却されるほかないのであるから、最初にその任に当たるのが、（本人自身を除けば）直接の教えを受けた者であるのは当然のことであろう。だが、本稿がたんなる紹介や顕彰にすぎないものではないのは、森教育学の学説史的研究が、田中独自の教育学理論の構築という文脈のなかで反省的になされているからである。田中は京都大学高等教育研究開発推進センターを拠点に全国的に拡がった、ＦＤ（ファカルティ・ディヴェロップメント）の「相互研修型」モデルの創案者として知られるが、ここで強調されるべきことは、田中の研究を駆動する動機のひとつが教育における理論＝実践モデルの捉え直しにあったこと、つまり、そこでは理論家によって教育実践が指導されるべきであるという、戦後知識人に特有な啓蒙的発想が強く拒斥されていることである。田中が森の教育学理論と格闘し続けるのは、教育史学会が謳った「現実の実践を指導する科学」という教育史方法論とは対極に位置づくような、学説史的関心からなのである。

本稿で田中は、森の処女作から、病床で口述筆記された遺著までを執拗に読み解くことによって、敗戦からポスト産業化社会へと激変する戦後日本社会と真摯に向き合った教育学者として、森の全体像にアプローチしている。森の教育学構想を支えた思想的立場もまた京都学派のなかにあって、一躍その名を世に知らしめた大著『教育人間学』は、田邊元の直接的指導を受けながら構想・執筆されたものだった。だが、田中は森教育学の現代的意義を、「徹底した生成論的考察がなされた」遺著『人間形成原論』の方に見出しているようにみえる。それが「ライフサイクル」と「相互性」の概念を軸にして、教育人間学から臨床教育学への道を拓くものだからである。田中の主著『臨床的人間形成論』全二巻は高等教育の現場をフィールドにして、教育学の可能性を拡げようと試みたものだが、田中はそうした理論的発想の淵源が、森によって京都学派人間学が教育学へと展開されたことにあった、と述べていた。時代の提起するアクチュアルな課題への対応という視点から教育学の歴史を振り返れば、教育学が重視してきた領域は、明治期の初等教育からはじまって、大正から戦後改革を挟んで高度成長期までに各種の中等教育段階へと移行し、現代ではまさに高等教育が焦眉の課題を産み出している。死によって中断された森の遺志を継ぐことによって、田中はさらに高等教育の領域を越えて、人生の諸段階を包括的にとらえうる教育学理論を創出することの可能性を問いかけているのである。

教育学が教育の事実を踏まえた歴史的研究と、教育の理論についての哲学的研究とが交錯するところに成立するとすれば、教育学説史研究はわれわれの学問分野の来歴を語り継ぐことによって、現実の提起するアクチュアルな課題と対峙しうる教育学理論の構築のために、たしかな手がかりを与えてくれるはずのものである。明治維新を機に創出された国民教育制度とともにはじまったわが国の教育学研究が、「送迎・展示」、あるいは「紹介・移入」にとどまるものであったかどうかは、われわれが現在まさに携わっている学問研究のありかたによって決まってくることのように思われる。本書ではわずかに四人の教育学者しか取り上げることができなかったが、これをきっかけにわが国の教育学者によるこれまでの学問的達成が議論の場に押し出されて、活発な論争が生まれることを期待したい。

註

（1）田中毎実「『戦後教育哲学の出発』に関する総括的報告」『教育哲学研究』第九七号（二〇〇八）一七三頁。
（2）寺﨑昌男「日本教育学説史研究の方法と意味」『教育学研究』第四八巻第二号（一九八一）七頁。
（3）森昭編著『現代教育思潮』（教育学叢書第二三巻、第一法規、一九六九）三三四頁。
（4）大浦猛「篠原助市における教育学形成の特質——欧米教育思想摂取の態度を中心として」『教育哲学研究』第三一号（一九七五）二頁。
（5）丸山眞男が敗戦間もなく、日本の政治学の後進性を痛烈に批判する論文を書いたことはよく知られている（「科学としての政治学」『人文』第二号、一九四八）。だが、政治学が教育学との間で際立った対照を示すのは、寺﨑もまた指摘しているように、ただちに反論がなされたことであった。蝋山政道は『日本における近代政治学の発達』（一九四九、新泉社、一九六八）を出版して、「幾つかの山をもって苦難の道を歩んできた近代政治学の姿を読者の前にあざやかに描き出して」、戦後に継承すべき戦前政治学の学問的達成を示してみせた。蝋山自身が言うように、「いわゆる近代政治学の系譜に属するもののみを孤立的に取り出すならば、今日の日本は復活すべき伝統すらもっていないという批評は当たっていよう」。しかし、「西欧民主国に発達した近代政治学がそのまま日本に同じような発達を遂げることを期待することは、余りに単純すぎる見解」ということになる（同書新版に付された原田鋼による解説、三八八頁）。
（6）宗像誠也『教育研究法——改訂版』（新評論、一九五四）一八一頁。初版は一九五〇年。
（7）寺﨑昌男「日本教育学説史の試み」『教育学がわかる。』（アエラ・ムック　一三、一九九六）一五八頁。

(8) 稲垣忠彦編『教育学説の系譜』(近代日本教育論集第八巻、国土社、一九七二)、寺﨑、前掲「日本教育学説史研究の方法と意味」七頁参照。
(9)「日本教育学会創設趣旨」日本教育学会『教育学論集』(新紀元社、一九四二)二二三頁。
(10) 小笠原道雄「戦後教育哲学の出発――教育哲学会の成立と初代会長稲富栄次郎を巡って」『教育哲学研究』第九七号(二〇〇八)一七二頁。
(11) 稲富栄次「創刊の辞」『教育哲学研究』創刊号(一九五九)一頁。
(12) 近代教育史研究会のマルクス主義理解については、拙稿「近代日本教育学の構想――思想史方法論をめぐる個人的総括」『近代教育フォーラム』第二二号(教育思想史学会、二〇一三)で言及した。
(13) 海老原治善「教育学の歴史的発展と展開」『教育学説史研究』第一号(和光大学内事務局、一九七八)二頁。
(14) 海老原は「日本における教育学の発展」という論文を指して言っていると思われる。ここで引用した論文では、それが『教育科学入門――社会科学としての教育学』(一九五五)に収載されたとあるが、同書は海後勝雄の単著であるから訂正してある。
(15) 稲垣「解説」、同編前掲書、一九頁。
(16) 引用は、稲葉宏雄「『日本現代教育学体系』解題」『日本現代教育学体系』第一巻(復刻版、日本図書センター、一九八九)一〇頁から。
(17) 金子茂「シンポジウム討論内容の要約」『日本の教育史学』第四四号(教育史学会、一九九九)、二一五頁。
(18) 吉田熊次「澤柳氏の『実際的教育学』を読む」『帝国教育』第三二二号(一九〇九年五月)一九頁。
(19) 同上論文、『帝国教育』第三二三号(一九〇九年六月)二八頁。
(20) 篠原助市『批判的教育学の問題』(世界教育学選集、第五五巻、明治図書、一九七〇)、『欧州教育思想史』上・下(教育の名著、第一一、一二巻、玉川大学出版部、一九七二)、『理論的教育学』(協同出版、一九六七)。
(21) 森田尚人・森田伸子編『教育思想史で読む現代教育』(勁草書房、二〇一三)所収。
(22) 長浜功『教育の戦争責任――教育学者の思想と行動』(明石書店、一九八四)。

第一章　若き日の吉田熊次

――社会的教育学と国民道徳論と

森田　尚人

はじめに

戦前・戦後の教育学を隔てる底知れぬ断絶が垣間みられることのひとつは、吉田熊次という人物の存在感をめぐってである。吉田は一九〇七（明治四〇）年に帝国大学文科大学の教育学講座に、日本人初めての専任教員（助教授）として着任し、一九三四（昭和九）年に定年退職するまで「東大の教育学科の教官として最も長く在任し、東大教育学風をつくりあげる中心となっていた」[1]。退任後はそれまで兼務していた国民精神文化研究所の研究部長に就任し、戦時体制下の学問の世界において教育学の勢威が拡充するなかで、教育学者としての抜きんでた業績を背景に大きな影響力をもち続けた。

吉田は明治後期に、それまでの輸入・紹介にとどまっていた教育学を革新する担い手として登場して以来、大量の著作を刊行して研究者から一般教員にまでわたる幅広い読者層をもっただけでなく、研究組織者としても卓越したリーダーシップを発揮して、わが国の教育学研究の水準を一気に引き上げるのに貢献した。それを象徴しているのが、東大の教育学研究室を発行母体として刊行された『教育思潮研究』である。一九二七（昭和二）年一〇月に創刊された同誌は、欧米の教育学の研究動向の紹介を中心に、研究室の共同研究・調査や同人の個人的研究を発表する場となった。「発刊の辞」で、吉田は「本誌は作ったと言はんよりは生れたのである。人為的に拵へたのではなくして、自然に出来上つたのである」[2]と述べている。外国教育学の著作や雑誌論文の紹介が「欧米教育思潮」として大きなスペースが割かれていることに同誌の特徴があるとすれば、教育学研究室において永年にわたって継続的に行われてきた欧米教育雑誌の講読会にみられるような研究実績が、そのまま創刊につながった事情がみえてくる。

敗戦後間もなく、占領軍民間教育情報局（ＣＩＥ）の強い意向を受けて、全国の旧帝国大学に教育学部が創設されることになった。東京大学では五学科一九講座を目標に教育学部の創設が進められたが、実質的な準備実務を担当したのは吉田門下の海後宗臣だった[3]。まもなく東大教育学部は広く世間の関心を惹くようになったが、それはいわゆる３Ｍと呼ばれた教官（宗像誠也、宮原誠一、勝田守一）を中心に、五五年体制のもとで教育学の世界に持ち込まれた「文部省対日教組」という対立構図を演出したことによってである[4]。筆者は駒場での二年間の教養課程を経て、一九六五年に本郷の教育学部に進学し、そのまま大学院に進んだ。まもなく東大闘争に捲き込まれたものの、一九七四年に同大学院を退学するまでの九年間、教育の原理的研究や歴史的研究を専攻する学科（かつては吉田熊次の担当した学問領域だった）に所属したが、講義にあっても、あるいは研究室内の日常的な会話においても、「吉田熊次」の名が挙がることはほとんどなかった。京都帝国大学哲学科出身の勝田守一は別としても、戦後初期の宗像誠也や宮原誠一の研究、たとえば宗像のアカデミックな研究業績である『教育研究法』[5]や、宮原のアメリカ教育史やデューイ研究[6]の素地を培ったのが、前述した教育学研究室で行われてきた「欧米教育雑誌の講読会」を中心とする学問的訓練であったことを想起すれば、このことはかなり奇妙なことだといわざるをえない。

数年前に吉田熊次の著作をまとめて読み進めたとき、その学問的視野の広さと学識の深さ、論旨の明晰さ、そして時代の課題を真摯に受けとめる倫理感に圧倒される思いだった。だが、自分がそうした先学の仕事を手に取ってみることさえしてこなかったのは、なぜだったのだろうか。眼前に立ちはだかる権威的体制に挑戦しようとすると き、批判者がかえって体制のつくりあげた思考の枠組に絡めとられてしまっていたということはよくあることだろう。戦後教育学は戦前教育学の遺産に対して、観念的・思弁的な「講壇教育学」、あるいは天皇制教育体制の御用学者といったイメージをつくりあげてきた。だが問題は、戦後教育学のあり方そのものが批判的な言説にさらされるようになったとき、その批判者たちの議論もまた戦後体制の捏造した戦前期教育学の負のイメージをむしろ再生産してきたことにあるように思う。吉田の業績が学界の共有財産として継承されなかったことは、たんに敗戦という歴史の転換にともなって起こった付随的な現象というわけでなく、そこには戦前の学問的達成をあえて封印し、できれば消し去ろうという強い意志が働いていたと考えるべきではないだろうか。

精神分析に関心をもつ者であれば、そうした現象をあまりに偉大な存在に対する「父殺し」になぞらえて説明したくなるかもしれない。だが、事態はもっと政治的なものであったように思われる。宗像や宮原は総力戦体制下にさまざまに試みられた教育改革に深くコミットしただけでなく、「皇国民の錬成」へと集約されていく戦時期教育のイデオローグとしての役回りも引き受けていた。彼らは総合雑誌などへの寄稿を通して、学者としてのある一線を越えて、体制におもねる論稿を書いたことがあったからである(7)。それとは対照的に、彼らの師吉田は戦時下の教学刷新政策に深く関与しながらも、アカデミズムの論理に貫かれた教育学研究のあり方を主張し続けた(8)。戦後になって教育学のヘゲモニーを掌握した「この若い世代」が戦前の学問的「遺産」を全面的に否定した事情を明らかにするには、つねに時代の課題と向き合うことを迫られる教育学者にまとわりついて離れない「使命感」について、さらに政治レヴェルだけでなく、深層心理にまで遡及するような分析が必要なのかもしれない。

本章は、戦後教育学の世界ではまったく忘れ去られた感のある吉田熊次の仕事を、彼の著作をできるかぎり内在的に読解することを通して、再構成する試みである。数百編の論文を執筆し、六〇冊を越える著作を出版しただけでなく、(9)明治後期から大正・昭和前期を通じて教育政策に深くかかわってきた教育学者の業績の全体像を描き出すには、この限られたスペースではとうてい不可能である。しかもそれに、信頼できる先行研究がほとんど見当たらないという教育学説史研究の現状が追い打ちをかける。本章では、生い立ちからはじめて、吉田の教育学の全体像が一応かたちをとって現われる大正初期までの頃、つまり四〇歳前後の時期までに対象範囲を限定することにしたい。それまでに吉田は、社会的教育学の立場から教育学の体系化を試み、さらに教育勅語を拠りどころに国民道徳論についても独自の議論を展開するようになっており、吉田の学問の基本的構図が確立していたとみなすことができるからである。ここでは社会的教育学と国民道徳論という二つのテーマを中心に、吉田の仕事をできるだけ時間軸に沿って論じることにしたい。まずはそれに先立って、先行研究の動向をみておこう。

第1節　吉田熊次のヒストリオグラフィー

吉田熊次教育学説の再評価にあたって出発点となるべき研究は、いまなお海後宗臣が雑誌『教育』の特集号「現代日本教育学批判」に寄稿した「明治・大正・昭和教育学説史」(10)である、と筆者は考える。それは一九三六（昭和一一）年、「日本教育学の系統に属する教育学説」が抬頭し、国家による学問統制が進行しつつあった時点で執筆されたものだが、以下にみるように吉田の学説史的位置づけはきわめて的確である。だが、戦後も二〇年たって刊行された回想録『教育学五十年』になると、海後の吉田教育学説に対する記述からは、積極的な評価をことさら忌避しようとする姿勢がみられるようになる。なぜ海後は、戦前期の見解を戦後にまで持ち来たさなかったのだろうか。戦後、海後は日本教育史の卓越した研究者として多くの後進を育てたことで知られるが、その学問的出発が吉田との個人的なかかわり抜きに語れないことからすると、このことはとりわけわれわれの関心を惹くのである。一九二六（大正一五）年から六年間あまり、海後は吉田のもとで助手を勤め、着任の年に創刊された『教育思潮研究』の編集実務にあたった。さらに、一九三二（昭和七）年国民精神文化研究所が発足すると、研究部長を兼任した吉田に誘われて研究所員に着任、はじめて安定した研究職の地位を得た。しかも、海後が吉田から受けた影響は実質的な研究上のことにまで及んだ。海後がそれまでのドイツ精神科学派の教育学説の研究から明治教育史研究に転じたのは、吉野作造が進めていた『明治文化全集』（教育編）の編纂作業に、吉田に命じられて編集助手として加わったことがきっかけになったからである[11]。

海後は先の論稿において、明治三〇年代に出現した吉田の教育学説を、それまでわが国の教育界を圧倒的に支配していたヘルバルト派教育学説を批判的に乗り越える動きとして捉えている。それは、二つの面からいえることである。ひとつは、ヘルバルト派の「個人に着眼した教育学説」に代わって、「社会的教育学の思想」として社会的見地に立つものであり、いまひとつは、実験教育学の紹介者として、ヘルバルト主義の観念的な思想と方法に対して、「実験方法による実証的教育学思想を高く掲げたもの」である。こうした社会的教育学の導入に際して大きなインパクトを与えたのが、教育学は近代自然科学によって承認されるべき実証的・合理的な方法にもとづかねばならないという、ベルゲマンの教育学だった。そして、吉田の最初の出版は、ベルゲマンの教育学と倫理学についての翻訳・解説書[12]であった。海後はつぎのように述べる。

「ベルゲマンの社会的教育学説は、生物学的な見解による社会進化論説の根柢に基づいた学説である。かかる自然科学的思想を背景とする教育学説が、社会的教育学説を代表して教育界の人気を奪つていたことは、近代教育学説の発展史上に於て当然踏むべき過程を辿つてゐたものと見てよい。即ちヘルバルト主義による道徳的教育観に対して自然科学的教育観が登場して来たのである。斯くして明治三十年代の社会的教育学説はベルゲマンのものでなければならなかつたのである[13]」。

ところが、戦後の回想では海後の語り口はあいまいになり、吉田教育学の立ち位置について誤読を誘う一因となった。海後によれば、「吉田教授はその頃特に一つの学説を主張したわけではな[14]」く、広く海外の教育学説を研究すべきだと語っていた、という。海後は、そうした各国の教育学説を比較対照することをもって、吉田のつくった「東大教育学風」として述べている。そして、「(吉田が）特にドイツの教育理論の立て方を重視して、これをよく理解することが教育学研究の土台をつくるのに最もよいとし、これを研究方法の一つとして弟子たちによく話していた[15]」という一節は、おそらく第一次大戦後のドイツ教育学の現状と批判的に対決するなかで、「陶冶の科学としての教育学」を構築しつつあった吉田の学問的姿勢を指して言われたもののように思われる。しかしながら、その記述は、戦前の「東大教育学風」がドイツ観念論哲学に傾斜した思弁的・観念的な教育学であり、教育現実から遊離した「講壇教育学」の典型とみなすようなイメージをのちに増幅することにつながった。さらに海後が『教育思潮研究』発刊時に、研究室内で誌名をめぐって幾度か議論があったことにふれていることも、このエピソードをほとんど唯一の根拠として、東大研究室内部に吉田の重視する原理的・思想的研究と、阿部重孝に代表される事実にもとづく教育政策の科学的研究という、二つのはっきりした研究潮流の違いの存在が主張されることにつながることになる。

海後の回想録の出版された頃、すなわち戦後も四半世紀を経過すると、新制大学の発足後に教育学を学びはじめた若い研究者たちの業績が加わるようになる。この世代に属する寺﨑昌男は、一九八一年に「戦後においては、教育学説史研究への理論的関心を表明した著作としてはわずかに稲垣忠彦による資料集『教育学説の系譜』（一九七二）一冊を数えるのみといってよいであろう(16)」と述べている。おそらくその指摘は四〇年後の今にも当てはまるに違いない。ところが、同書で稲垣は、吉田熊次についてほとんど関心を払っていないのである。

稲垣は、このアンソロジーに吉田の著作を収録しなかっただけでなく、解説でもわずかに「吉田は体制的アカデミズムとしての志向を強くもっている(17)」と述べるにとどまっている。同書について、具体的に、つぎの二点を指摘しておきたい。ひとつは、吉田熊次についてほとんど無視していることである。稲垣は海後の前掲論文を収録したことをもって、東大アカデミズムの業績の紹介は十分だと考えたのかもしれない(18)。周知のように稲垣の教授理論史のシェマは、ヘルバルト派によって定型化された教授法が大正新教育運動によって乗り越えられるというものであったから、明治期には吉田の社会的教育学に代表されるようなもうひとつのヘルバルト批判の理論的潮流があったことを見落としたのではないか。そのために戦後の日本教育史研究では、結局のところ「学校教育学」批判としての新教育運動の歴史的役割ばかりが前景に浮かび上がってしまったのである(19)。

いまひとつは、教育の科学的研究のはじまりを「一九二〇年代の終わりから、一九三〇年代のはじめにかけて」のこととみなしたことである。「阿部が学んだ実証的統計的方法と現実的問題への関心は、当時の、わが国における観念的哲学に立脚した教育学の学風と対立するものであり、阿部は東京大学教育学科に新しい学風をもたらした(20)」、と稲垣は述べる。このように阿部重孝（そして城戸幡太郎）の教育科学運動によってわが国において教育の科学的研究がはじまったことを強調することで、吉田に象徴される「東大教育学風」との対立を際立たせることになった。稲垣の学説史の試みにみられる問題点は、個々の教育学者の著作に即して、その思想を内在的に理解しようとするテクスト読解と、さらにそれをひとつの時代の流れを俯瞰しうるような思想史的構図のなかに位置づけるという手続きを経ないままに、研究者の先入見にもとづいて、外在的な歴史的評価を下していることにある。

稲垣と同世代の研究者たちが、吉田熊次の存在に対して研究関心を抱かなかったことのもうひとつの重大な帰結は、大正・昭和期の教育史研究から「国民道徳」の主題がすっぽり抜け落ちてしまったことだった。堀尾輝久の『天皇制国家と教育』は国民道徳について言及はあるものの、外在的アプローチの典型であって、教育学、および教育界内部における実際の議論の諸相についてはまったくふれられない[21]。中内敏夫の『近代日本教育思想史』もまた、その包括的なタイトルから予想されるのとは異なって、明治期以後の日本には教育思想はあっても、アカデミックな教育学はあたかも存在しなかったかのような印象を与えてしまう[22]。稲垣『教育学説の系譜』と同じシリーズのなかに、中内の編集になる『ナショナリズムと教育』があるが、そこには「国体」や「国民道徳」に関する論稿は一切含まれていない[23]。戦前期のナショナリズムの実態に国民教育の場面からアプローチするならば、「国民道徳」をめぐる論争を避けて通るわけにはいかないはずである。こうした研究がどの程度学会における論議の対象となったかはわからない。しかし、それらが商業ベースにのって流通しえたのには、この新しい世代が敗戦によって生じた学問の空白期に、一躍教育学の最前線に躍り出たという学界事情と、それに加えて、五五年体制下の左翼運動の高まりに呼応して、アンチ国家を主張する教育研究運動が広範な広がりをみせていたことが要因としてあげられよう[24]。

吉田熊次が教育史研究の主題として取り上げられるようになったのはここ十数年のことである。平田諭治、榑松かほる、高橋陽一、片桐芳雄、森川輝紀らのものがある[25]。注目されるのは「国民道徳」論の文脈で論じている高橋と森川の研究で、ここでは方法論の観点から検討してみよう。「『皇国ノ道』概念の機能と矛盾」と題する論文で、高橋は戦時期の教学刷新の流れをうけて「国民道徳」論議に「皇国ノ道」が導入される経緯をたどり、きびしい対立を孕んだそこでの議論の諸相を描き出している。吉田は「国民道徳」論を「普遍的な倫理」と「歴史的な特殊性」の問題として論じていたが、そのことによって、教学刷新イデオローグたちに対抗する論陣を展開することができたのだ、と高橋は論じる。小股憲明は、この論文に付したコメントで、「時代に即した内在的な分析を企図しつつ、他方で、戦時下のものはすべて不合理でありダメであるという決めつけから、いまだ方法的に十分に自由になりえていない」(26)というきびしい指摘をしているが、教育学説史研究のなかでは意義ある分析の試みであったといえよう。

森川の『国民道徳論の道』は、元田永孚・井上哲次郎と並んで吉田熊次について論じているが、方法論的にいえば、日本教育史の分野に根強い外在的アプローチに依然としてとらわれている。おそらく戦後に書かれた吉田の国民道徳論に関する文献としてはもっとも詳細なものであろうが、吉田の教育言説を「元田に始まる道徳教育論の展開に即して」論じることに主眼がおかれて、「ここでは教育学説史の中に吉田を問うのではない」との断り書きがある。とはいうものの、思想史的観点からすると、森川の吉田教育学の位置づけには一貫性がみられない。なぜなら、森川は吉田の教育学を、一方で、「強くドイツ風な観念論に影響された」教育論とみなしながら、他方で、教育勅語の正当性、必然性を「社会ダーウィニズムの理論」を援用して説明したとするなど、思想史的文脈からすれば整合性を欠いているからである。また、森川は国民道徳の根本問題を「本邦固有の道徳」と「欧米より伝来する倫理思想」をいかに融和するかに見出していたとする(27)。そうだとすれば、その思想史的系譜の源泉は元田にではなく、西村茂樹にこそ求められるべきではないだろうか。この論点については本章のなかで論じることになろう。

最近、『戦時下学問の統制と動員――日本諸学振興委員会の研究』という大部の著作が刊行されたが、そこで吉田は主要なアクターのひとりとして登場している。だが、吉田に焦点をあててみると、この共同研究には二つの異なった方法論的視座が分立しているようにみえる。ひとつは、山本敏子が日本諸学振興委員会教育学会における議論を丹念に追った章で、「アカデミック一般に影響力を及ぼすために」吉田がとった学問的戦略が紀平正美らの

「ファッショ」派とどのような対立関係にあったかについて、学説内容に立ち入って具体的に論じられている。ただ、ある時点で切り取られた歴史の局面における論争の実態を、徹底して議論に内在しながら再構成しようとするために、そうした吉田の立場を彼の学問体系に関わらせて分析するという思想史的関心は後景に退くことになる。(28)いまひとつは、教育学研究の動向を制度化という視点から、「講壇教育学」や「教育科学運動」などのさまざまな動向を通して概観している、木村元執筆部分の孕む方法論的問題である。木村は広範囲にわたる教育学研究の諸相を継時的に描き出そうとするために、個々の教育学者の学問的業績を吟味するという作業が十分になされているようにはみえず、したがって、それを媒介にして描かれた当時の教育学の布置状況は依然として通説の枠組にとらわれているように思われる。木村は一九三〇年代の「東京帝大の教育学研究室において吉田と阿部という二つの潮流」が存在していたことを強調し、そのきっかけが『教育思潮研究』の発刊にあったとする。おそらく「教育学研究室内部の教育学の性格の葛藤状況」を強調する見解は、海後の回想を根拠に、稲垣の所説を承けてのことだと思われるが、日本における教育の科学的研究の端緒を阿部に求めるという仮説が、個々の著作を内在的に読み解くという作業に優先してしまったように思われる。(29)木村の所論については、本論のなかで改めて言及することになろう。

以上にみてきたところから、吉田熊次の教育学理論を思想史的に分析しようというわれわれの課題は、つぎのような二つの方法論的視点を交錯させるところに求められねばならないといえるだろう。一方で、吉田の教育思想をその形成過程に即して追認することである。それにはなにより吉田の著作についての内在的な読解作業が求められる、と同時に、それが同時代の教育現実にとってもった実践的意味を明らかにするために、その作業は「国民道徳」論の分析によって補完されることになる。他方で、諸外国の教育と教育学の比較分析につとめた吉田の教育学説を、広く世界史的な同時代性のなかに位置づけることを通して、俯瞰的な視点から思想史的に分析することである。それは、わが国の教育学内部の論争が、同時代の欧米の思想圏と似たような布置構造のもとで展開されていたことを示すことになるだろう。

第2節　学校との出会い――生い立ち

吉田熊次に関する伝記的資料はごくごく少ない。われわれが参照できるのは、還暦を迎えた一九三四（昭和九）年に、自らの生涯と研究を振り返った二つの自伝的文章のみである。[30]「山形県郷土学習ビデオ教材」（企画・山形県）に『教育学者　吉田熊次』（一九九四）があるが、内容はほぼ自伝に沿っている。まずは自伝を手がかりに、生い立ちをたどってみよう。

吉田は一八七四（明治七）年二月二七日、山形県東置賜郡中川村大字元中山字日影（現南陽市）に、父栄次郎、母すえの第五子として生まれた。中川村というのは、山形市と米沢市のほぼ中間に位置し、一八九九年の町村制施行を受けて、もともと米沢藩領だった小岩澤村・川樋村・元中山村・中山村が合併して「人為的に作られたる名称」である。一九〇一（明治三四）年に奥羽本線が山形まで延伸したのをうけて、一九〇三（明治三六）年に旧小岩澤村のところに中川駅が開業した。日影は中川駅から二キロほどの、「北手に見ゆる奇岩突起の小山の北麓」にある寒村だった。戸数は約二〇、全戸が農業を業としており、熊次の生家は代々自作農だった。村内では裕福な方で、「元より富裕といふのでは無いが、貧乏といふでもない」境遇に育った。女が四人（うちひとりは早逝した）続いた後の男子の誕生で、しかも末子であったから、「自然に家人の恩愛に浴することも厚く、幼少の時より我儘も許されたものらしい」。念願の長男をえて、親は家業を継ぐことを期待するようになるが、すでに長姉が養子を迎えて家業を継いでいたから、「余は日影の家に取っては不要の人間であるといふ意識はハッキリと刻銘せられて居た」。

さらに自伝の記述に従うと、吉田の小学校時代は一八八〇（明治一三）年に数え年七歳で入学してから、一八八九（明治二二）年に山形中学校に入学するまでの九年間に及んだはずであるが、そうだとすると歴史的事実とそぐわないことが生じる。とりあえず学校体験を二つの面からたどってみることにしよう。一方で制度的な面からみると、「学制」のもとで設置された地元の小学校に通学することからはじまった吉田の学校体験は、「教育令」の度重なる改廃や「小学校令」の公布などによって国民教育制度がようやく確立されようとする時期にあたっており、そうした制度の変改がもたらした混乱のあおりをまともに喰うことになったことである。他方で、学校体験の内実についてみると、学校教師のサポートによって親の希望に反して上級学校へ進学する機会が拓かれただけでなく、教師との出会いは家庭環境の影響をはるかに超えて、自らの人格形成を決定づけることになった、と早くに自覚されていたことである。

まず、学校制度の面から考えてみる。のちに中川村に合併される四ヶ村のうち、小学校がおかれていたのは川樋村と中山村だけだった。元中山村の子どもたちは、中山ではなく、通学により困難な坂越えがあったにもかかわらず、川樋小学校を選んだ。そして、通学の難しい一、二年生のために、元中山に川樋小学校の分教場が設けられた。こうした村の人たちの学校選択のありように、地域間の対立感情が作用していたとされる。中山村には旧米沢藩の番所がおかれていたこともあって、「士族屋敷もあり多少威張つて居た」ので、元中山村の人びとは「何んとなしに中山に対して反感を持つて居たやうである」。依然として、旧藩時代の「縮図」のような社会関係が残存していた、と吉田はいう。自伝のいうように、吉田の入学が明治一三年だったとすれば、「学制」の規定による四年制の下等小学だったはずであるが、翌年の小学校教則綱領の公布によって、初等科（三年）・中等科（三年）・高等科（二年）という三段階制に移行した。だが、吉田の学校生活にとっては、一八八六（明治一九）年の「小学校令」によって、この三分制が廃止され、尋常科（四年）・高等科（四年）の二分制となったことの影響の方が大きかった。それは第一に、吉田が中等科の二年目を終えた時点で、川樋小学校が尋常小学校のみの設置となったため行き場がなくなって、補習教育課程である温習科に編入させられたことである。(31)「即ち小学校の第五学年を卒つて、再び第五学年生となつた訳である」。第二に、川樋小学校には高等小学校が設けられなかったから、勉強を継続するには宮内町の高等小学校に進学しなければならないことであった。そこで吉田は第三学年に編入された。当初は仮編入ということであったが、第一学期に首席となったので本編入が認められたという。宮内町は元中山から約三里の地にあったから下宿生活を余儀なくされ、以後、戦時中の疎開と戦後しばらくの期間をのぞいて、実家に生活の本拠をおくことはなかった。一八八九（明治二二）年に宮内小学校を卒業するときに、「成績優等」と「人物優等」の証書を受けた。その四月に山形中学校に入学したが、「小学校は夏休中に追試験のやうなものを受けて其の年の秋頃卒業証書を貰つた」。

ついで、教育体験ともいうべき側面をみてみよう。吉田にとって学校とは、家族生活の埋め込まれた「自然村」秩序からの脱出ルートを担保してくれたものであると同時に、教師との人格的出会いが、「武士的エトス」を媒介にして、自分の性格形成に決定的な影響を与えた場として受けとめられていた。吉田の自伝に、日影坂を越えて、「毎日二十町余の山道を往復」して、川樋小学校に通学していた時期の興味深い話が出てくる。「児童の中には学校まで行かずに、途中で一日を遊び暮らして家に帰るものもあった」。ことに晩秋になると「鳥藪」を作って鳥を捕る者の手伝いをして数羽の小鳥を貰うことができたから、「特に多くの怠惰児童が出来る」。だが、吉田は「友達の勧めがあつても決して学校は休まない。従つて学業の成績も良く、先生にも可愛がられる所から」、ある日学校帰りの日影坂で、「惰け児童の仲間」に「イヂメ」られて泣きながら家に帰ったことがあったというのである。この一挿話は近代学校制度ができて間もない頃の、学校文化による「規律・訓練」がまだ子供の生活を覆い尽くすにいたっていなかった時期の状況を生き生きと描き出している。ここで、われわれは宮本常一のある一文を想い起こさないわけにはいかない。

「そういうところへ新しい教育が学校という形式によって子供の世界にのぞんだ。それは過去の社会にはなかったものであり、一種新しく附加せられたかたちをとったものであるから、子供たちの生活は伝統を保持する村の生活と新しい知識を得るための学校生活と二分していき、しかも両者は長く融合しなかったのである。小学校の級長は村へかえっては必ずしも子供仲間の大将とはきまっていなかった(32)」。

小学校時代に出会った教師の多くは士族出身で、のちに他の職業に転じるケースが多かった。分教場のただひとりの教員だった鹿島才助は旧米澤藩士で「極めて厳格な人であった」が、父兄や村民から非常に敬慕されていたという。のちに郡書記に転じ「三十年程も郡の会計を預かって聊かの間違いも起さなかつた人格者であつた」。川樋小学校時代に「最も恩顧を受け」たのは、校長の中里重吉だった。中里は旧鶴岡藩士で、師範学校卒業と同時に校長として赴任、吉田が温習科に在籍していたとき、はるばる自宅にまで足を運んで高等小学校に進学させるよう家族を説得してくれた。のちに酒田町長になり、一九三三（昭和八）年市政施行とともに初代の酒田市長になった。同小の大竹武吉ものちに芝浦製作所の「重役技師」となっているが、上京間もない頃の大竹に吉田は進学についてたびたび相談していた。宮内小学校に転じてからは、「最も多く感化を受けたのは小泉清蔵といふ米澤藩士であつた。同先生は……慷慨家で先生の歴史教授なども非常に興味あるものであつた」。吉田は、小泉が教科書として使った田口卯吉『日本開化小史』を休暇中に写し取ったことがあった、と述べている。宮内小に来てから一年後に、代用教員だった深澤清八の家に下宿を移り、「起居動作のことから飲食の作法まで教わつた」。吉田は小学校時代を総括してこう述べている。

「要するに余の小学校時代には父兄より教養上の指図は殆んど受けない、まつたく小学校の先生方の教導に依つたものである。而して当時の教師の大部分は士族魂を本として教育に当られたやうに思ふ。余は自分がかゝる時代の小学校教育を受くることを得たことを無上の幸福と感じて居る」(33)。

山形中学校の受験をめぐって、「明治二十二年には第二の危期が来た」。小学校卒業後は家業に従事させたいという親の希望に反して、吉田は無断で山形中学校を受験し、合格した。家族に対しては、「山形中学校は県立の学校であるから一度願出でた上は取消すことは出来ない」という詭弁を弄して弁明し、結局のところ「余の決心の堅きを見て諦らめたものと見え、父母も兄姉も中学校だけという条件で勉学を継続することを許して呉れたのである」、とある。当時の中学校の授業は不完全なものであり、とくに理科系の科目は実験などほとんどなく、近代科学の趨勢とは無縁のものだった。吉田の近代科学との本格的な出会いは高等学校へ進学後のことになる。中学校時代に吉田の興味を惹いたのは、国漢文の授業だった。とりわけ宮島昇の授業は熱心に聴講し、「倫理の教授において論語や大学や中庸等の名句を掲げて講義せられたのには深く感銘する所があつた」。宮島は旧米澤藩士であり、小学校教員、師範学校教員を経て、明治一九年に山形中学校に着任したばかりだった(34)。吉田は、「旧米沢藩士の関係で特に親炙する機会が多かつた」宮島の授業を受けて、「文科方面に進まんと決心するに至つた」、と述べている。そして、教育への関心もまた、この授業のなかで浮かんだ疑問から生まれた。この経緯は「自伝」で述べられており、しばしば引用もされるが、吉田はそれに先立って出版された『国体と倫理』（一九二五）の序文を、こう書き始めている。

「余の学的研究の究局目標は道徳教育にある。この目標は余が中学校在学中に設定されたものである。当時修身の授業に於て論語その他の格言を題材として講義を聴いて居る際に、孔子の人格と教義とには深く感心し乍ら、孔子は何が善なるか何を為すべきかを教へるけれども、如何にせば善を行ふ人間に成り得るかの道理を示さない、これ今日に至るまで善を知る人あつて善を行はざる人の多き所以であると考へた。余の終生の研究目標はこの時に定められたのである」[35]。

一八九三（明治二六）年、吉田は山形中学校を卒業一年前に退学して、東京に出た。「これは中学校を卒業すると、郷里に戻らなければならぬ約束があるので、その前に将来学業をつゞくる手段を整へ置く必要があつたからである」。背水の陣を張ったのである。実家を発った日は春の大雪で、赤湯を経て高畠町で一泊、翌日ただひとりで七ヶ宿街道の雪路を分けて桑折駅に出て汽車に乗り、さらに福島で一泊して上京した。東京では中学校時代の同級生や先生宅に止宿し、国民英学会の夜間部に通学しながら、日中は自習に専念して受験準備に励んだ。その結果、六月に第一高等中学校予科の試験に合格した。受験生約六〇〇名のうち合格は六〇名だったという。学資について、「明治三十三年の大学卒業まで何等の困難なしに学業を続け得た」と、吉田は書いている。上京後も中学卒業までの分は実家の援助を得ることができ、その後は同郷の人びとからのサポートを受けることができたからである。具体的にいえば、まず上杉家の醵金にもとづく「米澤教育会」からの貸費である。これは上杉家が年額一〇〇〇円を支出して、年間二名程度の修学にあてるというもので、すでに一八八五（明治一八）年に発足していた。さらに「自伝」には、「伊東忠太先生宅に起居して書生監督など致した」、とある。伊東忠太（一八六七―一九五四）は日本建築史研究の草分けとして知られる。米澤に生まれ、軍医だった父について少年時代を佐倉で過ごした。吉田が東京帝国大学文科大学に入学した一八九七（明治三〇）年に、東京帝国大学工科大学の講師に就任している。おそらく吉田が監督した書生たちとは、伊東が中心となって一八八九（明治二二）年に起ち上げた同郷人の親睦団体「有為会」活動の一環として、伊東が自宅で面倒をみていた学生たちなのであろう。付言しておけば、西洋建築学の手法に学びながら日本建築の特質を解明しようとした伊東の業績は、吉田の教育学の方法とどこか共通性があるように思え、学問上の影響を受けることがなかったとは考えにくい。[36]

吉田と「有為会」の関係は長く続いた。渡辺言美論文と重複しない範囲で、ここで言及しておきたい。一八九八（明治三一）年、千坂高継を会長に米澤有為会が正式に発足したとき、吉田は幹事として役員に名を連ねている。育英事業としての貸費制度のほかに、「巡回講話と寄宿舎とを以て、本会の目的」としていたから、東京に寄宿寮を建設することは会の悲願だった。一九〇九（明治四二）年二月、小石川伝通院坂上に「米澤有為会寄宿舎興譲館」が竣工し、吉田が初代館長に就任した。入舎生は三七名だった。吉田はかつて『有為会雑誌』に「寄宿寮論」を載せて、小村（寿太郎）外務次官を有為会の会合に招いたときに聞いた話を記している。小村は、わが国の現状に完全なものがひとつもないと述べ、とりわけ国家を双肩に担って遺憾なき人物が乏しいことを嘆いていた。その原因として小村が挙げたのが、教育制度が不完全なことであった。「初め我国の制を米国に摸するや教育の半面を見遺たりき彼の学校は智育の練習場に過きず教育に関しては全く之を教会に一任せり然るを我之を知らず学校を以て教育の全面と解せり之れ甚たしき誤なり而して之を救ふの一法は正に此の同志会の如きものか」。高等小学校時代から下宿体験のあった吉田は、こう結論づけている。「寄宿は中等以上の教育には欠くべきからさる一機関なり寄宿の効利は計るべからさる者あり」[37]。旧米澤藩の育英事業は、吉田を教育学へと後押しした要因のひとつであった。

一八九四（明治二七）年高等学校令の制定により、第一高等中学校は第一高等学校と改称された。文系・理系の志望者が一緒に授業を受けていた予科が廃止されたので、ただちに志望学科を決めなくてはならなくなった。「余は保証人が余り勧めなかつたにも拘らず、予ねての希望の通りに文科の組に入つた」。保証人とは野尻精一のことで、「野尻先生は洋行帰りの教育学者で、当時は東京府師範学校長を本職とし講師として大学で教育学を講じて居られたやうである」。野尻を紹介してくれたのは、中学時代の恩師宮島昇だった。野尻が高等師範学校卒業と同時に山形師範学校長に就任し、師範学校長は山形中学校長を兼任することになっていた縁からであった。高等学校時代においても、吉田は「順良なる生徒であった」。当時の授業についていては、吉田はつぎのように述べているが、とりわけ自然科学の方法に依拠した人間科学への関心は明らかであって、すでにこの段階で思想的骨格がかたちづくられていたことがわかる。なお、この引用に出てくる宮島幹之助は、伊東忠太とともに「有為会」を立ち上げた同人のひとりである。

「それ（＝修身の宇田廉平）よりも物理学担任の水野敏之丞先生のエレクトロ・マグネチック・セオリ・オブ・ライトと生物学担任の五島清太郎先生の進化論特に脳髄発生の比較研究等は非常に面白く感じた。又卒業間際には同郷の先輩宮島幹之助氏の勧誘に依つて大学の人類学教室に於ける坪井正五郎先生の人類学の通俗講義を聴き、之に最も興味を持ち、学年試験中も一回も欠席せずに土曜日毎に聴講をつゞけた。後に大学に於ける理想主義一点張の倫理や哲学の講義に不満を感ずるやうになつたのは、或は是等の感化に基いたのかもしれない(38)」。

ここまでが「自伝」の記述にもとづく、一高時代までの経歴である。帝国大学進学後のことは、その学問内容とかかわってくるので、章を改めて論じることにしたい。

第３節　卒業論文、あるいは倫理学からの出発

一八九七（明治三〇）年九月、吉田は帝国大学文科大学哲学科に入学した。当時の文科大学は単位制が採用される直前で、哲学科では哲学、倫理学、心理学、教育学などの専攻に関わりなく、学生は固定した学年別の時間割にしたがって同一の課程を修めることになっていた[39]。ケーベルが哲学概論と哲学史を英語で講じていたほか、井上哲次郎が日本哲学史、元良勇次郎が心理学、そして中島力造が倫理学の講義を担当していた。以上の専任教員の講義のほかに、社会学の高木義明、教育学の大瀬甚太郎などの兼任講師の講義があった。吉田は、「此の外医科大学の生理学、医化学、精神病学と理科大学の地質学なども聴講し」ており、高等学校時代に引き続き自然科学系科目への関心が高かったことをうかがわせる。吉田は哲学科を首席で卒業して恩賜の銀時計を受けた[40]。同期生に深作安文、速水滉、春山作樹のほか、紀平正美がいた。本章では、卒業論文「倫理法の必然的基礎」を取り上げて、吉田の学問的な出発点がどのようなものであったかを確認する。「自伝」には、この卒業論文の意義があますところなく語られているので、少し長いが引用しておこう。

「余は道徳教育の研究に専ら意を用ひたのであるが在学中には特別なことも出来ず、大学卒業後に実践哲学を研究題目として大学院に籍を置くこととした。而して余が大学時代に学んだ哲学と倫理学とは専らカントを主とする独逸哲学系統のものであつて、切《しき》りに理想とか人格とかいふ点を力説するが、何を理想とすべく、如何なる内容を人格が持つべきかの点を論究しなかつた。否、カント哲学にありては寧ろそれを論究することを否定する傾向があるやうに感じた。此の点は余の常に不満を感じた所であつた。……余は決して理想及び人格の

尊重すべきことに関する独逸哲学的見方を否認するものではない。唯其の上に更に内容的方面の価値規範を設定すべしと考へ付いたのである。余の卒業論文の「倫理（法）の必然的基礎」はかゝる要望に出でしものであり、後年に国民道徳を論じ、忠孝の倫理学的乃至哲学的基礎などといふ論を試むるに至つたのも斯かる思想傾向の延長に外ならないのである」[41]。

吉田の卒業論文は、卒業間もない一九〇〇（明治三三）年一〇月に公刊された。井上哲次郎が創刊した『哲学叢書』第一集に収められたのである[42]。すでに哲学専門の学術雑誌として『哲学雑誌』があったにもかかわらず、井上が同叢書の発刊に踏み切ったのは、『哲学雑誌』は「其冊子たる薄小にして大論文を載するに便なら」なかったからである。井上はこのシリーズによって、「純正哲学は勿論、倫理宗教等に関する大論文を収載」して、わが国における哲学の進歩をはかるのだと謳った[43]。結局第三集を刊行して終わったが、なかでも第一集は吉田と紀平正美「実行倫理と宗教」の二編のみが収められ、前者は四〇〇字詰め換算で二〇〇枚あまり、後者もゆうに一〇〇枚を超える力作だった。この卒業論文に対する吉田の思い入れには格別のものがあったようで、一九二九（昭和四）年に刊行された論文集『陶冶と価値』に「付録」として再録されている[44]。われわれもまた「倫理法の必然的基礎」のなかに、のちに大成される吉田の倫理学的立場が萌芽として現われているのを認めることができる。ここでは吉田の議論を三点に整理して検討してみよう。

第一は、タイトルの「必然的基礎」が含意するように、吉田がめざしたのは倫理学を科学（精神科学）として成立させることであり、そのための学問的根拠を哲学的に、つまり究極的な原理に遡って論証することであった。科学としての倫理学が確立するには、それが対象とする個人の行動がひとつの社会的事象として、他の自然現象と同じように、「必然の理法」、つまり「因果の法に支配」されて生起するのでなければならないはずである。そのために吉田は本論文を、そもそも必然とはどういうことかを問うことからはじめる。必然とは「必ずかくあり、かくあらざるを得ざる関係」をいうものであって、「論理学上の充足原理」とまったくその範囲を同じくする(45)。そして、「充足根拠律」を主題にしたショーペンハウアーの学位論文の検討に一章があてられる。アリストテレスやライプニッツによって問われてきた「充足根拠律」は、ショーペンハウアーによって新たな局面が拓かれることになった。それは二点にわたる、と吉田はいう。ひとつは、「転化（生成）」「認識」「存在」の充足原理に加えて、「行為充足主義なる者を置き、道徳的必然の原理」としたことであり、もうひとつは、それまで充足根拠律について、それが「思想の原理なるか、客観世界の原理なるかを明瞭に論究」されてこなかったところに、「ショッペンハゥエル氏に至りて分明に此両様の区別を明にせ」られたことである。こうした「倫理的行為の縁起的方面に於ける必然性を説く」ショーペンハウアーの論文は、科学としての倫理学という吉田の構想に格好の理論的根拠を与えると同時に、自らの倫理学の守備範囲を限定させるきっかけともなった。後年になって、吉田は科学的倫理学と哲学的倫理学を峻別して、前者を自分の倫理学の独自性として積極的に打ち出すようになるが、ここではショーペンハウアーと対比して、「余の研究は寧ろ科学的に止まり純粋哲学上の問題に深く侵入することを敢てせず」と控え目に述べている(46)。

第二は、「個人と社会」の問題である。吉田は道徳的行為の本質的契機である「理想的要求（Sollen）」を、主観的方面と客観的方面から論じて、「道徳的行為には主観的および客観的の両要素が存する」ことを指摘する。人類の行為は社会的事象の一部であるのだから、倫理的規範が社会的・客観的関係を前提することは理の然るべきところだが、それが善となり、悪となるのは「主観に映じたる客観、即ち精しく云えば主観と客観との関係」においてなのである(47)。このことから、たとえばジンメルのように、道徳的行為において「しかすべし」という感触の意識化される主観的方面のみを強調して、「客観的考察を無用視する者無きにあらず」という事態が生じる。だが、いかなる内容の行為をなすことが道徳的であるかは、「客観的帰納」によらなければならない、と吉田はいう[48]。道徳的行為の主観的側面を「形式」とし、客観的側面を「内容」とすれば、両者を峻別する方法論的二元論にたって、後者の側面を重視することこそが吉田の倫理学を特徴づけることになる。しかしながら、このことは吉田が個人と社会の関係を二元的に捉えていたということにはならない。個人は社会的関係のなかにこそ存在するのであって、当然責務はそこから生まれてくる。

「若し社会に於て各自独立するに止まらば社会は恰も原子の集合瓦石の堆積の如く遂に社会をなさざるべし、已に社会をなす以上は必ず互に依る所なかるべからず、故に個人の目的は個人にあらずして社会に於ける個人たるにありといふべし、……何となれば、個体の存在する所以は全く社会の力に依るものなれば之を無視するは即ち自己の一部を無視するものなればなり、道徳は先ず個体を主とするを以て其立場は個人主義と云て可なるべきも、之決して社会関係を無視するものにあらず[49]」。

社会とは個人の集合・累積によってつくられたものではなく、個人こそが「社会的な糸がたがいに結び合う場所にすぎない」という新たな社会学的視点を、吉田はジンメルから学んだように思われる。卒業論文の種本として「大学図書館に入つてジンメルのモラールヰッセンシャフトと題する二巻の本を見付け、それを愛読した結果が右の論文になった[50]」と語られてもいる。卒業論文の中核をなす倫理学のテーマが、「科学と倫理」および「社会と個人」におかれていることも、吉田の理論的課題がジンメルの思想圏のなかにあったことを示唆している。吉田の社会的教育学の着想は、人間の社会的・歴史的現実を出発点におくジンメルの思想から生まれたともいえるだろう[51]。だが、ジンメルの倫理的関心が個人の自由や個性といった「形式」に向かったのとはちょうど逆方向に、吉田の関心は、道徳を道徳たらしめるところの社会的規範の「内容」を問うことに向かうことになるだろう。

第三は、教育に対する強い関心である。道徳の客観的要素は、人間性について観察し、その能力の発達を支える自然的・社会的条件についての経験的知識に訴えてはじめて、道徳の規範として成立することになる、と吉田はいう。「然れども只規範を規範として認知せしのみにして之が人道なりと甘受し、以て行為に顕はせるものにあらずんば道徳的と称すべからず、人の道徳的と称せらる、所以のものは実に善を善として感ずる点に存すと云うべきなり」[52]。つまり、道徳は「主観の修養」のための教育の力を必然的に要請することになる。「要するに道徳とは善を善と感ずる所の主観状態を予想せるものにして即ち道徳は教育を予想するものなり」[53]。吉田にとって教育への関心は、道徳が主観的要素と客観的要素とから構成されるという方法論的二元論のもたらした必然的な帰結だった。つまり、一方で個人の自由と個性という主観的形式と、他方で社会的・歴史的条件によって規定される道徳規範という客観的内容とを峻別したうえで道徳現象を捉えようという方法論的視点が、教育に両者を架橋し、媒介する社会的機能を託すことになったのである。人間の本性を精察し、それら能力の発達や制限に関わる自然的・社会的要因を経験的・実証的に明らかにすることによってもたらされた規範は、規範として認知されるだけでなく、行動に顕わされることがなければ、十全な意味で道徳ということはできない。そこに道徳教育の可能性が見出される。「教育の任務は客観的考察によりて得たる所の内容に物理的要求及欲求を通じて『しかすべき』Sollen てふ感じを得せしむるにあり、且此ることの可能なるべきを験証するにあり」[54]。

以上の三つの論点は、その後の吉田の教育学的立場を予想させるという観点から選び出したものであって、吉田が思想的出発にあたってどのような倫理学的立場を選びとっていたかを示唆しているわけでない。卒業論文で一章を割いて検討されたショーペンハウアーや、全体を通してしばしば言及されるカントについては、井上哲次郎の講義を通して親しんでいたのであろうし、『モラールキッセンシャフト』の著者ジンメルの名は、高木義明の社会学講義のなかで教えられたものであろう。だが、この論文のなかで吉田は明らかに自らの立場を主張しているように思える。それが次の一節である。道徳そのものは主観的要素と客観的要素の関係から構成されるものだ、と述べたあとで、吉田はつぎのように自らの立場を宣言する。

「故に余の立場は之を主観的動機論とするも得べく、又客観的結果論と云ふも可なり、何となれば人道を目的としてなせる行為にあらずんば道徳的にあらずという点に於ては主観的動機論なり、……其行為の生ずべき結果如何を考料として判断する上に於て結果論者と云ふも可なり、然れども余は決して吾人の道徳的判断が実現せられたる後の結果を以て其行為を判ずるものにあらず、只行為が生ずべき結果を批判の考料となすの点に於て結果論と云ふも可なりとするのみ[55]」。

こうした主観と客観、動機と結果のいずれをも二元的に分断しない独自なスタンスが、一方で結果論を代表する「利己主義」（功利主義）を、他方で動機論の代表者としてカントの「先天直覚論」をともに批判することになるのは当然のことだった。にもかかわらず、吉田はこの時点で進化論を第三の途として選びとっていたわけではない。吉田は同時代の多くの知識人と同じように、人類社会および一般生物界における進化の趨勢を認め、進化は道徳の必要条件であるとさえ述べている。なぜなら、進化は「宇宙の大法」であって、それに順応すれば栄え、逆戻りすれば滅亡を招かざるをえないからである。ただ、吉田はスペンサーのような進化の目的論的説明についても、ダーウィンの自然淘汰理論を人間社会の法則として適用する機械論的立場についても、いずれに対しても批判的だった。「若し進化を以て道徳の標準とせば進化を助長する行為は其何たるかを問わず道徳的と称せざるべからず[56]」ということになるからである。道徳の客観的基礎としての規範は、特定の理論から演繹されるような性格のものでなく、人間の自然・社会における位置や人間が社会において有する諸関係を通して、客観的・実証的に研究されねばならないのである。

昭和期に入って復刻したことにみられるように、吉田はこの卒業論文に特別な愛着を感じていたように思われる。当時「陶冶の科学としての教育学」という新たな立場を構想しつつあった吉田は、青年期に抱いた志をもう一度見つめなおすことで、自己の思想的来歴を激動する日本歴史を媒介にして顧みようとしたのではないだろうか。なぜ、自分は大学時代に学んだ、カントを主とするドイツ観念論系統の思想に馴染まなかったのか。それは、しきりに理想とか人格を力説するが、何を理想とすべきか、どういう内容を人格がもつべきかを論究していなかったからだ。

のちに吉田は回想して、哲学研究室の支配的雰囲気に馴染めなかった理由を三つあげている。第一に、道徳には内容の考察が不可欠なこと、つまり中学校以来、東洋流の道徳説には五倫とか、五常とかいう一定の道徳規範があることを学んできたこと、第二に、科学的思考の優位性への共感である。高等学校時代に「単なる直覚のみでは真理を立証するに足らないという自然科学的考へ方を教わった」ことが生き続けていたのである。そして第三に、ナショナリズムの風潮である。「明治二十七八年以後国家的国民意識の勃興せるに伴ひ世界主義個人主義に反抗する時代思想の影響を受けて居たのかもしれない」(57)。青年の自立と国家の独立を欧化主義の受容によって達成しようとした明治初期の青年たちの思想的模索は挫折し、代わって日清戦争を機とするナショナリズムの高揚のなかで、日本の歴史的伝統を踏まえた国家的・国民的自立を、科学・技術の発展と両立するかたちで達成しうる思想的枠組が求められるようになっていたのである(58)。

第4節　科学としての倫理学――『社会的倫理学』の構想

一九〇〇（明治三三）年七月に大学を卒業すると、吉田は「実践哲学を研究題目として大学院に籍を置くこととした」[59]。同時に、哲学館（東洋大学の前身）と浄土宗高等学院（大正大学の前身）の非常勤講師を勤め、教育学、倫理学、および西洋倫理史を講じた。ちょうどその年、国定の修身教科書を求める議会周辺の動きを背景に、修身教科書調査委員会（委員長・加藤弘之）が設置され、小学校修身教科書の編纂がはじまった。吉田が中島徳蔵に代わって「起草員を嘱託」されたのは、一九〇一（明治三四）年六月のことだった。一九〇二（明治三五）年にいわゆる「教科書疑獄事件」が起こったために、国定修身書の完成が急がれるようになり、一九〇四（明治三七）年四月からの実施にあわせて、前年一二月に脱稿した[60]。修身教科書の編纂にあたった経験と、それが引き起こした道徳教育をめぐる論争については、「国民道徳」と関わって論じることにしたい。一九〇四年三月に、吉田は女子高等師範学校教授及び東京高等師範学校教授に任じられると同時に、欧州留学に旅立った。「海外に留学を命ずとの辞令は、昨年の夏に受け取ったが、例の国定修身書の編纂で留学どころの話ではなかった」[61]からである。同行者に東京高等師範学校教授の乙竹岩造がいた。

渡航を目前に控えていた吉田には、二つの完成を急ぐ著作があった。渡航前後に相次いで刊行された『社会的教育学講義』と『社会的倫理学』である。いずれの著作も、吉田の学問的構想の骨格がすでに留学以前に固まっていたことを伝える点で、重要な意味をもっている。ここではまず『社会的倫理学』[62]を取り上げて、思想史的な観点からこの著作を分析してみたい。ところで、この著作は卒業論文「倫理法の必然的基礎」とともに、吉田についての書誌的文献において見落とされることが多かった。壮年期にあたる一九二六（大正一五）年に刊行された『倫理学概論』は、この『社会的倫理学』にわずかな改訂を加えたにすぎないのであるから、吉田の教育学あるいは国民道徳論の基底にある倫理学的立場がどのように成立したかを検討する上で、同書は重要な意味をもっているはずである。実際、吉田は『倫理学概論』の「序」で、前著以来「余の思想には幾多の進歩発達があつたであらう。けれども根本思潮に於ては依然として一貫するものがある。故に本書は大体に於て舊組織を改めない」[63]と述べている。

この『社会的倫理学』というタイトルには、ジンメル社会学にみられるような時代思潮が反映されている。人間の道徳を科学的に考究しようとするならば、この学問は社会的現実を対象にする科学であることによって、必然的に社会的倫理学とならなければならないからである。ただ、『社会的倫理学』の目次からうかがえる吉田の体系志向には独自なものがあり、それは若干の字句の訂正を除いて、『倫理学概論』にそのまま受け継がれた。前書に「序」を寄せた井上哲次郎が「其内容の組織分類、全く一己の創見に係り」[64]と述べている通りである。井上はさらに、同書が「世の教育家」に向けて書かれたものであることも示唆している。つまり、吉田にとって倫理学研究とは、教育学研究に向かって歩を進める上での基礎づくりの意味があった。以下しばらく同書の内容についてみていきたい。それは、意外に思われるかもしれないが、吉田の思想的出発がジョン・デューイの場合と相似た経過をたどったことを示すだけでなく、理論構築にあたってデューイ倫理学に多くを負っていることを明らかにすることになるだろう。

第一篇「総論」では、倫理学の学問的性格が論じられる。卒業論文をみてきたわれわれにとって、同書が人生に関する究極原理を探求する哲学的倫理学からはっきり区別された、科学的倫理学の立場、つまり、人びとの行動を規定する社会的な規範を経験的事実にもとづいて考察しようとするものであることは、当然予想されるところであろう。当時にあっては、倫理学を「行為の学」と定義するのがごくふつうにみられる傾向であった[65]。しかしながら、と吉田はいう。行為に関する学問というのであれば、政治学や法律学もそうであるから、広義に失することになる。

他方で、「品性（人格）の学」というのであれば、行為の心的方面が主となり、主観的に過ぎることになる。吉田がそれらの立場に対置するのは、「倫理学は道徳現象の学なり」という定義である。それではいわゆる「道徳現象とは何か」を自問しながら、吉田は、「倫理学は人生の目的及びこれに適応する手段を論ずる学なり」と定義しなおす(66)。だが、この定義は道徳を実践的場面で問うことを可能にするものの、かえって「人生の目的」とは何かという問題を避け難いものにする。そのため吉田はのちに『倫理学概論』において、「倫理学は道徳的評価の学である」という定義でもって置き換えることになる(67)。

吉田が「人生の目的」を宗教的、ないし哲学的意義においてではなく、あくまで科学に求めようとしたことは留意されてよいことである。だが、生きることの意味を科学的に考察するとはどういうことなのであろうか。もちろん、科学的ということは、すべてが自然科学の方法に還元されてしまうということを意味するわけではない。吉田がいうのは、倫理学は精神科学として、自然科学とは区別された独自の科学的意義を有するはずだということである。こうした学問的性格づけに関して、吉田は大瀬甚太郎の学問論を踏襲しているかにみえる。大瀬は、心的（＝精神）科学を系統的と歴史的に二分したうえで、系統的科学をさらに説明的と規範的に分けた。そこで心理学が説明的科学とされるのに対して、倫理学は論理学や審美学とともに規範的科学に属するものとされる(68)。吉田はいう、「倫理学にありては、（心理学のように）各人が如何なる目的を以つて行動しつゝあるかを論ずるにあらずして、各人が如何なる目的を以つて行動すべきか論究すべきなり(69)」、と。ところで吉田は、倫理学はあくまで科学の名に値するものであって、そのかぎりで、どこまでも客観的経験性にもとづいた、普遍妥当な知見をもたらすことができると固く信じ続けた(70)。こうした科学観こそが倫理学研究に、「何人にも実際に適用し得べくして、また何人も承認し得べき道徳の規範」、つまり、のちに「国民道徳」の普遍妥当性を経験的事実にもとづいて根拠づけるということに過大な期待をかけることになったと思われる。

「科学的研究とは、その立脚点を経験的事実の上に置き、確実なる知識を基礎として、その間に道徳の規範を定め、これに従うことを以て人生の目的とするものなり。即ち哲学的研究にありては、人生の哲学的目的を定め、これより演繹的に個々の行為の規範を論定し、科学的研究にありては、個々の行為の間に取捨を加えてその規範を定め、それより人生の目的を規定せんとするなり(71)」。

第二、三篇になるとデューイの影響が顕著に見出されるようになる。第二篇「道徳的評価の対象を論ず」には「一名行為論」という副題がつけられているように、倫理学の対象は行為におかれるとして、行為と性格の関係や意志の自由などの論点が取り上げられる。この「行為」は第三篇で論じられる「良心」とともに、吉田の倫理学体系における基礎概念の位置を占めるが、それらは実体化されずに、道徳現象を分析する方法概念として捉えられている。われわれは、そうした概念構成のしかたに、ヘーゲル主義から進化論に移行しつつあった時期のデューイの著書『倫理学綱要(72)』からの影響をみてとることができる。道徳的評価は、「人の心意的習慣たる性格と行為と」を対象とするものだが、「人の性格は直接若しくは間接に行為となりてあらはれざるはなきが故に、道徳的評価の中心は行為にありて可なり」とされる。行為（conduct）と称せられるのは、有意的になされた動作であって、たんなる動作（action）から区別される。吉田は道徳的行為の要件として、（1）意識的であること、（2）有意的であること、（3）健全なる自識があること、の三つをあげている(73)。つまり、道徳上の評価を受ける範囲は、「常人の能力」をもち、ほぼ同一の教育を受けた人の「動機と、意志と、動作と、予見せらるべき結果」を含むところの行為なのである。とはいっても、性格もまた道徳的評価の範囲に含まれる。性格とは、生得的な「気質」という材料の上に加えられた意志作用を含むものであって、「心意全体の習慣の結果よりなるもの」だからである。このように性格が自我と一体のものであるならば、行為と緊密な関係をもつことはいうまでもない。しかも、両者の関係はけっして外部的関係とみなされるべきではない、と吉田はいう。「性格とは行為の結果によりて形成せられる、ものなり。故に、行為と性格とは内部的関係を有するもの」なのである。そのことはまた、個人の行為が外囲（circumstances）の事情の影響を受けることを意味するから、「行為は性格と外囲の事情に依存する」ともいえるのである。(74)

他方で、第三篇「道徳的評価の主体を論ず」では、「良心」が中心的論点となる。われわれは自己または他人の行為に対して善悪の判断を下すが、そうした心の作用の主体が「良心」なのである。しかし、このような道徳的主体を意味する良心という言葉は、善悪の基準、つまり道徳的評価の標準としての良心と混同されてきた、と吉田はいう。だが、良心とは「特種の能力」ではなく、「人生の一作用」にすぎないのである。吉田は、こうした視点がデューイの倫理学的立場に近いものであることに言及している。

「自己の行為たると他人の行為たるとを問はず、一切の道徳的評価はみな良心より発するものなれば、その間に道徳性または道徳的意識なるものを、特別に良心より分離する必要を見ざるべし。デューウェー氏が、動作の目的と種々なる関係との認知、すなわち実践的意識（practical consciousness）を以て良心と名づけしは、余の見解に近きものなり」。(75)

第三篇の良心論が道徳の主観的要素にあたるとすれば、第四篇「道徳的評価の規範を論ず（一名善悪の標準）」は道徳の客観的要素に対応しており、卒業論文の構想に沿った倫理学体系の一面を示している。ただし第四篇は、近代倫理学説の批判的検討というかたちをとって論じられる。そこで吉田は、快楽説（功利主義はここに含まれる）とカントの先天直覚説に代表される克己説を批判した上で、自我実現説の検討に向かう。T・H・グリーンの名とともに知られた自我実現説は、世紀転換期の日本でもっとも人気のあった倫理学説だった。吉田は、自我実現説において個人が独立の権利をもつかのように実体化されていることをきびしく批判する。個人的自我は教育によって自由を獲得し、個性が与えられるような実在ではなく、「自我の本質は独り個体に限るべきに非ずして、社会もまた自我の要素の一なり。換言すれば社会は自我の中にありて、自我は又社会のなかにありというべし[76]」。こうした個人と社会の関係認識はすでに卒業論文にみられたものであるが、次章でみるように吉田によってなされた教育思想の革新においてもっとも核心的な部分に位置づくものであった。だが、ここで強調されるべきことは、吉田がこうした視座を、デューイのいう「倫理的仮設」(ethical postulate) を援用して説明していることである。デューイもまた「グリーンの自我実現説」批判を通して、個人と社会の関係を捉えなおす視点を獲得したのだった。デューイは『倫理学綱要』のなかで、その視点をはじめて定式化するが、吉田は「デュエー氏は倫理的仮設として次の如くいへり」とそのまま引用している。

「一個人の自我の実現は、その個人が属する所の団体の自我を実現する所以なり。又団体の自我を適当に満足せしむるものは、同時に自己の自我を満足せしむべし。故に自我実現説よりすれば、道徳の標準は自我の有する諸能力を十分に実現する点にありて、又自己の住する社会に対して、十分に自己の本分を盡すにあり。此両者は同一の真理を両面より見たものにして、要するに一なり[77]」。

それでは吉田は自らの倫理学的立場に、どのような思想史的位置づけを与えていたのだろうか。『社会的倫理学』で、吉田が「道徳の標準に対する私見」として述べている第四篇第七章の内容は、『倫理学概論』ではそのまま「進化的社会生活説」とタイトルを変更している。このことからも、吉田の倫理思想をある種の進化論の立場と規定することができよう。カントのように道徳の「形式的方面だけの規定」にとどまることなく、あくまで「内容的方面」をも論じようとするならば、道徳とはもともと人類相互の関係に存する事実であるのだから、科学としての倫理学は、道徳の標準が人類進化の過程で、それをとりまく歴史的、社会的条件の制約を受けざるをえなかったことを明らかにすることにあるはずである。ところで進化論といっても多様な解釈がありうるが、吉田の立場は折衷的である。進化の機制をめぐっては、機械論的解釈と目的論的解釈の間で鋭い対立があった。それについて吉田は、「余の見る所を以てすれば、機械的といひ目的論的といひ、同一進行の両面にして、必ずしも矛盾するものにあらず」という。しかも、自然界の因果関係と人事界の因果関係はそれぞれ区別はされるものの、「両々相対峙して進行するのは事実上争ふべからず」とさえ述べている[78]。今日の世界は次第に完成に向かっているが、それは順応（適応）の法則によってである。「要するに宇宙は不断の進行にして、而して其進行は吾人の立脚点より見れば、完全に向かいつゝあるものと認定せざるべからず。即ち宇宙は完全に向て進化しつゝあるものといふべし[79]」。

ついで社会の進歩についてみると、最大の問題は「個人と社会の関係」をどう捉えるかということにある。吉田は社会が個人に先立って存在していたことを強調する。「個人なるものは畢竟此かる団体生活の影響によつて成長するものにして、即ち社会によつて作らるるものなり」。このように個人が社会のなかにおいてはじめて個人となるものならば、「個人の生存と進化とは一に社会の法則に従ふや否やによりて決せらるゝものなり[80]」。したがって、道徳の標準を立てようとするならば、「宜しく先ず社会の大法を明瞭にするを要す」。社会といっても家族、国家、同人種、同文化、人種全体など、さまざまな集合体について言われる。いずれも有機的に結合する限り社会と称されるが、吉田は国家に特別の位置づけを与えている。「今日にありては、最も満足に社会的関係を充足するものは国家なるが故に、国家を以て社会の代表者となす[81]」。しかしながら、行為の規範、つまり道徳の標準は外部の社会的関係によって決定されるべきでなく、人生そのものの内部的要求を顧慮した自律的なものでなければならない、ともいえるはずである。吉田はこの点について、個人の精神は社会共通の精神的財産を受けているがゆえに、その内部的要求が社会的になることは十分ありうるはずだ、という。「特に教育その他の事情にして良好ならんには、純乎たる社会的行為を以て、自律的なものたらしむることは、決して不可能にあらざるなり」[82]。それゆえ、社会の維持と進歩をもって行為の規範とすることによって、倫理学は善についての形式的な規定にとどまることなく、その内容についても論議することが可能になる。そして、このことは倫理学が必然的に教育を前提として成り立つという吉田の主張の根拠ともなっているのである。

第五篇「道徳的生活を論ず」は粗削りだが、『社会的倫理学』と銘うったかぎりは、本来の主題となるべき部分である。吉田は身体的生活、精神的生活、経済的生活、社交的生活、家族的生活、国家的生活、そして人道的生活の順に論じている。とりわけわれわれの関心をひくのは、吉田が国家と「人道的生活」の関連についてどのように論じているかであろう。吉田の国家観の特徴は、国家は「歴史的に発達せる必然的産物なり」[83]とするように、歴史的・相対的に捉えようとするところにある。もちろん明治国家に生きた吉田にとって、「忠君愛国は万世不易の大義」であり、「国民としての道徳は国家的生活を完うし、国家の目的に応ずる」[84]にあることは疑いなかった。だが、それは「国家てふ名目の存するものを以て、是非を問うことなく、道徳上の最高原理を置くにあらず」であり、いずれの社会が最上位の社会であるかは、そこに生きる人びとの社会関係が緊密であって、公共の目的によって結合している程度によるのである。そして他方で、国家の一員としての国民的生活は、人類の一員としての人道的生活によって相対化されることになる。人道的生活、つまり、「特殊な団体的生活を離れて、人を人として考」えた場合の道徳的規定として吉田があげるのは、（１）他人の身体生命、（２）他人の財産、（３）他人の自由、そして、（４）他人の名誉を重んじることである[85]。ここにみられる歴史的に条件づけられた国家社会の道徳と、人類として共通する普遍的な道徳とをどのように関連づけるかの問題は、やがて「国民道徳」論の中心課題として浮上してくるはずである。

本節を締めくくるにあたって、もう一度吉田とデューイの倫理学との親近性についてふれておかなくてはならない。吉田が『社会的倫理学』において「道徳的生活」を論じた時点で、デューイとタフツの共著『倫理学』[86]（一九〇八）はまだ世にあらわれていなかったが、その内容を先取りするものだった。吉田が同書にはじめて言及するのは『教育的倫理学』（一九一〇）においてであり、デューイ＝タフツの自己実現説をめぐる議論を評して、「公共善に合して居る行を善となすべき」とするものとして、たんなる個人主義に陥らない見解として共感を示している。[87]さらにデューイの『民主主義と教育』が出版される数年前に、「デゥエー氏の教育上の著書は纏まったものは余りないのでありますけれども、論文的のものは多々ありまして、而して其中に論じて居る所は大体に於て私など常に同意しているものであります[88]」と書いた吉田は、昭和期にはいってもその評価を変えることなかった。『教育目的論』（一九三八）では、アメリカの教育思想を「単に生物学的であるとか、実用主義であるとかいふやうに簡単に片付けてしまう傾向がある」ことに言及しながら、デューイの実用主義には、ドイツの理想主義的哲学を背景にした、「哲学的側面」があることを指摘している。[89]吉田の国家観においては、その道徳問題について公共性という観点からアプローチしようという視点が一貫していたのであり、それは、『社会的倫理学』に萌芽的に見出される問題意識が後期にまで受け継がれたことを示している。

第5節　『社会的教育学講義』――ベルゲマン社会的教育学を超えるもの

二〇世紀への転換期に、わが国の教育学はパラダイム転換ともいうべき大きな理論的転回を遂げた。『社会的倫理学』に二ヵ月先立って出版された吉田の『社会的教育学講義』[90]は、それまで全盛を誇ったヘルバルト派に代わって、新たに社会的教育学説が起こりつつあることを告知するものとなった。「科学的教育学」の立場を誇称してきたヘルバルト派教育学は、もはや心理学や生物学などの基礎科学の諸分野におけるめざましい研究の発展に適合しえなくなっただけでなく、「カントの自律主義の道徳説を祖述した[91]」にすぎない個人主義的性格もまた、日清戦争後にたかまったナショナリズムの風潮や、資本主義的生産の浸透にともなって深刻化する社会問題に対する人びとの関心と、大きな齟齬をきたすようになっていたのである。こうした社会変化に対応した教育学の動きを、「個人的教育学から社会的教育学への転換」と定式化することができよう。海後宗臣は、吉田教育学の学説史的位置づけについて、こう述べている。「この社会的教育学説の先頭を切ってその学説を発表したのは、嘗てヘルバルト学説の熱烈雄弁な伝達者であつた谷本富氏である。……これに引き続いて社会的見地に立ち、ヘルバルト教育学を乗り越えて新教育学の樹立の立役者になつたのは、熊谷五郎氏及び吉田熊次氏であった[92]」。

社会的教育学を「教育の根本原理を、社会事情の上に見出さんとするもの」と規定すれば、その先蹤はヘルバルト派の全盛期だった一八九一（明治二四）年に出版された日高眞實の『日本教育論』にある、と吉田はいう[93]。またヘルバルトの個人主義的教育学説に対する本格的な批判は、谷本富の『将来の教育学[94]』によってはじめられた。それは教育の目的を「一国家の維持と繁栄」におく「国家的教育学」の主張であったが、広義の社会的教育学に含めることができる。明治三〇年代の社会的教育学に影響を与えた思想家としては、シュライエルマッハー、ヴィルマン、ナトルプ、フイエなど多様な人びとがいたが、なかでもベルゲマンの生物学的社会学を基礎とする経験科学的な教育学説が、社会的教育学説のひとつの流れを代表するものとして際立っていた。吉田の教育学への歩みは、「余の処女作ともいふべき[95]」『ベルゲマン氏社会的教育学及進化的倫理学[96]』からはじまった。

今日ではその名がほとんど顧みられることはないように、ベルゲマンの影響は長くは続かなかったとはいえ、一時期の「我が教育界を風靡した」といわれるように、数多くの著作が訳出された時期があった。ここでそうした事情についてふれておく必要があるだろう。吉田の著作は育成会の「教育学書解説」シリーズの一冊として、一九〇一（明治三四）年早々に刊行された。同書は、ベルゲマンの三つの小さなモノグラフ、『社会的教育学綱領』（一八九九）、『郷土科の社会倫理的任務』（一八九三）、そして『科学的教育学の基礎としての進化倫理学』（一八九四）を訳出したものである。吉田の回想によれば、ベルゲマンを読むきっかけは、先輩にあたる熊谷五郎の勧めによるものであった。[97] この吉田本の出版と時を同じくして、万国教育叢書の一冊として杉山富槌訳でパウル・ベルグマン『社会的教育学』[98] が出版されている。原著は、吉田が訳出したのと同じ『社会的教育学綱領』である。ところがわずか一年半後に、同じ著作が熊谷五郎訳『社会的教育学』として刊行された。熊谷はその理由を、「杉山文学士さきに本書を訳出せりと雖も、毎頁誤訳極めて多く真意を伝ふるに足ら」ないからだ、と述べている。[99] ただし、そこでは吉田本の存在には言及されていない。熊谷はその後、ベルゲマンの大著『社会的教育学』の翻訳に努め、一九〇三年に『最近大教育学』として出版した。もとになったのは帝国教育会の夏期講習会での講義で、「此書に基づき自家の見解を加へ」たものだという。[100] さらに一九〇五年、かつてヘルバルト主義者だった稲垣末松が『社会的教育学綱要』[101] を訳出したから、わずか数年の間に『綱領（要）』だけで四種の翻訳・解説本が出回ったことになる。

ベルゲマンは大学卒業後、イエナ大学のラインのもとでヘルバルト主義実験学校の教師をしていたが、やがてヘルバルト主義に反対してラインのもとを離れ、地方の高等女学校の校長になった。のちに吉田は、「其の後の詳しい事はわからないが、孰れにしてもベルゲマンは大学教授になつた人でもなければ、学者として業績のあつた人でもない」[102]、と冷ややかな物言いをするようになる。だが、進化論的倫理説という基盤の上に社会的教育学を構築しようとするベルゲマンとの出会いは、偶然のきっかけによるものとはいえ、ようやく倫理学から教育学へと舵を切ろうとしていた若い吉田にとって、追い風になるものだった。

「ベルゲマンは最も新しき科学的智識の上に、鞏固なる教育学を建設しやうといふ目的でもつて、倫理的基礎を研究したのは学術界のために喜ぶべき、又学者として盛んなること、言はなければならぬ。進化といふ事実の宇宙の間に行はれて居るといふことは、社会の事実に徴しても、又之を学理に考へても疑ふことの出来ぬことである。……ベルゲマンは此の如く確乎たる進化的倫理学を根底として新教育学の基礎を拵へたのは、頗る着眼の宜しきを得たものと言はなければならぬ。而して其の柱脚としてはヴントとハルトマンと進化的倫理説を擇用し、理想的倫理と人道的倫理とを分ち、其究極する所は哲学に入りて其の根拠を置かねばならぬといふことを論じた点の如きは、頗る予が平日の持論と暗合するところがある[103]」。

たしかにベルゲマンは、教育事業の目的が個人的人格から「社会といふものが其の中心を占むるやうになつた」ことをコペルニクスの転回になぞらえて論じている[104]。だが、吉田のベルゲマンに対する共感は、こうした個人主義に対抗する社会的教育学の立場というだけではなかった。一九世紀の後半ともなれば、啓蒙主義の痕跡を引きずった個人主義的教育学はすでに時代遅れになっていたことは誰の眼にも明らかだった。吉田が批判的に対峙した教育思想は、むしろ新カント派の哲学（理想主義）的社会的教育学だった。吉田は処女論文ともいうべき「所謂新教育とは何ぞや」のなかで、ナトルプ批判に多くのページを費やしている。吉田はナトルプとともに、「社会を以て最高原理をなすと共に、又十分に人格を尊ふべきを認む」という点では立場を同じくすると述べているが、その理由を論証する方法において鋭く対立したのである。「ナトルプ氏が哲学的意義を有する『意識』の説明より入りて、科学としての教育学を建設せんとせるは余の同意し能はざる所なり。……殊に其自己意識を説くやカント氏の理性を受けて、個人主義に傾けるが如き、然らざるが如き、大いに旗幟の鮮明ならざるものあるを覚ゆ[105]」。このことは、社会的教育学という潮流のなかにも、理想主義（新カント派）と実証主義（進化論）の間の思想的対立があったことを示唆している。要するに、「ベルゲマンの功績は、ヴントの進化論的倫理学を受け継いで、教育という事実を経験的・帰納的方法によって研究しようとしたことにある」、と吉田は後に総括している。「即ち抽象的・思弁的方法よりも生物学的或は歴史的事実を基礎とする研究に興味を有ち、生物学的社会学を基礎とする一種の教育学説を考へ出したのである」[106]。

それでは『社会的教育学講義』が「余自身の思索の産物であ」るとして、独自性を強調するのならば、同書のなかで吉田がどのようにベルゲマンを論じているかをみる必要があるだろう。ベルゲマンの大著『社会的教育学』[107]は吉田の『ベルゲマン氏社会的教育学及進化的倫理学』の一年前に刊行されたから、吉田が同書にはじめて言及するのは『社会的教育学講義』においてである。そこで吉田は二、三箇所でベルゲマンに言及しているに過ぎない。おそらく教育学体系の構築に第一義的な関心を向けていた吉田にとって、ベルゲマンの新著は大部にもかかわらず、あまりに非体系的だったために、失望もまた深かったのであろう。「氏（ベルゲマン）の新著と称せらるるもの六百頁余の大冊子を有するにも拘らず、雑然として巨多の事実を羅列せるに止まり、科学的価値は甚だ少なきなり」[108]、と吉田は語っている。実際、同書は教育人類学の試みとでもいうべきものであって、歴史的事実、あるいは心理学的事実についての平板な記述の羅列に終始している。

それとは対照的に、吉田の『社会的教育学講義』の内容構成は整然としたもので、早熟さを感じさせる。全体は六編に分かたれ、第一編「緒論」では、教育と教育学の概念規定に加えて、教育思想の変遷が述べられる。第二編「教育の目的」は、明治以前からはじめて、維新以後の教育史を概説したうえで、「社会的教育学の成立」の意義が論じられる。第三編から第五編までは、「教授論」「訓育論」「養護論」が配され、いうまでもなく知育・徳育・体育が主題とされる。そして、最後の第六編は「学校論」にあてられる。ここでは同書について、つぎの二点について検討を加えてみたい。ひとつは、吉田の教育学の体系構想のなかで、哲学・原理的研究、および歴史・社会的研究にどのような位置づけが与えられていたのかということであり、いまひとつは、社会的教育学の立場からみると、社会と個人の関係はどのようにとらえられるかということである。

吉田が教育学における哲学的研究と歴史的研究をどのように位置づけていたかを検討するにあたって、まず教育の定義からみてみよう。吉田による教育の定義はごくありふれたものだが、注目されるのは、続いて教育学が科学として独立するためには教育という事実をトータルに捉えることの必要性に言及していることである。

「教育とは成熟した者が未成熟者に有意的に組織的に影響を与えることである。教育学は何処までも教育的事実全体を説明しなければならんものである。即ち教育的事実の全体を説明し、且之を統括するに足るものでなければならぬ」(109)。

この教育の定義は、三つの要素からなる。教育の主体である教育者、教育の客体としての個人、そして、教育的動作である。社会的教育学が個人的教育学から区別されるのは、教育学の対象の性質いかんによるわけではない。「教育とは何処までも個人を以て教育の客としてをる」のだから、両者を分かつのは、教育的動作がいかなる目的のもとでなされ、いかなる原理によって支配されているかにある。この意味で教育学においては、自ら論究するところの理由を自覚したうえで、教育の事実に即しての哲学的・原理的な研究が要請される。吉田にとって、教育学が社会的教育学でなければならないのは、その研究目的がなにより「各個人を社会上に有用なる者たらしむる」ことにあるからである。こうした目的が教育学を、「単に人はこうすれば宜い、あ、すれば悪い、といふだけを論ずる」倫理学と一緒にするわけにいかない理由になる(110)。周知のようにヘルバルト派は教育の目的論を倫理学に、方法論を心理学に求めた。吉田はヘルバルト派ときびしく対立して、教育学はあくまで教育というひとまとまりの事実を研究するのであって、教育をさまざまな部分に分割して、それ相応の学科を雑然と集めたところで、教育学は「一の独立したる科学たるもの」になるわけではない、と言い切る(111)。

ところで吉田にとって教育目的論は、教育学が哲学的研究と歴史的研究というふたつのアプローチの交錯する場面でしか成り立ちえないことを端的に示すテーマであった。〈人間を人間にまで造る〉という教育目的には、すでに二重の意味がこめられているからである。それは、倫理学のところでみた形式と内容の区別に照応するといってよいかもしれない。つまり、教育の根本問題が「この世に於て如何に生活する人間を作るべきか」ということにあるのだから、まず人間そのものの本質を明らかにし、ついで人間はいかなる状態において生活するものであるかを明らかにしなければならない(112)。『社会的教育学講義』において、第二編「教育の目的」のところで歴史的アプローチが組み込まれているのは、だから偶然ではない。教育の目的は社会的人物をつくることなのだから、それぞれの社会のありように対応して求められた人物像の変遷をたどる歴史的アプローチは、社会的教育学にとって不可避の課題となる。

「然らば社会生活に適応するとはどう云ふことであるかと云えばその時代まで発達して来つた、社会のいろいろなる文化を能く理解して、且将来に向つてその文化を伝へると共に、亦その文化を改良進歩せしめて行くことにすることである。故に社会的教育学の根本原理は社会的人物をつくることである(113)」。

ついで後者の論点、個人と社会の関係という視点から、社会的教育学の立場をみてみよう。すでにわれわれは、『社会的倫理学』でこの問題が論じられていたことをみた(114)。にもかかわらず、吉田が「尚社会的教育学に関する二三の誤解を弁じて置きたい」としているのは、本書刊行の直前に槇山栄次との間で論争があったからである(115)。ここでは二つの論点をとりあげよう。ひとつは、社会的教育学説が個人を無視し、人格を尊重しないという批判についてである。槇山が社会的教育主義は古くからあり、その説くところは「決して新声とするに足らず」と難じたのに対して、吉田はもともと教育学の発達という観点からすれば、「社会的教育主義は本であって、個人主義は近世に至って始めて開けたものである」という事実をあげる。ただ、新旧の社会的教育学を区別するのは「この人格を重んずる重んじない」という点にある(116)。先の教育の定義で示されたように、教育の客体たる「被教育者は何処までも個人である(117)」。しかも、科学的研究の結果によれば、人格というのは、個人に先天的に備わっているような実在ではなく、経験の結果として発達をとげる心理的活動が統合されたものにほかならない。「即ち智情意の一致或は統合を指して、人格といふに過ないのである。個人の人格を重んずるといふことは、個人の心意作用が社会的に向ふといふこととは決して矛盾せぬのであります(118)」。吉田はのちに社会的教育学説の論拠として、こうした意識活動の内容には社会的要素がもともと内在しているのだといい、ここでもその関係を形式と内容に対応させて説明している。そして、こうした個人と社会の関係把握が、槇山への反論というにとどまらず、なにより自我の主観的な意識作用から出発するナトルプらの新カント派社会的教育学説への対抗を意図したものであったことに留意しよう。

「自我の本質中には既に社会的要素が包含されて居ることは実に明白である。斯の断言に基いて自我活動の形式方面は純個人的であるけれども、其内容方面に於いては純社会的であることが彌々明らかになる(119)」。

いまひとつは、社会と国家との関係について、「社会的教育学は世界的の思想で国家を無視するものである」という槇山の非難に対してである。この論点もまた、すでに『社会的倫理学』で論じられた問題である。社会といっても、家族からはじまって、一町村一郡県一地方の場合もあれば、国家、同人種、人類全体もある意味で社会といえる。そのなかで国家は特別な意味をもつ社会である、と吉田はいう。

「而して、社会的関係の最も完全に発達して居る社会は、孰の社会であるかといふことを考へて見ましたならば、少なくとも今日の状態に於ては、国家ほど完全なる社会的関係を備えている社会はないのであります[120]」。

しかも、社会における教育的事実を説明する原理として、国家的要素がもっとも重視されなくてはならないのは、公教育制度が国家的統一のもとに行われていることからも争う余地のない事実だからである。やがて吉田は国民道徳論において、人格というのは人類共通の普遍的なものとして存在するわけでなく、あくまで個々人に即して存在するものであり、そうした具体的個人は国民性のなかに存在すると述べることになるだろう。逆に言えば、人類としての普遍的道徳は国民道徳のなかではじめて現実的なものとなるということである。この問題は後章で、「国民道徳」を論じるときに改めて取り上げよう。

第6節　『実験教育学の進歩』――東大教育学風の礎石

吉田は、三年間の欧米留学を終えて、一九〇七（明治四〇）年八月に帰国した。一〇月、東京帝国大学文科大学助教授に任ぜられ、教育学講座を担当することになった。一九二〇（大正九）年に五講座に拡張されるまで、ただひとりの専任教員として、吉田は教育の原理と教育史の講義にあたった。帰国後最初に刊行された著作は、『実験的教育学の進歩[121]』だった。通説的な学説史理解にしたがえば、実験教育学はヘルバルト主義批判の流れのなかで、社会的教育学、人格教育学、理想主義教育学、さらには精神科学派教育学など、「ドイツ教育学の展開をいわば後追いするように」輸入された教育理論のひとつということになる[122]。だが、吉田の『実験教育学の進歩』は「実験教育学」という特定の教育学説を紹介したものでなく、教育学にとって経験的事実を踏まえた実証科学はどのような意味をもちうるのかという問題意識をもって、当時ようやく興りつつあった教育に関する実験的研究（その多くは心理学によるものだったが）の動向を幅広く追認しようとしたといえるだろう。

たしかに吉田の『実験教育学の進歩』は、W・ライとE・モイマンの名とともに知られる実験教育学が一時期はなばなしくもてはやされる状況をつくり出すにあたって力があった。ほぼ同時期に、乙竹岩造の大部な『実験教育学』[123]が刊行されたことも、その動きを加速した。だが、教育学の学問的自立をめざす吉田の問題意識からすれば、実験教育学に対する姿勢はアンビヴァレントなものにならざるをえなかった。一方で、実験教育学はそれだけでもって従来の教育学にとって代われるわけではない。ライの『実験教授学』[124]にしても、モイマンの『実験教育学入門』[125]にしても、その内容の過半は心理学であり、「教育心理学と題して最も適当なるもの」にすぎないのであって、実験教育学の役割はこれまでの教育学を補完するにとどまる、と吉田はいう。とりわけ吉田はライの学説に対して批判的だった。それは、ライが実験によって、教授の方法を規定しようとするにとどまらず、教育の原理までを確立しようと企図していたからである。ライの『実験教育学』第一版は、「真に実験的研究になるもの極めて少く、その書の大部分は心理説の羅列に外なら」ないにもかかわらず、ライは、「実験教育学が従来の教育学に代わるべき新たな教育学である」とさえ主張している、と吉田は指摘する[126]。教育学はその原理が正当であるか否かを実践の場で検証しなければならないとしても、科学としての教育学は、心理現象の説明を主たる課題とする実験心理学とははっきり一線を画さねばならない。たしかにいつの日にか、心理現象はすべて実験的に説明できるようになるかもしれない。「然れども教育学にありてはその学の性質上事実の説明を主とすべきにあらずして、事実を整頓し統率する所以の原理を構成するものなれば、事実に関する単なる説明は決して教育学の主脳となること能はざるなり」[127]。

だが他方で、実験教育学は「極めて大切なる者」であって、「有効無害なる教育的手段を規定するには欠くべからざる者」である。「殊に教育の如きは事実を離れて学理あることなし」、と吉田はいう[128]。これまでの教育界は、自己の狭い経験にもとづく「空漠なる」意見や新奇な欧米の学説の盲信に過ぎない理論によって指導されることが多かった。それに対して、実験教育学は真理・非真理を事実に徴して明らかにしようとするものであり、「教育学及び各科教授論に正確なる材料を供給する」[129]ことによって、教育学研究に新たな局面を切り拓くだろう。吉田はのちに自著『実験教育学の進歩』について、「モイマン教授の『実験教育学』の中の、学校児童の心理に関係する部分を除いて、その他の部分を大体紹介して居るのであるが、尚ほそれに附加へて其の他の研究も併せて紹介」したものだと回想している[130]。たしかに、吉田のいう「其の他の研究」というのは、子どもの発達や学習に関する実験的な心理学研究の動向を広く紹介しようとするものであった。

それでは吉田の『実験教育学の進歩』に、われわれはどのような理論的関心を読み取ることができるだろうか。ライ＝乙竹の実験教育学と対比したとき、つぎの二点が浮かび上がってくる。ひとつは、ライの学説が主観主義的立場から、教授および訓練の方法論の確立に向かったのに対して、教育の客観的研究をめざした吉田は、「教育の客体」たる子ども・青年の発達段階に関心を向けていることである。いまひとつは、ライが意思や情操の陶冶を重視しているのに対して、吉田が知能に関する研究に大きな期待を寄せていることである。順にみておこう。

第一に、モイマンの実験教育学の主たる研究課題は、子どもの身体、および精神の発達段階を年齢に応じて調査することであった。従来の児童心理学が、幼い子どもの心理を研究することを通して人間一般の心理の本質を明らかにしようとしたにすぎなかったのに対して、実験教育学は子どもと青年、そして大人の心理状態の間には質的な差異があるということを前提に、とりわけ学校教育を受ける子どもや青年の心理状態を明らかにしようとしたのでらないものとして独立させた、と吉田はいう。[132] だが、本書を通読するかぎり、吉田の記述はモイマン実験教育学の紹介という域を大きくはみ出している。そのことを端的に示しているのが、「児童の観念界」「児童の個性」「児童の学習」についての研究をレヴューした諸章である。とりわけ第七章「児童の観念界に関する研究の進歩」は、G・スタンレー・ホールの「入学の際に於ける児童の精神の内容」と題する論文を紹介したものである。吉田はこの論文を、ホールの編著『子どもの生活の諸相と教育』[133] で読んだと思われるが、もともとは一八八〇年に『プリンストン・レヴュー』誌に掲載されて、アメリカの児童研究運動の嚆矢となったものである。こうした意味でホールは新教育運動の先駆的なイデオローグなのである。だが、吉田はこうした研究の重要性を認めながらも、「唯々それよりして直ちに教育上の規範を引き出さうと云う企て」には批判的だった。わが国の教育学研究者のなかには、実験教育学を新教育運動に直結させて理解しようとする見解が多々みられるが[134]、明治期における実験的教育学の受容にはもっと多様な可能性があったのである。吉田は新教育運動に対しては一貫して批判的態度を崩さなかったが、「実験的基礎の下に精密に研究した」学説については、「真理の探究」という視点から「公平な評価」をおこなうことに努めたといえるだろう。[135]

第二に、吉田が知能の測定に多大な関心をもっていたことは、それに二つの章をあてていることからも知られる。その背景には、一九世紀末までに多くの国々で義務教育制度が普及し、就学期の子どもの知能の測定が差し迫った課題になっていたという事情があった。第二章「小学児童の知能に関する研究の沿革」において、知能の定義とその「試験的方法」をめぐる研究について多くの人名をあげて紹介されるが、われわれの興味をひくのは、ビネーの研究に与えられた高い評価である。吉田の言及しているのは、一九〇五年にビネーとシモンが共同してつくった有名な「知能測定尺度」のことではなく、その五年前に『アンネ、プシコロジック』誌に掲載された調査結果である。

「而して此研究は小学児童の知能に関する正確なる研究の最初のものと云うことが出来る」[136]。吉田は、この調査の前提とされている、「注意の順応」というビネーの知能の定義に注目している[137]。それは、知能の遅滞は発達がある段階に固着して、その段階に特有な特徴を示しているという見方を含意している。つまり、知的能力の差を、質的に異なる精神の実体的特徴に求めるのではなく、発達過程の時間的な遅れと想定することによって、科学的かつ実際的な知能の測定への道を拓いたというのである。

「ビネーは知能のある児童と、知能の乏しい児童と云ふもの、唯一の相違は、順応の速いか、遅いかにある、知能と云ふことは、注意力の順応の速度であると云ふことに帰着したのであります。従つて其間に精神的活動について種類の差があるのでない。知能のある児童にありても、知能のない児童にありても、同じ種類の働は出来るのであるが、唯々其働を表はす上に就て遅速の差があるのみであると言ふことになつたのであります[138]」。

ビネーの場合とは対照的に、吉田はモイマンの知能観について多くのスペースを割いて論じているものの、かなり距離をとって論じているようにみえる。知能の概念があいまいなこと、実験にもとづく推論に問題があること、さらに、知能の発達という視点が欠けていることなど、その批判はかなり根柢的である。モイマンの「此知能に関する研究の如きは、未だ以て十分に出来上がって居るものと看做すことは出来ぬだろうと思ふ[139]」。そして、吉田は今後の研究課題として、「知能の発達関係に関する精密なる調査」を指摘しているが、それは先の発達段階の捉え方という論点に帰着するものであった。その後の知能テストの展開をみれば、吉田の判断が的確だったことがわかるだろう。

本節の冒頭で、「実験教育学」は外国の教育学の流行を後追いして輸入された諸学説のひとつとみなすのが、いまなお日本教育史研究に支配的な通説であることにふれた。それは、古くは『日本近代教育史辞典』にみられるような、「明治三〇年代の社会的教育学に次いで、明治四〇年頃から実験教育学が日本の教育学界に新風を吹き込んだ。これは教育の実証的・実験的研究を発展させる上に貢献したもので、社会的教育学が教育の本質に関する新思潮として目的原理に貢献したことと対比させる」[140]といった学説の交替史観とでもいうべきものが、いまだに継承されていることを示している。もし、その解説が当たっているとすれば、吉田は一〇年足らずの間に、二つの新しい教育学説の移入・紹介に大車輪の活躍をしたことになる。さらに海後宗臣の回想が追い打ちをかける。海後は『実験教育学の進歩』を、吉田の「洋行土産」のひとつとみなして、「その後の東大の学風の中に実験的研究の考え方を導入し、後にこの分野の専門研究者を教官として招く出発点となった」[141]、と評しているからである。ここで立ち止まって、こうした通説上の問題点を、二点に絞って考察してみたい。

ひとつめの問題点は、吉田が「洋行」前後で、その思想的立場を変化させたわけではないことである。教育学はその基礎学として経験的事実にもとづいた科学的な実験・実証を必要としているという主張についていえば、それは渡航前に出版された『社会的教育学講義』で明確に述べられており、その視点は『実験教育学の進歩』へと引き継がれて、揺らぐことはなかった。だが吉田は、ベルゲマンのいうような、教育学は実証科学によって検証された事実に還元されるという極端な実証主義の主張にも同意しなかった。その点ではモイマンと意見を同じくしていたといえる[142]。吉田が留学中に『教育学術界』に寄稿した論文「実験教育学とは何ぞ」[143]をもって、わが国で最初に「実験教育学」を紹介したものとされるが、そのことによってただちに吉田が新学説に改宗したということを意味するわけではない。吉田の意図は、たんなる紹介にとどまるものでなく、新たに勃興しつつある実証科学的教育研究に対する自らの学問的姿勢を示すことにあった。ただ、それはアンビヴァレントなものにならざるをえなかったのである。一方で、「教育学上の原理が正当なりや否やはこれを実地に施して有効なりや否やによつて決せらるべきのみ」と論じながら、他方で、「実験的研究の如きは単に教育学の材料を確実ならしむるに止まり教育学そのもの、本領に進むこと能はざる性質のものなり」と述べて、吉田は実験教育学の限定的な性格を強調していたからである[144]。たしかに海後のいうように、吉田によって「東大の学風の中に実験的研究の考え方」が導入されたということは事実だとしても、吉田がそうした見方を「実験教育学」を通してはじめて獲得したというわけではなく、たまたま東大着任が帰国後のことになったという事情を反映しているに過ぎない。

もうひとつの問題点は、東大教育学研究室において実証的・科学的研究が本格的に展開されるのは一九二〇、三〇年代の阿部重孝や城戸幡太郎らによる「教育科学という言葉の選択」とともにはじまったとする、戦後教育学の通説についてである[145]。こうした教育科学へ向かう動きは、吉田によって主導されたドイツに範をとった思弁的・観念的な「講壇教育学」を乗り越えるものとして、両者の対立が強調される。つまり、戦後教育の革新的潮流の淵源を阿部・城戸のラインに求め、それを保守陣営に受け継がれた「講壇教育学」の伝統と対比させようという、五五年体制に適合的な歴史観である。だが、先にふれたように、その対立の根拠とされるのは、わずかに『教育思潮研究』のタイトルをめぐる吉田と阿部の議論についての海後の回想のみである。だが、阿部の教育制度研究が吉田の教育学構想のなかに位置づけられたものであったことは、疑いようのないことである。

阿部は一九一三（大正二）年に東京帝国大学を卒業すると、翌年文科大学教育学科の副手になった。副手時代の仕事に、モイマン『実験教育学綱要』[146]の翻訳があげられる。同書は上野陽一との共同作業で「共編」となっているが、それは翻訳体を避け、「口語体の文脈」に近づけるためである、と「序」にある。モイマンの実験教育学を冠した著作には、『綱要』のほかに、吉田の『実験教育学の進歩』の「参考書目」だった『実験教育学入門（講義）』があった。『綱要』は前著とは異なって、「児童心理学実験及び教育学的実験の手続きを詳細に記述」するものではなく、「教育学的に最も意義あると思はれる」研究の成果をまとめたものである。実験教育学が紹介されて以来、わが国でも実験的研究が次第に行われるようになったが、そうした研究成果を概括し、比較照合することが求められるようになってきた、と訳（編）者は述べている[147]。彼らに同書の翻訳を勧めたのが吉田であることは間違いないと思われる。そして、阿部自身のキャリアにとっても、たとえば文部省普通学務局に就職するときも、東大教育学科が五講座に拡張した際に、教育制度講座の担当者として呼び戻されたときも、そうした人事の際には吉田の強い意向が働いていた。それはなにより吉田が阿部に、教育についての実証的な調査・研究の将来を託したことを証しするものにほかならない。阿部の早逝をうけた「追悼文」のなかで、吉田は個人的な感懐をこう述べている。「殊に余自身としては阿部君の学生時代より親しみ来り、文部省に入る時も大学に来る時にも、つねに微力を盡し来つた者として、半ば我が子を失ふの感なきを得ぬのである[148]」。

吉田にとって、実験教育学にはもうひとつの帰結があった。退官後の吉田が『教育思潮研究』に寄せた小論に、「大学に於ける教育学の研究について」というのがある。東大教育学講座に着任するときに、当時の浜尾新総長から「聞けばおまへは実際教育を主とする方であるそうだからしつかりやつてもらいたい」という言葉をかけられたという思い出を切り口に、在任中つねに大学における教育学研究の意義について悩んできたことを回想したものである。吉田はかつて浜尾総長や山川健次郎総長に、医学の研究のために病院を附設し、農学の研究のために農場を附設しているように、教育学研究のために研究学校を附設すべきではないかと主張したことがあった、という。デューイがシカゴ大学赴任時に総長ハーパーに実験学校の附設を求めたことと、驚くほど似通ったエピソードではある。浜尾・山川総長ともに個人的には了解してくれたが、大学全体の空気を動かすには至らなかった。吉田は、それに代わるものとして「心中竊かに懐いた」解決策について、こう述べている。吉田と阿部の研究方法を対立させることがいかに的外れな議論であるかの傍証となるものだから、長めの引用をしておこう。

「理想的にいへば大学自ら研究学校を持ち、厳密なる学的方法に依つて教育問題を研究調査することが大学に於ける教育学の使命を完うする所以であろう。併しそれが出来得ないならば、全国の実際教育、即ち各地の学校にて行はる丶教育の実際に就いて問題となつて居るもの、又問題となすべきもの選み、その場所に出張して研究調査を遂ぐることとしては何うかと考へたのである。先に教育学研究室において三学級二教員の問題や全日二部教授などの問題に就いて調査研究し、後に合科教授とか郷土教育とかに関して調査研究を試みたのにも実は此の趣旨が含まれて居たのである[149]」。

第7節　学問の体系化をめざして——『系統的教育学』の理論的課題

わが国における近代的学問が明治初期の翻案時代を経て、留学体験を経た日本人研究者によって主体的に担われるようになったとき、彼らの関心が「特別問題ニ付テ研究シタル結果ノ精細ナル報告」、つまりモノグラフィックな研究よりも学問の体系化に向かったことは、教育学に限られたことではなかった。たとえば、「わが国における科学としての政治学の創始者」とされる小野塚喜平次は、大学院在学時の一八九六（明治二九）年、『国家学会雑誌』に「政治学ノ系統」と題する論稿を寄せている。ここでいう系統とは英語の「システム」に相当し、「政治学ハ如何ナル事項ヲ如何ナル順序ニ於テ研究スルカノ問」に対して答えるもの、つまり「政治学ノ目的物ノ排列ヲ意味スル」ものだった[150]。吉田が帰国後まもなく『系統的教育学』[151]を刊行して、教育学の体系化をめざしたのも同様な意図に出るものといえよう。すでにみてきたように、吉田は渡欧前に『社会的教育学講義』を出版して、教育学を体系的に叙述する試みをおこなっていた。『系統的教育学』では、前著に含まれていた歴史的考察にあたる部分が大幅に削除されて、原理的な面から「教育学に関する知識を学術的に統一する」ことがめざされることになる[152]。吉田は同書に対する批評に答えた際、「系統的」という題名を選んだのは、形式において教育学の全般にわたる事項を体系的に述べているからであり、内容においては、「余の立場より一貫したる主義によって統一的に判断を下せる」ものだからだ、と述べている[153]。吉田のいう「一貫したる主義」とは、もちろん社会的教育学の立場であり、それは生涯変わることがなかった。こうした教育学という学問の形成期にみられる「体系性への志向」について、木村元は大学における学問の制度化とかかわらせて、次のように述べている。

「教育学は、こうしたペダゴジーを成り立たせ維持させるという国家的な要請だけではなく、組織化された学問の場において新興の学問形成というベクトルの方向で自らを形成する。体系性への志向は技術学という側面からも要請はされるが、それと異なる固有な学問としてのディシプリナリーな認識論と方法論をもった包括的でかつ体系性を有することが条件とされたからである[154]」。

たしかに吉田が東京帝大助教授に着任してほどなく刊行された『系統的教育学』は、タイトルからもわかるように、こうした教育学の学問としての制度化とかかわって産み出されたものであった。だが、読者として想定されていたのが現職教員であったことは、教育学が他の学問分野と異なる文脈におかれていたことを示唆している。帝国大学における教育学講座は、中等教員養成と切り離せなかったのである。前章末に引用した「大学に於ける教育学の研究について」に出てくる、「おまへは実際教育を主とする方であるそうだから」という浜尾総長の言葉は、その間の事情を端的に物語っている。われわれは『系統的教育学』のもとになったのが、一九〇八（明治四一）年八月に大日本教育団主催の夏期講習会でなされた講義速記に手を入れたものであることに注目しよう。同書は、半年も経たないうちに四つの論文を加えた増訂版が刊行され、以後毎年のように増刷を繰り返した。筆者の手元にあるのは一九二三（大正一二）年発行の二四版であるが、吉田の主著としていかに広く読まれたかがうかがえる。だが、吉田だけが例外だったというわけではない。明治・大正期にあって、著名な教育学者の主著が現職教員を対象にした講習会における速記をもとにしてつくられたケースは、実際枚挙に遑がないからである。たとえば、谷本富『科学的教育学講義』は大日本教育会及び茗渓会、同『新教育講義』は京都府・市教育会、熊谷五郎『最近大教育学』は帝国教育会における講演速記をもとにしており、小西重直『学校教育』にいたっては、呉市、高知県庁、愛媛県南宇和郡教育会などの依頼で行なった講演に手を入れて、体系的な体裁をとったものであった(155)。さらに付言すれば、吉田の前著『社会的教育学講義』もまた、帝国教育会主催の講習会における講義をもとにしたものであった。

木村は、国家によって制度化された学校システムを支えるペダゴジーを制度的ペダゴジーとして規定したうえで、その正当性を権威づけるメタ・ペダゴジーが大学における学問の組織化を背景に生まれてきたという。言いかえれば、「制度的ペダゴジーは講壇教育学によってオーソライズされながら定着が促されるものである(156)」。そして、『系統的教育学』を、「講壇教育学」の中核を担った東京帝大の講座制を象徴する著作として位置づける。筆者は、吉田のアカデミックな教育学がメタ・ペダゴジーとして機能してきたという、木村の所説に同意する。だが、なぜそれをわざわざ「講壇」教育学と呼ばなければならないのかについては、まったく理解に苦しむのである。木村は「講壇教育学」を、「近代大学のなかで組織化されアカデミズムの場で論じられた教育学(157)」と定義しているが、それだけでは制度化された学問としての教育学を指すのに、なぜ「講壇」という言葉を冠せねばならないかの理由が明らかではない。戦前期の教育学の世界で、講壇教育学という言葉はどのように流通していたのであろうか。筆者には詳しい事情はわからないが、それは学術用語としてではなく、おそらくは「講壇社会主義」から転用された蔑称だったのではなかろうか。講壇という高みから、国家権力を背景に現場教員に押しつけられるものであれ、あるいは高尚だが観念的で教育実践にはほとんど役立たないものであれ、その言葉はアカデミズムの教育学についてのある種のイメージにもとづいて流通していたにちがいない(158)。したがって、木村が明確な根拠を示さないままに、吉田の教育学的立場を「講壇教育学」として規定してしまうことは、論者のネガティヴな評価を暗黙裡に紛れ込ませて、結論を先取りすることになっているように思われる。

明治末期に向かって教育学の学問的体系化が進んだのには、大学の側だけからでなく、実際に公教育制度を担った現場教員の視点から捉える必要もあるだろう。明治維新からほどなくして、欧米にならった学校制度が全国的規模で展開されたとき、教育学に求められたのは新たな学級システムに対応する教授法の開発と啓蒙的な普及活動であった。義務教育の急速な普及が、それにともなって拡大する教員需要にどう対応するかという問題を、喫緊の課題に押し上げたのである。大量に採用された教員の過半は、旧来の藩校や私塾、あるいは寺子屋での教育体験しか持たなかったから、学年別に編成された多数の生徒を前にした一斉教授という教育のあり方は、彼らにとってまったく未知の体験であった(159)。高嶺秀夫らが自らの留学経験をもとに考案した開発主義や、お雇い外国人教師ハウスクネヒトが持ち込んだヘルバルト派教育学が急速に全国に波及していったのは、そうした教育学説が一斉教授という学級システムに対応する教授法を用意することができたからだった。たしかにそれは、稲垣忠彦が「定型化」と呼んだように、公教育の場に画一的な授業形態をもたらすことになった(160)。とはいえ、こうした教授法の開発が意味したのは、当初文部省が実際の授業活動の困難さを翻訳教科書や教育学書を大量に供給することによって克服しようとして失敗した経緯を乗り越えて、個々の教員に日常的な授業に役立つ知識を与えたことであり、それによって差し迫った時代の課題に応えようとしたのである。

だが、日清戦争を契機に、学校教育が国民生活に及ぼす具体的な達成が実感されるようになり、就学率も急上昇するようになってくると、教育学に求められるところも当然変化するようになる。現場の教員たちが教授法についての新たな情報を依然として必要としていたとしても、それに加えて、自らの教育活動の意味を反省的に認識する手がかりとなるような学問的知見を求めるようになったのである。それは、教育目的とは何かといった一般的な教育学的な問いにとどまるものでなく、教師として必然的に直面する具体的な課題を原理的根拠にまで遡及して問うことであったり、あるいはまた、そうした教育活動に携わる自己の存在の歴史的意味を開示してくれるような学問への期待であったりした。われわれが『系統的教育学』を読んだ時に感じる臨場感は、その紙背を通して、夏季休暇中に各地から参集して、膨大な講義内容を一語も書き落とすまいと身じろぎもせずに筆記しつづける、数多くの教員の姿が浮かんでくるからではないだろうか。

『系統的教育学』を一読して得る印象は、「教育学と実際教育との関係」への強い関心である。それは、「教育学と云ふものは、教育の事実の基礎の上に立つべきものである、又教育の実際は教育の原理に依って為さるべきものである」[161]という、吉田の教育学観を反映している。本書では、「教授」活動に関連する内容が全一六章のうちの六章分、ページ分量でいえば半分弱を占めており、さらに訓育論、美育論、体育論を加えれば、ほぼ三分の二が実際の教育課程を想定した内容になっている。だが、記述内容のほとんどは、西洋教育史に関する該博な知識を該当箇所に配することに終始しており、自らの言葉で語る独自な理論展開を期待するならば、ただちに失望を味わうことになる。だが、そのことをもって、吉田の教育学もまた西洋教育学説の「送迎・展示」の類にすぎないとみなすような非難は的外れであろう。このことを考察するために、吉田が学問としての教育学の体系化をどのように構想したかをみておこう。

教育学について、前著『社会的教育学講義』では、教育ということがらに関わる原理の研究であり、そのためには教育とはどういう事実かがまず明らかにされる必要があると、簡略に述べられるにとどまっていた。『系統的教育学』の「緒言」では、教育学の方法論が分節化されて示される。「教育と云ふ事実は如何にして為さるべき筈のものであるか、如何なる原理に依って支配せられなければならぬ性質のものであるか」、という二つの視点を交錯させて論じる必要があるというのである。[162] 前者は歴史的視点であって、教育の事実をどこまでも歴史に即して考察し、教育のめざす規範的内容をあくまで歴史的事実を踏まえて議論することを志向するものであり、後者は哲学的・原理的考察であって、人格と人格の間におこなわれる教育活動の事実をそのまま記述することではなく、それを支える原理を明らかにすること、つまり、教育の実際を概念によって統一することをめざすものであった。『系統的教育学』が前著と異なるのは、もっぱら後者の視点に立って、つまり教育の哲学的・原理的考察に特化して、教育史の記述を大幅に削減したことであった。というのは、『社会的教育学講義』の第二編「教育の目的」の内容はほとんど教育史の記述といってよいものであったから、その時点で吉田は、教育史をも包摂するかたちで、教育学の体系を構想していたように思われる。それに対して、『系統的教育学』になると、第四章「教育の目的」では、先行する諸学説が批判的に検討されるものの、それらへの言及は、自らの社会的教育学の立場を主張するための前提とされているにすぎない。「教育の目的と云ふものは、個人の人生を完成するのにあるのである。……私の説は個人の人生を社会的の規範に依つて導いて行くと云ふ点に於て社会的である。決して個人其者を滅して行くと云ふことを主張する者ではないのであります[163]」。

このことから知られるのは、吉田が教育学の体系を、原理論としての系統的教育学と歴史的考察としての教育史との二つの部門から構成されるものとして構想するようになったことである。吉田の教育学講座における担当科目が「教育学概論」と「教育史」であったことも、この構想を後押ししたに違いない。吉田は一九一七（大正六）年『教育史教科書』を刊行したのを手はじめに、『西洋教育史概説』と『本邦教育史概説』をつづけて上梓している[164]が、それらはいずれも講義草稿をもとに口述速記されたものであった。このように教育学の学問体系において教育史研究が欠かせないと考えられたのは、「教育の社会に於ける職能を明にするには、これを理論によって論証する外に、過去の事実に基づいて講究することが必要[165]」だったからにほかならない。たしかに『系統的教育学』から独立した教育史の叙述がなくなったとはいえ、本書を通読しての感想は、歴史に対する強い関心である。どのテーマを論ずるにせよ、吉田の議論は歴史的考察からはじまるだけでなく、実際に歴史的記述に大きなスペースが割かれるのがふつうだった。まず起源に言及することからはじめて、歴史的変遷をたどり、そして現在の問題に説き及ぶというのが、特徴的な記述スタイルだったのである[166]。こうみるならば、吉田の教育学の全体的構想にあって、歴史的アプローチは二重の意味をもっていたといえるだろう。

一方で、いかなる教育問題の考察も歴史的アプローチからはじまるという意味で、理論そのものに内在的に組込まれていた、と同時に他方で、教育史研究は、系統的教育学と分立する教育学のサブディシプリンのひとつであった。いったんは教育学の原理体系の一部を構成した教育史は、まもなく系統的教育学と並び立つ重要な教育学の部門として独立させられたのである。海後は先に触れた回想のなかで、『系統的教育学』は著者が三二歳のときの教育学書であり、「その後詳細に教育学体系をつくりあげた著作は刊行されなかった」とし、「しかし、著者は当時欧米に於いても教育学はまだ十分に研究されてはいないとして、教育学の研究は今後を待たねばならないとした」とつけ加えている[167]。しかしながら、吉田にとっての教育学の学問的体系とは、原理論たる系統的教育学と教育史の二分野によって構成されるものであったから、これらの教育史の著作をもって、教育学体系の全体構想は一応の完結をみたというべきであろう。

ついで、教育の定義についてみてみよう。前著『社会的教育学講義』に引き続いて、教育学が教育に関する学問であること、そのためにこそ教育ということについて明らかにされることが必要であるとされる。「即ち教育学は教育と云ふ事実を先ず仮定して、其事実に関する学問であるというのでありま す[168]」。そして、教育の定義については、前著から基本的な変更はみられない。ただ、前著ではそこでなされた教育の定義が狭義のものにすぎないと繰り返し述べられていたにもかかわらず、では広義の定義とは何かということになると、それへの言及はなかった。

それに対して、『系統的教育学』では、教育の定義を広狭二つに分けて論じている。一方で、広義の教育概念というのは、結果に着眼して定義するものである。

「即ち被教育者が何等かの影響を受ける、たとえば発達をする進歩をする、其場合に於て、それは教育の結果であると言ふのであります。それであるからして何人がそれを授けたか、或いは如何なる手段に依つてそれを授け、如何なる場合にそれを与えられたかと云ふことを問わぬのである。兎に角結果として何らかの進歩発達があれば、それを教育の結果と名づける[169]」。

他方で、狭義の教育というのは、結果ではなくして、そうした結果を引き起こそうという主観的方面、つまり教育という動作の主観的方面に着目したものである。

「如何様に其動作を極めるかと申しまするとと云ふと、被教育者を進歩発達させやうと云ふ一つの考えがあると云ふこと、即ち教育を施さうと云ふ考があつて、其主観的の考が一定の法則に依つて、一定の方法に依つて、一定の案に依つて、その動機を実際に表はすと云ふことであるならば其作用の行はるゝ所のものは、それを教育と名づけるのであります[170]」。

広義の教育概念は、『系統的教育学』においてはじめて定式化されたとはいえ、社会的教育学の立場からみれば、当然のごとく導き出されるべきものであった。「古来教育と云ふものの実際上の目的と云ふものは皆其当時の社会の事実によつて色々に変つて来て居るのである[171]」から、アメリカにおいて教育概念の拡張がなされた背景には、一九世紀末以降に「職業教育と普通教育との融合調和」が図られるようになったという歴史的事情があった。このことはたしかにアメリカの国情にもとづいたものではあるが、「又此の新世界に於て新思想が栄え、為に教育の概念を拡張して総ての業務の上に教育の概念を平等に適用するに至つた為[172]」にほかならない。他方で、アメリカの大学を中心に社会学という新しい学問が独自な制度的地位を確立したこともまた、教育の社会的機能をテーマにした研究関心を広く浸透させることになった。デュルケムやジンメルのようなヨーロッパの社会学者はさておくとしても、アメリカではデューイのような「社会的教育論者」がこうした社会学的教育理論の形成において先駆的役割を果たしたといえるだろう。

のちに吉田は、「純然たる社会生活を基礎として教育問題」を論じる傾向を、「シカゴ式の教育学風」と呼んで強い関心を示した。だが、その際、この立場を代表する教育学者が論じられるときは、デューイよりもジャッドの方に力点がおかれた。デューイには「全く商工業的でない、全く実際的でない何処かに『アカデミック』な学究的な非実際的な旧式な思想が漂つて居る[173]」からである。それに対して、もともと心理学者だったジャッドは、教育研究が厳密に科学的でなければならないことを強く打ち出し、しかも、そこでいう科学的方法とは「統計と実験」に限定されたものであった。ジャッドによれば、と吉田は言う、「教育事業の上に実際現れて居る所の各般の問題を、即ち活きた教育事実と教育問題を研究の対象として、それに実験的統計的研究法を用いて解決すればよい、これが真の教育学だと斯う云ふのである[174]」。

そうしたジャッド流のアメリカ教育学のあり方に対して、吉田は否定的だった。「実験教育学」の章でふれたように、教育の事実についての実証的研究は、それだけでは教育学には十分でないと考えたからである。「児童の心理の研究を如何に明にした所で、それで以て教育の規範が出来て来ない[175]」ように、教育学は実験的教育学、ないし教育心理学のような実証的研究によってとって代わられることはできない。それと同時に、教育の概念もたんなる社会問題一般へと解消されていいものではない。それは、きわめて「厳格なる意味」に限定されるべきであって、「殆ど学校教育と云ふものと其意義を同じうするやうになる」[176]。吉田は広狭二義の教育概念にふれたにもかかわらず、社会学的な展開とは一線を画すように、教育学の守備範囲を学校教育にとどめようとした。前著ですでに論じられたように、教育ということがらが、「教育を施そうという考えをもつ」教育の主体、「教育的動作を自分が受け取るだけの能力を有つて居る」客体、そして、「一定の法則に依つて、一定の方法に依つて、一定の案に依つて」[177]なされる動作にもとづく影響、という三つの要素からなるとすれば、それらを十全なかたちで備えているのはひとり学校教育のみだからである。吉田が教育学の対象範囲を学校教育に局限したのは、教育学をひとつの規範的学問であるとみなしたことと関わってのことと思われる。人間はこういうふうに教養されるべき、知識はこういうふうに授けられるべき、徳はこういうふうに養われるべきものであるというように、「一種の規範を立て、拠るべき則に従って行くのが教育学の特色である」[178]。こうした学問的特徴をもって、吉田はのちに教育学を「経験的規範学」と呼ぶようになる[179]。規範の内容が経験的事実に求められねばならないというのは、教育活動は社会事象であって、人間が社会を離れては独り存在できないように、教育の目的は社会の事情によって支配されているからである。

「斯の如く教育の目的と云ふことは、事実としては皆其当時の社会状態、即ち社会意識に依つて変つて来ている。単に個人の人格を高めるとか、知情意を全うすると云ふぼんやりしたものでなくして、知情意と云ふものを全うする標準は社会意識に依つて限られて来て居るのであります[180]」。

それでは、同書では社会というものはどう捉えられていたのだろうか。吉田はあたかもデューイの『学校と社会』の一節をなぞるかのように、「社会という概念は……、幾多の人々が和合して共通の利害関係を有ち、共通の目的の下に相互に交合的関係を有つて生存して居る所の団体は皆之を社会と言うことが出来る」[181]、と述べている。そして、「如何なる種類の社会を目的として教育は為さるべきものであるか」を考察するならば、国家の進歩・発達をめざすことをもって教育の主義とすべきだということは当然のこととなる。今日の文化の発達状況をみるならば、国家的生活こそがわれわれの人生にとってもっとも多くの関係をもっているからである[182]。こうした発言を指して、吉田の思想的立場を国家主義者と呼ぶ向きもあろう。たしかに国家主義者をナショナリストの訳語とみなすならば、それを否定する根拠はない。ただそれは、吉田がデューイを指して、国家主義者ということができるとしたという意味でのことだが。「これデュヰーは一方に於ては社会的教育学者で一方に於ては個人主義者で、また他の一方に於ては米国式の国家主義者ともなり得る所以である[183]」。

『系統的教育学』に内含されたテーマが、のちの吉田の学問的営為を方向づけたことは間違いない。晩年の吉田は教育学を陶冶の科学として再構築しようと試みることになるが、それは同書で二元的に提示されたままになっていた教育概念上の二つのテーマを、人格形成としての「陶冶」という観念を軸にして統合しようとするものであった。ひとつは、広義の教育概念と教義の教育概念をどのように架橋して、統一的に把握することができるかということであり、いまひとつは、教育を、規範（理想の世界）と事実（現実の世界）を媒介する陶冶の世界として捉えることによって、人格形成としての陶冶の本質を明らかにすることであった。次の二つの節で、修身教科書の編纂から国民道徳論の構築へといたる思想的歩みをたどりながら、吉田が公教育の実際にどのように関与したのかをみたうえで、最後に「陶冶の科学」としての教育学の構想を検証することにしたい。

第8節　国定修身教科書の編纂、およびそれをめぐる論争

吉田熊次が国定修身教科書編纂の起草員に抜擢されたのは、大学卒業の翌一九〇一（明治三四）年六月のことだった。一八八〇（明治二三）年の教育勅語の渙発によって国民教育の基本方針が確定され、それにもとづいて道徳教育の向かうべき方向が明示されてから、吉田が実質的に作成にかかわった国定修身書が全国の学校で採用されるようになるのが一九〇四（明治三七）年のことだから、その間に四半世紀という時の流れがあったことになる。吉田の「国民道徳」論は国定修身教科書の編纂に携わった経験と深くかかわって形成されたという意味で、実践的な性格をもっている。吉田は、当初民間の検定教科書を使用していた修身科教科書が国定化されるにいたった経緯を、海後宗臣との共著「教育勅語渙発以後に於ける小学校修身教授の変遷」[184]で、ひとつの歴史として描き出している。とくに「国定修身書の編纂」と「国定修身書の修正」の二章については、吉田自ら執筆したとされるので[185]、それに依拠しながら、「国民道徳」論形成の背後にあった歴史認識はどのようなものであったかをみておこう。

ところで修身科教科書の国定化を求める動きは、世論の動きに呼応した議会のなかから起こった。発端となったのは、一八九四（明治二七）年衆議院に提出された質問書で、そこでは勅語の精神にもとる教科書が多数出回っているにもかかわらず、それへの対応において、「文部省ハ頗ル之カ公正慎重ヲ欠クノ嫌イアルノミナラス往往其間ニ曖昧ノ嫌イナキ能ハス」と批判されている。ついで一八九六（明治二九）年貴族院に「国費ヲ以テ小学校修身教科用図書ヲ編纂スルノ建議案」が提出され、過半数の賛成を得て通過した。その建議案には、「一ノ編纂機関ヲ設ケ委員組織ヲ以テ」編纂すべきとあったことが注目される。同建議は翌年になって貴族院でも可決された。さらに一八九九（明治三二）年には、安藤亀太郎らによって衆議院に「小学校修身書ニ関スル建議案」が提出され、委員

会に附託ののち、原案通り可決された。建議案には、「徳育ノ要ハ善良ナル修身教科書ヲ編製シ全国ノ就学児童ノ徳行ヲ同揆ノ下ニ教養シ忠孝愛国ノ精神ヲ啓発シ以テ国家ノ文明ヲ進メ富強ヲ致スニ在リ」とあった。とりわけ地方ごとに修身教授の方法が異なり、教授法もまた差異があって、徳育が区々であることが問題視されたのである。(186)

こうした議会の動きに対して、文部省は一九〇〇（明治三三）年修身教科書調査委員会を設置した。委員長に加藤弘之、委員に木場貞長、高嶺秀夫、井上哲次郎、澤柳政太郎、伊澤修二、中島力造、井上圓了、渡部董之介、嘉納治五郎、元良勇次郎の一〇名。そして、起草委員には中島徳蔵、平出鏗二郎、乙竹岩造が任命されたが、翌年六月に中島が免ぜられて、吉田熊次がそれに代わった。(187)この委員会は当初から国定教科書をつくることをめざしていたわけではなかった。文部省が提出した「修身教科書編纂ノ理由」には、「一ノ教科書トシテ各学校ニ採用セシメントスルノ意ニアラズ主トシテ之ヲ標準トシテ模範を示サントスルニアリ」と述べられている。それが急に国定教科書をつくることになったのは、一九〇二、三（明治三五、六）年に起こった教科書疑獄事件の結果だった。この事件では、教科書検定の審査にあたった官吏・教育者のうちで、犯罪のために休職を命ぜられた者二三名に上がったといわれる。一九〇三（明治三六）年一月文部大臣菊池大麓は修身教科書調査委員会に出席して、翌年までに国定教科書を実施する見通しを示した。そのために小学校令が改正され、一九〇四（明治三七）年四月から国定修身書が全国で採用されることになった。(188)

しかし、実際に筆を執る段になると、起草員の間で意見が割れ、一貫した主義で押し通すことはすこぶる困難であることが明らかになった。吉田は、国定教科書という以上、編纂の方針は「小学校令及び小学校令施行規則」によって予め定められている修身科の要旨にもとづくほかはないと弁じて、委員会の同意を得た。つまり、「編纂ノ方針」は、教育勅語にもとづいて、その内容を子どもの発達に応じて、各学年に配当すること以外にありえないと主張したのである。その結果、小学校修身科教科書の目的は、「勅語ノ旨趣ニ基キ児童ノ徳性ヲ涵養シ道徳ノ実践ヲ指導シ健全ナル日本国民タルニ必須ナル道徳ノ要旨ヲ授クル」ことにおかれることになった[189]。

国定修身書は一九〇三年一二月に脱稿し、予定通り翌年四月から使用された。吉田はこの教科書についてほとんど論じる機会がなかったが、その理由は欧州留学に向けて旅立ったという外部的要因にあったといえよう。さらに、一九〇七（明治四〇）年秋に三年半の留学を終えて帰国して間もなく、国定修身書改正作業がはじまったという事情も加わった。吉田が第一期修身教科書について語っている数少ない論文のなかに、「小学修身書に対する世評に就いて[190]」がある。思想史的な観点から見逃すことのできない論点を含んでいるので、ここで二点について指摘しておきたい。

ひとつは、ヘルバルト派の教育学説への批判である。国定修身書が、人物基本主義に対して徳目基本主義をとり、童話・寓話の活用に対して仮作物語によることによって、ヘルバルト派との差異化をはかったことはよく知られている。吉田自身もまたヘルバルト派の修身教科書に関して当初から批判的であったことは、その社会的教育学の立場から当然予想される通りである。吉田は国定修身書から童話そのものを絶対に排除する意図はなかったとしながら、ただヘルバルト派の採用している人物伝記主義が教育勅語の趣意を伝える妨げになっていることに、かねてから疑問をもっていた。「徒に児童の悦ぶ人物伝記の物語を聴かせることを以て、修身教授の仕事と考え、修身の教授に於て講釈師のなすところを学ぶが如き極端なる風も生じて来た[191]」からである。国定修身書が伝説的童話に代えて仮作物語を入れたのは、そうした事情によっていたのである。

もうひとつは、道徳教育の方針が「教育に関する勅語に依って一定している」とされたのは、そこであげられた徳目が普遍的価値をもつと認識されていたからである。あるイギリス人が国定修身書について、その原理が功利主義であるという理由で賞賛して、「之に由て日本人は欧米諸国の道徳と根底に於て一致するやうになる」と評したことについて[192]、吉田は、修身教科書がある特定の学説によって、ここでは功利主義によって、貫徹しているという見方を強く否定した。逆に、「日常行ふ所の実際の教訓」については学説の異同を超えたところに共通性を見出すことも出来るはずだという。さらに修身教科書の例話に外国人の例が多いという非難に対して、ある徳に関しては外国にその例を求めた方がよい場合もある、と吉田はいう。それは、道徳は社会的・歴史的状況によって規定されるという『社会的倫理学』の立論からの不可避的な帰結だった。

「人間は習慣と境遇とに依つて支配されるもので、自己の境遇で自己の精神を造つて居るものだから、児童に最も多く感動を与え感化力を有つものは児童の境遇に近いものでなければならぬ。併ながら如何せん我国今日の状態は古来の状態とは趣を異にして居たもので、随つて今日為し居る日常生活は明治維新以前の日本よりは或る点に於て欧米諸国の生活に接近して居るのであります(193)」。

当然のことながら、最初の国定修身書はヘルバルトの教育学説を奉じる人びとから、「余りに忠孝本位の徳目を重んじ過ぎたという非難を受け」ることになった。しかし他方で、保守派と目される人びとからは、「其の反対に、忠孝本位の伝統を軽視せりとの非難を受け」ることにもなった。我が民族の精神的性向である「忠孝ノ大義」や、わが国固有の国民道徳の根本である「祖先ヲ崇敬」することが強調されていないというのである。「斯くの如く国定修身書に関する諸種の批評もあり、文部省にても各府県師範学校等に於ける該修身書実地使用の経験に基く意見を徴して修正に着手して居る」ように、改正に向けた調査は早くから着手されていた。一九〇七（明治四〇）年の小学校令の改正を受けて、翌年教科用図書調査委員会が設けられた。会長加藤弘之、副会長菊池大麓のほか、委員三〇余名で構成された。修身、歴史、国語の三部をおき、修身書の編纂にあたった第一部の部長は最初穂積八束であったが、一木喜徳郎、山川健次郎、江木千之と相次いで交替した。委員には多少の変動があったが、船越衛、山川健次郎、一木喜徳郎、森林太郎、中島力造、清水澄、大島健一、渡部董之介、三宅米吉、森岡常蔵、吉田熊次が任じられた。修正国定修身書の起草には主として森岡があたり、三宅、吉田、和田万吉が評議に与ったとされる。一九一〇（明治四三）年、最初の修正国定修身書としてつくられたのは『新制高等小学第三学年用修身書』だった。(194)

吉田が修正国定修身書についてはじめて公の場で語ったのは、同年一二月、文部省の開催による全国師範学校修身科担当教員講習会においてであった。講師は吉田のほかに、憲法学の穂積八束と哲学の井上哲次郎で、いずれも東京帝国大学教授だった。文部省は翌年四月に、穂積の「国民道徳の要旨」と吉田の「修身科教授法」の講演速記をあわせて、『国民道徳ニ関スル講演』(195)として公刊した。同書は、「一九一〇年代に師範学校を舞台に国民道徳が高唱されていく」きっかけとなったとされるが、(196)われわれは同書を、修身教科書をめぐる論争という文脈のなかにおいて論じてみたい。というのは、同書はまさに『新制高等小学第三学年用修身書』の解説を目論んだものであったからである。ところで、石田雄『明治政治思想史研究』は、「天皇制国家体制のもっとも重要な精神構造をなすと考えられる『家族国家』観」が出現した様子をドラスティックに描き出して、戦後日本の社会科学のイデオロギー的傾向をかたちづくるのに決定的な役割を果たしたが、そこで石田は戦前の国家観の転換を修身教科書、なかでもこの『第三学年用修身書』を典拠に論じたのである。このように天皇制イデオロギーの転換の道すじが、ほかならぬ修身教科書の分析を通して論証されただけに、石田の所説は天皇制国家体制に対する戦後教育学者の認識枠組をもっとも深いレヴェルで規定することになったといえよう。

「『勅語ノ旨趣ニ基キ』編纂されたわが国最初の国定修身書は、およそ『家族国家』観とは縁遠いものであった。ところが一九一一年（明治四四年）に修正を終わった修身書においては、完全に『家族国家』観が中核的な観念として現われて来ており、同時にこの解説普及運動を契機に『国民道徳論』の名の下に『家族国家』観が興隆はじめるのである」[197]。

たしかにこの講習会における穂積の講演は、「我ガ国体ハ家族制度ニ基イテ居ルモノデアリ、……国民道徳ノ大本タル忠孝ノ大義ト云フモノモ、基ク所ハ此処ニ在ル」[198]という家族国家観にもとづいて、道徳教育のあり方を説くものであった。しかし、だからといって、修正国定修身書の「解説普及運動」が国民道徳論をして、ただちに政治や学問、さらには教育界のヘゲモニーを握るような高みにまで押し上げたわけではない[199]。石田の思想史方法論は、いわゆる外在的アプローチの典型であって、歴史的現実を外側から切り取って、近代主義的な視点からイデオロギー的に断罪するという、戦後日本の社会科学に特有な政治的傾向を帯びたものだった。それに対して、われわれは内在的アプローチでもって、つまり吉田の教育思想形成のプロセスを内側からたどることによって、戦前にあっても国家と道徳教育論の関係はもっと多義的であり、論争的に捉えられていたことを示したい。ここでは吉田の修正国定修身書に関する講演のなかから、とくに『新制高等小学第三学年用修身書』をめぐる論議に焦点を絞って、二つの観点から検討を加える。まず、運動の内部に着眼して、国民道徳論を構成した理論的枠組は決して一枚岩的なものでなく、多様な思想的立場の選択がありえたことを示し、ついで、言論界全般の状況のなかでの論争を取り上げ、吉田の国民道徳論には強力な対抗理論が立ちはだかっていたこと、とりわけ個人主義的な人格思想ときびしい論争を強いられていた事情を明らかにしたい。

まず前者の観点について、『国民道徳ニ関スル講演』に収載された吉田の講演「修身科教授法」からいくつかの論点を抽出し、それを穂積の国民道徳論と対照させて論ずることで、同じ国民道徳論として括られる立場の内部にもかなりの隔たりがあることをみてみよう。吉田は修身教授には、（1）方法に関する問題と、（2）内容に関する問題があるという。教科書について語ることはもちろん内容選択に関わるものであるが、道徳・理想の内容を規定しようという試みは、これまでみてきたように吉田自身の教育学的関心にかなうものであった。そして、「徳性涵養ハ学校全般ノ仕事」であるが、修身科の役割は学校においてなされるさまざまな場面での徳育を統一するためにあるとされる。道徳教育は「教育勅語ヲ中心」になされねばならないからである。[200]つぎに、吉田はフランスと対照させながら、わが国修身科の特質を三点にわたって数えている。フランスが引証されるのは、そこで自由・平等を唱道する個人主義と、共和国への忠誠を重視する団体主義との調和に腐心している典型例がみられるからにほかならない。第一に、フランスの修身科は共和主義を注入するための手段という「党派的政略的」な意味をもっているのに対して、わが国の場合は「日本人タルノ徳性ヲ完全ニセンガ為ニ置クモノ」だという。第二は、フランスの修身科の教授内容が理性的であるのに対して、わが国では「国民ガ古来実践躬行」してきた「伝説的ノモノ」であること。そして第三に、個人を絶対の標準としないで、「団体を主トス」ことである。[201]だが、伝説的であることは理性に訴えることを排除するわけでなく、また団体を本位とすることは個人の人格を無視するものではない、と吉田は言う。

「理性ヲ尊重スルト伝説的道徳ヲ踏襲スルトハ必ズシモ矛盾セズ。理性ヲ主トスレバ必シモ個人本位トナラサルベカラザルノ理ナシ。倫理学上理性ニ基カザル行為ハ行為トシテノ価値ナシ。理性的行為トハ善ナリ真ナリト信ジテナス行為ニシテ、理性的トハ行為ノ成立条件タルニ止リ之ヲ以テ其ノ儘道徳上善トナスベカラズ」。[202]

最初に編纂された修正修身書が高等小学校の第三学年用だったのは、先述した一九〇七年の小学校令の改正にともなって義務教育年限が六年に延長され、尋常小学六年・高等小学二年という体制になったことによる。後者の修学年限は「延長シテ三箇年ト為スコトヲ得」とあったから、高等小学第三学年が普通教育の最終学年としてはじめて現われたのだった。『新制高等小学第三学年用修身書』の編纂方針としては二つの案がありえた、と吉田はいう。それまで学習してきたことの補充的意味として、一部分を詳細に説くべきか、それとも、最後の学年として「我国民道徳ノ基礎タル大精神ヲ総括的ニ説クベキカ」という二つの方法である。結果は、「二者ヲ併用スルコト」であった。「即チ一方ニハ本学年ハ小学教育ノ最終学年ナルヲ以テ我国民道徳ノ淵源タルべキモノヲ説明シ、又他方ニハ実際ノ生活ニ接近セルヲ以テ実際生活ニ関係セル教訓ヲ詳細ニ説クノ必要アルヲ認メタレバナリ」[203]。この修正修身書は各学年を通して天皇、皇室や国体に関する教材を大幅に増加させたことは確かなことではあるが、石田雄の分析にみられたように、それまでの「単に国力充実のための忠君愛国」から、突如として家族国家観が出現したような印象を与えるのは、とりわけ『第三学年用書』には天皇制国家体制に適合的な国民道徳の大綱を概括的に提示するという側面があったことに起因しているように思われる。本来ならば、修身教授は「児童ノ実際生活ヲ基本トシテ訓話スベ」きであるが、同書は二方法を併用したために、「従来既ニ教ヘタルモノヲ統一湊合シテ我国民道徳思想ノ根柢ヲ確立セシメントセシガ為ナリ」[204]、と吉田は述べている。さらに吉田は、控え目な表現ながら、国民道徳と普遍的な道徳価値としての人道との関係についても言及しているが、その立場は第一期修身書について述べたときから変化があったとは思えない。

「人道ハ国民道徳則人道トモ解セラレ又人ヲ人トシテ見タル時ノ道徳即チ総テノ人ヲ平等ト見タル道徳ノ如クモ解セラレル。而シテ本課中ノ人道ハ後者ノ意味ニシテヒユーマニチー即チ仁道トモ云フベク」[205]。

同講演会における穂積のテーマも、もともとは「高等小学第三学年用修身書に依る国民道徳の要旨」であった。だが、その内容はもっぱら家族国家観と国民道徳について自説を展開するものであり、「教科書ニ載セラレテアル所」に即した議論はほとんどなされなかった。「国ハ家ノ膨張デアリ忠ハ孝ノ延長デアリ即チ忠孝ノ大義ハ其ノ本ヲ一ニスルト云フコトニ帰着スル」のだから、こうした美徳をわが民族の特質として伝えることが、「国民道徳ノ教育上最モ必要ナルコト」になる、と穂積はいう[206]。国家と社会とはまったく一体なのであるから、すべての徳目は個人が国家・社会の一員として「生ヲ遂グルコト」のためにあるのであって、「分子ガ団体ニ同化シテ、団体生活トシテ、其ノ永遠ノ生存ト繁昌トヲ期待スルガ為ニ」存在するものなのである。このように道徳の意味は、団体、すなわち国家の生存を離れてはまったく無意味なのだから、教育の意味は「個々ノ人ヲ磨キ上ゲテ社会ニ適合スル者ニスルト云フコト」になる[207]。穂積は、半年後に開催された文部省主催の講演会の劈頭、世上には深い考えなしに、「国民道徳とは云ふは、唯人間が守るべき所の道と云ふやうに、平坦に解して居るやうな類もあるでありますけれども、元来国民道徳と云ふは、国民たる資格に伴ふ道徳の意味であります、是は特殊の道徳観念を意味するものである[208]」と、国民道徳の概念について言及した。その際、穂積が念頭においていた世上の議論のひとつに吉田の所説もまた含まれていたことは疑えない。高坂正顕は、このようないわゆる祖先教にもとづいて、「家と国を直ちに一体化して考える」ような穂積の国家観に対しては、当時もいまも異様な感じをもつ人は多いだろう、と指摘している。たしかに日清・日露の戦争を一致協力して戦ったことで、日本人の間に「同胞の観念」が強まっていたに違いない。だが、当時の日本の「精神的境位」はむしろ個人主義的な傾向の方が強かったのであり、「八束等の主張はそれに対する抵抗であったと解すべきであろう。むしろ反動とみるべきであろう[209]」。そして、吉田は数年後に出版された『我が国民道徳』において、穂積の所論について、「余りに国民道徳を狭く解釈するものではないか」と批判したのであるが、詳細については後にふれる。

ついで後者の視点から、『高等小学第三学年用修身書』をめぐってなされた論争をみてみよう[210]。同書が教育界にとどまらずに、広く学問的関心を喚起したことは、刊行後一年足らずして丁酉倫理会が討論会を開催したことからも知られる。その折に、もっとも徹底した批判を展開したのが、早稲田大学教授（二年後に京都帝国大学教授となる）藤井健治郎だった。藤井は吉田と同じ山形中学の同窓だったが、旧庄内藩領だった狩川村（現山形県東田川郡立川町）出身で、旧制二高に進み、東京帝国大学文科大学哲学科を卒業した。中学、大学ともに吉田の二級上だった。[211] 藤井の批判が激越なものとなったのは、これがたんなる教科書にとどまるものでなく、「国民修身書の経典」であって、「尋常一学年から高等二学年までの修身書はすべて此の一部の経典に上り詰めるやうに編纂しやうとい ふ趣旨のやうにも察せられる[212]」からだった。藤井は同書に対して逐条的に執拗な批判を加えているが、それらは二つの基本的な観点からなされたようにみえる。一方からすると、忠孝・愛国の国家主義があまりに偏狭にすぎる。

「職業を執るのも国家の為、名誉を重んずるのも国家の為、財産を治め、権利・義務を行ふのも国家の為、外国人に交るのも国家の為、何でも蚊でも国家の為、一にも国家、二にも国家、三にも四にも国家の為にやれといふ口調が厳乎として明かである[213]」。

他の側面からみれば、このことは、個人の存在の意義と価値をあまりに軽くみて、個人がたんに国家の手段としかみなされていないことである。国民としてのありようのほかに、個人としての生存を認めた以上は、その修養の工夫を説くべきであった、と藤井はいう。教育や倫理に関心を向けるような時代風潮のなかで大学生活を送った藤井は、それだけに自律的な道徳こそが国民に求められるという主張にこだわったのである[214]。だが、その期待とは裏腹に、義務教育の六年制への延長にともなって作成された『高等小学第三学年用修身書』は、日露戦争後に急速に進んだ、国民を天皇制国家体制のもとに政治的・イデオロギー的に動員する動きに連動するものと映った。実際に文部省の通牒は、官主導のもとで組織化が進められていた「青年団の講習」でも同書を使用するように指示していた。藤井は、こうした「忠孝・愛国を絶叫」する国家主義思想が、「国体を傷害するやうな危険なる思想」、つまり社会主義思想への過剰な反応であることを指摘する。「日本思想界現時の大勢が、非常に険悪なる徴候を帯び、形跡を表はして居ることを事実だとすれば」、と藤井が述べているように[215]、修正修身書をめぐる論争は、まさに大逆事件の発覚から幸徳秋水らの処刑につながる一連の経過と同時並行的に進行していた。ところが藤井の国家主義批判は、体制側の論理を逆手に取るようなものだった。従来の忠孝教育が十分な効果を挙げ得なかったとすれば、その原因はむしろ忠孝・愛国を説きながら、「個人の自覚てふものを閑却して居る」ことにあった、というのである。

「今日の日本が要する所の国民は、何でも御無理御尤もて盲従する無腸漢・意気地なしの徒輩でなく、日本国民たり、人格たるの自覚からして忠孝・愛国の大道を闊歩し得る底の生気ある国民である。而かも唯忠孝・愛国を説いて、個人の自信・自恃・自敬・自尊を教へざる所の本書は、果たして此の大目的を達し得るであろうか[216]」。

吉田は同じ討論の場で、ただちに藤井の批判に応えたが、両者の間にはこれ以後もいくたびか直接の応酬があった。相似た問題関心をもっていたがゆえに、国民道徳論をめぐる論争に引き継がれていく深刻な思想的対立があったのである。ここではとりあえず吉田の反論を二点に絞って取り上げ、藤井の議論と対照させることで、その理論的立場を明らかにすることができるだろう。第一は、修身書が極端な国家主義であるという藤井の非難に対して、吉田が決して個人を無視したものではないと応答したことについてである。本書は、藤井の指摘するような意味で、「決して其儘国民道徳の全体を述べたもの」ではないが、たしかにその半分は、我が国民道徳の根本をもう一遍深く説いてやらうと云ふ主義で出来て」いる。だが、重要なことは、「他の半分は実際社会に於ける個人の生活状態に関して心得べき要件を教えるといふ態度で出来たもの」[217]だ、と吉田はいう。藤井の批判がよほど腹に据えかねたのであろう、吉田は数年後に帝国教育会において国定修身書について講演したとき、末尾に「新制高等小学第三学年用修身書に対する世評を駁す」という一節を付加して、同書の特徴は、これから世に出て職業に就く者たちを念頭に、実際生活のなかでの道徳のあり方を説くことにあったことを強調している。職業について、名誉について、財産について、そして権利義務について、諸個人が直面するはずの実際生活に適切な心得を授けようとしたのだ、と。「若し個人を無視した道徳主義であつたならば、決してこんなことが書ける訳がないのである。個人の存在を認め、個人の権利を尊重するからこそ、斯う云ふ心得を書いたのである」[218]。

第二は、藤井が、忠孝の説き方においてすべてのことが「国家の為」ということになっている、と揶揄したことに関してである。このことは自律道徳と他律道徳をめぐる論争につながるという意味で重要な論点であった。吉田は、本書のなかに「国家の為になるんだぞ」と書いてあっても、それは職業に励んで、心得を守ることが結果的に国家のためになるのだということであって、つまり、「吾々の行動の結果がそうなれば宜い」[219]のであって、一挙一動すべてを国家のためと思ってすべきだということではない、という。のちに藤井は、吉田の『教育的倫理学』を名指して、我が国民道徳は他律道徳であるが、自律は形式に関わることだから、他律の道徳を自律的に行なうことができると論じているのは、「学術語の濫用から来た謬見」と批判した。それに対する反論のなかで、吉田は、藤井の議論が道徳における主観と客観、自律と他律、あるいは個人と国民を実体的に区別する二元論にもとづくものだ、と反論した。

「自律他律の分る、所は自己の道徳的判断が自己の道徳意識の自動的処弁に出づるか、他動的処弁に出づるかに依るとでも云ふべきであつて、斯くあることが善なりとの自己意識の伴ひ得る判断であればそれは自律と云つてよいと思ふのである。それ故に自律他律の分る、所は徳目其物よりもそれを実現する道徳意識の態度如何にある」[220]。

さらに吉田は、藤井が形式としての主観的道徳と内容としての客観的道徳とを区別してきたことを批判して、そうしたやり方はほんらいひとつであるはずの道徳的事実を実体的に分立させてしまうことになる、という。だが、実際には「形と色とが共にある」ように、道徳には「主観的方面と客観的方面との二」つの側面が含まれているのである[221]。しかも、その区別はあくまで「スタンドポイント」によるものであって、「同じサブヂエクトが二様の見地から説明され」るということにほかならない、と吉田はいう。『教育的倫理学』を参看すれば、主体を外的秩序から自立させて「人格」として実体化してしまった藤井の倫理説を批判するための理論的根拠を、吉田がデューイの自我実現説批判に倣って培っていったプロセスが浮かんでくる。デューイによれば、自我実現の意味するところは、行為の目的として自我を実現させるというように自我を実体化して捉えるのでなく、「自分の行為の価値を決するに、其の行為の結果が果して自我の実現と云ふことに合つて居るか合つて居ないかを考えるのである」。この立場からすれば、ある行為は自我の実現であるし、ある行為は自我の実現ではなくなるが、両者を分かつ基準は、自我の実現だけでは説明がつかないはずである。吉田がデューイに共感したのは、道徳を歴史的・社会的状況に埋め込まれた主体の意識的行為として、機能的に捉えようとするところであったろう。「若し公共善と合して居る自我の行為を善としてそれが真の自我と云ふならば、吾々が直接に自我の実現を主として居ると云ふことを止めて公共善に合して居る行為を善となすべきである」[222]。

吉田は国定修身書の編纂過程を振り返りながら、こうした論争が示唆するところを、「当時の我が思想界・学界が欧米の個人主義思潮に支配せられていた居たことの反映」[223]であったと総括している。吉田の反論は、そうした人格主義的な思想の流行に対峙しうる道徳理論構想の試みであった。それは、わが国のおかれた歴史的状況に対するリアルな認識にもとづいて、公共善を担う主体をどのように形成するかという課題だったといえるだろう。

第9節　教育勅語と我が国民道徳

前章では修身教科書の編纂とそれをめぐる論争を時間的な経過を追いながら検討してきた。ここでは、そうしたプロセスを通して形成されてきた吉田の国民道徳論をいくつかの特徴に分節化して、それぞれ思想史的コンテクストに位置づけて議論してみたい。あらかじめ論点を示せば、つぎの四点である。第一は、国民道徳論の思想的系譜を探ることである。その先駆けを西村茂樹に求めることによって、国民道徳論がその端緒から、西洋の学問的方法を用いて、日本の歴史的伝統の再構築を図るものであったことが確認できるだろう。第二に、吉田の国民道徳論は、宗教的基盤なしに道徳が可能であると主張するものだったが、その思想史的意味は同時代に欧米で展開された倫理修養運動との関わりを通し明らかにされるはずだということである。第三は、吉田が「我が国民道徳」という言い回しに込めた、独自な国民道徳の概念を、同時代の学者や思想家の所説と対比させて論じることである。そして第四に、歴史的・社会的制約を免れえない国民道徳は、普遍的な価値としての「人道」とどのような関連のもとで捉えられていたかを論じ、それが吉田の教育勅語解釈をどのように規定することになったかを論じたい。

1　国民道徳論の思想的系譜——先駆者としての西村茂樹

国民道徳論の帰趨を論じることなしに、大正・昭和期のわが国の教育界の実情を十全に捉えることはできない。にもかかわらず、戦後の教育学においてこのテーマが取り上げられることはきわめてまれなことだった。そのわずかな例外といえる森川輝紀『国民道徳論の道』は、井上哲次郎と吉田熊次の国民道徳論に先立つ思想家として元田永孚を取り上げて、仔細に論じている。元田が帝国憲法―教育勅語の成立に際して重要な役割を果たし、その忠孝一体論や祖先崇拝イデオロギーは国民道徳論と表裏をなす家族国家観の鍵概念になったといえるかもしれない。しかし、儒学者である元田を国民道徳論の系譜に位置づけることは、国民道徳という歴史的概念をあまりに拡散させ、曖昧にしてしまうことになる。国民道徳論を思想史のコンテクストに位置づけるには、その先駆けを元田ではなく、西村茂樹に求めねばならないはずである。実際森川自身が、西村に一度だけ言及し、こう述べているのである。「日露戦後の国民道徳論の登場は、いわば西村が設定した国民国家という課題の達成にともなって、「我が国民道徳」として、日本という国家の主体を道徳論において説明しようとするものであった」[224]。そうだとすれば、なぜ同書の半分余のスペースを割いて、西村でなく、元田が論じられたのかが、ますますわからなくなる。

吉田自ら「国民道徳の由来」を論じたとき、その「起源は明治四二、三年頃に在る」としながらも、それ以前にわが国に国民道徳に関する論が皆無であったわけでないとして、西村茂樹の『日本道徳論』をあげている。それが国民道徳論のはじまりと呼ぶに値するのは、「日本国民の守る可き道徳の根本に就いて述べられたもの」だからである[225]。つまり、西村によって、道徳が君主への忠誠や人格の修養といった個人的なものから、国家の発展をめざすために国民の団結を促すものへと転換させられたのである。真辺将之はその浩瀚な西村茂樹論において、「ここで初めて西村は『国民道徳』の言葉を用いているが、単なる個人の品行ではなく、人心の一致団結、すなわち『国民』としての団結と道徳とが結びつけられているゆえにこそ、この『日本道徳論』はまさしく『国民道徳論』の嚆矢として位置づけられるのである[226]」、と指摘している。

吉田は一九三五（昭和一〇）年に、岩波文庫に収録された『日本道徳論[227]』に解説を執筆するとともに、一九四二（昭和一七）年、石川謙と海後宗臣の編集になるシリーズ「日本教育先哲叢書」の一冊として『西村茂樹[228]』を公刊した。同書の大半は西村の著作の抜粋からなっており、吉田の執筆になる「伝記及び思想」は全体の三分の一にも満たないが、吉田が自分の道徳問題への関心のありようを、西村に仮託して論じているようにみえる。文部省時代の西村の道徳および道徳教育への関心は、「欧州殊に米国の学制を採りて是を編成した」明治五年の学制の教育目的が、もっぱら「生を治め産を興すことのみ」を勧めて、道徳を教えることを等閑に付していることへの批判から生じたものだった。欧米の道徳教育がキリスト教と結びついて教えられていたのに対して、わが国ではキリスト教は不適当として排除されたが、それに代わるものがおかれなかったために、「我邦の新学制は大に修身道徳を軽んずるの外観」が生じたのである。[229]『日本道徳論』が、内閣制度の創設（一八八五）以来、政府が欧化政策を採用したことによって、「国民の風俗益々軽装浮薄に流るゝ勢い」について憂慮した講演をもとにしていることはよく知られている。しばしば西村は、「儒教主義の復活」を推進した保守派と目されることが多かったが、吉田はむしろ西村が洋学に対する深い識見を持っていたことを強調する。

「（西村は）我が国の道徳は耶蘇教、仏教の如き世外教を棄てゝ儒教及び西洋哲学の如き世教に拠るべしとなし、……『故に余が道徳の教の基礎とせんとする者は、儒教に非ず、哲学に非ず、況して仏教徒耶蘇教とに非ざるは勿論なり、然れども亦儒教を離れず、哲学を離れず、仏教、耶蘇の中よりも亦之を取ることあり』と断案を下して居る。而して道徳の最後の根拠を『天下の真理に求むるにあり』となし、『世教中に於て其教義の真理に協ふ者を採りて、是を日本道徳の基礎と為すべし』との結論を下して居る[230]」。

こうみるならば西村の『日本道徳論』は、吉田の国民道徳論の理論的先蹤として、つぎの二つの点で永続的な影響を与えたといえるだろう。ひとつは、儒教をもとにした伝統的な国民的な道徳のありように代えて、「西洋の哲学を参酌して定むべきもの」としたことであり、いまひとつは、国民道徳を支えるものを既成宗教のなかにではなく、国民生活を規定する社会・歴史的条件の科学的な討究という学問的基盤の上に据えようとしたことである。

2　国民道徳と宗教――倫理修養運動との関連で

『東亜之光』に掲載された吉田の論文「我が国民道徳と宗教」（一九一二）に対して、加藤弘之は私信を送って賛意と励ましを与えた。それが、『我が国民道徳と宗教との関係』[231]というコンパクトな書物を出版するきっかけとなった。その内容は、一九一二（明治四五）年二月に内務次官床次竹次郎が提唱した「三教会同」に対する批判という時論的なものだった。この集まりに触発されて「学者教育者は屢々会合を開きて討議を盡せり」という事態への違和感が執筆動機を強めたことは疑えない。国民道徳論は、はじめから既成宗教とどのようにかかわるかという問題を避けられなかったのである。床次は欧米を視察した折、文明の基盤に宗教の力があることを実感し、教派神道、仏教、キリスト教の協力を得て、宗教を基盤に国民道徳を振興し、それによって大逆事件で揺れた国家秩序の安定化をはかろうとした。だが、こうしたやり方には政府部内からも異論が噴出し、文部省は三教会同に関知しないという態度をとった。修身教科書の改訂を終えた文部省は、国民道徳の基礎をあくまで教育勅語において、道徳教育を宗教から独立させることを原則としていたからである。吉田の三教会同批判もそうした文部省の路線に同調するものだった。「宗教の権威を藉るにあらざれば、国民道徳を教ゆるに足らざると考へ」るならば、「国民教育に至大の損害を与ふべし[232]」。

吉田の論点は主に二つあったように思われる。ひとつは倫理学の観点からのもので、宗教と道徳は必然的に結びついているわけでなく、宗教なしでも道徳が成立することを説く論者は少なくないことである。ホッブス、スペンサー、カント、フィヒテ、ヘーゲルなどはもとより、最近の学者のなかにも同意見の者は決して少なくない、と吉田はいう。「一般に今日の科学的倫理学者は皆宗教と道徳とを区別し、宗教に依らなくとも道徳の成立し得ることを認めて居る」[233]。いまひとつは、国民道徳が国民として守るべき道徳でなければならないとすれば、それは教育勅語のなかに示されていることである。超自然主義を本質とする宗教は国家社会を超越するところに道徳の大本をおくがゆえに、「宗教は国民道徳を補充するよりも寧ろ之を破壊するの恐れなしとも断言しがたい」[234]。明治維新以来わが国の学校教育は、宗教とは無関係に、いずれの宗派に対しても公平な態度をとってきたのだ、と。こうした観点から吉田は、道徳の弛緩という社会状況を宗教に依拠して改善しようという、「三教会同」の企図を批判する。わが国において国民道徳に関する信念が乏しいとすれば、その原因は「社会情態の不健全なると、社会的秩序の紊乱せると、社会的制裁の厳粛ならざるとに依る」のだから、「先ず社会其ものを整理することに努めなければならぬ」[235]ということになる。

こうした宗教ぬきの道徳教育という吉田の構想に、ひとつの範型を与えたのが、F・アドラーによって創始され、世界的に拡がった倫理修養運動（Ethical Culture Movement）だった。欧州留学中の吉田は、ドイツの倫理修養運動のリーダーだったベルリン大学教授W・フェルスターと相識り、「万国倫理協会連合」の集会に参加するなどこの運動に深くコミットしたが、その間の事情は平田諭治の論文に詳しい[236]。だが、ここで強調されるべきは、留学前に書かれた論文「倫理修養運動と修身教授」において、吉田がすでにアドラーの思想と実践について論じていることである。この倫理運動はアメリカからイギリス・ドイツに波及したが、この運動のユニークなところは、「宗教より独立なる即ち宗教以外に立つ所の道徳上の教を確立して、これに基いて修身教授をやるといふこと」[237]であった。したがって、倫理修養運動の原理がわが国の修身教授に示唆するのは、「伝説的のものでなしに合理的基礎の上に」、および「宗派的偏見を排して普通的なる徳教を敷くこと」という二点に帰することになる[238]。

修身教授の方法について、吉田がアドラーの著書『児童の道徳教授』に多くを負っていることは間違いない。アドラーの主張はあくまで非宗派的な道徳教育であって、決して「基督教そのものを排斥せよ」というものでなかった。だが、宗派的な争いを避けるためにアドラーの提案したのは、道徳教育は子どもに善への愛と敬意を植えつけることを目的として、その際理由や根拠は学校では問うべきでないというやり方だった(239)。国定修身書の編纂に際して、吉田が道徳教育の基本原理は「教育勅語の奉載以外にない」と主張したとき、その念頭には倫理修養運動における「非宗派的な徳教」のことがおかれていたように思われる。このことは、道徳がつねに宗教によって維持されてきた西洋人に比して、東洋人の方が優位に立っているのであり、修身教授の方法の研究については「我国が独立に研究して其原理を定めねばならぬ」という結論につながることになる(240)。

倫理修養運動の関係でもうひとつふれておかねばならないことがある。吉田もまた「児童保護」など社会問題への関心を共有していたことである。アドラーが児童労働を文明への脅威と捉えたように(241)、吉田は、一九〇九（明治四二）年二月に開催されたある講演会で、子どもを自分の所有の如くに考える傾向の強いわが国の状況を見据えながら、子どもを保護することの必要性を説いている。「子供といふものは決して個人の所有物ではない、……既に子供が親の所有物でないといふことになると児童の保護といふことは当然存在し得ること、なる(242)」。同年八月から三年余り、吉田は『教育学術界』に三〇数回にわたって「社会教育の研究」というタイトルで、「欧州留学中に見聞した材料」をもとに連載記事を書いた。それが一書にまとめられたのが、一九一三（大正二）年に出版された『社会教育(243)』である。最初の三つの章は、「児童の保護に関する社会教育」「孱弱なる児童に対する社会教育」「不良少年の教育」となっており、今日の眼からは社会福祉の守備範囲とされがちなテーマである。しかも、吉田自身が「所謂道楽仕事なりき」と述べているように、それら内容の過半は「書籍・雑誌・新聞切抜・報告書・プログラム等」からなるものであって、たんなる移入・紹介にすぎないと切って捨てることもあるいは可能であろう。だが、国民道徳論の背後にこうした幅広い社会的関心があったことを知ることは、吉田の教育学構想を国家主義イデオロギーと決めつけて葬り去ろうとすることの愚かさに気づかせてくれることにはなるだろう。[244]

3 「我が国民道徳」の概念

日露戦争（一九〇四―五）後に国民道徳論議が突如として高まったのは、欧州文明の一角を占めるロシアに勝利したことによって、知識人の間に欧米文明に対する国民的自覚が起こったことを象徴的に示すことがらだった。とりわけ日清・日露戦争ともに、「兵器及人員」においては決して優位にあったわけでない日本が勝利したのは、「我が精神、教育の力」であるという議論が広く行われるようになるなかで、国民道徳論が起こったのである。[245]だが、国民道徳論は、学問・思想の分野でも、あるいは政策的にもさまざまな意味あいのもとで流通しており、必ずしも一義的な内容理解があったわけではなかった。そのなかで吉田が国民道徳に与えた定義は、「国民生活のなかで国民が守るべき道徳のすべて」といったかなり幅の広いゆるやかな概念であった。ただ彼は、何らかの哲学的原理から出発して道徳論を抽き出す哲学的道徳論から自らの立場を区別して、あくまでそれを「経験」的に探求しようとした。社会的教育学を導いた学問方法論は、ここでも貫かれていたのである。「私は何処迄も日常の経験を基礎とし、道徳に関する事実を根拠とし、其の事実の中に含まれて居る所の原理原則を分析的に討究して、道徳に関する学説を築上げたいといふ希望を持つものであります」[246]。

こうした立場から国民道徳論を倫理学的に基礎づけようという吉田の試みは、前節でみた藤井健治郎の批判にみられるように、カント主義が盛んに行われていた当時の倫理学の世界ではなかなか受け容れられ難いものだった。『国体と倫理』に収載された一連の講義で、吉田はやや立ち入ったカント主義批判を展開している。自律という観念は行為の形式に関する価値規範であって、そこからは内容についての価値規範は出てこない。したがって、吉田の国民道徳論とは、道徳という事実を主観的形式と客観的内容に区分したうえで、後者の具体的な内実を歴史・社会的な人間生活において考察しようとするものだった。「国民道徳の問題は如何なる徳を主とすべきか、前提とすべきか、如何なる本務を目標とすべきかと云ふ論であって、言はばその倫理学上の本務論、徳論に相当すべき議論である[247]」。

国民道徳論が道徳の客観的内容を示すものであるとすれば、国民道徳に個人道徳や、国際道徳、あるいは人類道徳を対比させる諸説は、いずれも道徳の領域に人為的な分断を持ち込む結果にしかならない。第一に、国民道徳をもって個人道徳に対する名辞とみなすものに、穂積八束の「国民道徳とは国民たる資格に伴なふ道徳である」という説や、井上哲次郎の「国民に特有なる道徳」という規定がある。だが、教育勅語の忠孝倫理は国家に対するものだけでなく、個人道徳もまた含まれている、と吉田はいう。「国民道徳と個人道徳とを分離せしめ、互いに独立のものとして対峙せしむることは実際において適当でないのでありま す[248]」。第二に、国民道徳を国際道徳と対立させることは、国家間の対立を前提にして、国家を道徳の主体とみなす見解であって、そのこと自体がほんらいの道徳概念を大きくはみ出している。というのは、道徳とはそもそも人格と人格の間に成立することがらであり、「道徳と申しますれば人の行ふ道徳であって、道徳の主体は個人[249]」だからである。第三に、国民道徳を人類道徳に対するものとする立場があるが、これもまた正当な議論として認めることはできない、と吉田はいう。そもそも人道とは国家・社会の外部に独立して存在するものでなく、国民道徳に内在していて、人類によって共通に守られるべき道徳を指していうものだからである。人道と国民道徳の関係については、次項で改めて検討しよう。

吉田は「我が国民道徳」という言い方を好んで用い、国民道徳論に「我が」という言葉をつけ加えることにこだわった。近代の国民国家では、各国ごとに道徳観念に異同があることを示すためだった。たしかに欧米語には「国民道徳」にあたる言葉が見当たらないとしても、それは「国民」という形容語を用いなくとも、道徳といえばその国に特有な規範であるがゆえに、国民道徳を意味しているのがあまりに自明なことだったからである[250]。にもかかわらず、吉田が「我が国民道徳」という表現を用いるのは、それを事実論として示したいがためだった。「我が国民として古来守り来つた道徳はどういふ種類の道徳であったかということは、事実論としては、人に依りて異論の起るべき道理がありませぬ。何人も承認せねばならぬ共通の客観的事実がそこに在るのであります」。そして、それが具体的に何を指すかといえば、教育勅語によって示された道徳がそれにあたるのである。[251]『教育的倫理学』のなかで、吉田がそうしたわが国の道徳を「伝説的の道徳」であると規定したことは、先にみたように藤井健治郎らからのきびしい批判を招くことになる。だが、吉田が、教育勅語の道徳思想は「国民的伝説的道徳」を根拠としていると述べたことの意味は、それが「教権者即ちオーソリチーが善なりと命令するにより善」と解されるところの「教権的道徳」とは異なって、わが国古来の歴史的事実にもとづいて定められたものであって、学理的判断にもとづいているということだった。したがって、「勅語の解釈は学者及び教育者の自由であるのみならず、勅語其ものも独断的に命令せられたるものとは思われない[252]」ということになる。

4　人道と国民道徳の関係、そして教育勅語の釈義

改正国定修身書の刊行がはじまってまもない一九一〇（明治四三）年の夏、吉田は丁酉倫理会の定例講演会で、「人道と国民道徳の関係」と題して講演を行っている。このテーマは修身教科書に現われた教育勅語の公式解釈に関わってくるので、重ねてふれておこう。人道とは「ヒューマニチー」のことで、しばしば個人道徳や社会道徳より高尚な価値をもっているとされてきた。とくに教育・倫理思想に影響を与えているのは、一八世紀末から一九世紀のはじめに起こった新人文主義である。ヘルダーやフンボルトの思想は、人種や時代を問わずに人類には共通の人格的本体があって、その本体に付属する道徳が人道であるとするものだった。人間そのものに共通な本性があるという思想は、教育に引きつけていえば、ペスタロッチーのように、「教育とは人間の本来持つて居る力を発展す

るものであると解釈」することになる。吉田は、「人の性質の中に国民性を離れて人の本性といふ者がありませうか」と問いながら、こうした人道の見方を一八世紀の理性主義の遺物であって、はなはだ時代遅れの説である、と批判するのである。[253]

そうした見方に対して吉田が対置するのは、人の本性というものは個々の人間を離れては実在体としては存在しないという、古くはアリストテレスの説や中世の名目論に淵源する見方だった。「従って国民性を離れ経験的自我を離れて人類其者の本体があるといふ考を是認し得ないのである」。人格というのも人類共通の人格というものが存在するのではなく、個人個人に即して人格が存在する。そして、道徳の意味するところが人間相互の関係を規制する規則であり、具体的個人そのものが本体であると同時に特殊性をもっているとすれば、「人間の履むべき道の中に国民道徳とか人道とかを区別し、両者は別々の者であるとして其の間に高下を分つは不合理である」。[254]つまり、吉田は国民道徳のなかに人道も埋め込まれているということを主張するのであり、そのために一方で、国民道徳を狭く解釈して、個人の価値を認めず、個人を国家の道具にしかみない極端な国家主義の説に対して、他方で、国民性を離れて人間の本質が存在するという人格主義者に対して、強く反対したのである。

こうした吉田の「人道と国民道徳の関係」の捉え方は、はじめて教育勅語の国定解釈が行われたといわれる、修正国定修身書における勅語解釈に直截に現われることになった。周知のように、教育勅語の構造は三段に分けて解釈されるのが常道だった。第一段は、「朕惟フニ」から「教育ノ淵源亦実ニ此ニ存ス」までで、教育の原理となる国体の本質を示したもの。第二段は、「爾臣民父母ニ孝ニ」から「爾祖先ノ遺風ヲ顕彰スルニ足ラン」までで、国民道徳の原理に対応する個々の徳目をあげたセクションである。そして、「斯ノ道」以下が第三段ということになる。問題となるのは、第二段であげられた諸徳目のうち、「以テ」ではじまる「天壌無窮ノ皇運ヲ扶翼スヘシ」をどう位置づけるかにあった。『高等小学修身書　巻二』では、はっきりこう述べられていた。

「勅語に『以テ天壌無窮ノ皇運ヲ扶翼スヘシ』と宣へるは『父母ニ孝ニ』より『義勇公ニ奉シ』に至るまでの道を能く行ひて天地と共に窮なき皇位の御盛運を助け奉るべしとの御趣意なり(255)」。

小山常美によれば、こうした皇運扶翼を総括道徳の地位に位置づける国定解釈は、「大逆事件と南北朝正閏問題をきっかけとして、忠君思想を強調し、天皇をシンボルとして強く押し出す必要を感じた」からとされる。しかし、このことは対外的にみると、皇運扶翼を上位概念として棚上げすることによって、孝から義勇奉公までの徳目を普遍的な道徳として欧米諸国に主張することを可能にした。「斯ノ道」が国民道徳を意味するものとすれば、そこには個人道徳も人類道徳もそれを構成する一部分として組み込まれていることになるからである(256)。こうした「我が国民道徳」の特殊性と普遍性の関係を、吉田自身がどのように考えていたかを、引用によって示しておこう。

「我が国民道徳の綱目は万国共通のものであるが、全体としての体系は唯一即ちユニークのものである。此は全体を構成する所以の原理の特異なるに依るのである。『父母ニ孝ニ』より『義勇公ニ奉シ』迄の徳目を忠という観念を根本として組立てれば我が国民道徳となる。孝を本として組み立てれば支那の国民道徳が出来るかも知れぬ。又博愛を根本として組立てるときは他の国民道徳が出来るのである。夫故に国に依って其の国民道徳は全体として違うのであるが、健全なる国民道徳である限り、皆教育勅語の第二段に示されてある様な徳目が具はつて居るべき道理であります(257)」。

小山は、欧米諸国に対して日本国を優越させる思想を大日本主義、対等または対等以下におく思想を小日本主義と表現できるとした上で(258)、修正国定修身書の教育勅語解釈は端的に「小日本主義的な対応意識を示す」ものであったとしている。だが、教育勅語渙発四〇周年にあたる一九三〇（昭和五）年に教育勅語の国体論化と大日本主義化の方向が明確になり、「教育勅語の意義が、具体的な日常道徳に力点を置くものから天皇の権威を強調するものに完全に転換した」ことを指摘する。(259) この転換は吉田にも苦しい対応を迫ることになるが、それについては高橋陽一の研究があることを指摘するにとどめよう。(260)

おわりに――陶冶の科学としての教育学の方へ

日露戦争後に新しい世代の出現にともなって、個人的意識が抬頭し、国家・社会と個人との乖離が拡大したことはしばしば指摘されるところである。岡義武はそうした動きのなかで個人主義思想を強く肯定し高く評価した論者として、浮田和民と藤井健治郎に論及して稿を終えている。(261) このことは小論にとって示唆的である。というのは、両者ともに吉田との間できびしい論戦を繰り広げた相手方だったからである。大正デモクラシーを背景に、思想界において人格の修養や自我の解放が論じられ、それに呼応するかのように教育界にあっては自由教育論が盛んに流行した。彼らに共通するのは、個人と社会との間に越えがたい裂け目を措定する二元論にたって、個性や人格を歴史的・社会的現実から切り離して論議していたことである。吉田の教育学的立場を思想史的に位置づけるとすれば、そうした個人主義的な思想的傾向に対する対抗言説ということになるだろう。吉田の教育思想の核心は、主観主義と客観主義、理想と現実、個人と社会、科学と倫理など、あらゆる思考の場面における二元論的な対立枠組を克服するところにあった。その意味で、アメリカ思想史においてデューイの果たした役割とアナロジカルに捉えることができるかもしれない。かつて『教育的倫理学』（一九一〇）のなかでデューイとタフツの『倫理学』に言及して、「ドウヰー教授の説は私には如何にも尤もと思ふのであります」(262) と述べた吉田は、一九二九（昭和四）年の『陶冶と価値』のなかで、「現実と理想との一元観を取るものは北米合衆国に行なはる、所謂実用主義である。実用主義の見地よりする時は、社会事実は其まゝ価値決定の規範とならねばならぬ。これデューイを始めとして米国思想家が教育上常に社会を力説する所以である[263]」と書いている。

明治の年号が大正へと変わる頃までに、吉田熊次教育学の全体構成はほぼ固まっていたといえる。教育学を独立した科学として理論的基礎づけをめざすというその学問的スタンスは、戦時下に学問に対する国家統制が強化されるなかでも大きく変化することはなかった。このことは、本章で取り上げた著作の多くが昭和期に入ってから、書名は変更されたもののほぼ同じ内容で再刊されたことから知られるだろう。卒業論文が『陶冶と価値』に付録として再録されたことは本論でふれたが、『社会的倫理学』は『倫理学概論』として、『社会教育』は『社会教育原論[264]』として復刊された。国民道徳関係の著作はもう少し複雑だったが、似たような経緯をたどった。『我が国民道徳』と『国民道徳の教養』の本論部分は合冊されて『国民道徳と其の教養[265]』というタイトルになって、内容そのままに刊行された。さらに『我が国民道徳』の教育勅語の註解部分は、『教育勅語釈義[266]』となって版を重ねた。戦争末期に、『教育的倫理学』が『教育的皇道倫理学[267]』（一九四四）として再刊されたときは、「忠孝の倫理的基礎」を論じた第三章が、「皇国の道の倫理的基礎」として大幅に書き換えられるようなことはあったが。

ところが、『系統的教育学』の主題たる教育の原理論については、やや事情が異なっていたように思われる。『系統的教育学』から約二〇年を経て刊行された『教育学原論』において、吉田自身は「彼此の間に必ずしも主義の相違があるのではない」と述べてはいるものの、「陶冶の科学としての教育学」という観点が新たに打ち出されるにいたったからである。そこで教育は人格を陶冶する活動と規定される[268]。ところで陶冶の科学というのは教育学よりずっと広義な概念であって、「目的と手段との結合を研究するもの」を指していわれるもので、農学・工学・医学などさまざまな学問分野にわたって存在している。したがって、教育学の独自な意義は人格活動そのものを対象とするのではなく、人格の陶冶、すなわち「人格の価値増殖といふ現象を研究の対象とする」ところにあるとされる[269]。こうした吉田の教育学構想が、一方で、大正デモクラシーのもとで流行した自由教育の思想と実践に対する批判意識から出ていることは間違いないが、他方で、第一次大戦後のドイツの教育学の批判的検討を通して、教育学を他の諸科学と並び立つ学問として、その理論的基礎づけをめざすものでもあった。

吉田は教育学の学問的性質を、事実と理想にまたがる三次元の科学であると規定するようになる。第一次元の科学は、事物の「あるがまゝのさま」について探究するもので、自然科学のような説明科学のことである。第二次元の科学とは事物の「あるべきさま」についての科学であって、精神科学などの規範科学といわれるものである。しかるに、第三次元の科学とは、「あるがまゝのさま」より「あるべきさま」にまで向上させる科学であり、実現科学、あるいは構成科学という名称で呼ばれうるものである。たしかに三次元の科学というアイデアは、「人間に関する各般の研究」を視野に収めた諸理論を研究することによって、「教育の実際を合目的に指導し得る」原論や目的論、方法論を構築することにつながるだろう[270]。

こうした議論が行われるようになる数年前に出版された『教育の根本概念』では、デューイの『学校と社会』を彷彿させるように、教育学は教育という対象に対して「個人的見地」と「社会的見地」という二つの視座からアプローチすると論じられていた。その時点で、吉田は形式と内容という区分を用いて、個人的見地に立つ哲学的見解を「形式」的方面とし、社会的・歴史的条件を考慮に入れる一般的見解を「内容」的方面として説明して、そうした複合的視座こそが「余輩自身が古来特に社会的教育学を標榜する所以のもの」であると述べていたのである[271]。だが、新たな教育学的立場において、吉田はそうした教育という対象への迫り方はあくまで「平面的研究」の域にとどまるとして、存在の世界と理想の世界を連結するところの陶冶の世界を対象とする、いわば「立体的概念」として教育を捉えなおそうとしたのである。

「此は一面に於ては事実に関係を持ち、他面に於ては事実を超越したる理想に関係を持つて居る。而して事実と理想との間に連絡を付け事実を理想に迄導き上げる働きが教育であり陶冶であるのである。これ即ち立体的概念であるといふ所以である(272)」。

こうした陶冶の概念は、先に述べた事実と理想、個人と社会という二項対立を実体化させない反二元論という理論的構図のなかにおいてみると了解しやすくなるだろう。陶冶が「形造る」ということであるならば、意識はいかにしてある規範によって形成されるのかが明らかにされなくてはならない。つまり主観的な自我という意識の内在的原理と外部にある客観的な価値規範とを、つまり「主観主義と客観主義とが融和することができる」ものが、陶冶の概念なのである。

「陶冶とは無限の内容的可能をして客観的価値規範に帰着せしめることである。自然的自我即ちあるがまゝの意識にありては、無限の内容的可能の孰れかに偶然的に帰着するものを、客観的価値規範に合する内容に帰着せしむることが陶冶である(273)」。

したがって、陶冶の理論は価値論を必然的に要請することになる。しかし、教育的価値論が独立した科学でありうるためには、価値論一般から区別されねばならない、と吉田はいう。教育的価値論は教育の世界から価値を眺めるのであって、そうすれば「生徒の個性と年齢とに応じて如何なる価値を如何にして体得せしむべきか」が主要な研究課題となるはずである。その際、価値内容はどのように決定されるべきかの問いについては、個人の意識に先験性を認めて社会的規範と対立させる二元論に陥らないかぎり、さほど困難なことではないだろう。社会生活を踏まえて、どのように「価値内容」を決定すべきなのか、『陶冶と価値』のなかで吉田が述べていることを聴こう。

「然らば社会生活の中にて価値内容とすべきものとすべからざるものとは如何にして決定すべきか。その標準は如何。これ実に価値内容の規範設定の問題である。此場合に於いても余は何処までも内在的立場を固執すべきものと考へる。社会生活の規範は社会其者の本質に即して決定せらるべきであると共に、価値内容の規範は、人格価値内容としての規範であるが故に、畢竟するに人格即ち意識体其者の本質に基いてその規範を設定すべきである。然らば意識体としての人格の本質とは何ぞといふに、人格は一の存在である限り、存在を主張するは其の本質的要求であり、人格は自発活動体である限り、活動と持続を主張することは其の本質的要求であり、又人格は自他融合を本質とする限り、自我と非我とを包容する全体的存在と活動と持続とを主張すべきである。此等は実に意識体としての人格価値の内在的規範であって、此等の規範は同時に社会生活の規範でなければならぬ。人格内容は社会生活の外になく、社会生活は人格を外にして成立せざるが故に、以上の規範は社会生活の内在的規範に外ならぬ道理である」[274]。

敗戦後の教育学の再出発にあたって、こうした吉田の教育学論が参照されなかったことは不幸なことであったように思う。長い期間にわたって吉田が忌避され続けてきたのは、教育勅語体制のイデオローグというイメージがきわめて大きな効果をあげてきたことにあった。本章が問うてきたのは、教育学という学問論を主題にしたとき、そうした非難は果たしてどこまで妥当性をもつものだったのかということである。戦後まもなく教育勅語の改廃が問題にされたとき、当時文部省学校教育局長であった田中耕太郎は、『朝日新聞』「声」欄（一九四五年九月）上で、廃止論に反論したことがあった。教育勅語に示された徳目は「自然法に適う」ものだというのである。「教育勅語には個人道徳、家族道徳、国家道徳の諸規範が相当網羅的に盛られている。それは儒教仏教基督教の倫理とも共通している。『中外に施して悖らず』とは此の普遍性の事実を示したものであり、一部国粋主義者の解説したやうに、日本的原理の世界への拡張ではない[275]」。こうした田中の意見は、戦前の知識人の多くにとって、国民教育のありようをめぐる議論には教育勅語が自明の前提として組み込まれていたことを端的に示すものとなっている。吉田の国民道徳論は知識人の間で決して孤立した思想ではなかったのである。戦後育ちのわれわれにとっては、教育勅語がかくも広く浸透したことに対して不思議の感を免れないところがある。だが、われわれの公教育論議が日本国憲法・教育基本法を所与の枠組として受容した上でなされてきたことを振り返れば、このことは教育学という学問が国民国家の成立にともなって制度化されてきたという事情に起因するもので、この学問にはどこか時代の課す制約を引き受けざるをえないところがあることを示唆しているのではないだろうか。そうした歴史的拘束性を嫌って時代状況の外部に出てしまうこともたしかに可能であろう。戦前の日本には教育勅語体制の枠外に出るにとどまらずに、天皇制国家体制そのものの打倒をめざしたコミュニズムの思想と実践が、知識人の間に大きな影響力を振るった時期もあった。しかしながら、ソヴィエト社会主義体制が崩壊してしまった今日の時点からすれば、反体制運動もまた別の鉄の檻のなかに拘束されることを自ら望んでいたという一面があったという否定しようのない歴史的帰結につきあたるのである。戦前期日本の教育学説について、政治的なイデオロギー批判にもとづく外在的な批判を繰り返すことではなく、かつての時代状況に即して、そこで展開された諸学説間の多彩な論争をできるかぎり内在的にたどることが、われわれの教育学研究にとって必要な課題なのではないだろうか。

註

（1）海後宗臣『教育学五十年』（評論社、一九八六）二九頁。

（2）吉田熊次「発刊の辞」『教育思潮研究』第一巻第一輯（目黒書店、一九二七）一頁。
（3）海後、前掲書、二二五頁以下。
（4）戦後間もない頃の東大教育学部の状況については、竹内洋『革新幻想の戦後史』（中央公論新社、二〇一一）が詳しい。当事者の証言としては、清水義弘『なにわざを。われはしつつか。――教育社会学と私』（東信堂、一九八七）を参照。
（5）宗像誠也『教育研究法』（河出書房、一九五〇）。
（6）宮原誠一「アメリカ教育の形成――一九世紀における無月謝公立学校運動の歴史的社会条件」『思想』二九九（一九四九年五月）、ジョン・デュウイー、宮原誠一訳『学校と社会』（春秋社、一九五二）。
（7）宗像誠也「臨戦態勢と教育体制」『改造』一九四一年一一月時局版、宮原誠一「錬成の新性格」『日本評論』一九四二年五月号。なお、西谷啓治他『戦後日本精神史』（創文社、一九六一）二三八頁を参照。
（8）山本敏子「日本諸学振興委員会教育学会と教育学の再編」駒込武・川村肇・奈須恵子編『戦時下学問の統制と動員――日本諸学振興委員会の研究』（東京大学出版会、二〇一一）。
（9）吉田熊次の著作目録は、寺﨑昌男・「文検」研究会編『「文検」の研究――文部省教員検定試験と戦前教育学』（学文社、一九九七）にあるが、きわめて不十分なものである。そうなった理由は、『教育関係雑誌目次集成』のようなデータベースに過度に依存して、現物との照合が十分になされないままに作成されたことにあるように思う。
（10）海後宗臣「明治・大正・昭和教育学説史」『教育』第四巻第一号（岩波書店、一九三六）、同論文は「近代教育学説の発展」と題して、稲垣忠彦編集・解説『教育学説の系譜』（近代日本教育論集八、国土社、一九七二）に収録されているので、引用はそれによる。
（11）海後、前掲『教育学五十年』八三頁以下。
（12）吉田熊次『ベルゲマン氏社会的教育学及進化的倫理学』（育成社、一九〇一）。
（13）海後、前掲論文（稲垣、八八頁）。
（14）海後、前掲書、二九頁。
（15）同書、三二頁。
（16）寺﨑昌男「日本近代教育学説史研究の方法と意味」『教育学研究』第四八巻第二号（一九八一）七頁。

（17）稲垣、前掲書、二三頁。
（18）稲垣は「問題史的構成を中心とする本稿を補う意味で」、海後論文を収録したと述べている。たしかに「この解説では同論文との重複は避けたことをおことわりしておきたい」とある（稲垣、前掲書、一八頁）。
（19）稲垣忠彦『明治教授理論史』（評論社、一九六六）。
（20）稲垣『教育学説の系譜』三三頁。
（21）堀尾輝久『天皇制国家と教育――近代日本教育思想史研究』（青木書店、一九八七）。
（22）中内敏夫『近代日本教育思想史』（国土社、一九八〇）。
（23）中内敏夫編集・解説『ナショナリズムと教育』（近代日本教育論集一、国土社、一九六九）。
（24）久木幸男・鈴木英一・今野喜清編『日本教育論争史録』第一巻近代編（上）（第一法規、一九八〇）に、「国民道徳論争」について一節が割かれているが、そこであげられた資料は、国民道徳論を批判した水戸中学校長菊池謙二郎の一文だけである。資料集と銘打つならば、批判の対象となった国民道徳論とはどのようなものであったかを提示することが、なにより求められるだろう。なお、国民道徳をめぐる論争を俯瞰したものとして、鶉沼裕子「国民道徳論をめぐる論争」今井淳・小澤富夫編『日本思想論争史』（ぺりかん社、一九七九）がある。
（25）平田諭治「吉田熊次の道徳教育論形成過程における留学体験の意味――倫理運動との交流を中心にして」『広島大学教育学部紀要――第一部教育学』第四〇巻（一九九二）、榑松かほる「吉田熊次とその役割」前掲『「文検」の研究』所収、同「解説」『吉田熊次著作集』第七巻（学術著作集ライブラリー、日本図書センター、二〇〇七）、高橋陽一「『皇国ノ道』概念の機能と矛盾――吉田熊次教育学と教育勅語解釈の転変」『日本教育史研究』第一六号（一九九七）、同「吉田熊次教育学の成立と教育勅語」『明治聖徳記念学会紀要』第四二号（二〇〇五）、片桐芳雄「日本における近代教育学の成立と教育史研究の位置――吉田熊次の場合」『日本の教育史学』第四二号（一九九九）、森川輝紀『国民道徳論の道――「伝統」と「近代化」の相克』（三元社、二〇〇三）。
（26）小股憲明「論評」『日本教育史研究』第一六号、二六頁。
（27）森川、前掲書、一七四、一七七、一八三頁。
（28）山本敏子、前掲論文。
（29）木村元「一九三〇年代の教育学の場と課題」、駒込・川村・奈須編、前掲書所収。

(30) 吉田熊次の二つの自伝とは、「余及び余の教育学」『教育』第二巻第一号(岩波書店、一九三四)、および「余の六十年」『教育思潮研究』第八巻第二号(目黒書店、一九三四)。自伝的記述でとくに断りがないのは、このいずれかからの引用である。

(31) 「温習科」は補習教育課程の最初の制度化といわれる。第一次小学校令にもとづいて定められた「小学校ノ学科及其程度」の第四条に「土地ノ情況ニ因テハ小学校ニ温習科ヲ設ケ六箇月以上十二箇月以内児童ヲシテ既修ノ学科ヲ温習シ且之ヲ補修セシムルコトヲ得」とある。柏木敦「〝義務教育期間〟の定着過程における小学校補習科の機能——近代日本におけるライフサイクルの変容過程に注目して」『教育学雑誌』第三五巻(日本大学教育学会、二〇〇〇)などを参照。

(32) 宮本常一『家郷の訓　愛情は子供と共に』(宮本常一著作集六、未来社、一九六七)一六二頁。

(33) 「余及び余の教育学」六二頁。なお、原口清は「学制」が旧領主階級の教育についての特権を剥奪するものであったが、「同時に、この新教育政策遂行の際に最も重要な教師は、小学校から大学校にいたるまで、外人教師を除いて大部分が士族出身者に依存しなければならなかった」ことを指摘している(『日本近代国家の形成』岩波書店、一九六八)一三一頁。

(34) 諏方武骨『山形名誉鑑』上巻(諏方武骨、一八九二)、「宮島昇」の項。

(35) 吉田熊次『国体と倫理』(冨山房、一九二五)「序」。

(36) 「有為会」については、松野良寅「米澤有為会　百年のあゆみ」『米沢有為会会誌』三九号(一九八九)、渡辺言美「『米沢有為会雑誌』記事の分析——明治期を中心に」『教育学研究紀要』第四三号(中国四国教育学会、一九九七)がある。また、伊東忠太については数多くの文献があるが、ここでは渡辺言美「米沢有為会草創期における伊東忠太の活動——日記『浮世の旅』を手がかりとして」『教育学研究紀要』第四二号(中国四国教育学会、一九九六)と読売新聞社編「建築巨人　伊東忠太」(読売新聞社、一九九三)をあげておく。

(37) 吉田熊次「寄宿寮論」『米澤有為会雑誌』第八一号(一八八八)一五、一六頁。

(38) 「余及び余の教育学」六五頁。

(39) 東京大学百年史編集委員会『東京大学百年史　部局史一』(東京大学出版会、一九八六)四二一頁。

(40) 吉田の東京帝国大学卒業式における答辞は、『米沢有為会雑誌』第一〇八号(一九〇〇)に掲載されている。当時の卒業式答辞が型通りのものだったことがわかる。

(41)「余の六十年」一一頁。
(42) 吉田熊次「倫理法の必然的基礎」、井上哲次郎編『哲学叢書』第一集（集文閣、一九〇一）所収。
(43) 井上哲次郎「緒言」、同上書、四頁。
(44) 吉田熊次『陶冶と価値』（目黒書店、一九二九）。以下、同論文の引用は同書からである。
(45) 同上書、三四六頁。
(46) 同上書、第三章。
(47) 同上書、三八七頁。
(48) 同上書、三八二頁。
(49) 同上書、四三六―三七頁。
(50)「余及び余の教育学」六五―六六頁。
(51) あるジンメル研究者は、一八世紀以降に普及する歴史的見方はなお個人主義的な出来事史の発想と結びついていたとして、ジンメルの思想的課題をこう述べている。「一九世紀中盤以降のマスの現実的意義の増大に対応して、人間を社会的と捉える新しい人間観があらわれる。この結果歴史的生は同時に社会的生とも考えられるようになる。ジンメルはまさにこの人間的現実を歴史・社会的現実とみる見方こそ、一九世紀の思想を最も特徴的に深く刻印するものであると考えたのである」（廳茂『ジンメルにおける人間の科学』木鐸社、一九九五、五五頁）。
(52) 吉田、前掲書、四五〇頁。
(53) 同上書、四五一頁。
(54) 同上書、四五五頁。
(55) 同上書、三九六頁。
(56) 同上書、四四八頁。
(57)「余の六十年」一一頁。
(58) ケネス・B・パイル、五十嵐暁郎訳『新世代の国家像――明治における欧化と国粋』（社会思想社、一九八六）参照。

(59) 吉田、前掲論文、一一頁。
(60) 吉田熊次「国定修身書の編纂」国民教育奨励会編『教育五十年史』二四八頁。
(61) 吉田熊次「西航茶話」『教育界』第三巻第一〇号(一九〇四)、一〇二頁。
(62) 吉田熊次『社会的倫理学』(有朋館、一九〇四)。
(63) 吉田熊次『倫理学概論』(目黒書店、一九二六)三頁。
(64) 『社会的倫理学』、井上哲次郎による「序」。
(65) 中島力造『現今の倫理学問題』(普及舎、一九〇一)五―九頁。
(66) 『社会的倫理学』一二頁。
(67) 『倫理学概論』一五頁。
(68) 大瀬甚太郎『実用教育学』(成美堂、一九〇一)一三―一八頁。
(69) 『社会的倫理学』二一頁。
(70) 『倫理学概論』二五頁。
(71) 『社会的倫理学』三六頁。
(72) デューイの『倫理学綱要』(*Outlines of a Critical Theory of Ethics*, 1891)については、『倫理学批判要綱』と訳して、かつてやや詳しい分析をしたことがある(拙著『デューイ教育思想の形成』新曜社、一九八六、七七―九九頁)。ここで『倫理学綱要』という書名を採用したのは、当時同書の翻訳が刊行されていたからである。中島徳蔵『ヂユヰー氏倫理学綱要』(育成会、一九〇〇)。
(73) 吉田、前掲書、五〇―五二頁。
(74) 同上書、七六頁。
(75) 同上書、一一二頁。
(76) 同上書、二〇一頁。
(77) 同上書、二〇一―二〇二頁。個人と社会の関係を論じるにあたって、吉田は次第にデューイより、「社会と個人は『同一物の二方面』である」とするクーリーのより徹底した社会学理論(Charles H. Cooley, *Human Nature and the Social Order* (New York, 1902)を引用するようになる(吉田熊次『現今教育学説の根本思潮』目黒書店、一九二一、三〇四

—三〇九頁）。だが、のちに新カント派のナトルプらの見解と対比させながら、クーリーの社会還元的な視点の行き過ぎからも距離をおくようになる。「余は自我の見解に関してカント及び新カント派の人々の如くに主観的方面のみより見る説にも賛成が出来ないが、クーレー教授等の如く客観的方面より見て、社会的要素以外には何物もないとする説にも賛成が出来ない」（吉田熊次『教育の根本概念』都村有為堂、一九二五、二四—二五頁）。

（78）『社会的倫理学』二一七—二一八頁。

（79）同上書、二二〇頁。進化論が社会思想や教育思想に与えた影響については論者に応じてさまざまな立場がありえた。吉田の立場がどのようなものであったかは、本書出版の前年になされた浮田和民との論争からうかがうことができる。浮田の論文「帝国主義の教育」（『国民教育論』民友社、一九〇三、所収）が、「此の生存競争に資せざる教育は無用の教育である」（二二—三頁）という「強硬な」社会ダーウィニズムにもとづいて立論していることに、吉田は批判的だった。「若しも現下の生存競争を以て教育の方針を決定すべき目標となすときは、現下の生存競争にさえ打ち勝つを得ばこの目的に関しては成功せるものといはざるべからず。……かくの如き教育主義は一般教育学の果たして是認し得る所なるや否やは、少くとも一の問題として精密なる討究を要するものなり」（「帝国主義の教育につきて」『教育界』第二巻第八号（一九〇三）、吉田、前掲『現今の教育及倫理問題』所収、一九〇頁）。しかし、この論争における吉田の浮田への批判は、ダーウィニズムの「生存競争」の把握の仕方より、むしろ浮田が教育における「個人的側面」と「国民的側面」を峻別する二元論に立って、それぞれに相背馳する要求をなしたことに向けられた。浮田との論争は、さらに行為の自由と道徳をめぐる問題へと向かうが、この問題はリベラリズムの哲学的・政治的問題と絡んで、藤井健治郎との間で再燃するので、後章で論じることにしたい。なお、『教育界』におけるその後の論争には以下の論文がある。浮田「帝国主義の倫理（文学士吉田熊次君の批評に答ふ）（正・続）」第二巻第一〇、一一号（一九〇三）、吉田「自律的行為と道徳的価値（浮田和民氏の疑問に答ふ）」第三巻第三号、一九〇三）。

（80）同上書、二二一、二二二頁。

（81）同上書、二二六頁。

（82）同上書、二二九頁。

（83）同上書、二七九頁。

（84）同上書、二八〇—二八一頁。

(85) 同上書、二八五頁。

(86) John Dewey and James H. Tufts, *Ethics* (New York, 1908). 当時、菰田萬一郎訳で訳出されている（『倫理学』博文館、一九一二）。なお、久野収が一九三六年の同書改訂版を『社会倫理学』という表題をつけて訳出しているのは、吉田＝デューイの問題関心の所在を言い当てたものとして興味深い（デュウイ＝タフツ、久野収訳『社会倫理学』世界の大思想第二七巻、河出書房新社、一九六六）。

(87) 吉田熊次『教育的倫理学』（弘道館、一九一〇）一三二―一三五頁。

(88) 吉田熊次「教育哲学とは何ぞや」『哲学雑誌』第三六号（一九一七）、『晩近教育問題の研究』（天佑社、一九三八）所収、二一一頁。

(89) 吉田熊次『教育目的論』（目黒書店、一九三八）八八頁。

(90) 吉田熊次『社会的教育学講義』（金港堂、一九〇四）。

(91) 吉田熊次『教育学説と我が国民精神』（目黒書店、一九三四）六一頁。

(92) 海後、前掲論文（稲垣編、八六―八七頁）。

(93) 日高眞實『日本教育論』（双々館、一八九一）、吉田熊次『現今教育思潮批判』（日本学術普及会、一九一五）一六九頁による。

(94) 谷本富『将来の教育学――一名国家的教育学卑見』（六盟館、一八九八）。

(95) 「余の六十年」一二頁。

(96) 吉田熊次『ベルゲマン氏社会的教育学及進化的倫理学』（育成会、一九〇一）。

(97) 「余の六十年」一三頁。

(98) パウル・ベルグマン、杉山富槌訳『社会的教育学』（同文館、一九〇一）。

(99) パウル・ベルゲマン、熊谷五郎訳『社会的教育学』（金港堂、一九〇二）一―二頁。

(100) 熊谷五郎『最近大教育学』（同文館、一九〇三）一頁。

(101) パウル・ベルゲマン、稲垣末松訳『社会的教育学綱要』（大日本図書、一九〇五）。

(102) 『教育学説と我が国民精神』七四頁。

(103) 『ベルゲマン氏社会的教育学及進化的倫理学』二七四頁。

(104) 同上書、一一頁。

(105) 吉田熊次「所謂新教育学とは何ぞや」(『現今の教育及倫理問題』金港堂、一九〇四、所収)二〇頁。同論文はもともと『東洋哲学』第八編(一九〇一)に七回にわたって連載された。

(106) 『教育学説と我が国民精神』七四頁。

(107) Paul Bergemann, *Soziale Pädagogik auf erfahrungswissenschaftlicher auf Grundlage und mit Hilfe der induktiven Methode als universalistische oder Kulter-Pädagogik dargestellt* (Gera, 1900).

(108) 『現今の教育及倫理問題』四五頁。

(109) 『社会的教育学講義』一二頁。

(110) 同上書、二六頁。

(111) 同上書、二五頁。

(112) 同上書、一四二頁。

(113) 同上書、一五七頁。

(114) 同上書、一六〇頁。

(115) 槇山栄次「社会的教育学を難ず」『教育』(茗渓会)第一三号(一九〇一)、吉田熊次「槇山氏の『社会的教育学を難ず』を難ず」『教育実験界』第七巻第六号、槇山栄次「難々『社会的教育学を難ず』」『教育実験界』第七巻第八号、吉田熊次「再び槇山氏の誤解を弁じて社会的教育学を論ず」『教育実験界』第七巻第一〇—一二号(吉田の二論文は、『現今の教育及倫理問題』に収められている)。

(116) 『現今の教育及倫理問題』一〇五頁。

(117) 『社会的教育学講義』一六一頁。

(118) 同上書、一六三頁。

(119) 『輓近教育問題の研究』一三八頁。のちに吉田は、教育の場面で具体的に接する生徒の人格を、形式と内容という観点からこう述べている。生徒の「意識の内容の形態を与えるものは、経験的に与えられた刺激の産物と見なければならぬ。即ち人格の内容的方面から見ると、自我は寧ろ社会的伝統的のものである。意識の主観的方面の形式条件は純個人的内部的のものである。それを作るものは自我である。従って此の見地からは人格は皆平等である」

（吉田熊次『晩近の教育及教育学』教育研究会、一九二五、三八七頁）。

(120)　『社会的教育学講義』一七〇頁。

(121)　吉田熊次『実験教育学の進歩』（同文館、一九〇八）。

(122)　木村元、前掲論文、二五六頁。

(123)　乙竹岩造『実験教育学』（目黒書店、一九〇八）。

(124)　Wilhelm August Lay, *Experimentelle Didaktik : ihre Grundlegung mit besonderer Rücksicht auf Muskelsinn, Wille und Tat* (Wiesbaden, 1903).

(125)　Ernst Meumann, *Vorlesungen zur Einführung in die experimentelle Pädagogik und ihre psychologischen Grundlagen* (Leipzig, 1907).

(126)　『現今教育思潮批判』一五九頁。

(127)　『実験教育学の進歩』三七四頁。

(128)　同上書、三頁。また『現今教育思潮批判』一五九頁。

(129)　『実験教育学の進歩』四頁。

(130)　『現今教育思潮批判』一五〇頁。

(131)　『教育学説と我が国民精神』九六頁。

(132)　『実験教育学の進歩』三六九―七〇頁。

(133)　G. Stanley Hall ed., *Aspects of Child Life and Education* (Boston, 1907).

(134)　たとえば、木内陽一「実験教育学の終焉――新教育学運動における教育理解と科学理論的基礎づけのずれ」『教育哲学研究』第六一号（一九九〇）。

(135)　大正デモクラシーと新教育運動に対する吉田の学問的態度については、稿を改めて論じることにしたい。

(136)　『実験教育学の進歩』四八頁。吉田がここで言及しているビネーの論文は、Alfred Binet, "Attention et adaptation," *L'Année psychologique*, 6 (1900) と思われる。なお、T・H・ウルフ、宇津木保訳『ビネーの生涯――知能検査のはじまり』（誠信書房、一九七九）参照。

(137)　吉田、前掲書、三一頁。

(138) 同上書、四九頁。
(139) 同上書、八六頁。
(140) 海後宗臣監修『日本近代教育史事典』(平凡社、一九七一) 五九八頁。木下法也執筆による「実験教育学説」の項。
(141) 海後『教育学五十年』三〇頁。
(142) 『実験教育学の進歩』三二頁。また、吉田熊次「日本における教育学の発達」『岩波講座　教育科学』第一二巻(一九三七) 一八頁。
(143) 吉田熊次「実験教育学とは何ぞ」『教育学術界』第三巻第二号 (一九〇六)。『実験教育学の進歩』に「付録」として収められている。
(144) 同上書、三七六頁。
(145) 稲垣編『教育学説の系譜』三〇頁。
(146) 上野陽一・阿部重孝編『モイマン実験教育学綱要』(大日本図書、一九一九)。原著は、E. Meumann, *Abriss der experimentellen Pädagogik* (Leipzig, 1920).
(147) 上野・阿部、前掲書、「序」。
(148) 吉田熊次「阿部君担当の教育学講座」『教育思潮研究――社会教育』第一三巻第二輯 (一九三九) 二六七頁。
(149) 吉田熊次「大学に於ける教育学の研究について」『教育思潮研究』第一一巻第一輯 (一九三七) 六五頁。
(150) 南原繁・蝋山政道・矢部貞治『小野塚喜平次――人と業績』(岩波書店、一九六三) 七四―五頁。
(151) 吉田熊次『系統的教育学』(弘道館、一九〇九)。
(152) 同上書、一頁。
(153) 『系統的教育学』の「増訂第六版」以後には、各紙誌に掲載された、「本書に対する批評」が収められている。引用は、吉田による「本書に対する批評について」という応答から。
(154) 木村元・菊池愛美「学校教育学の隆盛とペダゴジー――講壇教育学の展開を踏まえて」木村元編『日本の学校受容――教育制度の社会史』(勁草書房、二〇一二) 三二八頁。
(155) 谷本富『科学的教育学講義』(六盟館、一八九五)、同『新教育講義』(六盟館、一九〇六)、熊谷五郎『最近大教育学』(同文館、一九〇二)、小西重直『学校教育』(博文館、一九〇八)。

(156) 木村・菊池、前掲論文、三三四頁。
(157) 同上論文。
(158) 「講壇教育学」は教育学の世界でジャーゴンとして流通していた割に、明確な定義にもとづいて論じられることは意外に少なかったように思う。そのネガティヴな含意は、つぎのような「講壇教育学」のイメージから知られるだろう。「明治初年いらいの日本の教育が、一部の教育実際家を除き、外国教育の模倣摂取に狂奔していたと同じく、それに理論的指導をあたえてきた日本の教育学が、外国の教育理論の翻訳、紹介であり、むしろより卑俗な形における模倣にすぎなかったことは、しばしば指摘されている。日本の教育学の翻訳学、紹介学としてのこの特性は、大正末期から昭和初期にかけての講壇教育学においても、本質的な変化を見せていない」(平野一郎「講壇教育学者の教育思想——外国の教育理論の受けとり方と高踏性」、柳久雄・川合章編『現代日本の教育思想——戦前編』黎明書房、一九六二)五六頁。
(159) 柳治男『〈学級〉の歴史学——自明視された空間を疑う』(講談社、二〇〇五)第三章。前田勉『江戸の読書会——会読の思想史』(平凡社、二〇一二)は、わが国における一斉教授成立の歴史的意味を考える上で興味深い論点を提起している。
(160) 稲垣、前掲『明治教授理論史』。
(161) 『系統的教育学』七八頁。
(162) 同上書、一〇頁。
(163) 同上書、一五八頁。
(164) 吉田熊次『教育史教科書』(目黒書店、一九一七)、『西洋教育史概説』(目黒書店、一九一九)、『本邦教育史概説』(目黒書店、一九二三)。
(165) 前掲『輓近教育問題の研究』一二四頁。
(166) 当時の教育関係者にとっても、こうした吉田の論述スタイルは特徴的にみえたようである。渡部政盛編『吉田熊次氏の教育学』(日本教育学会、一九三二)四頁。
(167) 海後『教育学五十年』六九頁。
(168) 『系統的教育学』七九頁。

(169) 同上書、八四―八五頁。
(170) 同上書、八五頁。
(171) 同上書、一二六頁。
(172) 『輓近教育問題の研究』六三頁。
(173) 『現今教育思潮の根本問題』二一九頁。
(174) 同上書、二二五頁。
(175) 『系統的教育学』五七頁。
(176) 同上書、九四頁。
(177) 同上書、八五頁。
(178) 同上書、五六頁。
(179) 『輓近教育問題の研究』五九頁。
(180) 『系統的教育学』一二九頁。
(181) 同上書、一五三頁。
(182) 同上書、一五五―五七頁。
(183) 『教育の根本概念』二二一頁。
(184) 海後宗臣・吉田熊次「教育勅語渙発以後に於ける小学校修身教授の変遷」『国民精神文化研究』第二年第八冊（一九三五）。同論文は『海後宗臣著作集』第六巻（東京書籍、一九八一）に収められているので、以下引用はそれによる。
(185) 海後『教育学五十年』一二四頁。
(186) 海後・吉田、前掲論文、五二七―三〇頁。
(187) 同上論文、五三〇頁。戦後になってからの吉田の回想によると、起草員の依頼は、委員で幹事を兼ねていた澤柳政太郎からだったという。中島徳蔵の辞任の理由については、「澤柳氏よりは一言の話もなく、中島君からも聴かなかつたが、他より伝聞する所に依ると、修身教科書に関連して、教育勅語を批判したことが問題を惹起した為であろうということだった」（吉田熊次「国定修身書編纂の回顧」『民主教育』第三巻第二号［一九四八年二月］、自由書院、三八頁）。詳しくは、小股憲明「教育勅語撤回風説事件と中島徳蔵」『人文学報』六七（京都大学、一九九〇）を参照。

(188) 海後・吉田、前掲論文、五三〇―三一頁。

(189) 「国定修身書編纂の回顧」三八頁。吉田熊次「国定修身書の編纂」国民教育奨励会編『教育五十年史』(民友社、一九二二)二四五頁。のちに中島徳蔵との間で「国民道徳」の観念をめぐって論争になったとき、吉田は当時のことを振り返って、こう述べている。「余が明治三十四年に中島君の後を承けて所謂国定修身書の編纂に従事する事となつてから、職務上是非解決をしなければならぬ問題は実に我が小学教育に於ける道徳教育の根本を如何に定むべきかであつた。……然るに此問題たるや、本邦現時の国定修身書を編纂する者に対しては実は問題とならない。何故なれば本邦に於ける教育方針は明治二十三年以後常に教育勅語を以て徳育を施して置くことに確定して居るからである」「『我が国民道徳』に就いての諸批評に答ふ」『丁酉倫理会倫理講演集』一九一輯(一九一八)、吉田熊次『国民道徳とデモクラシー』(目黒書店、一九一九)所収、六五頁。

(190) 吉田熊次「小学修身書に対する世評に就いて」(一九〇九年六月講話)、『国民道徳と教育』(目黒書店、一九一一)所収。

(191) 吉田熊次「明治維新以後修身教授の発達」、同上書所収、一二五頁。

(192) 「小学修身書に対する世評に就いて」、同上書、一一〇頁。

(193) 同上書、一二二頁。

(194) 海後・吉田、前掲論文、五四〇頁。

(195) 文部省編『國民道徳ニ関スル講演』(文部省、一九一一)。

(196) 森川、前掲『国民道徳論の道』一八五頁。

(197) 石田雄『明治政治思想史研究』(未来社、一九五四)七頁。家族国家観の成立時期を大正デモクラシー後期に求める小山常美は、石田がその叙述の例すべてをまさに『第三学年用修身書』から引いていることに問題点を見出している。「何故なら、当時の高等小学三年といえば、もちろん義務教育ではないし、少数の人間しか進学しない学年だからである」(四一七)。本来ならば、義務教育であった尋常小学校修身教科書の分析によるべきだ、と小山はいうのである(小山常美『天皇機関説と国民教育』(アカデミア出版会、一九八九、四一七頁)。

(198) 文部省編、前掲書、四九頁。

(199) 穂積の思想的影響力について、マイニアはつぎのように述べている。「戦前の日本の国家論は二重構造をなしていた。その上層、すなわち学問的議論の層においては、穂積の思想は圧倒的支配力をもったことはない。否、高等文官試験の内容が正統派たることの一指標でありうるとすれば、一九一〇年代において穂積説は美濃部説に地位を奪われた。その下層、すなわち初等中等学校の教科書レヴェルでは、穂積説はまさしく正統派であり、一九一〇年代、二〇年代の自由主義の高潮期においてさえ、この層での穂積説の独占的地位は微動だにしなかった。この政治理論の二重構造こそ戦前の日本の悲劇の一つであった」(R・H・マイニア、佐藤・長尾・田中訳『西洋法思想の継受——穂積八束の思想史的考察』東京大学出版会、一九七一、一〇頁)。

(200) 吉田熊次「修身科教授法」、文部省編、前掲書、八頁。

(201) 同上書、一四―一六頁。

(202) 同上書、二一頁。

(203) 同上書、二四頁。

(204) 同上書、二八頁。

(205) 同上書、七一頁。

(206) 穂積八束「高等小学第三学年用修身書ニ依ル国民道徳の要旨」文部省編、前掲書、五〇―五三頁。

(207) 同上書、六一、七一、七三頁。

(208) 穂積八束『国民道徳の要旨』(国定教科書共同販売所、一九一二)五頁。

(209) 高坂正顕『明治思想史』(『高坂正顕著作集』、第七巻、理想社、一九六九)三四五―四六頁。

(210) 丁酉倫理会は、一八九七(明治三〇)年に姉崎正治、大西祝、浮田和民らによって結成された「丁酉懇話会」が、規模拡大にともなって、一九〇〇(明治三三)年に名を改めて成立した。「丁酉倫理会学術講演会」を隔月に開催し、機関誌『丁酉倫理会講演集』(一九〇三年の第一輯から『丁酉倫理会倫理講演集』に誌名変更)を刊行した。「姉崎の回想に従えば、宗教家懇談会の一定の成功に刺激を受け『所属宗派に関係なく、社会徳教の問題を討議してみたい』という横井時雄の発案に基」いて結成された(磯前純一・深澤英隆編『近代日本における知識人と宗教——姉崎正治の軌跡』、東京堂出版、二〇〇二、二九頁)、といわれる。吉田は同会の性格について、世紀末に欧米で盛んだったEthical Culture Movementになぞらえて説明している。「第一此倫理運動と申しまするものは諸君も定めし御存知でございませうが現今文明諸国の重なる国々に於て何処にも行はれて居る一の運動であります、現に我日本国に於ても丁酉倫理会と云ふのがございまするが、やはり同種類のものであります」(吉田熊次「倫理修養運動と修身教授」(一九〇三)、『現今の教育及倫理問題』所収、三七三頁)。吉田の論文がはじめて同誌に掲載されたのは、第一三、一四輯に連載された「道徳の進歩に関する論争」(一九〇三)(『現今の教育及倫理問題』所収)で、以後一九四六(昭和二一)年の終刊までに一五〇本近い論文・記事などを寄稿している。もっとも熱心なメンバーのひとりであったといえよう。

(211) 藤井について、渡辺和靖「藤井健治郎と自我普遍化の課題」『明治思想史——儒教的伝統と近代認識論』(増補版、ぺりかん社、一九七八)参照。関口すみ子は和辻哲郎との関係で藤井を論じている(『国民道徳とジェンダー』東京大学出版会、二〇〇七)。

(212) 藤井健治郎「新制第三学年用高等小学修身書の批評」『丁酉倫理会倫理講演集』第一〇四号(一九一一)四頁。

(213) 同上論文、一三頁。

(214) 渡辺は前掲論文で、藤井の『丁酉倫理会倫理講演集』所載の論文を引きながら、「『私共が大学を出ましたのが三十一年で』『丁度私共の級からして』『教育とか倫理とか云ふ方面を専攻する者』が多くなった。これは『時代の精神』が影響したものである」、と述べている(二七〇頁)。実際藤井は若い頃に『教育的倫理学』(同文館、一九〇四)を上梓している。吉田の『教育的倫理学』に先立つこと六年だが、藤井の書は翻訳である。原著は、M. Jahn, *Ethik als Grundwissenschaft der Pädagogik: Ein Lehr- und Handbuch* (Leibzig, 1905).

(215) 藤井「新制第三学年用高等小学修身書の批評」一六—一七頁。

(216) 同上論文、二一頁。

(217) 吉田熊次「新制第三学年用高等小学修身書に対する藤井君の批判の批判」『丁酉倫理会倫理講演集』第一〇五号(一九一一)一〇三頁。

(218) 吉田熊次『国民道徳の教養』(弘道館、一九一三)四〇三頁。

(219) 吉田「新制第三学年用高等小学修身書に対する藤井君の批判の批判」一〇二頁。

(220) 吉田熊次「再び藤井君に答ふ」『丁酉倫理会倫理講演集』第一九一号(一九一八)一〇〇—一〇一頁。

(221) 吉田熊次「自律と国民道徳の関係につきて藤井君に答ふ」『丁酉倫理会倫理講演集』第一八七号(一九一八)九七頁。

(222) 吉田、前掲『教育的倫理学』一三四―一三五頁。
(223) 海後・吉田、前掲論文、五四七頁。
(224) 森川、前掲『国民道徳の道』一八五頁。
(225) 西村茂樹『日本道徳論』(西村金治、一八八七)、吉田熊次『我が国民道徳』(弘道館、一九一八)一〇―一六頁。
(226) 真辺将之『西村茂樹研究――明治啓蒙思想と国民道徳論』(思文閣出版、二〇〇九)一四〇頁。
(227) 西村茂樹・吉田熊次校訂『日本道徳論』(岩波文庫、一九三五)。
(228) 吉田熊次『西村茂樹』日本教育先哲叢書第二〇巻(文教書院、一九四二)。
(229) 同上書、三四頁。
(230) 同上書、四三頁。
(231) 吉田熊次『我が国民道徳と宗教との関係』(敬文館、一九一二)。
(232) 同上書、四頁。
(233) 同上書、六頁。
(234) 同上書、一八頁。
(235) 同上書、九六頁。
(236) 平田、前掲「吉田熊次の道徳教育論形成過程における留学体験の意味」。
(237) 吉田、前掲「倫理修養運動と修身教授」『現今の教育及倫理問題』三八三頁。なお、註(210)を参照。
(238) 同上書、三九〇頁。
(239) Felix Adler, *The Moral Instruction of Children* (New York, 1892) pp.12-14.
(240) 吉田、前掲書、三九八頁。
(241) たとえば、Felix Adler, "Child Labor a Menace to Civilization," *Annals of the American Academy of Political and Social Science*, vol.38 Supplement (1911) pp.1-7.
(242) 吉田熊次「児童保護に就て」『東京市教育会雑誌』第五七号(一九〇九)六頁。
(243) 吉田熊次『社会教育』(敬文館、一九一三)。
(244) 吉田は一九一三(大正二)年、カーン海外旅行財団の招聘に応じて約六か月間、「余の最も多く好奇心を動かせし所なりし」アメリカを旅行した。シカゴには滞在中に一か月滞在したが、その際もっとも世話になったのが、シカゴ大学のタフツ教授だった。デューイとタフツの共著『倫理学』の社会的関心が、吉田の『社会倫理学』と相通ずるものがあったことについては既述した。シカゴ滞在中に、吉田はプレイグラウンド運動に関心を示し、セツルメント運動で有名なジェーン・アダムスのハルハウスを訪ねている（吉田熊次『教育の米国』冨山房、一九一九）。

(245) 前掲『我が国民道徳』二〇―二一頁。
(246) 前掲『国民道徳の教養』三頁。
(247) 前掲『国体と倫理』一六〇―一六一頁。
(248) 前掲『国民道徳の教養』八五頁。
(249) 前掲『我が国民道徳』九〇頁。
(250) 前掲『国体と倫理』九二頁。
(251) 前掲『国民道徳の教養』一〇三頁。
(252) 前掲『教育的倫理学』四九頁。
(253) 吉田熊次「人道と国民道徳の関係」『丁酉倫理会倫理講演集』第九六輯（一九一〇）、前掲『国民道徳と教育』所収、三八―四一頁。
(254) 同上書、四四頁。
(255) 『高等小学修身書　巻二（児童用）』（文部省、一九一三）七〇頁。
(256) 小山、前掲『天皇機関説と国民教育』一二六―一二八頁。
(257) 吉田、前掲『我が国民道徳』三三七―三八頁。
(258) 小山、前掲書、六一頁。
(259) 同上書、一三九頁。
(260) 高橋、前掲「『皇国ノ道』概念の機能と矛盾」。
(261) 岡義武「日露戦争後における新しい世代の成長――明治三八―大正三年」（下）『思想』第五一三号（岩波書店、一九六七）。
(262) 吉田、前掲『教育的倫理学』一三四頁。

(263) 吉田、前掲『陶冶と価値』五七頁。
(264) 吉田熊次『社会教育原論』(同文書院、一九三四)。
(265) 吉田熊次『国民道徳と其の教養』(弘道館、一九二八)。
(266) 吉田熊次『教育勅語釈義』(弘道館、一九三〇)。
(267) 吉田熊次『教育的皇道倫理学』(教育研究会、一九四四)。
(268) 吉田熊次『教育学原論』(教育研究会、一九二七)一一〇頁。
(269) 吉田熊次「教育学の独立科学性」(一九二六)、同上書所収、三一四—三一六頁。
(270) 吉田熊次「科学体系における教育学の地位」『教育思潮研究』第一巻第二号、二〇頁。
(271) 吉田、前掲『教育の根本概念』七頁。
(272) 吉田熊次『教育及び教育学の本質』(目黒書店、一九三一)四〇頁。
(273) 吉田、前掲『陶冶と価値』一四頁。
(274) 同上書、六九頁。
(275) 田中耕太郎『教育と政治』(好学社、一九四六)一九五頁。

〈追記〉本章は、拙稿「吉田熊次と〈現代〉教育学の誕生——教育研究における哲学と歴史の位置づけをめぐって」『教育哲学研究』第一〇四号(二〇一一)と重複する部分があるが、文章には大幅な変更が加えられている。

第二章　京都学派としての篠原助市

――「自覚の教育学」の誕生と変容

矢野　智司

第1節　日本の教育学の失われた環

京都学派を中心におく日本の教育思想史の試みの意味

日本の教育思想の歴史は、一見すると海外（主として欧米）からの教育思想の直輸入と紹介そしてその咀嚼の歴史のように捉えられ、ドイツの教育思想史研究のように、思想の系統的な発展として内在的に描く思想史研究は、日本の場合では不可能なように見える。事実、これまでの日本を対象とする教育思想史研究は、海外の教育思想の受容と影響の歴史研究によって占められており、ドイツやアメリカなどの教育思想史研究をそのままなぞるようなものか、あるいは中心的な教育思想家をただ並べて描いたものにとどまり、教育思想家相互の思想的交流を描きだし、ある時代を思想のネットワークにおける交流と闘争による変容の歴史として捉えるような教育思想史研究は、ほとんどないといってよい。それは、教育思想の基盤となるべき固有の哲学的基盤が、日本にはなかったと解されていることと無関係ではない。

しかし、日本においても、哲学思想の領域で思想家の間に思考法や主題の共有をもたらす哲学的基盤を作りだした例を、一九一〇年代後半から五〇年代にかけての、西田幾多郎と田邊元そして京都学派の哲学に見出すことができる。教育事象の哲学的反省を研究する当時の教育学研究者たちが、同時代のもっとも活発な哲学的運動系である西田哲学と田邊哲学、さらにこの二つを中心とする京都学派の人間学の学問的成果に、無関心であったと考えることはとてもおかしなことである。本論は、西田幾多郎と田邊元そして京都学派の哲学を中心におくことで、従来は連関づけられることもなく、それぞれが個別に生起し展開しているように見える、一九一〇年代後半から五〇年代までの教育思想の諸グループを、互いに交差し共振するネットワークシステムの変容の歴史として、捉えようとする試みである。私はすでに論文「人間学――京都学派人間学と日本の教育学との失われた環を求めて」（二〇一三）において、西田・田邊と京都学派の哲学を基軸とすることで、一九一〇年代後半から五〇年代にかけての日本の教育思想を位置づける試行的な概略図を描いておいた。本論では、その概略図を構成するうえで最も重要なキーパーソンの一人である篠原助市の教育思想を、主に西田哲学との関係から明らかにする。その理由をもう少し詳しく説明しよう。

京都学派は、「近代の超克論」や「世界史の哲学」といった思想が積極的な戦争協力として捉えられ、「戦後思想」によって厳しく糾弾されてきた。そのこともあり、戦後思想と課題を共有している「戦後教育学」からも、京都学派と結びついた教育思想は極めて否定的に捉えられた。さらに京都学派の教育学への直接的な批判にとどまらず、西田幾多郎や田邊元あるいは三木清などの京都学派の哲学に影響を受けたこと自体が、否定的に捉えられる事態が生じ、また本来なら京都学派の哲学との文脈においてはじめて明らかになる思想を論じていながら、著者がそのことを明示しない事態が生じた。そのような事態が長期に続き、戦後の教育学研究者が京都学派のテクストに接する機会が少なくなり、京都学派の思想にたいする教育学研究者の理解が乏しくなったこともあって、戦前・戦中時期の教育学テクストの読解・解釈においても、その教育の論理や用語がどのような議論と結びついているのかがわからなくなっているように見える。テクストの読解では、そのテクストにおいて何が問題として捉えられているのか、どのような議論の道筋を構築しようとしているのかといった基礎的な解釈作業が不可欠である。そのため、日本の教育思想史を捉え直すための思想の地図を描きだそうと考えた。

日本の教育思想史を、ネットワークシステムの交通による変容の歴史として描くことで、戦後教育学によって構築されてきた従来の教育思想と教育思想史の理解と評価とを、再検討する試みが可能となる。この作業は当然のことながら、歴史理解にとどまらず、そのように評価をしてきた戦後教育学が作りだした「日本教育史」「日本教育思想史」という「教育学の物語」への歴史批判を意味する。戦後教育学は、自身の思想的正統性を論証するために、戦後教育学へと連なる戦前からの教育思想の系譜にかかわる評価軸を作りだし、その評価軸にしたがって、戦後教育学と連なるあるいは対立するさまざまな教育思想に評価を下し、過去の教育思想の価値的序列化を果たしてきた。つまり日本教育思想史研究は、戦後教育学を正当化する物語として機能してきた。戦後教育学は、近代的な教育思想を価値評価の中心に置き、そこからの思想的距離に応じて教育思想に評価を与えただけでなく、この教育思想史研究の成果をもとに、教育学研究における重要な教育思想のテクストとして「古典」を選択し、それを必読書として組織化した。教育学研究者が研究するに値する「古典」、あるいは教育学研究を志す者が必ず目を通すべき「古典」が確定されていったのである。例えば、梅根悟や長尾十三二ら教育思想史研究者、勝田守一ら教育研究者が編集した、明治図書の近代教育学の古典叢書「世界教育学選集」全一〇〇巻、そして「世界新教育運動選書」全三〇巻・別巻三巻は、その研究成果の集大成ともいうべきものであり、この選集・選書は六〇年代から八〇年代にかけて教育学研究のカノンとなった（矢野二〇一〇）。日本の教育思想史研究の再検討とは、教育学の「古典」形成史の再検討でもある。

戦後、公職追放を解かれた京都学派の思想家たちの多くが「保守派」の思想を代表して、「革新派」の思想家とさまざまな領域で対立していたこともあって（例えば和辻哲郎にたいする丸山眞男）、「革新派」の思想家と価値観を共有する戦後教育学の担い手たちも、戦前における京都学派の哲学思想に対して否定的であった。先に述べたこととも関連するが、戦後教育学においては、京都学派と結びついた「自覚」の概念は、戦時期に「民族の使命の自覚」といった用語が「世界史的使命」といった京都学派の用語とともに、学界にとどまらず学校現場や教育学においても国家主義の戦争プロパガンダとして使用されたこともあって、戦前・戦時の「反動的」で「保守的」な教育概念として評価された。しかし、戦前・戦後の教育思想を思想史研究という領域で捉えるとき、多様な意味内容を込められながらも、京都学派の「自覚」の概念が教育言説において重要な役割を果たしたことはまちがいなく、日本の教育思想史研究においては「自覚」概念の再検討が不可欠となる。戦後教育学において「発達」概念が教育学の理論を構築する上での中心的概念であり、また教育運動を構築する理念的な概念としても重要なものであったように、戦前の教育思想においては、「自覚」概念がその役割を果たしていたと考えられるのである（矢野 二〇一三b）。このことがこれまで問われることがなかったということ自体に、教育思想史研究における戦後教育学の統制力の大きさを感じさせるのである。

以上のことを踏まえたうえで、本論の主題である篠原助市の教育学テクストを西田との関係で読み直す具体的な課題の一つは、大正自由教育の思想史レベルでの捉え直しという課題である。大正自由教育は、由来の異なるさまざまな思想潮流が複合的に絡み合って成立しており、単純に西田・新カント学派の思想によって成立したと主張するつもりはないが、篠原助市や長田新や小原國芳や土田杏村が重要な役割を果たしているとしたなら、巨視的に見たときに西田・新カント学派の思想が新教育に重要な役割を果たしたことはまちがいないだろう。従来の教育思想史研究においては、新教育において西田哲学が果たした役割についてはこれまでほとんど問われたことがなかったし、新カント学派の思想理解も、一部の研究を除けば、哲学事典による理解のレベルにとどまっており、ただ「新カント学派」というラベルが貼られるだけで、その思想の内実が具体的に問われて詳しく検討されては来なかったのではないだろうか。自律と自由、意志の尊重、創造性への着目、自己表現の奨励、生命への眼差し、これらの思想はいずれも「自覚」の思想から教育の現場へそして教育思想へと流れ込む。さきに述べた教育概念としての自覚概念の再検討によって、大正自由教育を論じるときの主題の在り方がこれまでとは大きく変わるだろう。本論での篠原助市の再検討が明らかにするように、大正自由教育における新カント学派の評価は、西田哲学との関係のなかで、従来のそれとは異なるものとなるだろう。それにともない、その評価をするときの在り方も変わることになるだろう[1]。

第2節　「新カント学派」としての西田幾多郎

大正自由教育の思想家と京都帝国大学

「大正自由教育」と呼ばれている日本における新教育運動は、これまで大正デモクラシーといった政治状況、新カント学派の興隆や生命主義思想の流布といった思想・文化状況と結びつけて論じられてきた。具体的な教育思想に焦点化するなら、デューイらの自然主義的教育観、ナトルプらの新カント学派を中心とする理想主義的教育観の影響が指摘されもした。さらにはダルトン・プランやプロジェクト・メソッドなど、新たに興隆してきた都市市民層の価値観とつながる人間観・子ども観を実現する新鮮な教育方法の影響も当然無視はできない。そしてこうした教育運動には、運動を前進させる強力な推進力を必要とするが、指導的な推進者として京都帝国大学の谷本富（一八六七—一九四六）といった教育学者の影響が指摘されてきた。

しかし、教育思想というレベルに限定しても、西田哲学が果たした役割は、たんにその時代の著名な哲学者の読書界一般への影響ということを越えて、教育思想や教育方法にまで及んでおり、決して小さいものではないことがわかる。大正自由教育において、指導的役割を果たした成城小学校の長田新、千葉師範附属小学校の手塚岸衛の思想に影響を与えた篠原助市、成城小学校で活躍しその後玉川学園を創設した小原國芳、我が国初の成人教育ともいうべき自由大学を立ち上げた土田杏村は、それぞれ京都帝国大学の学生として、また小原と同じく成城小学校で活躍し、その後、明星学園を創設した赤井米吉は西田の甥としてまた研究の助言を受けた者として、西田幾多郎と深く結びついている。そして、彼等の実践と思想は、羽仁もと子の「自由学園」や西村伊作の「文化学院」、教育の世紀社の「児童の村小学校」と並び、大正自由教育において重要な役割を果たしたことは、これまでの大正自由教育の研究書で繰り返し述べられてきたとおりである。それだけではない。京都帝国大学で西田の教えを受けた彼等の活躍を通して、西田哲学は哲学研究者や学生や知識人を超えて、広く教育現場の新しい精神の息吹に開かれた教員にまでもたらされることになった（窪田 一九七三）。そして彼らにとって教育運動を推進する重要な思想として理解されたのである。

従来の教育史・教育思想史の研究では、私の見るかぎり、これらの人物が西田と学問的交流の機会をもっていたことは記述されてはいても、彼等の教育思想と西田哲学との関係を正面から検討し論じたことはなかった。しかし、彼等はたんなる学問的交流以上に西田の哲学に深く影響を受けているのである。もしこのことが事実であるなら、なにより彼等のテクストの読み方の変更が要請されるだろうし、また当然のことながら彼らの思想内容の評価もこれまでとは異なったものとなるだろう。そしてさらに新教育運動の重要なモーメントとして西田哲学を考えていく必要が明らかになるだろう。

もちろん京都帝国大学の教育学を担い、大学院進学後の篠原助市、また長田新、小原國芳らの直接の指導教官であった小西重直(一八七五—一九四八)の思想的影響を無視してもよいわけではない(駒込・川村・奈須編 二〇一一、二六四頁)。また最初にも述べたように、海外の教育思想からの影響を無視してもよいということでもない。しかし、これから明らかにすることは、彼等の教育思想のテクストが、一見して海外の教育思想家ナトルプやディルタイやシュプランガーのテクストからの引用で満たされていようと、その引用文を選択し、つなぎ合わせて配置し、再構成していく土台となるべき地の文に描かれている思想は、西田哲学そして一九三〇年代以降であれば西田・田邊と京都学派の人間学に基づいているということである。そこにはたんなる影響を越えたものを見出すことができるのである。

新カント学派のメッカとしての京都帝国大学

西田の哲学思想が、「西田哲学」という呼称で呼ばれるようになるのは、一九二六年の左右田喜一郎の論文「西田哲学の方法について」以降のことであり、また「京都学派」として西田と田邊の門下生たちの活発な哲学研究の活動が始まるのは、一九二〇年代後半から一九三〇年代になってからである。ちなみにこの学問共同体が「京都学派」の名で呼ばれるようになるのは、戸坂潤が一九三二年に批判的意図をこめて命名して以降である。命名以前においては、「西田哲学」も「京都学派」なるものも存在せず、一見すると新カント学派の分派と見間違えられる西田の刻々と姿を変える思索の集成と、西田と田邊の弟子たちとの間に張りめぐらされた問題意識と学問的ボキャブラリーを共有する創造的思索のネットワークが、それぞれにあるだけである。ところでこの「西田哲学」や「京都学派」が成立する以前の時期、いわば「プレ西田哲学・京都学派の時代」ともいうべき時期において、京都帝国大学は、長田新・篠原助市・小原國芳・土田杏村・務台理作といった日本の教育思想史的に見て極めて重要で多彩な人材を輩出しているのである。

彼らが京都帝国大学で学んだ時期は、西田が『善の研究』（一九一一）で名声を博した後の『自覚に於ける直観と反省』（一九一七）に取りかかっていた時期、つまり西田が自分の思想的探究を、一方においてベルクソン（一八五九—一九四一）を手掛かりにしつつ、他方においてリッカート（一八六三—一九三六）やコーヘン（一八四二—一九一八）といった新カント学派の哲学者との批判的対話を深めていた時期にあたる。授業においても、西田はヴィンデルバント（一八四八—一九一五）の『哲学入門』（一九一四）を基にした哲学概論を論じており、またベルクソンの『物質と記憶』（一八九六）やコーヘンやヴィンデルバントの講読演習を進めるなど、その中心はベルクソンの生命哲学と新カント学派の哲学研究であり、その時期の学生はそうした文献を中心にして哲学的思考の訓練がなされていた。つまりこの時期の西田の立場は、後でまた詳しく述べるが、『善の研究』を基に思索しつつも新カント学派と極めて近い位置にいたということができる。西田哲学と言えば、後期の「絶対無」や「絶対矛盾的自己同一」といった独特の哲学用語群を思い浮かべるかもしれないが、『自覚に於ける直観と反省』では、新カント学派と共通する用語群を使用していたのである。

これまでの教育思想史の研究者たちは、篠原や長田・小原・土田らへの新カント学派の思想的影響を当然のごとくダイレクトな思想の受容として捉えてきたが、以上のことを念頭に置くならば、新カント学派の思想理解において、篠原等は西田哲学を介して捉え直しをしているのではないかと考えられる。もっと積極的に言い直すなら、彼等の思想は新カント学派のそれではなく当時の西田の思想ではないかということである。この時期、外部から京都帝国大学の哲学研究がどのように捉えられていたのか、例えば、三木清（一八九七—一九四五）は「読書遍歴」（一九四一）のなかでこのことを次のように述べている。

「私がかように新カント派の影響を受けたのは、高等学校の時の読書会でヴィンデルバントを読んだことが素地をなしてゐたであらうが、その時代の我が国の哲学の一般的傾向にも関係があつたであらう。すでにいつた如く私が大学に入学した大正六年（一九一七年）は、西田先生の画期的な書物『自覚に於ける直観と反省』の現はれた年であるが、やはりその年に桑木厳翼先生の名著『カントと現代の哲学』が出てゐる。これはカント哲学への入門書として私の熱心に読んだ本であつた。その前年には朝永三十郎先生の名著『近世に於ける「我」の自覚史』が出てゐる。私は一高にゐてこの本を感激をもつて読んだのであるが、その立場は新カント派である。そしてやはり大正六年の暮にはリッケルトの弟子であつた左右田喜一郎先生の名著『経済哲学の諸問題』が出てゐる。これも私には忘れられない本である。左右田博士の影響によつて、その頃から我が国の若い社会科学者、特に経済学者の間で哲学が流行し、誰もヴィンデルバント、リッケルトの名を口にするやうになつた。日本における新カント派の全盛時代であつた。」（三木 一九四一、三九七―三九八頁、丸括弧内は矢野）

桑木厳翼（一八七四―一九四六）は一九〇六年から、また朝永三十郎（一八七一―一九五一）は一九〇七年から、それぞれ京都帝国大学で教鞭をとっており、一九一〇年には西田幾多郎（一八七〇―一九四五）が学習院大学から京都帝国大学文科大学の助教授として赴任する。一九一四年に桑木がケーベルの後を継いで京都帝国大学から東京帝国大学に異動しはするが、一九一八年からは左右田喜一郎（一八八一―一九二七）が京都帝国大学文学部の講師を務めている。ベルクソンとリッカート（リッケルト）の思想研究を元にした西田の論文集『思索と体験』が出版されたのは一九一五年のことである。この『思索と体験』のなかに収録された論文「論理の理解と数理の理解」が、その二年後に出版される『自覚に於ける直観と反省』へと西田の考えを導いたことはよく知られている。この『自覚に於ける直観と反省』は、タイトルからも予想されるように、ベルクソンとリッカート、コーヘンらの哲学を元に『善の研究』から思索を深めたものであった。また同じ一九一七年には、新カント学派についてブレンターノ学派、純粋経験の哲学とともに新理想主義として論じた『現代に於ける理想主義の哲学』が弘道館から出版されている。このように捉えてみるなら、この時期の西田の思想は、新カント学派と分かちがたく理解されているだけでなく、ベルリン学派のアロイス・リール（一八四四―一九二四）に学んだ桑木厳翼、ヴィンデルバントに師事した朝永三十郎、リッカートに師事した左右田喜一郎、そして西田幾多郎と、京都帝国大学は日本における新カント学派研究の中心地とみなされていたといえる。

旧制高校における新カント学派の流行については、先の三木清の文章がその熱気をよく伝えるものだが、この様な新カント学派の思想的影響は、今日の私たちが想像する以上に深くまた広範にわたるものであった。例えば、二・二六事件（一九三六年）の中心人物と見なされている真崎甚三郎は、「憲兵調書」（一九三六年四月二一日）のなかで、一九二三年に陸軍士官学校の本科長に就任したときの生徒の気風について、次のように語っている。

「新カント派の学説が京都大学を中心として流行して居りました。……人の道徳的行為の価値は自立にある、他より強制されて行つた事は道徳上価値なし、といふ事でありました。……之が為め、若い将校や生徒の間に、他から強制されてやる事は不可、自分でやつた事でなければならないと考へ、自習中に於ても、上官の強制に依つて姿勢を整へて居つても価値が無い、と云ふ風潮がありまして、当時優等生等で、この様な考へ方を実行に表したものがありましたので退校させたものがあります。」（林ほか編一九七一、一九九頁）

『昭和精神史』（一九九二）において、桶谷秀昭はこの真崎の「憲兵調書」から、士官学校に滲透した新カント学派に代表される大正教養主義が、真崎の保守的な「国体明徴」思想を、「革新を孕む理想主義」の型に変えてしまったのではないかと推測し、そのような士官候補生の革新の思想を「自我意識を受け皿とした過激に傾く理想主義」と述べている。また筒井清忠はマルクス主義者の形成史を見ると教養主義を経路としていた例が多いということを指摘しているが（筒井 一九九五、九七頁）、このことも人格の自律といったことが、既存の社会的価値との間にズレを作りだすことで、理想的社会建設に向けての革新的な主体を生みだすといった機構が働いているのではないかと考えられる。本論の主題には直接には関わらないが、新カント学派の思想が大正期のみならず「昭和の精神史」において果たした役割は、想像以上に広範なだけでなく多面的であるようだ。それではその新カント学派の思想とは当時どのようなものと理解されていたのか。

新カント学派の課題

ここで新カント学派の哲学についてこれからの議論に結びつく事柄に限定して、簡単に触れておこう。新カント学派とは、一九世紀末から二〇世紀の初頭にかけて、ドイツを中心にヨーロッパの講壇哲学の一主流として興隆した哲学の一派で、カントの批判哲学の継承を標榜していたためにこのように呼ばれている。大きく分けて、一八七〇年代に活動の盛期を迎え、マールブルク大学を中心に活躍したコーヘン（コーエン）やナトルプ（一八五四―一九二四）やカッシーラー（一八七四―一九四五）らのマールブルク学派と、二〇世紀初頭以来バーデンのハイデルベルク大学を中心に活躍したヴィンデルバントやリッカートやラスクらの西南ドイツ（バーデン）学派とに分けられる。『哲学・思想事典』（一九九八）の「新カント学派」の項目では、「日本では特に桑木厳翼、朝永三十郎、左右田喜一郎、初期の西田幾多郎など」がこの学派の代表的人物とされている（大橋 一九九八、八一一頁）。大事なポイントは、初期の西田幾多郎も新カント学派のなかに入れられているということである。もっとも、この哲学史的理解も巨視的なレベルでは成り立つかもしれないが、正確さを欠く記述というべきだろう。後に述べるように西田は新カント学派との真剣な批判的対話のなかで思索を進めていたことは事実である。しかし、西田自身は『思索と体験』の「三訂版の序」（一九三七）において、「此書の論文を書いたのは、私が京都に来た始の頃であつて、主として私の習得時代であつた。私は一度もカント的な認識論者となつたことはないが、当時は甚く新カント派の人々から動かされた」と述べている（西田 一九一五、二〇八頁）。さらに述べるなら、西田が主に批判を受けたのは、その西田が属しているはずの新カント学派の立場に立つ研究者たちからであった。初期の西田への重要な批判論文は、高橋里美の論文「意識現象の事実とその意味――西田氏『善の研究』を読む」（一九一二）と、左右田喜一郎の論文「西田哲学の方法に就いて――西田博士の教を乞ふ」（一九二六）であるが、両者の批判はともに新カント学派のリッカートの哲学の立場に立った批判である。つまり新カント学派の立場から見たときには、西田の思想には看過しがたい問題が孕まれていると見られていたのである。私たちの関心から言い換えるなら、その新カント学派の批判点こそが新カント学派とは異なる西田の独自性を示すポイントでもあるということである(2)。

新カント学派は、一九世紀の後半に勃興してきた自然科学の根拠を批判するものとして、実証主義に対する反動として現れた新しい理想主義の形態である。そのため新カント学派の思想は「新理想主義」と呼ばれることもあった。そして新カント学派にとっては、実証主義のみならずヘーゲル主義も批判の対象であった。朝永三十郎によれば、自然科学とともにカント・フィヒテ以後のヘーゲルの汎理論的また汎神論的観念論をも、それが決定論であり没価値的であり、人格の価値と理想の意義を否定するが故に、批判すべきものとして捉えられたとし、新カント学派の重要な動因とされている（朝永 一九一六、二二九―二四一頁）。

西田にしたがうなら、新カント学派はカントと同じく超個人的自我（純粋自我）を中心とし、主観主義として実在の問題に触れず認識の問題にだけとどめようとする一方で、カントとは異なり「物自体」の考えを「直接に与えられた純粋経験」のようなものとして捉え、リッカートもナトルプもベルクソンの純粋持続のようなものを認めているという。ベルクソンは純粋持続が唯一の実在であるとし、自然科学的世界は単に実用のためのものであるとする客観主義に立つのだが、この新カント学派とベルクソンとの関係から色々な哲学の色合いが生じることになる。

認識論でいえば、新カント学派は「真理は純粋経験を論理的要求によって構成するところに成立する」と考える（西田一九一七a、五〇頁）。規範的意識によって経験的内容は構成される。つまり実在よりも規範的意識の方が根本的である。したがって、リッカートによれば、知識は与えられた経験をなんらかの立場から構成したものと見なされる。このような学問論は当然、歴史学など従来の模写説的な学問論を批判することになる。学問の種々の区別とは、方法論的範疇によって定まるのであって、取り扱う対象によって定まるのではない。

もっともコーヘンのように思惟を生産的と考え、思惟は自ら発展して内容を創造するという考え方もあり、同じ新カント学派といっても同じではない。このコーヘンの思惟を生産的と見る考え方はフィヒテに近いものである。西田はこのコーヘンの考えを高く評価し、「マールブルグ学派は現代の新カント派の中で最も深い考であると云ってよかろう」と述べている（西田 一九一七a、五九頁）。このコーヘンの思想との取り組みが、西田の思想形成にも大きな役割を果たしている（板橋 二〇〇四、五八―七二頁）。

第一次世界大戦以後、ラスク（一九一五年）、ヴィンデルバント（一九一五年）やコーヘン（一九一八年）ら中心メンバーの相次ぐ死、そして一九二九年のダヴォス討論での新カント学派の雄カッシーラーのハイデガーへの敗北などで新カント学派は凋落し、それに代わってディルタイ学派の生の哲学、フッサールの現象学、シェーラーらの哲学的人間学、そしてハイデガーらの実存哲学が勃興してくる。これから述べる篠原も一九二一年にドイツに留学しており、戦後ドイツの哲学動向に敏感に応答しつつ、自らの教育学を構築していくのである。

第3節　学生篠原と西田先生

学生篠原助市と西田哲学

それでは新カント学派の教育学者と見なされてきた篠原助市を中心にして、教育学と西田哲学ならびに京都学派の人間学との関係について考察することにしよう。篠原助市（一八七六―一九五七）は愛媛県の貧しい農家に生まれ、やはり裕福ではない農家に養子として出された。当時、貧しくても才能のある子どもが上の学校に進学する道があった。官費で学べる学校で代表的なのは軍関係の学校と師範学校である。篠原は愛媛県師範学校を卒業の後、小学校での教師経験を経て、東京高等師範学校に進学し、さらに福井県師範学校教諭、同附属小学校主事を経て、一九一三年に京都帝国大学哲学科に入学した。同じく高等師範学校出身者である長田新（一八八七―一九六一）の入学から遅れること一年である。

後に教育基本法の制定において活躍し、戦後の長田新のヒューマニズム論に大きな影響を与えることになる務台理作（一八九〇―一九七四）は、京大時代の篠原助市の姿を描いている。「私は高校（旧制）からのコースの人にくらべて、年齢が二、三年おくれて京大の哲学科に入学したが、そこには段違いな年長者がおった。それは篠原助市氏であった。氏は当時四十四、五歳であったろうか（この記述はおそらくは務台の思い違いであろう。もし務台が入学時の一九一五年に篠原と京大で会っていたとしたのなら、篠原はそのときまだ四〇歳前であったろう）。後には東京文理大の教育学の教授になったが、西田先生も氏だけを特別に篠原さんとよんでおられた」（務台 一九六四、三〇六―三〇七頁、丸括弧内は矢野）。務台理作と土田杏村とは、東京高等師範学校の篠原の後輩にあたる。篠原にとってもこの二人のことは印象深かったようで、篠原の自伝『教育生活五十年』（一九五六）でも、務台と土田が入学したことに触れており、また篠原が東京高等師範学校への異動が決まった折に、務台・土田等が京都で送別会を開いた話が懐かしく語られている（篠原 一九五六、二一六頁）。しかし、私たちにとってこの自伝の記述が興味深いのは、学生篠原と先生西田との親密な関わりが描かれていることである。例えば次のような箇所である。

「この夏休はかなり勉強が出来た。新カント派について、西田先生からお話しがあるので、マールブルヒ派のコーヘンやナトルプ、バーデン派のヴィンデルバントを主として読んだ。……西田先生はその頃『自覚におけ《ママ》る直観と反省』の想を練られていたが、講義はその内容を、宛も原稿として『哲学研究』に載せられているのとは無関係であるかのように（又実際そう聞きとれた）手稿の紙片をめくりながら語られる。身についていないでは、凡てが血肉となっていないでは、ああはやれるものではない。……西田先生からは、先生が第四高等学校在職中購入せられた自由に関する二種の小冊子を高等学校の図書館から借り出し、［卒論作成のために］精読をすすめられた、先生は恐らく絶対の自由を問題とせられたのであろうが、私はそこまで気が付かなかったのみか、折角おすすめの冊子を読んでも絶対自由をつかみ得なかった。」（篠原 一九五六、一七三、一八三、一八四頁、［ ］括弧内は矢野）

これまで篠原教育学の研究において西田哲学からの思想的影響は論じられたことがない。しかし、これから明らかになるように、篠原教育学の哲学的中核には西田哲学がある。そう理解すれば篠原のテクストの読み方は根本から変わってくる。例えば、篠原の方法は、批判哲学と現象学という「『全く異なる』異種的異質的二物の混合」と否定的に評価されることがあるが（上村 一九三一、八三頁）、篠原が京大において西田から学んだのは、新カント学派とブレンターノやフッサールをはじめとする独墺派の哲学であり、その新カント学派の論理主義にたいする直観主義による克服の哲学である（務台 一九五九、二八五頁）。例えば、一九一七年出版の『現代に於ける理想主義の哲学』は、新カント学派について、ブレンターノ学派、純粋経験の哲学とともに新理想主義として論じたものだが、その第七講「純粋経験の哲学及結論」の西田の書き出しはこうである。

「前回では現今の経験論に於てカントの哲学を復興して起つた一の流とブレンタノなどの心理学者に濫觴して起つた一の流とがあつて、現今ではこの二大潮流が漸次接近せんとする傾向を示してゐることを述べた。カントの学徒は認識の作用と対象とを区別して真理は価値意識に基いて成立するものなることを説いたが、ブレンタノの学派でも認識の作用と内在的対象とを分ち、更に進んではフッサールのやうに内在的対象の向ふに本質といふやうな一の対象を考へるやうになつて益々カントの考へに近づいてくるのである。尤も現今では二の流が未だ全く一に融合するまでには至らないが漸次相接近し来る傾向のあることは争はれない事実であると思ふ。」（西田 一九一七a、七一―七二頁）

ここで議論されているのは認識論のレベルでの話であるが、フッサールの現象学と新カント学派とは西田によって「漸次相接近し来る傾向」として捉えられている。篠原の理論研究がこの西田の研究成果を受けてなされていたと考えるとき、篠原の理論を単純にこの両派の「混合」といった否定的評価ですませることができるものかどうか再検討をする必要があるだろう。(3) しかし、こうした再評価以上に重要なことは、篠原の教育学の中核に西田哲学があることを明らかにすることで、はじめて篠原教育学の根本命題である「自然の理性化」そして「個人の歴史化」が、理解可能なものとなるということである。西田哲学を知ることなしには、篠原教育学の思想的核心は理解できないのだ。このことを明らかにするためには、まずはじめに、篠原が学生だった時期から学位論文を提出するまで、西田幾多郎がどのような哲学的課題と向かいあっていたのかを知る必要がある。必要最小限度の了解を確保するために、この間の西田哲学の深化の過程を駆け足で見ておこう。

この時期の西田哲学の課題

ベルクソンやリッカートの思想研究などをまとめた論文集『思索と体験』が出版されたのは一九一五年のことである。この『思索と体験』のなかに収録された論文「論理の理解と数理の理解」（一九一二）が、『自覚に於ける直観と反省』（一九一七）へと西田の考えを導いたことはよく知られている。『自覚に於ける直観と反省』は、『善の研究』の思索をさらに深めようとしたものだったが、「此書は余の思索に於ける悪戦苦闘のドッキュメントである」とその「序」に書き付けたように、一九一三年からはじまり最初は『藝文』そして途中からは『哲学研究』に発表の場を移して書きつなぎ、一九一七年一〇月にようやく岩波書店から出版された著作であった。西田はこの著作の主題について次のように述べている。

「直観といふものは、主客の未だ分れない、知るものと知られるものと一つである、現実その儘な、不断進行の意識である。反省といふのは、この進行の外に立つて、翻つて之を見た意識である。ベルグソンの語をかりて云へば、純粋持続を同時存在の形に直して見ることである、時間を空間の形に直して見ることである。如何にしても直観の現実を離れることが出来ないと考へられる我々に、かゝる反省は如何にして可能であらうか、反省は直観に如何に結合せられるか、後者は前者に対して如何なる意味をもつて居るであらうか。余は我々にこの二つのものの内面的関係を明にするものは我々の自覚であると思ふ。自覚に於ては、自己が自己の作用を対象として、之を反省すると共に、かく反省するといふことが直に自己発展の作用である、かくし

て無限に進むのである。」（西田 一九一七b、一五頁）

『自覚に於ける直観と反省』は、ベルクソンの生の哲学における「直観」とリッカートの新カント学派の認識論的論理における「反省」とを、「自覚」というフィヒテの「事行」概念に類似した原理から、統一的に捉え直そうとした自覚論・学問論である。『善の研究』における西田の思想的出発点は、よく知られているように、主客未分の純粋経験である。問題はこの純粋経験からいかにして主客に分かれる反省や思惟といった形態が現れるかの解明にあった。西田はこの問いの解明を純粋経験論を発展させて自覚論として捉えようとする。したがって、このとき思惟もまた純粋経験から語られるのであって、思惟によって純粋経験が基礎づけられはしない。このようにして、西田にとって自覚もまた『善の研究』と同様、「純粋経験の自発自展」として捉えられていくことになる（上田 一九九四、一二四頁）。『自覚に於ける直観と反省』において西田は、「主客の未だ分かれない、知るものと知られるものと一つである」在り方からどのようにして反省が現れるかを論じている。

「私はかゝる立場をフィヒテの自覚の如きものに求めた、『自覚に於ける直観と反省』はかゝる意味に於ける試作である。私の考は種々の点に於てフィヒテそのまゝであつたとは考へないが、兎に角フィヒテに似た一種の主意主義の立場に立つて、種々の問題を考へて見た。……併し私は『自覚に於ける直観と反省』を書いた時から、意志の根柢に直観を考へて居た、働くことは見ることであると云ふ様なプロチノス的な考を有つて居た。絶対意志といふ如きものを究極の立場と考へたのは、之に由るのである。」（西田 一九二七a、三頁）

『働くものから見るものへ』（一九二七）の序で述べているように、この課題を西田はフィヒテの自覚（事行）概念に近いところから捉え直し、さらにプロチノス流の「働くものから見るものへ」と、そしてさらに「場所の論理」へと衝き進むのである。『働くものから見るものへ』のなかで、重要な箇所を引用しておこう。

「普通に自覚と云へば、単に知るものと知られるものとが一つと考へられるが、私は真の自覚は自分の中に於て自分を知るといふことであると思ふ。単に主と客と一と云へば、所謂反省以前の直観といふ如きものとも考へ得るであらう、自覚の意識の成立するには「自分に於て」といふことが附加せられねばならぬ。知る我と、知られる我と、我が我を知る場所とが一つであることが自覚である。……我々の自覚の本質は、我を超越したもの、我を包むものが我自身であるといふことでなければならぬ。」（西田 一九二七a、一二七—一二八頁）

西田においては、「知る我」と「知られる我」と「我が我を知る場所」の三項による動的な構造として自覚は論じられる。一九三〇年前後における西田の自覚概念とは、『無の自覚的限定』（一九三二）によれば次のようなものである。「自覚といふのは自己に於て自己を見ると考へられ、而も自己が見られない所に即ち自己が無になつた所に真の自己を見ると考へられるのである」（西田 一九三二、八九頁）。ここでは自覚が「働くもの」という主意主義の表現ではなく、「見るもの」へと直観主義で表現されていることが重要である。もとより西田の議論については、論じるべきことが多く残されているが、篠原のテクストを解明するときに詳しく述べることにしよう。

第4節　篠原「自然の理性化」における自覚の構造

1　篠原の「純粋自我」と西田の「絶対自由の意志」

篠原が京都帝国大学を卒業して後の著作、『批判的教育学の問題』（一九二二）『理論的教育学』（一九二九）『教育の本質と教育学』（一九三〇）『教育断想』（一九三八）『教育学』（一九三九）『教授原論』（一九四二）『訓練原論』（一九五〇）『教育哲学』（一九五一）に限ってみても、篠原の主要な著作を概観すればわかることだが、篠原はさまざまな哲学者や思想家のテクストを縦横に駆使して自らの教育学を論じており、新カント学派のナトルプやリッカートやコーヘンといった哲学者、そしてシュライエルマッハーからディルタイ学派のシュプランガーやフリッシュアイゼン・ケーラーやリットといった教育思想家の名前が何度も登場しているにもかかわらず、西田幾多郎の名前は出てはこない（『教育学』には登場するがそれについては後述）。当然、西田のテクストからの引用もない。そうした理由から、篠原教育学の哲学的基盤として西田哲学が働いていることを論証することは、それほど容易なことではない。しかし、篠原が傍証のために引用している哲学者・思想家の名前やテクストを一旦すべて括弧に入れ、また「篠原助市＝新カント学派」という篠原への先入観も括弧に入れ、ただ理論展開だけに関心を集中して、篠原のテクストを読み直すとき、篠原の理論展開の図式は新カント学派とベルクソン（生の哲学）、そしてフィヒテの自覚概念への接近という西田の哲学世界の図式と同型のものであることがわかる。この試みをさらに思想の内容にまで進め、両者の自覚概念を具体的に比較するなら、西田が「直観」と「反省」とを「自覚」に引きよせて捉えたものを、篠原は「自然の理性化」という名の「自覚」として捉えていたことがわかるのである。

篠原教育学の中心に西田哲学の影響を考える立場から、西田哲学の中心思想とも言うべき自覚の概念と篠原の自覚の議論との比較を試みることからはじめよう。ここでは篠原の『教育の本質と教育学』を手掛かりにすることにする。(4) なぜ篠原の理論的主著と目されてきた『理論的教育学』ではないのか疑問に感じられるかもしれない。『教育の本質と教育学』は『理論的教育学』の翌年に出版され、京都帝国大学に学位論文として提出されたものである。『理論的教育学』の序において、篠原自身が「本書に挙げた一々の根本概念に対する哲学的基礎と、教育学の科学的性質とについては続いて刊行せらるゝ『教育の本質と教育学』に於てかなり精説して置いた」(篠原 一九二九、四頁)と述べているように、『教育の本質と教育学』の方が篠原教育学の哲学的基盤を捉え直すには適切なテクストと考えられる。この著作において自覚が論じられている中心的な箇所をまず大きく取りあげてみよう。

「反省も亦一の体験である、従つて、一の体験として、夫れは又新らしい反省の対象となり、かくて反省は、少くも原理上、無限に進み得る。我が何者かを見る、感ずるといふ、其の見る作用、感ずる作用を更に反省して、見る我を更に見る事が出来る。そして此の際、見られる我は見る我に対して、言はゞ一種の世界となる。見る我であつて、永遠に見られる我とならない我は反省の最後の極致であり、それは如何なる意味に於ても対象化せられない真の自我である。真の自我は反省せられない。蓋し反省其のものが此の自我の作用であるから。反省の進行に於て最初に我に対立するのは非我の世界であり、見る作用でありながら、尚見られるものとして対象化せられるものは経験主観であり、如何にしても対象化せられない我は純粋主観である。如何にしても対象化せられないとは、夫れが如何なる意味に於ても『者』でないことを意味する。夫れは純乎たる働きであつて『者』ではない。……夫れはデカルトの Cogito ergo sum の“sum”である。デカルトの sum は働きであつて、

『者』であつてはならぬと、私は考へてゐる。」（篠原 一九三〇、三一―三二頁）

この「純粋主観」という用語は後で「純粋自我」という別の用語に置き換えられ論じられる。この「純粋自我」という用語は、カントはもとよりフィヒテやシェリングあるいはフッサールらも使用している。反省作用そのものであるとする篠原の「純粋自我」の理解は、「非我」の使用ともつながり、フィヒテの意志を働きそのものとして捉える考え方に近いといえる（篠原 一九二二、二五九頁）。しかし、この「純粋自我」の捉え方は本当にフィヒテの自覚論といえるのだろうか。

ここで重要なことは、篠原が反省から経験（体験）を捉えるのではなく、経験から反省を捉えていることである。新カント学派の西南ドイツ学派は「新フィヒテ学派」とも呼ばれることがあり、またマールブルク学派もまたフィヒテに接近していることもあって（西田 一九一七a、一三一―一三二頁）、「新カント学派の篠原」がフィヒテの自覚論をその思考の中心におくこと自体はなんら不思議なことではない。しかし、『全知識学の基礎』（一七九四）において「自我は自から自己を定立する」（Fichte 1794=1949: 110）というように、フィヒテが自覚を自我の本質論として捉えるのに対して、西田は自覚を経験の構造として捉えている(5)（新田 一九九八、三八―三九頁）。『自覚に於ける直観と反省』の「改版の序」（一九四一）において、「その時、私の取つた立場はフィヒテの事行に近きものであった。併しそれは必ずしもフィヒテのそれではなかつた。寧ろ具体的経験の自発自展と云ふ如きものであつた」（西田一九一七b、一二頁）と西田自身が述べるとおり、西田とフィヒテとを分ける重要な違いはここにある。西田はどこまでも『善の研究』からの思想的な深化として事行概念に近づいていくのであって、純粋経験は思想的出発点であるにとどまらず到達点でもある。そして、篠原もまた西田と同様に、自覚を経験の構造として捉えているのである。つまり、フィヒテの自覚論では経験は反省によって形成されるものだが、篠原は西田と同様に反省も経験であると捉えている。さらに篠原は「我々の直接に経験する意識態は、主と客、我と非我の合一、又は関係であつて、しかも主と客とに剖開、対立せらるべきものであるが、まだ主観でも客観でもない」（篠原 一九三〇、三〇頁）と述べているのだが、この主客未分の直接経験、つまり純粋経験から発する経験自身の自覚と捉える自覚論こそ、西田とフィヒテとを分かつ最も重要なメルクマールの一つである（岡崎 二〇〇〇、八八頁）。

また篠原の自覚の構造論が西田の自覚論をモデルにしていることを明らかにしたい。篠原の引用文にしたがうなら、「見る我」と「見られる我」と「永遠に見られる我とならない我」、この三者によって自覚は成立するというが、これは「自己が自己に於て自己を見る」（西田 一九三〇、四四二頁）という西田独自の自覚の構造論と、同型の理論で自覚を捉えようとするものだといえる。この「見る自己」と「見られる自己」、そしてその両者を包む対象とならない働きそのものである「自己」という三者で自覚を捉える構造こそ、西田の自覚論の核心をなすものであった。篠原の自覚論を構成する三番目の「永遠に見られる我とならない我」＝「真の自我」「真我」「純粋主観」「純粋自我」は、対象化することのできない統一力として、『自覚における直観と反省』では「絶対自由の意志」、そして『働くものから見るものへ』であれば「無の場所」と西田が呼んだものにあたる（西谷 一九七二―一九八八、一三六頁）。『自覚における直観と反省』では、西田はカントの物自体を概念的知識以前に与えられた直接経験（ベルクソンの純粋持続）として捉え、この直接経験を反省することのできない即ち対象視することのできない「アプリオリのアプリオリ」「作用の作用」を「絶対自由の意志」と呼んでいる（後述）。この「絶対自由の意志」は、西田自身によって「カントの純粋自我の統一」と捉えられたりしており、篠原が「永遠に見られる我とならない我」を「純粋自我」の名前で呼ぶのは、西田の自覚論の新カント主義的翻訳としては妥当性を持っている。ところで西田の自覚論においては、「知る我」と「知られる我」とは直ちに一つであることから、存在と当為、主観と客観とが一つであるとともに、反省と直観もまた一つであって、反省が直観となり直観が反省となり無限の連続的系列のなかで創造的進化をなすのである（高坂 一九四七、七三―七九頁）。この自覚の特徴は、篠原の自覚論においても同じく見ることができる（篠原 一九三〇、三二頁）。

『働くものから見るものへ』の序を引用したように（本章一四六頁）、西田において自覚はフィヒテの主意主義の「働くもの」から、プロチノス流の直観主義の「見るもの」へと転換するのだが、篠原もまた自覚を「見るもの」として描いていることに注意が必要である。この自覚を「見るもの」とする自覚概念を捉えることで、篠原の陶冶論には「映写」という概念が登場することになる。篠原によれば、陶冶とは人のなかに「小宇宙」を築く作業であり、「小宇宙」としてそれぞれの姿に「大宇宙」としての客観的価値の世界を「映写」するのだという（篠原 一九三〇、三〇頁）。篠原はこの議論をシュライエルマッハーのテクストを引用することで明らかにしようとするが、むしろこの「映写」という言葉は西田の「映す」「写す」という用語とつながっている。例えば西田の「一般の中に特殊を含む具体的一般者といふのは自己の中に自己を映す自覚の鏡に外ならない」（西田 一九二七a、二〇六頁）といった表現と呼応している。このとき篠原が「大宇宙」と呼ぶのは「純粋自我」に他ならず、この「小宇宙」「大宇宙」の議論は、本来なら「見る我」「見られる我」「永遠に見られる我とならない我」の三者によって構造化された自覚論に基づいて論じられるべき所を、篠原はシュライエルマッハを引用して論じたため、かえって理論の一貫性を欠いてしまった。

さらにまた篠原の自覚論は西田と同様に学問論として構築されていることは特徴的なところである。これまでの篠原教育学研究において問題にされることはないが、篠原の自覚論は諸科学が自覚のうちにどのように位置づくかを規定する学問論でもあった。篠原は次のように言う。

「純粋自我とは、かく、各種の世界、従つて又各種の意識体験を反省し、直観し、且之を統一する純粋活動である。かく反省は色々の方面に向けられるが、其の根本性質、即ち瞬間的、衝動的な者から離れ、必然的関係としての対象の本質を捉へる点に於ては変りない。……此の本質、此の必然の関係は、各種の世界に於て夫れ夫れ趣きを異にし、従つて各種の世界に於て一般と特殊との占むる位置は夫れ夫れ異なり——この点については後に詳述する——従つて又反省の方法にも区別が生じ、世界は多くの世界に剖開せられ、科学は多くの科学に分かれる。」（篠原 一九三〇、四三—四四頁）

ここで論じられているのは、反省と直観を統一する純粋自我の活動（純粋活動）によって「各種の世界」が開かれ、それがさまざまな学問（篠原の用語で言えば「科学」）を生みだしていくという、自覚論に基づく学問論である。これまでの篠原研究では、なぜこの議論が純粋自我と関わるのか問われることはなかっただろうが、西田哲学との関係でこの箇所を読むとき、このテーマは『自覚に於ける直観と反省』での学問論とつながっていることに気がつくはずである。『自覚に於ける直観と反省』の最後に掲載されている「跋」のタイトルは、もともとは「種々の世界」と題されたものである。西田において自覚論とはなにより学問論をなすものであった（新田 一九九八、八一—一一二頁）。例えば西田は次のように言っている。

「我々は普通にすべての人に共通と考へられる思惟の対象界を唯一の世界と考へて居るが、思惟は絶対意志の一作用に過ぎないので、アプリオリのアプリオリ、作用の作用ともいふべき絶対自由の意志其者の立場に立つては、我々は思惟其者を対象として反省することができる、カントの純粋批評の如きもその一つである。右の如き意味に於て、所謂実在界を原経験の形に再び構成して見たものが歴史の世界である。自然科学は一般化的方向に進むに反し、歴史は個性化的方向に進むと考へられるのは之に依るのである、歴史は自然科学の転倒である。此の如く一方には物理的世界、一方には歴史的世界を両極として、その中間に種々の実在界を考へることができる。歴史学的世界、心理学的世界、生物学的世界、化学的世界、物理学的世界といふ様に、段階的に種々の世界が考へられるのである。」（西田 一九一七b、三四三—三四四頁）

西田の「絶対自由の意志」は、後で詳しく述べるように、篠原の「純粋自我」の中核たる「純粋意志（根本意志）」にあたる概念である。篠原の「各種の世界」の構造論が、西田の「種々の世界」の論理を基にしていることがわかるだろう。篠原はそれぞれの学問が占める位置は「一般と特殊との占むる位置」によって規定されると述べるが、これは西田が「一般化的方向」と「個性化的方向」と分けてそれぞれの学問を位置づけるものと基本的に同じ構造を持っている。

これまでの議論をまとめよう。①自我の本質論としてではなく、経験の構造論として、自覚を経験から捉えるという思索の基本的な立場、②「見る自己」と「見られる自己」、そしてその両者を包む対象とならない働きそのものである「自己」という三者で自覚を捉えるという自覚の構造論、③自覚を「働くもの」ではなく「見るもの」として捉えるその捉え方、④自覚論が同時に世界像の理論であり学問論であること、この四点は西田の自覚論とフィヒテや新カント学派の自覚論とを分ける根本的なメルクマールといってよい。そして篠原の自覚論はこのすべてに当てはまる。(6) このように自覚の構造理解においても、またその自覚の働きについての表現の仕方においても、篠原の自覚論が西田の自覚論をベースにしたものであることを確証することができるだろう。

議論の作られ方の対応関係

これまでの議論で、篠原の自覚論は西田の自覚論を翻案したものであることは論証できたといえる。さらにもう少し細かく両者を比較検討するために、両者の文章表現で類似した箇所を捉えてみよう。『一般者の自覚的体系』（一九三〇）から、先に引用した篠原の自覚論に対応すると思われる西田の文章を引いてみよう（『一般者の自覚的体系』所収の論文はすべて一九二九年までに発表されたものである）(7)。

「非我に対する我は真に知る我ではない、真に知るものは両者を包んだものでなければならぬ。知るものといふものを対象化することはできぬ、対象化することができれば、それだけ知られたものであつて、知るものではない。……」（西田 一九三〇、一一頁）

「デカルトの cogito ergo sum の sum は主語的存在の意味でなくして、述語的存在の意味でなければならない。その我は何処までも考へる我であつて、考へられた我であつてはならない、如何にしても判断の主語的方向に於て見ることのできないものであつて、而も主語的なるものはすべて之に於てあるものでなければならぬ。」（西田 一九三〇、一八頁、また西田 一九三二、一七二頁も参照）

最初の引用では、非我とその非我と対する我の両者を包む「無の場所」が論じられるのだが、先にも述べたように、篠原のテクストでは「純粋自我」に置き換えて理解していると捉えることができる。またデカルトの cogito ergo sum の sum（我あり）についての篠原の解釈（本章一四九―一五〇頁）は、この二番目の引用文における西田の立場を踏襲していると見てよいだろう。篠原のテクストには、西田哲学特有の用語群はほとんどといって登場しないが、それでもなおその根本において、新カント学派ともフィヒテとも異なる西田哲学特有の思考方法の影響を見ることができるのである。さらに篠原と西田が同様の主題を論じている箇所を引いておこう。

「換言すれば継続は、常に、継続しない或者を待つて、始めて「継続する」と認められる。時間的に継続するものを、継続しない即ち超時間的なものによつて包み、之を包括することによつて、継続するものとしての関係は始めて認められる。……斯く、時間的に継続するものを、一の継続として、其の間に存する関係を見る為には、夫れ自身継続しない「或者」を要するが、此の「或者」とは然らば何であるか。……即ちそれは超時間的である。……即ち超空間的である。超時間的、超空間的であるから、此の「或者」は、如何なる意味に於ても所謂「者」ではない。夫れは純粋作用であり、純粋自我の活動であらねばならぬ。」（篠原 一九三〇、三九—四〇頁）

「働くものは時に於て働くといふ、併し『時』といふものが考へられるにも、之を包む一般者がなければならない、『時』はかゝる一般者の内面的限定として考へられるのである。勿論、此の如き意味に於る一般者といふのは、所謂抽象的概念といふ如きものではない、限定せられた場所ではない、自己自身に於てあり、自己自身の中に媒介者を含む所謂具体的一般者でなければならぬ、超越的場所でなければならない。場所と之に於てあるもの、一般と特殊とを結合するもの、即ち一般者の自己限定の過程と考へられるものを、広義に於て判断とするならば、『時』とか作用とかいふものも、かゝる意義を有するものと考へ得るであらう。……連続を考へるにも連続的要素を包む一般者がなければならぬ。」（西田 一九三〇、七三頁）

このようにして二人のテクストを並べて読むと、両者の議論の道筋が同じであることが確認できるだろう。そして篠原の「包む」という用語が、西田の「包む」と対応して使用されていることがわかる。ここからも篠原の「純粋作用」「純粋自我の活動」は、西田のいう「無の場所」と対応していることが理解できる。

篠原の自負と危うさの自覚

この篠原の自覚論が主に主題化されて論じられるのは、『教育の本質と教育学』の「第二章　発達」においてである。この章では、まずそれまでの発達概念の使用法が分類されて論じられ、その流れのなかで、動物の養育と人間の教育との質的差異を分けず、教育を環境における有機体の一般的な過程と同一視するヘンダーソンの教育理論が論難される。そして、シェーラーの『宇宙における人間の地位』（一九二八）という当時の最新の哲学的人間学のテクストを手掛かりにして、「自己と世界との対立、及び偶然と一般との峻別」という人間の在り方に動物との絶対的な差異を見出し、その差異の根本を「自覚」と捉え直し、そこから転じて人間の教育を論じている。篠原は教育人間学のテクストにおいて繰り返される論述のパターンを踏んでいるように見えるが、それはこの時期に三木清の人間学の諸論考の発表による活躍やハイデガーの『存在と時間』（一九二七）が出版されたことで、京都学派を中心に「人間学」が日本の哲学界においても重要な課題となっていることと結びついている(8)。したがって、この篠原の自覚論が探究されている第五節から第八節の内容は、篠原教育学の人間学的基礎論ともいうべき理論の土台となる重要な箇所にあたるとみなしてよい。この議論の後で、「自然の理性化」という自身の教育の根本命題が位置づけられることになるのだが、その第一〇節の冒頭の箇所を引いておこう。

「本章『五（第五節のこと）』以下に於て、私は、かなり独断的に進み来つた。その完全な基礎附けを与へ得たとは私自身も信じてゐない。唯、当面の問題に関係ある限り、自分の所信を単純に羅列したに過ぎない。或は

此の独断的な叙述すらも、かなり長い迂路と見られよう。」（篠原 一九三〇、四四頁、丸括弧内は矢野）

なぜ篠原はこの議論の後で「自然の理性化」という根本命題が位置づけられる重要な論議を前にして、これまでの議論を自己批判めいた言葉で「かなり独断的」とか、あるいは「完全な基礎附けを与へ得たとは私自身も信じてゐない」などと断ったのだろうか。それは「純粋自我」と「非我」に関わる議論の導き方にあったと考えられる。篠原が「批判的実在論者」「批判哲学」「現象学派」の区別なく、「自我」と「非我」の理論として論じることができると断じていることと関連している（篠原 一九三〇、二九頁）。ここで自覚論の基礎づけを、新カント学派の主要な哲学者の誰か一人の思想に基づいて論じたのであれば、その人物の思想であることを明示することで、その論述を正当化することができただろう。そうすればわざわざ「かなり独断的」といった言葉を入れる必要もなかっただろう。そこで篠原が選んだ立場が、新カント学派ではなく、また西田哲学そのものでもなく、フィヒテの「純粋自我」を西田哲学をベースに西田の「絶対自由の意志」や「無の場所」に引きよせ自らの解釈によって構築した西田哲学‐新カント学派の立場だったからである。言い換えれば、「絶対自由の意志」や「無の場所」といった西田の用語を使用せず、西田から学んだ思考法を自ら再構築した立場から論じたからである。

篠原のいう「純粋自我」とは、作用を反省する作用そのものであって、「純粋作用」とも言い換えられている。前にも述べたように、西田の用語でいえば、この「純粋自我」は「絶対自由の意志」あるいは「作用の作用」にあたるものだ（西田 一九二七a、三〇三頁）。この「作用の作用」の立場は、通常の新カント学派の理論からは出てこないものであって、リッカートらの論理主義に対して西田の独自の境位を示すものである（西谷 一九七二―一九八八、一七〇頁）。ここが篠原の自覚論が、新カント学派のそれではなく、主に西田の自覚論に基づいたものであると判断する重要なポイントの一つである。しかし、繰り返すが、篠原の自覚論はその根本原理を西田に負ってはいるが、西田の自覚論そのままではなかった。それは西田の自覚論と比べて理論的に単純化されており、また篠原によって新カント学派の用語で捉え直されてもいる。そのため西田の自覚論との違いがあることも否定できない。そのように考えるなら、先に引用（本章一四九―一五〇頁）した篠原の言葉「夫れはデカルトの Cogito ergo sum の“sum”である。デカルトの sum は働きであつて『者』であつてはならぬと、私は考へてゐる」のなかの「私は考へてゐる」に、わざわざ「私」が強調されて入れられている理由も、この独自の立場に立っていることへの自負と共に、西田の用語を使用せずに論じることの危うさを意識した現れとして理解できるだろう。

この項では、篠原の自覚論が、その中核において西田の自覚論に由来することを明らかにした。次項では、篠原の自覚論が篠原教育学の根本命題である「自然の理性化」を基礎づけていることを明らかにし、篠原教育学が西田の自覚論を哲学的基盤にすることで成立していることを示すことにする。

2　篠原の「自然の理性化」と西田の「自覚」

『批判的教育学の問題』における「自然の理性化」と「自覚」

よく知られているように、篠原は教育の本質を「自然の理性化」という言葉で定義した。しかしこの用語は『教育の本質と教育学』にはじめて登場するのではない。すでに『批判的教育学の問題』（一九二二）にみることができる。このなかで「自然の理性化」は次のように規定されていた。

「教育とは自然を理性化し、人を其の現にある状態から、あるべき、あらざる可からざる状態に導く作用である。ある状態は自然之を示し、あらざる可からざる状態は理性の光に照らしてこれを定める。教育とは其の語源の示す如く、又多くの教育者によって考へられてゐる様に『引き出す』働きではなく、却つて、人を『理性の道に高める train up 作用である』（ローリー）。……理性の道、人の当に進まねばならぬ道とは、即ち真善美の規範によつて定められた道であるから、教育は又自然を真善美の規範によつて統制する作用、真善美の絶対価値を実現せしむる作用であるとも定義せられ得る。」（篠原 一九二二、一五一―一五二頁、傍点は篠原）

「教育とは人を其の現に『ある』状態より、『あらねばならぬ』状態に引き揚げる働きである。人を扶けて、人として『あらねばならぬ』即ち人の理想的本分を充実せしむる働きである。現にある状態を自然と名づけ、あらねばならぬ状態を理想と名づけるならば、そして理想をば理性の所産であるとしたならば、教育は一言に之を『自然の理性化』と定義する事が出来る。若し又人は理性に従ふ活動によつて、始めて自由を獲得し得るとしたら、教育は人を助けて其の自由を実現せしむる作用である。」（篠原 一九二二、一九九頁）

この引用文を見るかぎり、教育は「自然の理性化」を実現させる作用であり、その「自然の理性化」を実現させる作用とは、ある状態（自然）をあらねばならぬ状態（理想）へと「引き揚げる」あるいは「高める」働きとして定義されている。ここにはシンプルに図式化されたカント‐フィヒテの哲学に基づく新カント主義の教育学があるだけで、篠原の教育学と西田哲学との直接的な関係を見ることはできないように見える。しかしこの「自然の理性化」と「自覚」との関係に着目して、篠原のテクストを見直すなら、篠原はすでにこの『批判的教育学の問題』において、教育を「自覚」として捉えていたことが明らかになる。なにより篠原にとって近代の哲学とは「自覚の哲学」に他ならない。

「近代思潮の特色は大凡『自覚』の一語に尽きる。……其の主潮が『我の自覚』にあるの点に於ては一毫の疑をも容れることが出来ぬ。……私は上に近代の哲学は自覚の哲学であることを説いた。若し教育が果して哲学の影に育つ者であるとすれば、教育の一般理想の変遷も、自覚に向つて其の歩を運ばねばならぬ。」（篠原　一九二二、二一―六頁）

この近代の哲学を「自覚の哲学」として捉えるという哲学史観は、西田から来たものと言うより、朝永三十郎の『近世に於ける「我」の自覚史』（一九一六）に由来するものであったろう。篠原は東京高師の時期にすでに朝永の学生であり、篠原が多くのことを朝永から学んでいることはまちがいない。この朝永のテクストのタイトルからもわかるように、朝永は「我」の覚醒から始まり新カント主義にいたる理性の哲学の発展を「我」の「自覚」の歴史として捉えている。そのなかで、朝永は「我」の覚醒においてエックハルトやベーメといったカントに先行した神秘主義者が果たした役割について高い評価を与え、彼等の思想は個人の奥底に超個人的で普遍的な希求すべき最高権威と最高価値とが有することを明らかにしたといい、これがカントに代表される「理性の哲学」を生みだしたという。そのことを踏まえたうえで、朝永が師ヴィンデルバントにしたがいつつ「真の自覚」について論じているところを見てみよう。

「吾々が斯の如き自己の本性を意識すること、即ち此人格の尊厳、即ち自己の内に於ける良心の権威を認むることが真の『我』の自覚である。其故に真の自覚には如何なる外的威力の為めにも、如何なる外的拘束の為めにも此権威を曲げてはならぬという意識が伴ふて居らねばならぬと共に、又た自然我即ち個人的の利害、好悪、愛憎等の為めにも之を傷けてはならないといふことが含まれて居る。真の自覚は普遍妥当的な規範意識に根底を有せねばならぬから、狭い自然我の主張でなくして超個人我によつての其れの征服規正でなければならぬ。」

（朝永 一九一六、一九一―一九二頁）

『近世に於ける「我」の自覚史』のなかで、朝永は「自覚」という用語をドイツ語の Selbstbewusstsein の訳語として、認識一般を成立させる条件としての統覚、つまり「自己意識」という意味で捉えている。しかし、他方では朝永はカントの思想が根底において神秘主義と深く結びついているという解釈を下敷きに、「自覚」にたんなる自己意識の働きにとどまらず、仏教概念の「覚」に由来する「目覚め」という意味を与えている(9)。このエックハルトに強く惹かれるところのあった優れた新カント主義の哲学史研究者は、西田の同僚でありかつ友人でもあった。今日、西田から朝永に宛てた複数の手紙が残されており、それらは二人の信頼の深さを十分に確信させる内容のものである（西田 一九五三a、二一五―二一八頁を参照）。思想内容においても、彼らの「自覚」が共通して「自己意識」にとどまらず、北村透谷が内部生命論で論じたような生命（自然ではなく生命）の「自覚」と結びついていたことは推測できるだろうし、エックハルトへの関心も含めて両者に通底する宗教的色彩を指摘することもできるだろう。しかし、両者の学問的交流、両者の自覚概念の関係についての研究がほとんどなされていない現状では、この朝永の自覚概念がどのようにして形成されてきたのか、あるいは反対に西田が「自覚」という用語を使用するにあたり、朝永の影響がどのようなものであったかは明らかではない(10)。

ここで重要なのは、近代の哲学は「自覚の哲学」であり、教育はその哲学の影響下で発展するものなら、「教育の一般理想」も「自覚に向つて」進まねばならないと篠原が認識していたことである（もっともこの学問論の立場は、教育学の自律性を論じる『教育の本質と教育学』において修正されることになる）。そのような認識に基づき、篠原は新カント学派の教育学の代表者ナトルプの教育思想をも「自覚の教育学」として論じていく。

「以上はナトルプが教育の理想について述べたもの、大意である。ここに我々は彼が意識の最後の統一を採り、理想的自我の真自覚の上に教育の理想を安定したことを見る。」（篠原 一九二二、三九頁）

より直接に篠原が自覚を教育の理想として論じているところを見よう。同じく『批判的教育学の問題』に収められた論文「生活準備と連続的発展」（一九一九）で、篠原は「自覚」について次のように言っている。

「若し意識の統一を『自覚』と名づくるならば教育の理想は自覚にあるとも言い得られる。連続的発展・自由・自覚共に是れ同一の事象を異なる立場から見た命名である。」（篠原 一九二二、七五頁）

このように『批判的教育学の問題』においても、「自覚」はすでに篠原教育学を構築する上でのキーワードをなしている。しかも、教育が「自然の理性化」を実現させる作用であり、その「自然の理性化」が最初に述べたものであるとするなら、「自然の理性化」とは「自覚」を目指すものであると言うことができ、この時点においてすでに篠原教育学は「自覚の教育学」と名づけてよいと言えるだろう。しかしながら、このテクストにおいては未だ両者の関係は十分に明らかとはなっていなかった。なにより「自覚」が何を意味するのかは、ナトルプにしたがって「理想的自我の真自覚」といったところで、「自己意識」の特徴である「意識の統一」という一般的な規定に終始しており、その原理は不明のままであった。『教育の本質と教育学』において、「自然の理性化」と「自覚」の両者の関係はより深化した形で示されることになる。

『教育の本質と教育学』における篠原の「自然の理性化」と西田の「自覚」

これまでの論を手掛かりにしながら、あらためて『教育の本質と教育学』において、この篠原の「自然の理性化」と自覚論とがどのように結びつき、それが西田の自覚論とどのように通底したものであるかを考えてみよう。まず篠原における自覚の発展の捉え方を見ておこう。

「純粋自我は個我ではないが、個我の中に見出され個我の中に実現せられる最高普遍の自我である。再び言ふ、最高普遍の純粋我を内に実現すること、自己の最高本質に帰ることによつて、人は始めて人となる。人となるとは、経験我としての時間的生活の延長でも、増大でもなく、まさしくは、経験我を否定し、否定を通して普遍に帰ることである。そして是が『死することによつて生きる』といふ語の真義である。」（篠原 一九三〇、四二―四三頁）

「道徳の根本問題は自覚 Selbstbewusstsein の発展にある。純粋意志としての道徳の根本問題は自覚にある。……自覚の発展は、当為としての現はる丶、理念と不完全なる個人との対立によつて、始めて可能である。否、自覚とは自ら自らを見ることであり、其の根基からして、見る自我と見られる自我との対立、理念と自然との対立を予想する。」（篠原 一九三〇、一八五頁）

最初の引用文では「自覚」という言葉は使用されてはいないが、この引用箇所に先立つ文のなかで、篠原自身が動物と人間との差異を「我々の自覚 Selbstbewusstsein から導いて見たい」と述べていることからも（篠原 一九三〇、二八頁）、「純粋自我」をめぐる一連の議論が自覚論をなすものであると解することができる。また二番目の引用文からもわかるように、篠原は道徳の問題を語るに際して、最初の引用文で示されたものと同じ事柄を明確に「自覚」と名づけている。「自覚」は、「死することによつて生きる」という語が示すように、たんなる「延長でも、増大でもなく」自覚以前の在り方への決定的な否定を介するわけだから、非連続な跳躍を有していると考えるべきであろう。この「死することによつて生きる」というフレーズは、西田がしばしば好んで使用した思想的な鍵となる表現でもある。つまりここでは、西田哲学で論じられている「死することによつて生きる」という自覚の根本体験を、新カント学派の用語群に置き換え論じることで、篠原は自分の立場を表明しているのである。

篠原によれば、教育とはこの「純粋自我」「理想的自我の根源」への復帰、「真の我への自己沈潜、自己集中」（篠原 一九三〇、五〇頁）を意味する。言い換えれば、教育とは経験自我（経験我）が自己を否定して純粋自我へと復帰する行程であり、これを篠原は「自然の理性化」と呼んでいるのである（篠原 一九三〇、五〇―五一頁）（この「自己沈潜」という用語も西田のなかに登場する。例えば「真の道徳的世界は、各人が深く自己の中に沈潜し、所謂共同の世界を突破し尽した所に現れ来るのである。」（西田 一九二三、四一〇頁）といった表現がなされている）。このとき「自覚」とは、「自己の反省」とかあるいは「民族の自覚」といったようなものとは異なり、内容については社会的歴史的あるいは道徳的などのような規定もされてはいない。むしろ西田哲学の場合の「自覚」と同様、篠原の「自覚」は内容とは関わりなく、経験自我の否定を通して普遍的あるいは理想的自我の根源へと復帰するプロセスそのものである。このとき普遍的あるいは理想的自我の根源が、見られる対象とならない作用の作用として西田の「絶対自由の意志」「無の場所」と同形のものと理解されている限り、篠原の自覚論とは、西田の自覚論をモデルとしつつ、より図式的に作り直した西田自覚論のシンプルな改訂版というべきものであるといえる。

「自律とは自覚である。……自覚とは純粋自我の発動であり、自覚の発展とは純粋自我が経験自我に次第に顕現し行く過程であるから、上に目覚めしめると言ったのは、まことは、純粋自我の活動に目覚めしむることであり、自律とは純粋自我の自己立法である。即ち『他律より自律へ』とは、厳密には、『他律を機縁として、純粋自我の活動に目覚めしめる』ことであらねばならぬ。しかも、自覚には限度なく、我々は無限に純粋になり得るから、従つて又人格の発展も無限であり得る。」（篠原 一九三〇、九一頁、傍点は篠原）

「自覚の発達は自由への発達である。我々は道徳的精進に於て、より深い自覚に達し、より自由となり、次第に人としての真面目に甦る。道徳的発展は、絶対に自由な、無条件なものへの発展であり、絶対自由な最も深い自覚への絶えざる歩みである。人は道徳的精進に於て、始めて、自然の束縛を脱し、人としての真彩を発揮し得る。」（篠原 一九三〇、一八七頁）

先に自覚とは経験自我の否定を通して普遍的あるいは理想的自我（純粋自我）の根源へと復帰するプロセスであると述べたが、ここでは同じ事態が反対に「純粋自我」から語られ、自覚は経験自我のうちに次第に純粋自我が「顕現」して行くプロセスとして捉えられている。ここから篠原は、教育は「引き出す」ことでも「注入」することでもまた「伝達」することでもなく、さらにまた『批判的教育学の問題』で表現されていたように「引き揚げる」ことや「高める」ことでもなく、「目覚めしめること」であるとし、より主体の側の内的な働きを重視したものへと変化しているところに注意が必要であろう。それとともに教育者は教える者ではなく、「目覚めしめるもの」あるいは「呼びかけるもの」とすることになる（篠原 一九三〇、九二頁、あるいは二五〇—二五一頁を参照）。この変更の理由は、「死することによって生きる」といった言葉で言い表されているように、篠原の自覚論が実存的な自覚論へと深化したからである。これまでの篠原研究は、『批判的教育学の問題』と『教育の本質と教育学』との間の「自然の理性化＝自覚」論の非連続な跳躍を見てはいない。しかし、この理論上の跳躍を生みだしたのは、「死することによって生きる」に言い表される根源への復帰と顕現・発展の一致という西田の自覚論にある。

このような教育観はあらためて教育思想史の文脈において評価されるべきものである。ボルノーの用語をあえて使用すれば、篠原の「自覚の教育学」は「覚醒としての教育」の一形態と言うことができる（Bollnow 1959=1966）。シュプランガーが教育を「発達の助成」「文化財の伝達」ならびに「魂の覚醒」の三つに分け、そのなかで三番目の「魂の覚醒」を最も重きものとし、あるいはまたフリットナーも覚醒の教育的意義を強調しており（森 一九五五、二二一―二二六頁）、篠原の「自覚の教育学」もこのような系譜と結びつくものと考えられる。[11]「自己意識」ではなく「自覚」という用語を使用することで、西田が開いた存在論的なカント解釈、ならびに西田独自の自覚論によって、篠原が「死することによつて生きる」という非連続の連続というべき教育事象を捉えたことは、教育学上の重要な成果といえる。

「自然の理性化」とは、啓蒙主義的な理解のように、自然の衝動を理性的秩序へと回収することではなく、むしろ実存哲学とも響き合う非連続な教育概念へと鍛え上げられたものであった。これまでの篠原の「自然の理性化」の概念は、理想主義の従来の解釈枠にしたがえば、文化や教養といったものと結びつけられ、市民中間層の価値観のうちに収まるものである。しかし、篠原の自覚論を西田の「絶対意志の自由」の概念の方向から読み込めば、「人道（人間性）」を理念とし真善美の価値を実現しながら、どこまでもその様な既成の社会・文化を越えて、創造的に社会・文化を作りかえることであるとともに、他方で自己（経験自我）を否定し純粋自我に復帰すること、幼児の遊戯に見られるような「直接全一の状態に復帰」することである（篠原 一九三〇、一五九頁）。篠原において自覚の過程とは、「純粋自我が経験自我に次第に顕現し行く過程」であるとともに、「直接全一の状態に復帰」することである。すでに引用した箇所をふたたび挙げるなら、「最高普遍の純粋我を内に実現すること、自己の最高本質に帰ることによって人は始めて人となる」。実にこの創造（実現）と遡源（復帰）の一致こそ、『自覚に於ける直観と反省』の根本思想として西田において強調されたことであった（高坂 一九四七、七七―七八頁）。西田は次のように言っている。「反省は実在発展の過程である。……此の如き反省の裏面には一層深き意識が純粋持続の形に於て働いて居る、即ち一層深き意識が已を創造しつゝ、あるのである」（西田 一九一七b、六三頁）。

教育の目的としての「自然の理性化」とは、こうした個人の自覚を「助成」するものであった。従来の「自然の理性化」についての研究では、『批判的教育学の問題』を見るかぎり、「理性化」の「化」という用語が示すように「自然性からの一種の連続的過程が予想されていることになろう」といった理解がされ、篠原のカント理解への批判的評価がなされていたが（松井 一九七八、二五三―二五四頁）、『教育の本質と教育学』も射程に入れて見直すとき、篠原の「自然の理性化」はむしろ非連続な事象であり、単純に連続的過程と捉えることはできなくなる。『批判的教育学の問題』では平板に表現されていた「自然の理性化」の概念は、生命論的奥行きをもった存在論にまで深化されているのである。

このように篠原の自覚概念は、西田の自覚概念を新カント学派の用語に翻案された自覚概念であり、その自覚概念によって「自然の理性化」という篠原教育学の根本命題が論理づけられているのだと理解するならば、篠原教育学の中核に西田哲学の思考が位置づいていると結論づけることができる。篠原教育学とは、西田哲学の自覚的存在としての人間学の基盤にして、新カント学派やディルタイ学派の教育学テクストとの対話によって、構築された教育学なのである。

京都帝国大学での篠原の卒業論文

ずいぶんと遠回りをしてきたが、京都帝国大学での卒業論文という学問的出発点に立ち帰れば、すでにその哲学研究の始まりにおいて、篠原が西田哲学の洗礼を強く受けていたことがわかる（篠原が帝大入学以前にすでに著作活動をしていたことを考えれば、これは不正確な表現ともいえるが、入学以前に執筆した著作が今日評価の対象となっていないことを見れば、妥当な表現ともいえる）。『教育の本質と教育学』は、卒業論文で培った西田哲学の問題意識と思考方法への独自の解釈の上に築かれた論考に他ならなかった。篠原は「自由」について卒業論文を書くため、朝永三十郎とともに西田幾多郎の指導を受けていたことは、本論の最初の篠原の自伝からの引用によってもわかる（教育学研究を志し小西重直の研究指導を受けるのは大学院への進学以降である）。ちなみに卒業論文の審査教官は西田幾多郎・朝永三十郎・藤井健治郎であった（篠原 一九五六、一九九頁）。篠原はこの卒業論文（一九一六年）の主旨を次のように述べている。

「あるものの根柢をあらねばならぬものに求め、あるものをあらねばならぬ要求に従って統一することによって経験の世界は一歩一歩統一せられ、統一の極では一切が客観的な一つの統一体に組成せられる。一切が一つの統一体に組成せられるのは、しかし、主観的には一歩一歩経験の世界が主観的な要求、即ちあらねばならぬ『妥当』の要求に合しなければならぬし、その極、一切が純粋自我による純粋活動に合致しなければならぬ。このことをわれわれは外から内に深まり行く渦巻きによって、恐らく象徴し得るであろう。客観的には周辺なる渦巻きの統一による比較的表面的な統一が次第に内部的な渦巻きに、そしてその極最も中心的な渦巻き（それは純粋自我の純粋活動を象徴する）で一切が統一されたとき、経験即ちあるものは客観的な統一体に組織され、その場合、意志において自我の純粋活動は統一への規範となり、超時間的な純粋意志の純粋活動は時間的存在の規範の負担者として自覚せられる。」（篠原 一九五六、一九四頁、傍点は篠原）

このような理論枠組みから卒業論文の主題である自由が論じられていくことになる。ここでも「純粋自我」「純粋活動」「純粋意志」などの用語が登場するところから、一見すると新カント学派あるいはフィヒテの原理に基づいて論じられているように見える。そして「渦巻き」という「象徴」に篠原の独自な捉え方を見ることもできるが、しかし、この「客観的な一つの統一体」が「客観的実在」を指し、また「主観的な統一」が「主観的意識」であると考え、そしてそれぞれが「経験の世界」の意志による統一のプロセスにおける極であるとするなら、この論理の図式は西田幾多郎の『善の研究』（一九一一）における純粋経験の「自発自展」の議論を基にして考えられた図式と同型のものと解することができる。例えば西田は『善の研究』において次のように言っている。

「意志は意識の根本的統一作用であつて、直に又実在の根本たる統一力の発現である。意志は他の為の活動ではなく、己自らの為の活動である。意志の価値を定むる根本は意志其者の中に求むるより外はないのである。意志活動の性質は、嚮《さき》に行為の性質を論じた時にいつた様に、其根柢には先天的要求（意識の素因）なる者があつて、意識の上には目的観念として現はれ、之によりて意識の統一するにあるのである。此統一が完成せられた時、即ち理想が実現せられた時我々に満足の感情を生じ、之に反した時は不満足の感情を生ずるのである。」（西田 一九一一、一四三頁）

「元来、意識の統一といふのは意識成立の要件であつて、その根本的要求である。統一なき意識は無も同然である、意識は内容の対立に由りて成立することができ、その内容が多様なればなる程一方において大なる統一を要するのである。この統一の極まる所が我々の所謂客観的実在といふもので、此統一は主客の合一に至つてその頂点に達するのである。客観的実在といふのも主観的意識を離れて別に存在するのではない、意識統一の結果、疑はんと欲して疑ふ能はず、求めんと欲してこれ以上に求むるの途なきものをいふのである。而してかくの如き意識統一の頂点即ち主客合一の状態といふのは啻《ただ》に意識の根本的要求であるのみならず又実に意識本来の状態である。」（西田 一九一一、一七一頁）

篠原は「純粋経験」や「絶対自由の意志」といった西田のキーワードを使用せず、西田の思想を新カント学派の用語群で捉え直しているため、両者の思想的関連は表面的には見えにくい。しかし、最初にも述べたように、篠原の卒論執筆時期は西田においては『自覚に於ける直観と反省』の執筆時期にあたり、講義においても『善の研究』から問題圏をさらに深化させ、フィヒテの自覚論を手掛かりに思索を進めていた。篠原がその西田の授業に出席していたことは前に触れた。篠原が「自由」という主題の探究で、カント、フィヒテ、ヴィンデルバント、そしてベルクソンの自由論へと進んでいくのは、西田の思索の行程を追体験するようなものである。一九一三年とその翌年の一四年にかけての日本におけるベルクソン哲学の爆発的ブームを考慮に入れても、この論述でベルクソンが登場するのは西田の影響以外にはないだろう（このベルクソン哲学流行の火付け役は西田である）。さらに篠原はこの主題を探究するため西田の助言を求め、西田からテクストまで借用している（本章一四三頁参照）。そしてなにより重要なことは、篠原が「経験の世界」の立場から純粋意志の統一力として自由を論じていることである。さらに本章の冒頭でも引用しておいたとおり、篠原自身が、卒業論文「自由」（一九一六）では自由論を西田の「絶対自由の意志」にまで進めることができなかったと反省的に述べているのだ。そのように考えるなら、『批判的教育学の問題』の記述からはうかがうことが困難な両者の思考の深い共通点が見え始める。そしてここから篠原の思索の道筋を見直すとき、この卒業論文から『教育の本質と教育学』への距離はそれほど遠くないことがわかる。その後の篠原の問題意識と思索基盤と研究のスタイルとは、この卒業論文執筆の時期に作りだされたといえる。

それにしてもこれほど深い思想的影響を受けていながら、篠原のテクストにはなぜ西田のテクストからの引用がないのか、また自伝においてもそのことについてなぜ言及していないのか、不思議に思われるかもしれない。篠原が西田からの影響を意識的に隠そうとしていると推測するかもしれないが、そうではないだろう。それというのも西田の影響を受けた京都学派の他の弟子たちにおいても同様だからである。例えば、後期の西田は自覚論をさらに鍛えあげ、「行為的直観」という用語で言い表すようになるのだが、それにたいして、西田の影響を受けて同様の議論を、三木清は「行為的自覚」、高山岩男（一九〇五―一九九四）は「行動的自覚」、木村素衞（一八九五―一九四六）は「形成的自覚」あるいは「表現的自覚」、さらに京都学派の左派ともいうべき船山信一（一九〇七―一九九四）は「実践的直観」といった用語でもって論じている。それぞれが独自の用語を導きだすとき、彼等は西田のテクストを引いたり、あるいは西田の思想に言及することなどしてはいない。その意味で、篠原が西田に言及することなく西田の哲学用語を変更しながら、自分の思想を展開していることは、なんら特別なこととはいえない。さらに言うなら、西田もまた弟子たちの議論から影響を受けてもいるが、そのときにも特別に断ったりはしていない。(12)

篠原教育学理解における『教育の本質と教育学』の重要性

『教育の本質と教育学』は、すでに述べたように、京都帝国大学に提出された学位論文である。審査教官は教育学の小西重直、倫理学で社会学兼担の藤井健治郎、そして心理学の野上俊夫である。審査教官によって指摘された理論上の問題点については、篠原の自伝の中で詳しく語られている。個人と社会を説く場合に批判的方法（新カント学派）と歴史的方法（ディルタイ学派）とが混淆しており首尾一貫していないとか、あるいは理念的抽象を説くとき現象学がいつのまにかヘーゲル的になっているといった指摘は（篠原 一九五六、三二八―三二九頁）、以後の篠原教育学の解釈と評価に影響を与えている（例えば梅根悟の解説）。しかし、審査教官には、篠原が西田哲学の自覚論をベースにし、それを基盤にして新カント学派とディルタイ学派の諸理論を再構成することで、たんなる技術学としてではなく学問として自立することのできる理論的な教育学を生みだそうとする、このテクストの基本的な論理構造と研究課題とが理解できているようには見えない。もしこのことが十分に理解できておれば、この研究が西田哲学をベースとしてなされた研究であることが理解でき、「混淆」や「折衷」といった後の評価とは異なったものとなっただろう[13]。もっとも西田哲学の自覚論の解釈や新カント学派との関連づけについては、不十分な点が指摘され、そのことが否定的な評価となった可能性はある。

このことを考慮したうえで、あらためて『教育の本質教育学』を捉え直したときの問題点を指摘しておこう。「第二章　発達」において人間存在論として構築された自覚概念は、その後の章における教育学的論考においては必ずしも徹底されておらず、さらに多彩きわまるさまざまな教育学者からの引用文が理論の明解さを減ずることになった。例えば、篠原は教育を「一定の意図に導かれ、個人の完全な発達を助成する作用」と定義するのだが（篠原一九三〇、一〇六頁）、この教育の対象を「個人」とするという論理は、個人を実体化してしまっている。当初の自覚論の規定にしたがえば理論的に逸脱しており、本来であれば教育の対象は主と客との合一である「経験」（西田であれば「純粋経験」）、あるいは「自覚」として捉えるべきであったはずである。篠原は、デューイが個人でもなく環境でもなく「経験」を教育の対象としていること、とくに『民主主義と教育』（一九一六）では教育を経験の連続的再構成として定義していることを知っていたはずである。そこではデューイは教育を次のように定義していた。「教育とは、経験の意味を増加させ、その後の経験の進路を方向づける能力を高めるように経験を改造ないし再組織することである」（Dewey 1916=1975: 127）。また篠原は教育の対象を個人か社会かという二項対立として問うこと自体に問題があることも、理解していたはずである。つまり自覚概念を出発点に理論を徹底させれば、教育の対象は実体的な個人などではなく、経験あるいは自覚そのものであったはずである。事実、西田の自覚論をもとに教育学を構築しようとした西田の弟子木村素衞はこの方向を徹底した。

また同様の課題は、教育の根本動機としての「絶対愛」を論じるときにもあり、この愛の出現は自覚論から純粋自我と関連づけて論じるべきであったが、そのようには論じなかった。第二章で展開された自覚論とそのベースのうえで考察されるべき教育学的主題群との理論的つながりが十分ではなく、この篠原自身の理論的な不徹底さが「混淆」や「折衷」という評価となって現れたといえる。それにしても審査教官の評価を見るかぎり、彼らは、そして彼らの評価を受け継いだその後の篠原教育学の研究者もそうなのだが、いずれも『教育の本質と教育学』に引用されている多数のテクスト群に目が奪われ、篠原が理論の中核としている自覚論から議論全体を捉え直すという作業を怠っている。このことは篠原教育学研究において、「自然の理性化」の内実についての原理的な研究がほとんど見あたらないことからもいえる。篠原の「自然の理性化」という思想は、西田の自覚論を鏡にしつつ捉えられた篠原の自覚論に基づいてのみ理解できることは、これまで述べたとおりである。

以上のように『教育の本質と教育学』を解するとき、篠原教育学が新カント学派とディルタイ学派との「折衷」に見えるという評価は、西田哲学の反省と直観とを自覚において捉えようとした試みの教育学バージョンでありながら、その論理と生命とを自覚において捉える捉え方が不十分であるところから生じていると見なすこともできよう。『理論的教育学』では自覚に関わる哲学的な基礎づけの議論が省略されており、その字面だけを見れば、シンプルな新カント主義の教育学にも見えるが、この『教育の本質と教育学』を手掛かりに読み直すとき、「自然の理性化」という思想がどのような立場から論じられているかが明らかになる。この二つのテクストの関係を反対から言い直すなら、『教育の本質と教育学』における自覚概念の検討をせずに、篠原教育学を『理論的教育学』だけで理解しようとすると、「自然の理性化」に息づいている西田哲学と共通する生命論に気づくことができなくなるということである。このことは『理論的教育学』の基本的な理解そのものをも歪めることになるだろう。

篠原の教育学が、新カント学派とディルタイ学派の教育学説の影響を深く受けていることはまちがいないが、それらの教育思想が受けとめられ展開されることになる最も根幹の人間理解は、自覚的存在として人間存在を捉える西田哲学をベースにしている。このように人間を自覚的存在として捉え、そこから教育学を構築するという篠原の研究スタイルによって、篠原は引き続き西田哲学の進展に注意を払いつつ研究を進めることになり、西田の思考の進展と共に自身の思想を深めることになる。私たちは、『教育の本質と教育学』の出版から九年後の篠原の著作『教育学』（一九三九）において、さらに深化した西田哲学の影響を受けた、あるいはより正確に言えば、西田哲学の課題を引きよせて自身の自覚論と教育理論とで捉え直そうとした、篠原教育学の新たな形を見ることになる。

第５節　篠原「個人の歴史化」における行為的直観の論理

『教育学』とその時代

篠原の後期理論の代表著作というべき『教育学』は、岩波全書の一冊として執筆されたものである。岩波全書の第一冊目は西田幾多郎の『哲学の根本問題』であり、和辻哲郎の『人間の学としての倫理学』、田邊元の『哲学通論』、波多野精一の『宗教哲学』もこの全書のなかに入っている。また三木清の『人間学』は、ついに予告だけに終わり出版されることはなかったが、この全書の一冊として企画されたものである。篠原は教育学研究の代表者として自負をもってこの本を執筆したことであろう。しかし、このような個人の思いよりも重要なことは、この『教育学』が時代状況を抜きにしては読めないテクストであるということである。一九三六年には二・二六事件が起こり、翌年の一九三七年には日中戦争が始まり、また一九三八年には国家総動員法が公布され、この出版年の一九三九年五月にはノモンハン事件が起こり、さらに九月には第二次世界大戦が始まる。翌四〇年の七月には第二次近衛内閣が成立し、九月には日独伊三国同盟が成立し、一九四一年三月には「国民学校令」が公布され、一二月には太平洋戦争が始まる。『教育学』の出版時はすでに戦時下にあった。

『教育学』が出版された一九三九年は、入澤宗壽の『日本教育学』、乙竹岩造の『日本教育学の枢軸』、石川謙の『最新日本教育学十二講』が出版された年でもある。翌年の四〇年には吉田熊次の『日本教育学の性格』、そしてその二年後の四二年には稲富栄次郎の『現代の日本教育学』といったように、この時期は、当時の日本を代表する教育学者によって「日本教育学」といった名称の著作が数多く出版された時期である。子安宣邦によると、「日本思想史」「日本精神史」といった学術的言説とは、「日本近代史のある時期に、第二次世界大戦の跫音が聞こえてくる時期に、あるいは満州国の建国（一九三二年）とともに日本帝国主義の東アジアにおける自己主張が明確化する時期に、すなわち一九二〇年から三〇年代にかけて成立してくる言説である」（子安二〇〇三、一五三頁）という。他者との関係がないところでは、「日本」という自己主張は成立する必要性をもたない。この「日本」という自己規定の仕方は、一方における欧米・ソ連という他者にだけではなく、他方におけるアジアあるいは植民地という二重の他者との緊張関係、さらには内乱も起こりかねない国内問題の諸矛盾のもとになされているといってよい。

『教育学』という極めてシンプルなタイトルには、篠原の他の著作と同様、学問としての教育学はこれ以外には考えられないはずだという自負が込められていたのだろうが、それでもこのテクストでは「自然の理性化」から「個人の歴史化」へという大きな思想的転回がなされており、この思想的転回は時代状況を抜いてはありえなかったにちがいない。そして、そのようにして思想的転回を直接に促したのは、西田幾多郎と田邊元そして京都学派全体の思想的転回であった。私たちはふたたびこの時期の西田の思想的課題を見るところから始めよう。

西田哲学の課題と京都学派の動向

この時期、西田幾多郎はどのような思想的課題と向かいあっていたのか。それは京都学派の動向ともはや無関係ではなかった。この時期の西田の諸論文の執筆の契機となったのは、田邊元の「西田先生の教を仰ぐ」（一九三〇）にはじまる一連の西田哲学批判であった。「綜合と超越」（一九三一）において、田邊はハイデガーが人間存在の身体性を軽視しているとし、ハイデガーの存在論を身体的人間学から批判していたが（田邊一九三一a、三四三―三四四頁）、その半年後に発表した「人間学の立場」では、身体性の問題をさらに深め中心的に論じている。田邊ははじめに「人間学は全体人間としての人間の認識」であると人間学を規定する。そして、ハイデガーの存在論を念頭に置きつつ（暗に西田も含めて）、その方法を「自覚存在論（自覚存在的存在論）」的方法としてさしあたり捉える。次に、人間学と自覚存在論との相違について問うところから、世界内存在として解釈することの許されない存在者として、我と汝とをそこにおいて成立させる「共同体」があるとし、そして「個人的人格に対する全体的人格（人格の共同体）こそ真の超越的存在者」であるとする。そして、世界内存在として我に属すると解釈されるものは「自覚存在論的」であるのにたいして、この我に属さない超越的存在者の弁証法的規定は「存在的」であるという。ここから「存在の自己解釈と存在者の弁証法的規定との相互媒介的統一」が必要であるとし、人間学は「弁証法的なる存在的存在論的自覚」を方法とするのでなければならないとするのである。

ディルタイ学派の「生の哲学」、とくに存在論と存在との不離相即「存在論的無差別」を説くミッシュの思想は、ハイデガーの存在論を批判する田邊の人間学と共通する点がある。しかし、「生の哲学」は存在論的無差別を説くことで、個人的人格を全体的人格（共同体）との直接的同一のうちに回収してしまっている。田邊は、「存在論的」と「存在的」の両者の差異を認めつつ、その両者の相互媒介として人間学を構築しようとした。その時にポイントなるのが身体性である。田邊は身体性を次のように論じる。「我の身体は一方に於て我を我として存続せしめる限定の根拠であると共に、他方に於て我が其限定的を超えて無限の絶対的全体に帰入する媒介となるものである。行為とは此後の帰入の動性を謂ふのであつて、それは必然に前の限定根拠としての身体を働かせて絶対的全体の要求する合目的的方向へ変化を起すことを意味する。この我の限定の根拠にして同時に無限の我への還元的発展の媒介であるといふ矛盾の統一が身体性なのである」（田邊 一九三一b、三七〇頁）。ここから人間を社会的存在・身体的存在として捉えたフォイエルバッハの人間学の再評価がなされる。田邊は次のように言う。「人間学を自覚存在論や『生の哲学』から区別する重要なる特色が身体性を其立場の中心的位置に置くことにあると考へる私は、フォイエルバッハの伝統を追ふといふ批評を拒むべき理由を持たない」（田邊 一九三一b、三七二頁）。回りくどいレトリックの文章だが、この論文の背後に、マルクス主義をどのように評価するのかという田邊の問題意識があったことはまちがいないだろう。またそれは同時にハイデガー存在論のみならず西田哲学への批判でもあった。

田邊は自身の人間学の立場を「弁証法的人間学」と呼んでいる。この「弁証法的人間学」における身体性や「存在的存在論的に問う」という方法論は、京都学派の人間学の構想全体に影響を与えたといわれる。さらに田邊は記念碑的論文「社会存在の論理——哲学的社会学試論」（一九三四）において、ベルクソンとともに西田を論難しつつ、自身の立場である「種の論理」を明らかにすることになる。田邊は次のように言う。「社会の原理探求は現代哲学の中心課題をなす。単なる人間存在の存在論と人間学とは、此の見地からすれば既に過去に属する。人間は社会に於て、人間存在は社会存在に於て、始めて具体的たり得る。社会存在の哲学こそ今日の哲学でなければならぬ。哲学的人間学でなくして、哲学的社会学が今日の要求であらう」（田邊 一九三四、五三頁）。そしてこの「種の論理」の立場から、田邊は国家論と国民論を論じていくことになる。そして「時局」との関わりのなかで、京都学派の哲学者たちは西田哲学とともにこの田邊の「種の論理」との関係のなかで、自身の哲学思想を展開していくことになる。

田邊によるこの西田哲学批判は、「純粋経験」から出発し「自覚」の理論を経て「場所」に至った西田に新たな思索を促すきっかけともなった（西田 一九五三ａ、六一一頁）。西田はこの田邊の批判に応える形で、すでに論文「場所の自己限定としての意識作用」（一九三〇）や「私の絶対無の自覚的限定といふもの」（一九三一）を発表したが、論文「論理と生命」（一九三六）では、人間を生物学的身体から問いはじめ、道具の使用といった人間学の中心的主題を論じながら、歴史的社会的な世界において創造的に世界を作り替えていく人間の論理を明らかにしている。そこでは、ゲーレンのように生物学的な知見と人類学的な知見とをもとに人間化のプロセスを論じるのではなく、「我々は道具を以て物を作る」という一文が何度もリフレインされるように、「行為的直観」というホモ・ファーベルな人間観に立っていることが示されている。この論文では、西田はマルクス主義との批判的対話を試みるにとどまらず、他方で田邊の「種」の概念にたいして自分の立場を示そうとしている。

「我々の身体は歴史的身体である、手を有つのみならず、言語を有つ。我々が歴史的身体的に働くといふことは、自己が歴史的世界の中に没入することであるが、而もそれが表現的世界の自己限定たるかぎり、我々が行為する、働くと云ひ得るのである。故に人間は理性的なるかぎり、真に生きるものとして能働的であるのである。我々が道具を有つといふ時、道具は既に名を有つたものであるのである。我々の身体的自己は歴史的世界に於ての創造的要素として、歴史的生命は我々の身体を通じて自己自身を実現するのである。歴史的世界は我々の身体によつて自己自身を形成するのである、我々の身体は非合理の合理化の機関である。我々は身体を道具として有つと共に、我々は何処までも身体的存在である。世界に没入するといふことは、身体がなくなるといふことではない、単に一般的となることではない。却つてそれが深くなることである、寧ろ身体の底に徹底することである。」（西田 一九三六、三二四―三二五頁）

ここでは「行為的直観」をキーワードにして、「歴史的世界」のなかで身体をもち道具でもって物を作り、その反対に「作られたものから作るものへ」という歴史的行為によって、「歴史的世界」を作り作られる人間存在の在り方を明らかにした。このような行為を西田は「表現」と呼んでいる。これは西田自身の用語に添って言い換えるなら、「弁証法的一般者の自己限定」と呼ぶべき事態である。この論文は、論文「人間的存在」（一九三八）とともに、「働く」こと「道具の使用」、歴史的身体への着目、歴史的世界によって作られつつ歴史的世界を作る弁証的な在り方など、京都学派の哲学者たちに多くのアイディアと用語とを提供している。篠原もまたその影響を受けた一人である。

篠原の「個人の歴史化」と西田の「行為的直観」

篠原のテクスト『教育学』が、教育を端的に「個人の歴史化」の作用として命題的に捉え、民族・国家・歴史が全面に提示したものとなっていることは、このような「時局」とそれと関わる京都学派の動向と無関係ではない。『教育学』の前に、篠原は一九三二年四月に「民族と教育」、そして翌年の一九三三年五月と七月には「自由と愛──再び民族と教育について」といった論文を書き、民族と教育の問題に触れている。また一九三八年には論文「教育の両極」において、「自己の本分に応じ『歴史的に発展し、歴史人として自己の属する社会』に献身的に奉仕することは、人に課せられた最高の歴史的使命であり、同時に教育永遠の課題である。そして、かゝる献身的奉仕は、私見によれば、生活から純粋となることと、生活への純粋との二様の純粋性によつて成り、大凡献身は純粋性に基づく献身たるに於て始めて全い。」（篠原 一九三八a、三一三頁、傍点は篠原）と述べている。「人道」ではなく「同胞」（民族としての同胞）を足場とすることでのみ「人道」へと高まることができると述べている。

篠原教育学の新たな命題となった「個人の歴史化」とは、篠原によれば、「前代と後代の関係に於て、個人を客観的精神に導き入れる作用」と、「客観的精神に何程かの寄与をなし得るやうに個人を指導する作用」という二つの作用、すなわち「客観的精神による教育」と「客観的精神の為の教育」という二面の結合されたものである（篠原 一九三九、四三頁、傍点は篠原）。この二面の結合は、すでに『教育の本質と教育学』においても、人格の発展は「社会による、社会への発展」と捉えられているところであり（篠原 一九三〇、三四四頁、傍点は篠原）、「時代」も「客観的精神」も「社会」「自由」と共に「教育学的範疇」として論じられてもいた（篠原 一九三〇、三三七頁）。しかしながら『教育学』では、教育においては、どこまでも客観的精神が中心となり、個人はどこまでも客観的精神に導き入れられる存在として定義づけられている点に注意が必要である。フィヒテ、シュライエルマッハー、ペスタロッチー、ヘルバルト、ヴィルマン、ケルシェンシュタイナー、クリーク……と、例によって篠原はドイツ語圏の代表的教育学者の言葉を縦横に引用してはいるが、「精神」「客観的精神」という用語がキーワードとして使用されているところから、精神科学的教育学の枠組みにおいて書かれているとさしあたり言うことができそうである。

たしかに全体のトーンは精神科学的教育学だが、それでもなお人間と歴史を捉える中心的思想は西田哲学なのである。この歴史的な人間の在り方を論じる「第一章　歴史的課題としての教育」のなかの重要な場面で、一箇所だけではあるが、西田幾多郎のテクストからの直接的な引用がある。西田のテクストから「イデアが弁証（法）的に動くのではなく、弁証（法）的限定の内容がイデアと考へられるのである」という言葉を引いている（篠原 一九三九、三二頁、丸括弧内は矢野が篠原の引用ミスを補ったもの）。この引用の出典先は、他の引用の場合と同様にどこにも明記されてはいないが、おそらく西田の『続思索と体験』（一九三七）に収められた論文「歴史」（初出は一九三一年）によるものと思われる（西田 一九三七a、五〇頁）。この西田の引用文の後で、篠原が歴史を法則にしたがって必然性をもって動くもの（ヘーゲルそして暗にマルクス）として捉えるのではなく、「作られたもの」でありながら

「作るもの」として（このあと西田であれば「矛盾的自己同一として」と続けるところである）、すなわち刻々と創造するものとして捉えていることが重要である。篠原は次のように言っている。

「要するに、歴史は一面過去につながるものとして過去の連続であると共に、他面現在の瞬間的な自由の決断によつて過去から離れた新しい生産であり、夫れは過去から現在へ、現在から未来への直線的な進行ではなくて、却つて刻々に飛躍的な一回限りの、即ち個性的な、其の限り非合理的な創造である。……そして歴史に於ける連続は、この決断によつて絶えず打ち切られ、言い換へれば瞬間毎に消えつゝしかも瞬間毎に生れる断続としての連続である。歴史に於ては歴史自身が作つた以前の伝統を、この伝統に孕《はぐく》まれつゝも否定し、伝統に作られながら作り返す。この自ら作つた伝統を自らの手によつて打破ることは、精神生活の悲劇とも称すべきであらうが、併し夫れが精神生活の本質に属する限り、人は、この悲劇の舞台に甘んじて立たねばならぬであらう。」（篠原 一九三九、三三三頁）

「個人の歴史化」という教育の根本命題にとって、この「歴史によって作られ作る」という歴史と個人との関係の規定は、理論的核心をなす箇所である。そして正にこの「歴史によって作られ作る」という命題のうちに、先に述べた論文「論理と生命」（一九三六）などで深められた西田哲学の自覚概念の展開としての「行為的直観」の思想的影響を見ることができる。ここでは「論理と生命」の翌年に発表された論文「行為的直観」（一九三七）から、篠原の引用文に対応する箇所を引いておこう。

「歴史的進展の世界に於て、主体的なる種が環境を形成する、我々が歴史的個として種的に働くといふ所に、我々が行為的直観的に物を見ると云ふことがあるのである。……現在は何処までも決定せられたものでありながら、否定せられるべく決定せられたものである。作られたものは過ぎ去つたものでありながら、作るものを作つて行く。そこに断絶の連続、無の自己限定があるのである。相反する両方向の何れかに基本的なものを置けば、歴史的運動といふものはない、絶対弁証法的でない。個性的に自己自身を構成し行くと云ふことは、作用から作用への連続といふことではなくして、作られたものから作るものへの連続でなければならない、即ち歴史的連続でなければならない。」（西田 一九三七b、五四六—五四七頁）

「作られたものから作るものへ」というフレーズが西田の人間学の特質をよく示している。この時期、先にも述べたように、西田は田邊元からの批判に応答する形で、「個」と「種」と「一般（類）」とを分けて、種の位置づけを示そうとした。この場合、種は生物の種を意味することもあるが、主要には民族や国家とみなすことができるものである。それでも、西田の原理は「一即多、多即一」であって、どこまでも個は一般の内に回収されることはない。その意味では、個を「国民精神」へと回収していく篠原の西田の受け取り方は不徹底なものといえる。

行為的直観と国民精神の齟齬

西田哲学に引きよせて理解された、瞬間瞬間が「永遠の今」（篠原 一九三九、三三二頁）となるような歴史を創造する歴史的人間の在り方は、第一章にとどまらず、丁寧に『教育学』を読んでいくと、所々で触れられてはいるものの（例えば、同、一二〇頁とか一九九頁）、また「意志の意志」（同、一九八頁）や「自覚した自覚」（同、二九三頁）といった思想的深度をさらに掘り進めようとする西田的用語が散見されはするものの、そのまま教育学の中心理論へとつながりはしなかった。篠原の文体はあくまでも精密で硬質な論理的文体で、ファナティックなスローガンで埋め尽くされた同時代の「日本教育学」とは異なるものであり、しかも外部からの一方的な強制や命令を否定し、子どもの自由で主体的な在り方を擁護し「自律」の重要性を主張してやまないが、しかし他方で「服従」の教育的意義を説き、「民族の歴史的使命の自覚」の重要性を主張し（同、四四頁）、国家の進展のために「自由奉仕の精神に貫徹せられた人格の育成」を「教育最高の理想」と語る（同、一一三頁）。「歴史を作る」という創造的な歴史主体の論理は、その歴史主体へと育てるという教育学的な課題のなかで、結局のところ「国民精神」へと回収され、最後の章では「個人の歴史化」は次のように規定されることになる。

「即ち歴史的文化を通して夫れ等一等の根源である国民精神に導き、よりて以て本来個人に潜んで存し、社会生活に於て無意識ながらも覚めつゝある国民精神を明識せしめ、無意識の体験を自覚にまで深化するは其の第一歩であり、更に国民精神の核心とも称すべき神的なもの、民族に於て民族を、歴史に於て歴史を超越する神的なものに触れしめ、之を畏れ敬ひ、之に没入し、之に帰依せしむるは其の第二歩であり、第三歩としては国民精神の発揚にこれ務め、没我献身の純情に於て歴史的国家的生活に奉仕しようとの念に徹せしむることにより始めて人は完全に歴史化せられ、これが段階的に言へば道徳的宗教的情操の涵養としての教育の第四層である。かゝる没我献身の純情は主として模範的人物の感化と影響と、及び学校に於ける社会生活に於て自然の中に育成せらるべきであるが、特に之に対する有力な機会として已に述べた諸般の儀式特に歴史的国民的な祭事が挙げられる。」（篠原 一九三九、三三〇―三三一頁、傍点は矢野）

「儀式特に歴史的国民的な祭事」は、出版年の翌年に迫った紀元二六〇〇年の祝典行事のことが念頭にあったのかも知れない。いずれにしても、ここでは歴史的な存在は「国民精神」にすべて回収され、個物（個人）の自律性と自由性に基づく行為的直観による世界の表現の方向が省みられなくなっている。個物が「歴史に作られる」とともに「歴史を作る」という創造的側面は後退し、西田の用語でいえば、「一即多、多即一」ではなくなっている。原理的に考えれば、この「歴史を作る」は人間の定義であり、この人間のなかには「子ども」も入るはずである。しかし、篠原は子どもをそうした存在として捉えてはいない。その分、自覚概念は制限されることになる。このテクストにおいても「自覚」は重要な概念であり続けるが、『教育の本質と教育学』で見たような、純粋自我がもっていた共同体や民族や国家の制限を超える人類普遍の在り方が消えてしまう。

『教育の本質と教育学』では、経験自我と純粋自我との関係が自覚論として主題化されており、「社会」は自他の交互関係・相互関係・問答関係における構造連関と捉えられているにとどまり（篠原 一九三〇、一〇七頁）、なるほど自覚が生起するには他者の存在が不可欠であるとされるが、重点はあくまで個人の側にあり、その助成の方向は個人の自覚に向かっていた。また「陶冶の理念」は「人道」であるとし、それに対して「陶冶の理想」はこの理念を時代及び個性の要求に応じて具体的なものとするとされ、この理念は無限の課題であり、教育は「人道」としての陶冶価値のために存するのだと主張していた（篠原 一九三〇、一五二―一六七頁）。したがって、「実際的教育学」においても、この「陶冶の理念」は「陶冶の理想」を、そして「教育の理想」を方向づけるものであるはずだった。

しかし、この『教育学』では、「覚醒」にも触れられるがその中心は「伝達」にあり、「種」と結びついた「客観精神」が前面に押し出され、反対に「類」と結びつく純粋自我にあたるものの意義が後退している。『教育の本質と教育学』は、先験的な立場から書かれたテクストであり、それに対して『教育学』は、普遍的「理念」ではなく、歴史的社会的な具体的「理想」を課題とする「実際的教育学」にあたるテクストであることを考慮しても、この両者の違いには思想的に大きな転換があるといえるだろう。ここに、西田の「行為的直観」として歴史的存在としての人間学を取り入れながら、歴史を作る創造的主体の側面が弱められた理由がある。自覚概念が歴史的自覚とされながら、個人・人類の側にではなく、「歴史的国家的生活」への「没我献身」といったように、民族・国家の側に強く引きよせられていくのである。

第6節　篠原教育学における論理と生命の振幅

生命論への志向

増補版や増訂版が数多くあるために計算の仕方によって異なるが、篠原はその生涯において二〇冊を越える単著を出版している。本論では、西田哲学、京都学派の人間学との関係において篠原教育学を捉え直すことを目指しているので、篠原の著作すべてについて論じる必要はない。ただここで取りあげた著作は、いずれも篠原教育学の理論上の根幹を形成する重要な著作であり、その他の篠原の教育学的論考の核となるべきものであるといえる。そして「自然の理性化」と「個人の歴史化」という篠原の有名な教育学上の根本命題が、ともに西田哲学の影響下で生み出されたことを明らかにした。ここでは、さらに篠原教育学の哲学的な基本構造を、西田哲学の基本構造を手掛かりに捉え直すことで、篠原教育学と西田哲学との関係をより明確にしたい。

ふたたび『教育の本質と教育学』に立ち戻ってみよう。このテクストの最後の文章は、いささか不思議な文章で閉じられている。

「主体的体験の世界は、生命の、限りなき、底知れぬ源泉であり、客観的価値は之を照らす光である。価値に照らされない生命は如何に深かろうとも盲目であり、生命を照らさない価値は如何に輝かうとも、夫れ自身空虚である。生命は価値に照らされて始めて真の生命であり、価値は生命を照らしてこそ価値である。生命を透照する価値、逆に又、価値に透照された生命は教育の目標である。」（篠原 一九三〇、四二三頁）

この「生命」の主題が、どうしてこのテクストの最後に唐突として登場するのだろうか。しかも「自然」ではなく「生命」である。「理性」と対として使用され、「理性」によって克服されるべき「自然」とは異なり、篠原がここで語る「生命」とは「価値」と対にして語られ、「価値」に照らされる純粋で根本的な統一力を言い表しているように思える。もちろんこの引用文は、カントの『純粋理性批判』（一七八一）の「概念なき直観は盲目であり、直観なき概念は空虚である」を捩っているのだが、この「概念」と「直観」にあたるところに、それぞれ「価値」と「生命」が入れられていることは重要である。この「主体的体験」の世界を「生命の、限りなき、底知れぬ源泉」として捉えるのは、「生の哲学」と結びつくものといえる。また「価値」は「文化」の言い換えでもある。この篠原の生命論への言及もまた、西田の『自覚に於ける直観と反省』と結び合わせて考えることができる。

「生命といふ語は曖昧であると思ふが、要するに我々の意志を対象界に投射して見たものが生命である、即ち客観化せられた目的論的統一である。……真の生命といふのは文化意識 Kulturbewusstsein といふものを除いて考ふることはできぬ。『生への意志』der Wille zum Leben は『文化への意志』der Wille zum Kulturleben でなければならぬ。余は此点に於てフィヒテなどの考に最も同意を表するものである。絶対意志は反理智的ではなくして超理智的でなければならぬ、否理智をその一方面として包容するものでなければならぬ。意志が理智を否定し反智識的となるのは、意志の堕落である、意志が自然化せられ他律的となるのである。」（西田 一九一七b、三四九頁）

「生命」と「意志」とは対立するものではなく、「絶対自由の意志」は「真の生命」として「生への意志」であり、それは「文化への意志」でもある。ベルクソンのエラン・ヴィタールは「創造的意志」となる。「超理智的」という用語は言い得て妙と言えるだろう。通常は理智は否理智と対立するように見えるが、その理智は理智の立場から捉えられたものにすぎず、絶対自由の意志即ち直接経験から出発するとき、理智は理智ならざるものとの関係において理智であり、理智とともに否理智を包む「超理智」となるのである。

西田が一九二九年当時に到達した「内的生命の自覚」という次元を、篠原は『教育の本質と教育学』において、篠原自身の理論体系の内に「教育の目標」という限定の下で捉え直そうとしたのではないだろうか。西田のように絶対無に至る自覚という宗教のレベルまで入れるときには、イデアを語ること自体がもはや意味をもたなくなる。しかし、「教育の目標」の範囲はそうではない。ここに教育学者篠原の自身の学問にたいする自覚と自負とを読み取ることもできよう。

篠原教育学と西田哲学

篠原は、自伝のなかで、ヨーロッパ外遊中（一九二二―二三年）にディルタイ学派のフリッシュアイゼン・ケーラーとの出会いによって、「カント的なものから生の哲学」への転換が起こり、「歴史と体験による徹底的開眼」が生じたと語っているが（篠原 一九五六、三〇七頁）、むしろこの「開眼」は西田哲学を学んだ哲学的思索の出発点においてすでに用意されていたともいえる。『自覚に於ける直観と反省』は「絶対自由の意志」の議論でテクストを閉じるのだが、この「絶対自由の意志」はフィヒテの自覚論にベルクソンの純粋持続の思想が内容として入って統合されたようなものである（上田 一九九一、二九三頁）。篠原の生命論への志向は、突然生じたようなものではなく、その始めから西田哲学から受け継いだＤＮＡとして内包されていたといえる。

篠原が卒業論文でベルクソンの自由論を取りあげ考察していたことはすでに述べたが、それは単に新カント学派の自由論を主張し擁護する立場から批判的に論じられたのではなかった（篠原　一九五六、一九三―一九四頁）。また、『批判的教育学の問題』のなかの論文「生活準備と連続的発展」（一九一九）では、ナトルプやローリーと共にベルクソンが自覚論として論じられており、「すべての統一は創造的理性の統一である」というこの論文の中心思想の根幹を形づくっている。もちろん人間存在の歴史性を課題とするディルタイと生命の躍動を課題とするベルクソンとを同列に並べることはできないにしても、「生の哲学」は篠原にとって思索の始まりから思想のうちに内在していたとみるべきだろう。フリッシュアイゼン・ケーラーとの出会いによって生じたと言われる「カント的なものから生の哲学」への転換は、すでに篠原のうちにあったものへの自覚が深まったことにすぎない。この転換が字義どおりのものであれば、なぜ帰国してからの著作においても、あれほど「カント的」な思考が篠原の著作の中心を占めているかわからないだろう。ヨーロッパ帰国後からはじまった『教育の本質と教育学』の執筆は、その意味で、西田哲学のなかにある「論理と生命」という二つの緊張にみちた理論的つながりを、あらためてどのようにして教育学的に構築するかという課題と向かいあう作業であったことだろう。

西田哲学の歩みは、リッカートとベルクソン、思索と体験、反省と直観、論理と生命、……すなわち論理的な思惟と生命的な流れの二つの原理を、純粋経験論から自覚論へ、自覚論から場所論へと深化していく歩みである。極めて簡略化し図式的に捉えるなら、西田哲学では［主観・時間・心・個物」の系列と、［客観・空間・物・一般者」の系列において、互いの対応する項目が絶対に相反し矛盾するものの自己同一の関係として捉えられている。そしてこの両項を媒介するのが「弁証法的一般者」である。この［主観・時間・心・個物」は単に並置されているのではなく、ライプニッツのモナド論がそうであるように、互いに緊密につながっており一つのものである。個物は自分から働く自発的なものであり、したがって内面的に結合していくものであるから時間的である。時間は心を離れては考えられないからである。同様に、空間ではデカルトの言うように、すべてのものが現在であり、現在であるときにだけ空間である。そこには心ではなく物がある。物は空間に並ぶものだが、その個体を結びあわすためには一般者がなければならない。したがって［客観・空間・物・一般者］もまた互いに緊密に結びついた一つのものである（西田 一九三五、二四〇頁）。［主観・時間・心・個物］の系列では、どこまでも予見不可能な創造的な生命の流れが、そして［客観・空間・物・一般者］の系列では、その生命の流れを切断しながら立ち上がる空間的な構造が示されている（矢野 二〇一二）。

篠原の思想のなかにも、前項で見た「主体的体験」と「客観的価値」のように、西田哲学から受け継いだ、互いに矛盾するがしかし統一されるべき二つの系列が働いているのだが、両者を媒介する「弁証法的一般者」、篠原の用語で言えば「永遠に見られる我とならない我」である純粋自我が、この二つの系列を媒介する論理であることを、篠原は説得力を持って論理的に十分に論証することができなかった。これまで何度か指摘してきたように、『教育の本質と教育学』を体系的な著作としてみたとき、純粋自我の自覚論は最初に登場するだけで、後の章での教育学的思考の展開においては、この自覚の概念がそれぞれの教育学原理とどのように関係しているのかについて十分に論理的に展開されてはいない。この理論的な不徹底さは篠原の他の著作においても同様である。

ここから、篠原の教育思想はこの二つの系列の「折衷」や「混合」とみなされるような事態が生じてくる。その結果、篠原の教育学は潜在的には二つの系列が孕むダイナミズムを統一的に捉える基本構造をもちながらも、あるときは「新カント主義」へと傾き、またあるときは「生の哲学」へと傾きそれぞれを固定化してしまった。例えば、「自然の理性化」では、本来内在していた生命論のダイナミズムを失い、既存の理想主義の理性による自己規律化のような様相を帯びてくる。さらに「個人の歴史化」では、個と一般との統一的なダイナミズムを失い、理念としての普遍性への志向性が消えてしまい、眼前に迫りあがってきた民族や国家のうねりに回収されることになる。

しかし、この篠原の「主体的体験」と「客観的価値」という思想的分裂は、人間存在の相矛盾する二重性を極めて正確に反映しているともいえる。この課題は今日においても人間存在のダイナミズムと向かいあい、教育を捉えようとする者にとって、不可避の課題であり続けている。私はこの人間存在を踏まえた教育の在り方を「発達と生成」という言葉で捉えてきた。「客観的価値」の課題はほぼ「発達」のそれにあたり、また「主体的体験」の課題はほぼ「生成」のそれにあたる。もちろん「客観的価値」と「発達」の対応、「主体的体験」と「生成」との対応は同じものと見なすのは不正確なものである。篠原は「主体的体験」が「客観的価値」の方へと向かうことを教育と捉えたのに対して、私には「生成」と「発達」は両方とも次元を異にしながら教育の課題となるものである（矢野二〇〇八a）。

第7節　「自覚の教育学」の行方

『教育の本質と教育学』の構造

前節において、篠原教育学の哲学的な基本構造の特徴を、西田哲学の基本構造を手掛かりに明らかにした。本節ではこれを踏まえて、さらに篠原教育学がその根本において「自覚の教育学」であることを明らかにする。そのためには『教育の本質と教育学』の全体の構成のうちにあらためて自覚論を位置づける必要がある。

それでは『教育の本質と教育学』における篠原の自覚論の位置とはどのようなものか、この意欲的なテクストの論究の対象は教育学の広範な主題にわたっており、また数え切れないほどの多くの教育学者・哲学者の引用からなっているため、その全体像を詳細に描きだすことは困難だが、自覚論との関係からできうるかぎりシンプルに再構成してみよう。そうすることで篠原教育学における西田哲学の意味も、これまでの考察とは異なる角度から明らかになるだろう。

このテクストは大きく分けて、七章までの西田の自覚論をベースにした篠原の自覚論とそれに基づく陶冶論、さらに陶冶論をベースにした教育論、そして八章以下の先験的立場からの教育学の学問論に、分けることができる。篠原教育学は陶冶論のなかの「助成を介する陶冶」に中心的に関わる。陶冶は基本的に自己陶冶として理解されており、その意味では陶冶は自覚とほぼ等価である。自己陶冶が終わることなく生涯にわたり無限に続くように、自覚にも終わりはない。「陶冶の理念」は「人道」にあり、人道とは自己意識の調和を目指し、諸価値の調和的統一を実現し、永遠の課題としての「人格」の完成、「自由な人格の調和的発展」にある（篠原 一九三〇、三三九頁）。これは時間と場所に制限されることのない普遍に妥当する価値であり、生きている限り目指すべき人生の目標というべきものである。しかし、この理念は抽象的なままであり具体的にどのようなものであるかその内実が示されねばならない。この理念に照らしながら、「陶冶の理想」が時代や個性の要求に応じて具体的に考えられる。ところでこのような陶冶の理想は「文化（客観的精神）」において真善美として現れる。人間は文化に参入し、文化を創造することを通して価値を実現するのである。この陶冶論は見方を変えれば、永久の文化創造主体の自己形成とも言うべきものであり、ここまでは陶冶論として捉えられた自覚論といえる。

それでは陶冶と教育との関係はどのようなものなのか。この自己陶冶が可能になるように助成することが教育の目的となる。篠原自身の言葉をかりれば、教育の目的とは「当為の意識に導かれ、価値に対する純粋愛を動因とし、あくまで価値を獲得し、創造せんとする恒常、純粋な態度の教養」（同、一四三頁）あるいは「恒常、純真な態度の養成」（同、一六七頁）にある。つまり教育の目的とは言葉を換えれば「自由」「自律」の実現、「倫理的品性」の形成にある。このことを篠原は「神化作用」とも呼んでいる（同、一四三頁）。この教育目的と結びつけて、教育的価値は解脱価値＝宗教的価値（聖）・人格的価値（真善美）・経済的価値の順番におかれ、人格的価値のなかでは道徳的価値に一番重きがおかれる。

このような価値観を支えるのは、意志こそが知や感情も含めて一となり意識の中心をなし、精神作用の中心におかれるからである。教育の目的にある「恒常、純真な態度」の「態度」とはこの「意志」のことを指しており、教育とは意志を陶冶することである。この純粋主観＝純粋自我の中核となって多方面にわたる具体的意志を統一する意志のことを、特に「根本意志」と呼んでいる。この「根本意志」はまた「純粋意志」「自由の意志」とも言い直される（同、二〇二頁）。篠原の言葉を引くなら、「根本意志」とは「我々の実現されねばならぬ理想的な根本態度」（同、二〇五頁）、「価値に対する愛を動機とし、純粋に、価値を求める根本作用、根本態度、……純粋に自由な態度」（同、二〇八頁）のことである。つまり「根本意志」とは純粋に価値を愛し求める態度であり、我をなげうって没入する「純一な態度」のことである。以上述べてきたように、篠原教育学は主意主義に基づいて自由を目指す教育学であるところから、自身の教育学を「主意的教育学」あるいは「自由教育学」と呼んでいる（同、一九九頁）。教育とは「一定の意図に導かれ、個人の完全な発達を助成する作用」（同、一〇六頁）であるという極めて抽象的な篠原の教育定義は、根本意志こそが教育によって実現されなければならない理想的態度であるというこの教育目的の定義と重ね合わせることで、立体的に理解できるようになる。

「自覚の教育学」の誕生

篠原教育学のこのようなシンプルな再構成からあらためて見直してみると、篠原教育学は新カント主義に基づく教育学であるというこれまでの評価も、外形からその用語群と理論的枠組みだけを捉えれば、あながちまちがいとも言えない。しかし、一歩、論理の内部に踏み込んでその細部の連関を捉え直せば、自覚論が教育学の人間学的基盤にあたり、この教育学の伽藍は自覚論を中心にデザインされていることがわかる。そして篠原教育学の中核をなす自覚論は、生命論を背後にもつ西田哲学の自覚論に基づいていることがわかる。

したがって、ここまで読み進んできた読者には、この篠原の「主意的教育学」の中核をなす「根本意志」の概念が、西田が『自覚に於ける直観と反省』において論じた「絶対自由の意志」とつながっているのではないかと容易に推測されよう。『善の研究』において先に引用した文、「意志は意識の根本的統一作用であつて、直に又実在の根本たる統一力の発現である。意志は他の為の活動ではなく、己自らの為の活動である。意志の価値を定むる根本は意志其者の中に求むるより外はないのである。」（西田 一九一一、一四三頁）も参照してみるとよくわかる。

篠原のいう「根本意志」あるいは「純粋意志」とは、深く統一された意識のことであり、西田が「純粋経験」の極限として示した主客未分の状態のことである。その統一は思惟作用による統一よりもはるかに深い統一である。篠原の「根本意志」を理解するには、西田の「絶対自由の意志」の概念がやはり手掛かりになる。例えば西田は次のように言う。「意志に依つて我々は種々なる客観界を超越して、創造的進化即ち純粋持続其物となるのである」（西田 一九一七b、二六八―二六九頁）。また「我々に最も直接なる具体的経験（直接経験）の真相は絶対自由の意志である、種々なる作用の人格的統一である、種々なる経験体系の内面的結合である。それぞれの立場の上に立つ経験体系を一つの円に喩へて見ると、此等の円の中心を結合する線は絶対自由の意志でなければならぬ、即ちその統一は認識対象として考へ得る静的統一ではなくして、それ自身に独立なる無限の動的統一でなければならぬ、……」（西田 一九一七b、三一二頁、丸括弧内は矢野）。「絶対自由の意志」を生きるとき、私たちは絶対自由を生き、時間を超越し、自覚の自覚、究極の自覚に達するのである。

篠原教育学と生命論とのつながりをすでに捉えた本論では、篠原が根本意志と純粋自我の議論で論じようとした境位が、西田の描いた「直接経験（純粋経験）」そして「絶対自由の意志」の世界と同じ境位であることがわかるだろう。そして、この意志の教育が、どうして宗教的価値即ち解脱的価値の実現につながるのか、その理由も明らかであろう。この仮説にしたがって篠原のテクストを読むときにはじめて、「我々の意識は無限に深まり得る。深まった極致は、理念としての、我々の内なる絶対自由の主観である」（篠原 一九三〇、二四八頁）といったこれまで注意を払われることのなかった文章表現に遭遇することができ、またそのままではどのような理論的支えをもたないこの文章の意味が理解できるようになる。この突然に登場する「絶対自由の主観」という用語にも、何の説明もないことからもわかるように、篠原の自覚論は、かたちが理論として十分に整っているとは言い難く、場合によっては、西田の自覚論に引きよせて見ないかぎり、その理論的つながりを読み取ることは困難でさえある。このことが、「自然の理性化」がその用語だけが広まりながら、実のところどのような理論枠組みに基づいているのか、篠原教育学についての従来の研究で十分に解明されることのなかった理由でもある。また「折衷」や「混淆」といった篠原教育学への評価も、同様の理由から生じている。

「純粋教育学」としての「自覚の教育学」

ところで、篠原は、卒業論文以来、「純粋自我」、「純粋活動」、「純粋意志」といったように、外部の手段となることがなく自身のための作用を表す用語群を、原理構築において根本に据えてきた。こうした「純粋」という用語法は、固有の領域がそれ以外の領域から偶然的で非本質的な契機によって混乱させられることなく、自律的に構成されていることを保証する形容詞として生みだされた修辞の一つである。「純粋」と同様の働きをするものとして「絶対」があり、この両者は曖昧なものとの間に鋭く境界線をひき、境界線によって相対的で不純なものを排除した。ベルクソンの純粋持続、ジェイムズの純粋経験、フッサールの純粋論理学、そして西田幾多郎の純粋経験と並べていくと、篠原の議論における「純粋」の接頭語をもつ用語群の意味も、この思想の流れのなかにある。

もちろん、このような用語の使用法は、同時代に内容ではなく形式に着目して純粋科学を打ち立てようとした

「純粋社会学」のジンメルや「純粋法学」のケルゼン、あるいは「純粋経済学」のワルラスやシュムペーターと同様（鷲田 二〇〇七、三一頁）、先験的な立場によって純粋科学としての自律的な教育学を打ち立てようとする篠原の問題意識ともつながっている（篠原 一九三〇、二五五頁）。「私は本書に於て先験的な立場を守る」という『教育の本質と教育学』の序での宣言は、この学問論の状況から理解されねばならない。そして「自由教育学」という自身の教育学に対する命名も、子どもの自由な自己活動を擁護する教育学といった大正自由教育的イメージからではなく、因果的な存在理解に基づく教育科学から明確に領域を区切るという、篠原の学問構築の志向から解されるべきであろう。『教育の本質と教育学』の「第八章　教育学の自立と普遍性」以降、「第九章　教育学の方法と体系」「第十章　科学としての教育学」「第十一章　心理学及び哲学と教育学」といったように教育学の学問論が展開されているのは、そのことを証している。(14)

しかし、「純粋教育学」としての「自覚の教育学」構築という篠原の試みは、先にも述べたように、西田の自覚論理解にとどまらず自覚論から教育学を構築するときの論理の緻密性と一貫性において、木村素衞のそれに比較するとやや弱い。木村は『形成的自覚』（一九四一）において次のように述べている。「人間とは特に如何なる存在であるか。それは形成的に自己を表現し、かくすることに即して具体的な自覚をもつところの存在である。このやうな立場に立つことによつて、本書は形成的自覚或は表現的自覚といふことの意味をどこまでも掘り下げ、これによつて文化と教育との本質的な意味を窮極的に突きとめようと試みた」（木村 一九四一、一頁）。あるいは『教育学の根本問題』（一九四七）においては、「人間の本質は自覚的形成的存在であるといふことであり、……形成的自覚を徹底するといふことは主体それ自身を主体として培ふことであり、その意味において教育は自覚の徹底であると云はれるのである」と述べている（木村 一九四七、六五頁）。木村の「自覚の教育学」は、篠原教育学のような同時代の教育学そしてこれまでの教育学の歴史を向こうに回して、それらとの対質を諮りながら、教育学構築を試みるというよりは、西田の自覚論・行為的直観の理論そして田邊の「種の論理」を基に、そのままシンプルに京都学派の人間学から構築している。そうすることで、木村教育学は輪郭線が明確で論理的に堅固な教育学たり得ているが、同時代の教育学や教育状況とのつながりが見えにくく、優れて哲学的な教育学ではあるが教育学的な哲学とはいえない。

このようにして木村と比較して篠原の教育学の読解を試みることは、両者の新たな側面を捉える可能性をもっているだろう。篠原が『教育の本質と教育学』で示した自覚論は、西田の著作で言えば、『善の研究』から『自覚に於ける直観と反省』『意識の問題』『芸術と道徳』あたりまでの「純粋経験」「絶対自由の意志」をキーワードとした自覚論を中心に構築されているのに対して、木村の自覚論はそれ以後の後期の西田の展開した「無の場所」や「行為的直観」をキーワードとした自覚論に基づいている。木村はその意味でも西田哲学に基づく「自覚の教育学」の中心人物といえるが、不十分なかたちとはいえ、篠原が先行的に西田の自覚論を基にした教育学体系の可能性を示したことは高く評価されるべきである。その意味で篠原の教育学に「自覚の教育学」の誕生を見るべきである。さらに同時に、私はここに、欧米の教育学のたんなる解釈や咀嚼にとどまらない、日本オリジナルな教育学（教育哲学）の誕生を見るべきだと考える。

その後の篠原助市と西田幾多郎

西田幾多郎の『日記』や『手紙』からみると、篠原との交流は卒業後も続いていた。例えば、一九四三年三月の西田の『日記』には次のような記述がある。

「一九四三年三月二九日（月）篠原助市来訪。唐木、中村光夫来訪。近藤壽治来訪、これには随分思ひ切つたことを云つた。学士院へパスの願書。
三月三〇日（火）［予記欄に］午前十時長田新、午後近藤壽治。」長田引率にて広島卒業生十八九名来訪。金子来訪。高倉来り、写真。」（西田 一九五一、六六二頁）

西田哲学の研究者にとってはほとんど関心の対象とはならないだろうが、教育学の研究者にとっては驚くべき記述だろう。近藤壽治は、やはり京都帝国大学の出身者であり、西田の弟子ではないが京都学派の哲学の影響を色濃くもった教育学者である（矢野 二〇一三a）。近藤は前年度から文部省の思想統制の中心部ともいうべき教学局長となっていた。西田は教学局長の近藤にどのような「随分思ひ切つたこと」を言ったのだろうか。偶然ではあるが、この両日にわたり篠原助市と長田新、そして近藤壽治という当時の日本を代表する教育学者が西田の家を尋ねたのである。長田はこのとき恐らく西田に『国家教育学』（一九四四）の構想について語ったのであろう。後で西田から長田の翻訳した『隠者の夕暮』へのお礼とともに、「私の書物御研究下さる由　私など攻撃の的となり居るものにていかになり行く［か］しれませぬが　論文集の三四　最も御熟読願ひ度」（西田 一九五三b、二七四頁）と述べている。『国家教育学』の「序」には、「小西重直博士、西田幾多郎博士、田邊元博士、西晋一郎博士等諸恩師の教を受けたる点多かりしことを特記して深く感謝の意を表したい」（長田 一九四四、三頁）というように、西田の名前が出ている。長田もまた西田哲学の影響を受けた教育学者であった（矢野 二〇一三a）。西田が亡くなるのはこの二年後の一九四五年のことである。そのときのことが篠原の自伝にも記されている。

「六月八日西田幾多郎先生鎌倉の別邸で御逝去遊ばされた。汽車の座席を取る見込がないので、あれほど御恩顧を頂きながら告別式にすら参列し得なかった。お会いする毎に私の血圧について「ほう、それは先輩だね」

など語っていられた先生が私より先に脳溢血に倒れられるなどとは思いよらぬことであった。わざわざ文理科大学まで御出を願って講演していただいたこと、続いて文部省諸学刷新会の総会に無理に——先生はなかなかウンと言われなかったのである——登壇を煩わしたことなど思い出すにつけて、先生の真情に頭が下るのである。[15]」（篠原 一九五六、四〇二頁）

個人的な交流を描くことは本論の目的ではないが、二人の関係が表面的な社交にとどまっていたと考えるのは誤りだろう。

戦後においても、篠原は『民主主義と教育の精神』（一九四七）や『訓練原論』（一九五〇）、大作『欧洲教育思想史』（一九五〇）さらに『教育哲学』（一九五一）といった数多くの教育学の著作を矢継ぎ早に生み出していくが、それらの著作について論じる紙幅は残ってはいない。篠原教育学の中心に西田哲学の自覚の原理を捉えるという試みがどれほど成功したかその成否は読者の判断を仰ぐほかはない。少なくとも本論では、篠原教育学における「自覚の教育学」という特性を明らかにすることはできたであろう。長田新や小原國芳といった同時代の西田哲学の影響を強く受けていると考えられる教育学者の思想研究も、この試論をもとに同様に読み直すことができるだろう[16]。戦前における「自覚の教育学」についての研究は、大正自由教育にとどまらず戦前の教育学の思想史研究において重要な成果をあげるにちがいない。

註

（1）篠原助市をはじめ、京都学派の思想と結びついた教育思想には、人間存在を矛盾した二重の存在として捉える西田哲学の人間学が刻印されている。その具体的な内容については、これから詳しく述べることになるが、この思想系譜の解明は生成と発達という教育の二つの次元の捉え直しに光をあてるものとなる。つまりこの教育思想史研究には、日本の教育思想の変容を捉えるという思想史研究のモチーフとともに、私の積年の研究主題である「生成と発達の教育人間学」をあらためて教育思想の歴史のなかに位置づけ、その系譜のなかで反省的に捉え直すという自身の研究のモチーフが含まれている。

（2）　西田の『善の研究』が公刊された翌年に、高橋里美は「意識現象の事実とその意味――西田氏『善の研究』を読む」（一九一二）において、西田に対して疑義を問うている。西田が純粋経験において「意味即事実」と捉えるのに対して、高橋は「意味」と「事実」とを峻別する新カント学派、特にリッカートの立場から批判している（西田 一九一二、三二〇頁）（門脇 一九九〇、七七頁）。その批判に対して、西田は「高橋（里美）文学士の拙著『善の研究』に対する批評に答ふ」（一九一二）で応えている。この両者のテクストの読解は、西田と新カント学派との根本的な差異がどこにあるのかを示してくれる。同様に、論文「左右田博士に答ふ」（一九二七）は、リッカートの弟子である左右田喜一郎から西田にあてられた一九二六年の批判論文「西田哲学の方法に就いて――西田博士の教を乞ふ」に対する応答論文である。左右田は、この論文のなかではじめて「西田哲学」という言葉を使用し、西田の思想がオリジナルなものであることを認めつつ、「場所」の概念をめぐって、カント的認識論の立場から問題点を鋭く追及した。「左右田博士に答ふ」は西田がそれに応えたもので、その意味においてこの論文も西田哲学と新カント主義との差異を考える上で重要な論文と言える（小林 二〇一一、二二四―二四一頁参照）（残念ながらこの応答論文が発表された年に、左右田は病のためになくなってしまい、西田との論争はそれ以上に深められることはなかった。その年に、西田は同僚でもあった左右田に対して「左右田博士を悼む」（一九二七）という文章を書いている（西田 一九二七b、一八二―一八三頁））。また西谷啓治が「西田哲学演習――『働くものから見るものへ』」（一九九〇（一九七二―一九八八））のなかで「左右田博士に答ふ」を取りあげ、新カント学派に対して西田哲学の独自性を語っている箇所は、私たちにとって大きな手掛かりとなる。

（3）　ここでは篠原の『理論的教育学』の評価について、よく引かれる上村福幸の「篠原教授の理論的教育学を評す」（一九三一）を取りあげておこう。一見すると書評のようなタイトルであるが、実に八〇頁にもおよぶ長大な論評である。上村は篠原の学的立場・態度・方法論が批判哲学と現象学とに分裂したまま残されているとし、次のように述べている。「著者の全体的学的立場、態度及び方法は、何処に於ても批判哲学と現象学との『全く異なる』異種的異質的二物の混合であり、その両者に跨る中間の態度であること些の疑を容れない。而してその学説の内容に於ては、更に多分の文化教育学の主張を摂容し、又多少ドュウイその他の自然主義的見解を加味する所あるが如くである」（上村 一九三二、八三頁）。この「異種的異質的二物の混合」という篠原への評価は、西田による批判哲学と現象学との関係理解に基づけば、両者が「全く異なる」ということがどのレベルの比較で言われたことなのかが問われなければならない、評価者自身の問題を孕んだ評価ということもできる。

（4）篠原教育学の新たな像を先進的に描きだしてきた木内陽一は、『篠原助市著作集』第七巻の解説「篠原助市教育学の形成と構造」において、当時のドイツ教育学の動向と対照しながら、『教育の本質と教育学』がたんに対象レベルを捉える「教育理論」にとどまらず、そのメタレベルを考察する「教育学の科学理論」をも遂行していることを高く評価し、篠原の主著は『理論的教育学』ではなく『教育の本質と教育学』であると論じている。この篠原の主著は『教育の本質と教育学』であるという主張は、本論での試みに勇気を与えてくれる。私の『教育の本質と教育学』についての評価のポイントは、教育学の学問論としてではなく、むしろその内容というべき自覚論に基づく教育学の構築にある。

（5）板橋勇仁によれば、西田が主に参考にしたのはフィヒテの『知識学への新叙述の試み』（一七九七）である（板橋二〇〇四、五〇頁）。西田自身によるこの時期に研究していたフィヒテのテクストへの記述がある。それは『自覚に於ける直観と反省』執筆途中の一九一四年四月に田邊に宛られた手紙であるが（西田 一九五三b、五〇九頁）、そこでは『全知識学の基礎』（一七九四）が一番 complete だが、自分は『知識学への第二序論』（一七九七）や『知識学への新叙述の試み』の考えの方が面白いと述べている。

（6）このように一応西田とフィヒテとの差異を捉えてみた。しかしながら、西田によるフィヒテ理解自体が不十分なものであったところから、この両者の思想を分ける基準は限定的なものと言わなければならない。フィヒテ研究者の大峯顯によれば、西田は『働くものから見るものへ』においてフィヒテの「事行」概念の乗り超えをはかり、それによって西田は「場所の論理」を見出したのだが、そのさい西田が手掛かりとしたのはフィヒテの『全知識学の基礎』（一七九四）の時期の思想であった。しかし、フィヒテはそれ以降も『知識学叙述』（一八〇一）において更なる思想的深化をし、しかも後期の思想は前期の事行の立場から「見る」立場へと転回したと言われる。つまり後期のフィヒテの立場は、西田が批判したものではなく、むしろ西田と類似した場所へと移行していったというのである（大峯 一九八九、二三三―二三七頁）。このことが事実であるとするなら、西田とフィヒテとの差異を「見る」ことに求めるのは、不適切な指標とも言えるだろう。このことは篠原のフィヒテ哲学理解が後期にまで及んでいるかどうかの問題とも関わるのだが、本論ではその最終的な判断を保留しておこう。

（7）梅根悟は、篠原の学位論文が一九二七年の末か一九二八年の初めに京都帝国大学に提出されたと推測している（梅根 一九七〇、二六〇頁）。もしこの推測が正しければ、本章中に引用した西田の『一般者の自覚的体系』の諸論文を、篠原が『教育の本質と教育学』の執筆にあたり参照することは不可能である。しかし、その提出の時期の確定については、篠原の自伝には明確な年の記述がなく、梅根が自伝の記載事項の前後関係を基に推測したものであり、この提出時期の年を直ちに正しいと認めることはできない（篠原 一九五六、三二一―三二五頁を参照のこと）。もし梅根が言うように、学位論文提出が一九二七年の末か一九二八年の初めであれば、『教育の本質と教育学』の「引用書と注解」にも記載されている一九二八年に出版されたシェーラーのテクスト *Die Stellung des Menschen im Kosmos* を、読解し論文に取り入れることはできなかっただろう。ちなみに『教育の本質と教育学』の序文の日付は、『理論的教育学』と同じく一九二九年五月であり、学位論文が京大の教授会を通過したのは一九三〇年の第一学期末である（篠原 一九五六、三二五頁）。学位論文と出版された『教育の本質と教育学』との間に違いがある可能性もあるので、京都大学附属図書館に所蔵されている篠原助市の学位論文と本との比較検討を行った。その結果、学位論文は出版された本と同じ印刷されたものが論文用に製本されたもので、論文と本との間には内容上まったく違いがないことが判明した。ただし学位論文には「序」と「索引」とがなく、そのかわり「引用書と注解」には出版本にはない次の但し書きが書かれていた。「本文に引用せる文章中出所を明記していないものは、（1）広く知れ渡つてゐるものか、（2）嘗て書き抜いて置きながら出所を認めて置かなかつたので、今、照合するを得ないもの少数を除いた残り、即ち其の大部分は、他の著書より孫引きであつて、余自身の直接引用でない。」この但し書きは、学位論文という体裁上、テクストの正確性を記するために付け加えられたものと推察される。「引用書と注解」は本文とは印字のフォントが異なっており、学位提出論文用に特別に制作されたものと考えられる。以上のことからわかることは、一九二八年四月に記されたシェーラー自身の「まえがき」が掲載されたシェーラーのテクストが引用書として学位論文に記載され、それが論文の内容に反映されているかぎり、学位論文を梅根が言うように

「一九二七年の末か一九二八年の初め」に論文を提出することは現実には不可能だということ、原稿ができてから版を組み印刷することを考えると、むしろどれほど早くても、梅根が推測した年の一年後の「一九二八年の末か一九二九年の初め以降」と推測する方が妥当であると考えられる。京都大学大学院教育学研究科の図書室に保存公開されている篠原文庫には、このシェーラーのテクストも入っており、その本にはぎっしりと書き込みがなされているが、その最後の頁には「3.9.17.p.m.7.」という記号がインクで記されている。篠原の他の本の場合にも、最後の頁にまで線が引かれたり書き込みのあるときには同様の記号が記されているところからすると、篠原には読了した日時を本の最後の頁に記す習慣があったようだ。そしてこの記述にしたがえば、篠原は一九二八（昭和三）年九月一七日にシェーラーを読了したことになる。『教育生活五十年』の記述には、大浦猛も指摘しているように、人名や年号など不正確な記述が多々あるにもかかわらず、篠原教育学の研究者は自伝の記述をそのまま踏襲している場合もあって、事実関係にも注意が必要である。

（8）篠原が教育の人間学的根拠を論じるのに、シェーラーの著作を導きの糸にしていることを、単純に京都学派の活躍による「人間学」の影響として言いきることはできない。シェーラーへの関心は、ドイツへの外遊の折からすでにもっており、シェーラーの著作である『知識の諸形式と陶冶』（一九二五）を東北帝国大学の演習で使用していたことが自伝にも書かれている（篠原 一九五六、二九五頁）。

（9）「自覚」はドイツ語の Selbstbewusstsein の訳語にあたる。その Selbstbewusstsein は、例えばカントの翻訳においてでは「自覚」ではなく「自己意識」と訳されたりすることがある。また現代の哲学事典では「自覚」の項はなく「自己意識」のみとなっている。しかし日本語における文脈では、「自己意識」が認識論的な色彩が強い概念であるのにたいして、「自覚」は存在論的・実存論的色彩が強いものとして分けて使用されている。門脇卓爾は、西田がカントの解釈において Selbstbewusstsein を「自覚」と訳していることを取りあげ、西田がカントを存在論的に解釈したためだとしている。ドイツでのカント解釈において、存在論的なカント解釈が登場するのは一九二四年のカント生誕二〇〇年祭以降のことであり、西田の解釈はそれに先立っているといえる（門脇 一九九〇、七六頁）。しかし、同時期の朝永三十郎の著作『近世に於ける「我」の自覚史』のタイトルがそうであるように、Selbstbewusstsein は「自覚」と訳されてもいるので、このことをもって直ちに西田の独自性というわけにはいかないだろう（さらに西田のカント解釈についても、そのテクスト解釈の正当性についていくつかの批判がすでにある（四日

谷一九八四、七二―七三頁、また小林二〇一一、一五一―一六八頁）)。

このことを判断するためには、「自覚」という訳語使用の歴史的研究が必要となる。ちなみに多くの哲学用語を生み出した西周は『生性発蘊』（推定一八七一年執筆）において、「セルフコンシウスニッス」を「自覚意識」と訳している（大橋二〇〇九、二八四頁）。それでは「自覚」という訳語はどこから出てくるのか。日本人として帝国大学で最初の哲学教授となった井上哲次郎が中心メンバーとなって、一八八一年に英国のフレミング（William Fleming）の哲学辞典の翻訳として出版した『哲学字彙』では、self-consciousness はただ一語「自覚」とあり、さらに一九一二年に井上哲次郎・元良勇次郎・中島力造によって『哲学字彙』の改訂増補版として出版された『英独仏和　哲学字彙』では、self-consciousness: Selbstbewusstsein は「自覚、自己意識、自意識」とある。朝永と西田がともに井上哲次郎の下で学んでいることを考えれば、「自覚」という訳語は井上哲次郎に由来する定訳というべきものであった可能性が高い（矢野二〇一三b）。

ところで、西田の思想における「自覚」という用語の使用に限れば、この用語を「自己意識」に置き換えることはできない。それというのも「自己意識」というときには自己が経験に先立つが、西田の「自覚」論においては、経験において自己があり、自己意識によって経験が成立するのではないからである。翻って西田のテクストの翻訳では、これまで「自覚」は self-consciousness と訳されてきたが（例えば Nishida 1987）、西田研究の進展とともに、「自覚」は西洋概念である自己意識 self-consciousness の訳語であるとともに、これと真っ向から対立する仏教の「覚り」に相当する概念としても役立てられるものであり、この両義的性格をもつことを考慮して self-awareness と訳す方がより適切であるという提案が出ている（Heisig 1990=1993: 69-70）。また京都学派内でも、「自己意識」と「自覚」は明確に区別されており、「自覚」は意識の立場ではなく、行為の立場に立つものであり、存在に関わるものとされている。

（10）大正自由教育と新カント学派についての広い見識から篠原教育学を論じた松井春満の論文「大正教育と新カント学派」（一九七八）によれば、朝永の自我観が「篠原氏の立論に基本的なシェマを提供した」と推測している（松井一九七八、二五〇頁）。篠原は東京高等師範学校時代にすでに朝永三十郎から教えを受けており（篠原一九五六、六一頁）、篠原教育学において朝永をはじめ新カント学派の影響が多であることはまちがいない。しかし、この大正期の教育との関係に限定された松井の論文では、当然のことながら「自然の理性化」概念の検討が『批判的教育学の問題』に限られており、『教育の本質と教育学』は検討されていない。本文でも述べたように、西田哲学とのつながりは『教育の本質と教育学』を通してはじめて見えてくるものである。本論の主張は、篠原教育学の中核をなす「自然の理性化」と「個人の歴史化」の哲学的基盤において、新カント学派の用語によって読みかえられた西田哲学が働いており、その西田哲学の理解なしには篠原教育学の理解は不完全なものにとどまるということである。

近年、篠原教育学の成立ならびに展開について、最も詳細に検討しているのは木内陽一である。木内は論文「篠原助市教育学と朝永三十郎の西洋哲学史研究」(二〇〇一)において、朝永からの篠原教育学への思想的影響を指摘している。高等師範以来の子弟関係にあること、新カント学派の研究者として篠原への影響を否定することはできないし、またとりわけ『批判的教育学の問題』から本章一六〇―一六一頁に引用した箇所において近代哲学を自覚として捉えるところは、朝永のテクストからの影響はまちがいないところである。しかし、思想としての影響と指摘されるところは、むしろ西田哲学の影響として読む方が、篠原教育学の性格を捉えるうえで包括的な解釈を可能にすると考えられる。この主題を深めるためには、さらなる朝永と西田との思想交流の研究が必要となる。

(11) 森昭は『教育の実践性と内面性』(一九五五)において、木村素衞の教育学を「形成的自覚主義の教育観」として捉え、シュプランガーの精神的形成主義とともに、狭義の形成主義をのりこえて、「覚醒主義的教育観」に通ずる主張であると評価している(森 一九五五、二三頁)。森は篠原には言及していないが、本論で述べたことからも明らかなように、同様の評価は篠原の教育学にたいしても与えることができるだろう。

(12) このことに関して、木村素衞の論文集『美のプラクシス』(二〇〇〇)の解説において、岩城見一は京都学派という「学派」の性格を次のように述べている。「この時期の京都学派の思想においては、……いわゆる『著作権』問題は、それほど重要な問題ではなかった、ということである。西田の思想に触れた多くの者が、西田に由来する概念を平気で自分のものとして使用し、その上西田を批判しもする。師西田さえ、単に供給者であるだけでなく、弟子の新しい思想を取り入れ自分の思想を変更する受容者でもあった。師にとっては、……それは剽窃ではなく、自分の思想の力を証示するものであり、弟子の新しい思想は、自分の思想をより説得力ある論理へと磨き上げるための材料である。ここで理解すべきは、思想の独創性であるよりも、相互性である」(岩城 二〇〇〇、二六〇頁)。岩城は京都学派の哲学サークルを「哲学生産」の「工房」と捉えることを提唱している。

(13) 梅根悟は篠原教育学の基本構造について次のように述べている。「この二つ、形式と特殊具体とが、やがて『理論的教育学』と『実際的教育学』の二部作構想を生み、またナトルプとディルタイとの、批判哲学と生の哲学との、批判的教育学と体験的教育学との、共存あるいは統一の基本シェマとして、しかも困難にみちた、なやみ多き基本シェマとして、生涯にわたって彼を苦しめることになるのである」（梅根　一九七〇、二三七頁）。この梅根の指摘は、今日でも篠原教育学の特質を考えるうえで極めて重要な指摘である。本論は、この二重の構造と見えるものの根底に西田哲学を捉え、そこから「混淆」「混合」「折衷」と評価されてきた篠原の二重性の構造とその構造を生みだした理由とを、捉え直そうとするものである。

（14）篠原は自分の教育学に対して「純粋教育学」という用語を使用してはいない。恐らくクリークの「純粋教育学（純粋教育科学）」との混同を避けるためであったろう。このことについては『教育の本質と教育学』の二五五頁まで二七二頁を参照。

（15）引用文の「諸学刷新会」という言葉は、恐らく「日本諸学振興委員会」と「教学刷新評議会」とが混同したものだろう。西田は「教学刷新評議会」の委員に就任したものの第一回目の総会に出席しただけであとは欠席している。また一九三七年の「日本諸学振興委員会哲学会」では、西田は「学問的方法」という題で講演をしている。この講演の性格については、源了圓「近代日本における伝統観と西田幾多郎――エリオットの伝統論との出会い」（一九九五）に詳しい説明がある（また駒込・川村・奈須編二〇一一、四一七、四三一頁を参照）。

（16）長田新と西田哲学との関係については、二〇一二年九月一七日の教育哲学会第五五回大会ラウンドテーブル「教育学史の再検討Ⅳ――「原子力時代」のはじまりと戦後教育学」において、資料「京都学派の哲学と長田新の教育学――小笠原論文に応えて」として詳しく指摘しておいた。また矢野（二〇一三a）を参照。

引用参考文献

荒谷大輔　二〇〇八『西田幾多郎――歴史の論理学』講談社。
板橋勇仁　二〇〇四『西田哲学の論理と方法――徹底的批評主義とは何か』法政大学出版局。
――――　二〇〇八『歴史的現実と西田哲学――絶対的論理主義とは何か』法政大学出版局。

稲垣忠彦　一九七二「解説　教育学説の系譜」稲垣忠彦編『近代日本教育論集8　教育学説の系譜』国土社。

稲富栄次郎　一九三六「篠原助市氏の教育学に就いて」『教育』第四巻第一号、岩波書店。

井上哲次郎・和田垣謙三・国府寺新作・有賀長雄　一八八一『哲学字彙』東京大学三学部。

井上哲次郎・元良勇次郎・中島力造　一九一二『哲学字彙　英独仏和』丸善（『哲学字彙』の改訂増補版）。

岩城見一　二〇〇〇「解説」木村素衛『美のプラクシス』燈影舎。

上田閑照　一九九一『西田幾多郎を読む』岩波書店。

――――　一九九四『経験と自覚――西田哲学の「場所」を求めて』岩波書店。

上村福幸　一九三一「篠原教授の理論的教育学を評す」教育思潮研究会編『教育思潮研究』第五巻第一・二輯、目黒書店。

梅根　悟　一九七〇「篠原助市とその教育学」篠原助市『批判的教育学の問題』明治図書。

大浦　猛　一九七二「解説　篠原助市の生涯・思想と『欧洲教育思想史』」篠原助市『欧洲教育思想史』下巻、玉川大学出版部。

――――　一九七五「篠原助市における教育学形成の特質――欧米教育思想摂取の態度を中心にして」教育哲学会『教育哲学研究』第三一号。

大西正倫　二〇一一『表現的生命の教育哲学――木村素衛の教育思想』昭和堂。

大橋容一郎　一九九八「新カント学派」廣松渉ほか編『岩波　哲学・思想事典』岩波書店。

大橋良介　二〇〇九『日本的なもの、ヨーロッパ的なもの』講談社。

大峯　顕　一九八九「西田哲学とフィヒテ哲学」『花月の思想――東西思想の対話のために』晃洋書房。

岡崎勝明　二〇〇〇『フィヒテと西田哲学――自己形成の原理を求めて』世界思想社。

桶谷秀昭　一九九六（一九九二）『昭和精神史』文藝春秋社。

長田　新　一九四四『国家教育学』岩波書店。

門脇卓爾　一九八七「『自己意識』と『自覚』」『理想』第六三五号、理想社。

――――　一九九〇「西田哲学とカント」上田閑照編『西田哲学への問い』岩波書店。

木内陽一　一九九四「実験教育学から新カント派哲学へ――明治末年・大正期における篠原助市の外国教育学との取

り組みについて」鳴門教育大学『鳴門教育大学研究紀要（教育科学編）』第九巻。

――　一九九五「篠原助市における『実際的教育学』の成立過程――一九三〇年代の篠原教育学に関する覚え書き」鳴門教育大学『鳴門教育大学研究紀要（教育科学編）』第一〇巻。

――　二〇〇一「篠原助市教育学と朝永三十郎の西洋哲学史研究」比較思想学会『比較思想研究』第二八号。

――　二〇一〇　解説「篠原助市教育学の形成と構造」『篠原助市著作集』第七巻、日本図書センター。

木村素衞　一九三九『表現愛』岩波書店。

――　一九四一『形成的自覚』弘文堂書房。

――　一九四六『国家に於ける文化と教育』岩波書店。

――　一九七六（一九四七）『教育学の根本問題』信濃教育会出版部。

――　二〇〇〇『美のプラクシス』燈影舎。

窪田祥宏　一九七三「大正期における新教育運動の展開――埼玉県の場合を中心として」日本大学教育学会編『教育学雑誌』第七号。

高坂正顕　一九四七『西田幾多郎先生の生涯と思想』弘文堂（『高坂正顕著作集』第八巻、学術出版会）。

小林敏明　二〇一一『西田幾多郎の憂鬱』岩波書店。

駒込　武・川村　肇・奈須恵子編　二〇一一『戦時下学問の統制と動員――日本諸学振興委員会の研究』東京大学出版会。

子安宣邦　二〇〇三『日本近代思想批判――一国知の成立』岩波書店。

四日谷敬子　一九八四「場所の論理とドイツ観念論――西田哲学との批判的対決」『思想』第七二五号、岩波書店。

下程勇吉　一九五八「篠原助市教授の生涯と業績」京都大学教育学部『京都大学教育学部紀要』第四号。

篠原助市　一九二二『批判的教育学の問題』東京寶文館。

――　一九二九『理論的教育学』教育研究会。

――　一九三〇『教育の本質と教育学』教育研究会。

――　一九三二「民族と教育――特に教育理想としての民族精神」東京文理科大学教育学会編輯『教育学研究』創刊号（『教育断想』寶文館）。

――――　一九三三「自由と愛――再び民族と教育につきて」東京文理科大学教育学会編輯『教育学研究』第二巻第二号、第四号（『教育断想』寶文館）。
――――　一九三八ａ「教育の両極」東京文理科大学教育学会編輯『教育学研究』第七巻第三号（『教育断想』寶文館）。
――――　一九三八ｂ『教育断想』寶文館。
――――　一九三九『教育学』岩波書店。
――――　一九五六『教育生活五十年』相模書房出版部（大空社による一九八七年の復刻版を使用）。
清水太郎　一九九四「カント学派哲学と大正期日本の哲学――西田幾多郎と左右田喜一郎」『現代思想』第二二巻第四号（臨時増刊「カント」）、青土社。
皇　紀夫・矢野智司編　一九九九『日本の教育人間学』玉川大学出版部。
左右田喜一郎　一九三〇（一九二六）「西田哲学の方法に就いて――西田博士の教を乞ふ」『左右田喜一郎全集』第四巻、岩波書店。
高橋里美　一九七三（一九一二）「意識現象の事実とその意味――西田氏『善の研究』を読む」『高橋里美全集』第四巻、福村出版（初出より多少の字句上の変更がある）。
田邊　元　一九三〇「西田先生の教を仰ぐ」『田邊元全集』第四巻、筑摩書房。
――――　一九三一ａ「綜合と超越」『田邊元全集』第四巻、筑摩書房。
――――　一九三一ｂ「人間学の立場」『田邊元全集』第四巻、筑摩書房。
――――　一九三四「社会存在の論理――哲学的社会学試論」『田邊元全集』第六巻、筑摩書房。
筒井清忠　一九九五『日本型「教養」の運命――歴史社会学的考察』岩波書店。
朝永三十郎　一九一六『近世に於ける「我」の自覚史――新理想主義と其背景』東京寶文館。
中野　光　一九六八『大正自由教育の研究』黎明書房。
――――　一九七七『大正デモクラシーと教育――一九二〇年の教育』新評論。
中村雄二郎　一九八三『西田幾多郎』岩波書店。
西田幾多郎　一八九五「グリーン氏倫理哲学の大意」第一三巻、岩波書店。
――――　一九一一『善の研究』『西田幾多郎全集』第一巻、岩波書店。

——　一九一二　「高橋（里美）文学士の拙著『善の研究』に対する批評に答ふ」『西田幾多郎全集』第一巻、岩波書店。

——　一九一五　『思索と体験』『西田幾多郎全集』第一巻、岩波書店。

——　一九一七a　『現代に於ける理想主義の哲学』『西田幾多郎全集』第一四巻、岩波書店。

——　一九一七b　『自覚に於ける直観と反省』『西田幾多郎全集』第二巻、岩波書店。

——　一九二三　『芸術と道徳』『西田幾多郎全集』第三巻、岩波書店。

——　一九二七a　『働くものから見るものへ』『西田幾多郎全集』第四巻、岩波書店。

——　一九二七b　「左右田博士を悼む」『西田幾多郎全集』第一三巻、岩波書店。

——　一九三〇　『一般者の自覚的体系』『西田幾多郎全集』第五巻、岩波書店。

——　一九三二　『無の自覚的限定』『西田幾多郎全集』第六巻、岩波書店。

——　一九三三　「教育学について」『西田幾多郎全集』第一二巻、岩波書店。

——　一九三四　「弁証法的一般者としての世界」『西田幾多郎全集』第七巻、岩波書店。

——　一九三五　講演「現実の世界の論理的構造」『西田幾多郎全集』第一四巻、岩波書店。

——　一九三六　「論理と生命」『西田幾多郎全集』第八巻、岩波書店。

——　一九三七a　『続思索と体験』『西田幾多郎全集』第一二巻、岩波書店。

——　一九三七b　「行為的直観」『西田幾多郎全集』第八巻、岩波書店。

——　一九五一　『日記』『西田幾多郎全集』第一七巻、岩波書店。

——　一九五三a　『書簡集』『西田幾多郎全集』第一八巻、岩波書店。

——　一九五三b　『書簡集』『西田幾多郎全集』第一九巻、岩波書店。

西谷啓治　一九九〇（一九七二―一九八八）「西田哲学演習――『働くものから見るものへ』」『西谷啓治著作集』第一四巻、創文社。

新田義弘　一九九八　『現代の問いとしての西田哲学』岩波書店。

林茂ほか共同編集　一九七一　『二・二六事件秘録2　二・二六憲兵調書（続）犯人隠避刑事訴訟記録』小学館。

檜垣立哉　二〇一一　『西田幾多郎の生命哲学』講談社。

松井春満　一九七八「大正教育と新カント学派——篠原教育学と手塚岸衛の実践をめぐって」池田進・本山幸彦編『大正の教育』第一法規。

三木　清　一九四一「読書遍歴」『三木清全集』第一巻、岩波書店。

源　了圓　一九九五「近代日本における伝統観と西田幾多郎——エリオットの伝統論との出会い」『思想』第八五七号、岩波書店。

宮寺晃夫　一九九一「理論的教育学＝篠原助市」金子茂・三笠乙彦編『教育名著の愉しみ』時事通信社。

務台理作　二〇〇一（一九五九）「学究生活の思い出」『務台理作著作集』第五巻、こぶし書房。

———　二〇〇一（一九六四）「哲学十話」『務台理作著作集』第五巻、こぶし書房。

森　昭　一九七八（一九五五）『教育の実践性と内面性——道徳教育の反省』黎明書房。

柳　久雄　一九七三「教育学研究の遺産——篠原助市の教育学について」日本教育学会『教育学研究』第四〇巻第四号。

矢野智司　二〇〇二「問題としての日本の教育人間学——京都学派の人間学を中心としたスケッチ（1）」京都大学大学院教育学研究科臨床教育学講座『臨床教育人間学』第四号。

———　二〇〇八a『贈与と交換の教育学——漱石、賢治と純粋贈与のレッスン』東京大学出版会。

———　二〇〇八b「京都学派の人間学と戦後教育学の系譜」教育哲学会『教育哲学研究』第九七号。

———　二〇一〇「近代教育学を思想史研究として問うことは何を問うことだったのか——カノン形成から見た教育思想史研究史覚書」教育思想史学会『近代教育フォーラム　別冊教育思想史コメンタール』。

———　二〇一二「生成と発達を実現するメディアとしての身体——西田幾多郎の歴史的身体の概念を手掛かりに」田中毎実編『教育人間学——臨床と超越』東京大学出版会。

———　二〇一三a「人間学——京都学派人間学と日本の教育学との失われた環を求めて」森田尚人・森田伸子編『教育思想史で読む現代教育』勁草書房。

———　二〇一三b「近代日本教育史における発達と自覚」教育思想史学会『近代教育フォーラム』第二二号。

山口和宏　二〇〇四『土田杏村の近代——文化主義の見果てぬ夢』ペリカン社。

鷲田清一　二〇〇七『思考のエシックス——反・方法主義論』ナカニシヤ出版。

Bollnow,O.F., 1959 *Existenzphilosophie und Pädagogik*, Stuttgart:W.Kohlhammer.＝一九六六　峰島旭雄訳『実存

哲学と教育学』理想社。

―――― 1978 *Erziehung zur Frage*, herausgegeben von Takashi Morita und Keiichi Otsuka. = 一九七八　森田　孝・大塚恵一訳編『問いへの教育――哲学的人間学の道』川島書店。

Dewey,J.,1980（1916） *Democracy and Education : An Introduction to the Philosophy of Education, The Middle Works of John Dewey*, vol.9, Carbondale:The Southern Illinois University Press. = 一九七五　松野安男訳『民主主義と教育』上下巻、岩波書店。

Fichte,J.G., 1911（1794） *Grundlage der gesamten Wissenschaftslehre*, neu herausgegeben und eingeleitet von Fritz Medicus, Felix Meiner.= 一九四九　木村素衞訳『全知識学の基礎』上下巻、岩波書店。

Heisig,J.W.J., 1990 The Religious Philosophy of the Kyoto School:An Overview in *The Religious Philosophy of Tanabe Hajime:the metanoetic imperative*, Asian Humanities Pr. = 一九九三　高梨友宏訳「京都学派の宗教哲学――その一概観」『現代思想』第二〇巻第一号。

―――― 二〇〇六　『日本哲学の国際性――海外における受容と展望』世界思想社。

Mollenhauer,K., 1983 *Vergessene Zusammenhänge:Über Kultur und Erziehung*, München: Juventa. = 一九八七　今井康雄訳『忘れられた連関――〈教える - 学ぶ〉とは何か』みすず書房。

Nishida Kitaro, c1987 *Intuition and Reflection in Self-Consciousness*, translated by Valdo H.Viglielmo with Toshinori Takeuchi and Joseph S.O'Leary, State University of New York Press.

Standish,P. and Saito,N. eds., 2012 *Education and the Kyoto School of Philosophy:Pedagogy for Human Transformation*, Springer.

第三章　長田 新の教育学
——教育学形成の荒野のなかで

小笠原　道雄

「すべての点を検討されよ。よき点はこれを保存し、またもし諸君自身のうちに何かいっそうよき考えが熟してきたら、わたしがこの書において真実と愛とをもって諸君に与えようと試みたものに、真実と愛とをもってそれを付け加えられよ。」（J・H・ペスタロッチー、『白鳥の歌』より）

はじめに

教育学者・長田 新（一八八七・二・一——一九六一・四・一八）は、一九三三（昭和八）年の自著『教育学』の序で、教育学の科学的状況をドイツの生命哲学の開祖であるディルタイ（Dilthey, Wilhelm, 1833-1911）の譬えを引用して「産毛の生えたばかりの雛鳥」と表現している。このディルタイの比喩は、当時ドイツにおける教育学の状況がまさに哲学、倫理学、心理学、歴史学等の諸学に伍して自立する生みの苦しみの渦中にあったことを示している。具体的には一九世紀後半、世界の教育学を席巻するドイツ教育学自体、大学における学問としては未熟で一人歩きもおぼつかない状況であったこと、つまり、学問形成の苦悩の時期にあったことを物語っているのである。しかもその場合でも、われわれは、ディルタイの教育学が完成に至る筋道を提示したもの、あるいは、十分に精査され構築され、広く一般に承認に至るものと考えてはならないであろう。むしろそれは、ディルタイのおびただしい草稿類等にみられるように、トルソーとしての教育学（正確には、近代の教育学的思考の論理化への「端緒」）なのである。周知のように、ディルタイが生前に発表した教育学の著作は、『ベルリン科学アカデミー論集』に掲載された有名な論文「普遍妥当的教育学の可能性について」（一八八八）がほとんど唯一といってよいものである（正確には、論文「学校改革と教室」（一八九〇）も公刊されたが）。しかも、教育学の科学化の端緒として注目され、しばしば引用されるこのアカデミー論文自体も、ディルタイが行なった講義内容の「要約論文」で「取り急いでまとめた結論」（ヨルク伯への書簡）にすぎないものである。何故これほど迄にディルタイは性急にアカデミー論文を提示しなければならなかったのであろうか。ここには特殊ドイツ的な大学の事情、すなわち、ギムナジウム教師養成の服務規程に依って大学では新しい教育学的体系に関する広範な知識の提供が求められていたことをわれわれは想起しなければならない。その際求められる「新たな教育学的体系」の基本テーゼとしてディルタイは、一八八四年、「ベルリン大学教育学講義覚え書き」で「人間は徹頭徹尾歴史的な存在であり、したがって教育と教育の理論もまた歴史的な現象である」と定立する。この基本テーゼはディルタイ教育学にとって不動のものとして以後も持続、強化し、展開されることになる。

他方長田は、わが国の「文化教育学」の旗手として、「日本のリット」と呼ばれるほどに上記ディルタイ派を含むドイツ教育学に傾注しながらその動向をつねに注視し、わが国の時代状況に敏感に反応しながら日本の教育学の樹立に邁進する。同時にそれは長田教育学の成立と展開、そして実践でもあった。その際、長田は時代を透視する立場、方法、即ち「教育の研究は、教育の本質把握ということでなければならない」という確信のもとに本質のもつ普遍妥当性を前提に「本質に徹する」信念を貫き長田教育学の樹立に邁進する。なぜ本質観に徹するかについて長田は、本質に徹すれば「諸問題が基礎付けられる」として、そこに「長田教育学」の在り方がある、と喝破している。ではこのような観点から具体的に長田は、教育学研究においてどのような態度、方法をとったのか。

長田自身が述べるように、教育の本質観に徹する企図としては、ひとつは教育哲学（Erziehungsphilosophie）への道であり、もう一つは教育古典の世界への参入である。具体的には、長田の場合、ペスタロッチー（Pestalozzi, J. H.）への道である。「この二つの世界は、ともどもにその性格もしくは構造が異なるにもかかわらず、私にとっては教育の本質観に徹する企ての何ものでもない」と長田は一九五〇（昭和二五）年前期、広島文理科大学特別講義で述べている。

長田は大正デモクラシー、昭和恐慌、第二次大戦から戦後民主主義にいたる、わが国のきわめて大きな変動期を生きた教育学者であり、大学人として、とりわけ教育（学）界のリーダーとして活躍し、また、ペスタロッチー研究の第一人者として知られ、『原爆の子』の編者としても世界的に著名で、特に、戦後日本の進歩的知識人として、いや広島での凄惨な被爆体験者として平和運動さらには民主主義教育の実現の為に挺身する。

本章は、長田がさまざまな社会的、政治的、文化的な影響をうけつつも、その時々の時代状況のなかでどのように自己の教育学的思考を展開してきたかをライフヒストリー的手法で学説史的に解明することを課題としている。換言すれば、長田教育学の独自の発展を概観する場合、その研究の歴史的な発展に沿って整理されなくてはならないと考えるからである。方法的には長田が指針としたドイツ教育（哲）学、中でも特に私淑したテオドール・リット（Litt, Theodor 1880-1962）の教育思想、教育理論を軸に長田によって血肉化されたその思想と理論の比較・関連を通じた考察である。長田教育学へのアプローチの方法については、下記の参考文献等にも伺われるように、実に多様な観点がみられるが、個々の問題に対する長田の立場や思考の解明は鋭いが、若干の例を除いて必ずしもその全体像の把握には至っていないのではないかと愚考される。それほどまでに長田の教育学は多面性をもったものであるのかもしれない。無論、本稿でもその全体像の把握に至るものではないが、全体像解明の一基線として、あるいは多様な観点の一つとして、長田が深く参入したドイツ教育学の発展、とりわけ、ディルタイの歴史観やリットの社会哲学及び教育学の理論（人間陶冶の論）の展開に注目しながら、具体的には、リットの教育学方法論の展開と長田の問題意識を時系列的にかつ複眼的に比較考察する手法をとることによってその全体像に迫りたい（ドイツの科学的教育学の発展、展開については、巻末に注記（1）として代表的人物を含むその全体像を図式的に掲げた。参照されたい）。長田はつねに事象の具体的全体観、すなわち具体的な人間教育の全体像を求め続けた教育思想家であったからである。

（なお、本章では、よく知られた長田 新に関する詳細な「年譜」（『信州白樺』（第六一・六二・六三合併号）長田新特集、一九八五年二月）や「略伝」（広島大学新聞会編集『平和をもとめて――長田新論文・追想記』、一九六二年三月）、長田自身が語る自己の教育学研究の発展史、「論考」に関しては、皇 至道の『教育学研究』第二八巻第二号（一九六一）〈長田新博士追悼特集〉所収の「長田 新博士の教育学」、東京都立大学教育学研究室『教育科学研究』第三号、（一九八四）を参照し、引用するが、できるだけ、あまり知られていない記録等をも活用するように心がけた。具体的には、村田昇記『教育学者としての自伝――昭和二五（一九五〇）年広島文理科大学特別講義――長田新博士述』平成五年八月三〇日刊、（私家版）、筆者自身広報委員としてその編集に係わった、広島大学広報委員会『学内通信』（一五期四号（No・一二八）、一九八三・九・二〇）、「特集 大学と人――長田 新」等である。長田は講義や演習やいくらかくだけた集いで、自己の教育（学）研究を直裁に述べたようである。人物研究の常道としては書簡や日記等を活用するのが必須であるが、今回はこのような方法で代替した。その他、長田のドイツ教育学研究、とりわけ、リット研究を「影響・作用史研究」の一環として「日本におけるテオドール・リット教育学の受容について」のテーマで巻末に長文の注記（２）を施した。長田のリットの把握やリット理解の特徴、さらにはその位置が明らかになろう。また本論考の性質上、敬称を省略した点を付言したい。）

第１節　長田新 教育学の前提

一九五〇（昭和二五）年、広島文理科大学の特別講義「教育学者としての自伝」の冒頭で長田は、「一人の教育学徒として自己を語るという形式で特別講義を行いたい」こと、その上で「厳密な意味での教育学者として発足する前提の、教育学者としての私の生まれ出てくる地盤として」その生い立ちの記を率直に述べている。そこには長田教育学の原像ともいえる「郷土性」「地域性」「学派性」「実践性」が明確に示されている。一般に人間形成や人物の思想形成に及ぼす「トポス」（場所）と「カイロス」（機時）を重視するのが常であるが、ここでも長田の思想形成の前提として、その「場」と「時」を考察したい。

１　郷土性

長田は「日本の屋根とよばれる……信州の名だたる連峰が聳える山地に産声をあげた」こと、「私の家は農家であるが……父は代用教員をさせられ……母は一三年間小学校教師をやって非常に慕われ……教育に携わっていた」こと、そして後年「私が教師として身を立てるようになった要因」として、村の分校長であった塚原浅芽（あららぎの著者、島木赤彦、本名は塚原俊彦の父親）への敬慕を詳論している。そこから長田は、「先生の私に対する感化は、容易なものでなかった。それが私を教育者として立たした幼き日の体験である」と述懐しながら教育者への道を示している。

一般に「信州は教育県」と呼ばれているが、長田はその証左として帝国教育会の会長は「皆、信州の先輩で、辻新次、伊澤修二、澤柳政太郎先生、それは日本教育史の重大なキャップである。しかも澤柳政太郎先生は私の父親の如き教えを受けた先生である」と記している。後年長田は澤柳政太郎の私設秘書として教育研究を行いながら、澤柳の指導のもとに成城小学校の創設とそこでの教育実践に携わり、終生澤柳を師として仰いでいる。

2　地域性

教育県信州の諏訪中学校を首席で卒業した長田は、知事の推薦を受け一九〇六（明治三九）年、広島高等師範学校の英語科に第二志望で入学する。一九〇二（明治三五）年設立の広島高等師範学校は制度上、東京高等師範学校（一八七二（明治五）年設立）と共に中等学校教員の養成機関として設置され、その後も全国を二分する勢力と名声を博していた。特に、英語教育に関しては、ニュー・メソッドとして実践的で、合理的な方法という改革運動の発祥の地でもあった。「高師へ入り、私は山地で育った青年として真面目な青年であった。中学から続けていた木刀を手にしない日はなかった。道場で、また家の庭で、撃剣で身を鍛錬しなかった日はない。……その私が高師で、三つ紋の羽織を着て、小倉の袴で中央線で東京へ、東京から東海、山陽と広島へ来る途中、鉄アレーを振った。それは山地で育った者の一つの特徴と見られる。」と述べ、ここでも長田の生活流儀（スタイル）には「郷土性」が基層となっていることを示している。

同時に、模範的な「英語教師になるためには、外国のエチケットを知らねばならぬと、時々（広島の）山陽ホテルへ泊まったが、それでは満足できず、在学中貯金をして、少なくとも香港へ行き、半年そこで住もうではないかと思った。夢は実現し、高師四年の冬、ヨーロッパ回りのマルセイユ行きの船に乗り、まる三週間、英語教育の第一線に立った」。なんと言う長田青年の実践的で先取の豊かな精神か！　その精神を突き動かす心性には本物を徹底的に追求しようとする長田の基本的な態度が存するのをわれわれは見逃してはならないであろう。

しかも当時の広島高師の雰囲気から長田は、週一四時間の英語以外の二〇数時間を哲学、倫理、心理、教育学、日本歴史、西洋歴史、東洋歴史さらには蒙古史まで学び、まさに「講義をむさぼるが如く」聴講している。

長田は高等師範学校を回想して「私の精神生活には偏食がない。英語（学）を専攻したが、国文学、漢文学、日本歴史、西洋歴史の教科に対しても、焼きつくような関心を示した」と。特に感銘深く後まで自己の世界観に特別大きな刻印を押した講義（授業）として、フランス革命を研究されている新見吉治教授の西洋歴史と産業革命論を述べた教育学担当の春山作樹教授を挙げている。前者からは、「特に労働階級が新しく西洋史に登場し、自覚をもって立ち上がったこと」、後者からは、「産業革命が現代の人間の生活に対して物質的・精神的にいかに変革を与えたか、その変革に即応せねばならない新しい今後の教育の在り方について考えさせられた」と述べている。長田は、この二つの講義が「私の教育学の基本原理としての基礎工作がなされていた」と述べ、労働階級の登場と近代的な市民社会への移行期における教育の問題を自己の教育学の「基礎工作」と規定し、同時に、自己の教育学を「文明批判の立場に立つもの」としている。そして文明批判としての自己の教育学として育ってきた源泉は、高師時代の二教授の講義より来たのである」と明言している。「教育は文明批判でなければ成らない」、「教育は若い世代に（その文明批判によって）呼びかけることにより、教育独特の仕方によって人類独自の歴史を作って行く」という長田教育学の基本テーゼがすでにこの時期に顔を出している。その批判のルーツとして長田はＪ・Ｊ・ルソーを引き合いに出し、「彼が新教育の予言者となりえたことには、彼に卓越した文明批判があったからだ」と文明批評家としてのルソーを賛美している。このように長田は、「一般に独創的な教育思想家は独創的な文明批判をもたなければならない」として、「教育学者になる第一の資格は文明批評家になることである」とまで断言している。この文明批判の精神こそ生涯にわたる長田の教育研究・実践の「基礎工作」であることをわれわれは見逃してはならないであろう。

このように広島高師時代の学生長田はまさに知的好奇心の固まりであり、ヘルバルトの「多面興味」をもっており、それがやがて「私の新しいヒューマニズム、私の全体的教育の立場に立つ、私の教育学が全体的教育となる」とし、「そのような長田教育学の中心原理が、全体的教育が、常に高師時代の私の生活にあげられる」と結んでいる。

無論、教育学説史的考察の観点から言えば、この明治末期の高等師範学校における講義や授業が引用した長田の口述記にみられる内容のものであったのか、具体的には、新見教授や春山教授の講義（内容）がどのようなものであったかを精査、吟味する必要があろう。今日のように大学における講義内容が「シラバス」として提示される時代と異なりその証明は困難であろうが。同時に、当時のわが国の歴史学等のレベルも吟味する必要がある。在学中に心理学に興味を覚えジェイムズの「心理学原理（The Principles of Psychology）」やヴントの「心理学議論（Grundriss der Psychologie）」を読むが、結局長田は、グリーンの「倫理学序説（Prolegomena to Ethics）」を研究し、英文の卒業論文を国体学の権威西晋一郎教授に提出して卒業している。

一九一〇（明治四三）年四月、長田は大分師範学校教諭に任ぜられ、教育学・心理学を担当する。剣道の指南役や舎監を兼任するが、「ここで初めて教育者としての自覚を得た」と長田は述懐している。一九一二（明治四五）年九月、大学入学のため休職するがこの二年数ヵ月間の大分師範における教育実践は、管見ではあるが、その後の長田の教育学者として教育実践に対する心眼を開くことになったのではないか、と考えられる。具体的には、教育学では教科の内容や教科の指導ということが基本であること、それは長田の『教育学の最後の言葉は教授学である』という命題に収斂される端緒を形成したと思われる。なお長田のこの命題は、長田が参照したディルタイの有名なアカデミー論文、「普遍妥当的教育学の可能性について」（一八八八）の末尾「最後に、完成された教授法は、教授諸科目をグループ化し、それらの諸科目の教育価値を相互に比較評価し、その系統性を規定して、個々の教授対象の方法を確立しなければならない」という言説から導出されたものと考えられるし、ディルタイの有名な命題、「一切の真なる哲学の精華と目的は、最も広い意味での教育学、すなわち人間陶冶についての論のなかにある」（ディルタイ「教育学の歴史」序言）教育の実践化でもある。これを見ても分かるように長田は、二〇年代ドイツ教育学、特に、ディルタイ派教育学に深く参入し、それを我がものとしようとしていたかがうかがわれよう。

3　学派性――哲学工房：思索の道場

一九一二（大正元）年九月、長田は教育学を学ぼうとして京都帝国大学文学部哲学科に入学し教育学教授法を専攻する（同級生は四名）。

長田は口述記のなかでも当時の京大の学風や雰囲気を多くの教授名をあげながら熱く述べている。教育学は谷本富教授。心理学はドイツのヴント心理学を研究していた松本亦太郎教授。長田は当初、「その松本教授に私淑する心算だった」。しかし、松本教授は一年して東大へ転任されたので、心理学から教育学に転向した。その後に広島高等師範学校で教えをうけた小西重直が着任し再び教えを受けることになる。長田はそのことを「この上ない幸福」と感じ、「小西先生には単に研究生活だけではなく人格的に深い感化をうけた」と記している。また、「哲学は西田幾多郎教授、田邊元講師、支那哲学は狩野直喜教授、印度哲学は松本文三郎教授、美学は深田康算教授、哲学の桑田厳翼先生、哲学史の朝永三十郎先生、宗教学の波多野精一先生。これらの教授を並べただけで、いかに歴史を作っていったかが分かるだろう。……本当の学問的な雰囲気だった」と熱を込めて語っている。

われわれはこの長田の口述記からも京都学派第一世代のもつ雰囲気の息吹を熱く感得できる。同時にわれわれは、長田教育学の原基が狭く京都帝国大学教育学教授法教室に限定されるのではなく、いやむしろこの「思索の道場」としての「京都学派」に存すること、とりわけ三〇年代から第二次大戦の終結にいたる期間、「民族」「国家」そして「政治教育」をめぐる京都学派、なかんずくその代表の一人の田邊 元との知的交流を実感する（後述）。京都学派を一義的に定義するのは難しい。ここでは田中毎実の「哲学工房（トポス）」という緩やかな定義を借用する。この思索の「工房」では、〈あるべき近代をめぐって〉「日本的なもの」と「ヨーロッパ的なもの」とが緊張をもって重層的に模索され、近代への超克が激しく、徹底的に論議される「場（空間）」でもあった。

一九一五（大正四）年七月一三日、長田は「教育学的立場からのドイツ理想主義の研究である」卒業論文、「ボランタリズムの教育学」を書いて京都帝国大学哲学科を卒業する。

4　理論と実践をつなぐ「場」――実践性の修業時代

同年九月一日、小西重直のすすめで上京し、澤柳政太郎の私設助手となる。「偉大な総長澤柳先生は、総長を辞めて上京し、私はその秘書になった」。「秘書の仕事は……内外の書を自由に広く読んで（先生に）講義することであった。……私の欲する書物を読み、感激したところを書き続けて、帝国教育会会長（大正五年二月一日会長就任）としての先生が家へ帰られた時、夜話をするのが私の任務である。教育学の専攻であるが、一つに固まろうとしない」「多面興味」の自己の態度を長田は書いている。日曜・祭日も休むこともなく早朝の割引電車を利用して東京帝国大学の図書館や上野の帝国図書館に通い、特別閲覧室に巣を作って貪るように読んでは考え、考えては読み、その結果を纏めて毎週二、三回澤柳宅に行き講義する生活が五年続いた。取り上げられた書籍の範囲は広範なもので、哲学・教育学・心理学にとどまらない。「いずれそのうちに日本に思想問題が起こり、特に高等学校で大きな嵐が吹くぞ。その中で教育学者はどんな立場を取るべきか、その思想問題を研究せよ」と（澤柳先生に）いわれ、まず個人主義の研究として「マックス・スティルネルの『唯一者と所有（Der Einzige und seine Eigentum）など注目すべき文献を読み、次は社会主義を勉強した。ゾンバルト（Sombart, W.）の『社会主義と社会運動（Der Sozialismus und soziale Bewegung）』はもっともsicher（明確）に知らせてくれるものであった。また「フランスのソレルの『暴力論』、革命的サンジカリズム、クロポトキン、相互扶助（Mutualismus）などあらゆる思想的な立場や運動について研究した」。以上のように政治・社会・経済学関係のものから、澤柳政太郎が貴族院議員の職にあったため広く外交・歴史・軍事・医学・農業に関する文献にまで研究の対象はおよんでいる。

例えば、長田の処女作（翻訳）となった『次の世界大戦一名・日本の野心』富山房（一九一七）は澤柳の命によるものであり、次年の一九一八（大正七）年に刊行された『現代の八大強国』（富山房）も長田が澤柳宅で講義した、ウプサラ大学Ｒ・キーレン教授のドイツ語版の翻訳書である。

大正六年四月四日、澤柳政太郎は、東京牛込原町に成城小学校を創設した。当時、澤柳は帝国教育会の会長として理事に野口援太郎らを据えて大正デモクラシーの運動を推進していた。長田は口述記で、畏怖の念を抱く澤柳との人間的つながりを語りながら成城小学校の設立に参画する動機を述べ、その上でその構想と理念を詳論している。

ここでとりわけ長田の成城小学校への道として注目すべきことは、以下の心情吐露である。「私は教育問題の実証的研究というものに対して、本来、非常な関心をもっている」。すでにわれわれは長田が京都大学入学時に「心理学者として立とう」とし、それを「わたしの自画像」に描いたことを述べた。「そういう実証的な関心、もしくは意図・意向は、東京時代の私をして小学校教育の改革に非常な勢いで私を引きつけた。それが大正六年に東京市内に成城小学校を立案するに至った理由である」（六月二一日講義）。もう一つの心情は「私が私淑していた澤柳政太郎先生が、近代の国民学校の父と呼ばれる人であるが、その人が単に文部行政の方に非常な業績を上げたのみならず、中学校長、高等学校長、帝国大学総長（仙台、京都）であったが、なお心を変えて、安住の境地を見いださず、〈自分は小学校をやってみたい、それによって生きがいを見つけるであろう〉と言われ、私自身は先生のプロポーズを、先生にとって不自然でなく、先生本来の面目であると考えた訳である」。この澤柳にとって「小学校教育が安住の境地」という心情の源泉を長田は、澤柳が「明治三〇年に初めて『ペスタロッチー』と題する著作を発表し、我が国の最初のペスタロッチーの著作であることを思い起こし、先生が小学校教育が心の安住所といわれるのは、不自然ではないと考えた」。そして長田は「先生の命ずるままに一つの学校を計画した」。「大正六年に江戸で烽火を上げた成城小学校こそは、我が国の新教育運動の発端であり、しかもその小学校教育に私が非常な魅力を感じ、それを立案し指導した事は、私の生きて行く本来の道を求めたのである」と。ここでも長田のキー・ワードは、澤柳先生、小学校教育、ペスタロッチー、そして新教育運動（改革実践）である。

以上のように長田は、成城小学校への道を述べ、次に、成城小学校の理念を説明し、その理念の具体化がどのような形で現れているかを詳論している。以下若干長いが、本論が成城小学校構想の具体的な教育活動の内容として「教科」に対する長田の思考がうかがわれるので、ここでは「口述記」をほぼ引用する形で紹介する。資料的にもまた、それは一九三六年刊行の長田の『教育活動の本質』（同文書院）にそのまま投影されるものであり、同時に長田の教授学構想の原型である点でも注目したい。

「成城小学校の理念ないし模範は、まず第一に子ども自身の生命、内部からの自己発展、内面的自己発展が第一原理であった。当時われわれは、教育の発生学的研究と呼んでいた。けだし幼い生命が内から自己発展してくるプロセスを、本当に児童学的に把握して、そこに教育の拠点を打ち立てようという理念なのである」。フレーベルの『人間の教育』の基礎論のトーンとなんと似ていることか。「それがどんな形で現れているか」を、長田は主要教科を通して説明している。このスタイルもフレーベルの『人間教育』の「教科論」の展開に似ている。

主要教科は、読み方、国語教育。「当時の国語教授は全くでたらめで、そもそも満六歳に達した子どもが言語生活の構造を本当に発生的につかまず、ハタ、タコというような言葉を出す。それは全く思いつきであり、根拠がない。私は諸外国の子どもの言語生活の調査をし、東京という社会に限定された幼き者が満六歳になるまでにどれだけの国語（語彙）を自己のものにしているかの調査をした。私の外国文献による調査では、満六歳のアメリカの少女は五千以上の語彙を自己のものとしている。東京の満六歳の子ども六〇人ばかりで平均六千に近い言葉を自分のものにしていることが分かった。この資料に基づいて、成城小学校の国語教育が新しく発足したのである。しかも国語生活が読み方と聞き方であり、われわれは読むことによって、書かれた言葉によって知ると同時に、語られた言葉を聞くことよって［調査を］した。しかし、読み方に比すべき聞き方は、驚くべき力を持っている。しかるにわが国の国語教授は、読み方に偏して聞き方の世界をないがしろにしている。それは子どもの国語生活を全体として対象とせねばならない、許すべからざる過誤であると考え、調査した子どもの所有している六千の言葉を基として、読み方と同時に聞き方、自らの話し方という、新しい国語教育の領域を切り開いた。発生学的な立場に立った初めてである。日本でも読み方教授に対する話し方・聞き方［教授］が目覚めたのである。また、日本の読み方教授は、読みと書くことを同時に取り扱っている。これはまた非常に独断的なもので、読む能力と読まれたものを書く能力は発生的には非常に困難な距離があり、読むことは楽であるが、それを書くことは困難である。特に日本の文字は漢字をもち、読まれた［も］のを書くことは大事であるが、読むというが書くということを予想するとなると……相互に犠牲を感じ、非常な国語教育の損失である。……読み方と読まれた文字を書かすことは、非常に根本的な間違いである。そこにそれぞれに生かして、自由に発展させることが、私の国語教授法である。……それと関連して、書き方、習字は、発生学的に立った時、脳神経の解剖学的な見地から毛筆を使って文字を書くことは、低学年では不可能で、四～五年になって初めて許されてよい。この意味で毛筆によっての書き方は四年に伸ばしたのも、発生学的見地からやったのである。当時、非難攻撃が轟々と起こった」。発生学的見地に立った長田の「国語教授法」がみてとれる。共著『児童語彙の研究』（一九三二年、同文館刊）はその調査報告書である。

「次に算数教育。それを何時はじめた［らよい］か。それは満六歳の子どもの数理意識の発生を考えなければならない。国語教授と同様、日本の算数教育は全くでたらめで、私は原始民族の数理問題の調査［と］、生活に取っ組んでいく子どもの数意識の発生的調査と［の］両面から［考え］数意識の発生的研究は、小学校第三学年において初めて可能であるとの結論に達した。その時でも私は外国の調査をした。アメリカのスタンレー・ホールの後継者バーナード（Bernard, L. L.）の教育心理学と算数教育の［精神］衛生についてという極めて不思議なものを見つけた。それに興味をもち、算数教育の一つの示唆を与えてくれた。アメリカ国民を統計的に調査し、精神症が非常に多く、その原因は算数教育の始期を誤って……算数は市民生活に絶対に必要であるという理由で、小学校一年生から算数をやらせているがそれが精神症を引き起こしたのである。われわれは考えて、……自信を得て、第三学年から始めた。

理科教育は、……子どもはこの世にお母さんのお腹から出た刹那から、自然現象、自然作用、自然そのものの中に……ひたっている。自然から生まれて自然から生い立っている。子どもはいろいろな仕方で自然あるいは自然界を豊富に体得している。……小学校で六年間、自然に体得しているのに……小学校で理科の授業をしないのは何たることかということで……小学校一年から三〜四時間の時間をとらせた。当時、小学校四年からであったことに対して小学校一年から［の授業から］は革命的なものであった。

修身教育であるが、身を殺して仁をなす。Moral Life はもっとも高尚な生活形式であるが、遅れて発生する。……高尚な道徳教育を一年からとは早すぎる。内から内的衝動が発生しないのに、内からの生命衝動がいまだ起こってこないのに……外から加えることは神経に異常を来たし不感症をきたす。真善美の様々な価値意識の不感症になるということは、わが国の教育的欠陥である。道をおこなう精神生活は遅れて発生するからというふうな考えで、三年までは修身教授は排除した。
芸術教育であるが、芸術、美の世界は、子どもが生まれた時からひたっているところの一つの社会である。この世界を音響的に、律動的に認識していく。また生命衝動が動く。生の衝動はリズミカルに発動する。……子どもの性格の［もつ］芸術的生活を生かして、音楽のみならず、美の教育を尊重した。殊に歌うということの外に、聴かせる教育、これが重要である。歌うことのみでは、非発生的である。解剖学的、生理学的に聴く［聴覚］器官は、満六歳に発達の頂点に達する。鑑賞教育の領域を開いたのである。児童演劇も成城小学校が本舞台でもってきたのである。なお、絵画の教育は絵を書かせることはしても、鑑賞させることはし［てい］ない。それ［鑑賞］は広島高師が叫び始め、絵画の鑑賞、また習字の鑑賞をおこなったのであるが、書き方は硬筆だけでなく、歴史的文化遺産としての書道の鑑賞を計画したのである。」

これら長田の成城小学校における具体的教育実践としての「教科」教育の改革は、目を見張るものがある。特に、子どもの諸発達を生理学的知見から捉え、それと対応する「教科」の構造や特性を実証的知見から見抜き、『教科』の改革を極めて先導的かつ革新的に行っていることである。学校教育における教科教育の重要性とその内容構造を把握するという長田の思考はやがて自身の「大教授学」の構想を嚮導することになる。その意味でも教育学者長田にとって成城小学校での実践的な教育経験は自身の教育学的思考の礎となっている、と考えられる。

以上、極めて特徴のある郷土性、地域性、学派性そして実践性を基盤としながら、長田 新は一九一九（大正八）年一一月三〇日、広島高等師範学校講師となり、翌年の一九二〇年六月二一日、三三歳の若さで広島高等師範学校教授に就任する。以後長田は一九二九（昭和四）年発足の広島文理科大学助教授に就任、教授、同学長を歴任して、一九五三（昭和二八）年三月三一日、定年により新制広島大学を退官するまでの三四年間、広島の学園を代表する人物として活躍する。なお長田は退官と同時に、第一号の広島大学名誉教授となる。

第2節　長田新の教育学

昭和二五年広島文理科大学特別講義の最終回（一〇月一一日）で長田は、自己の仕事を整理して「自分の感ずるまま、信ずるままに、率直に」次のように述べている。そこには長田の教育学の構造が見事に彫琢されている。

教育哲学……『現代教育哲学の根本問題』（大正一五年）『教育学』（昭和八年）『最近の教育哲学』（昭和一三年）『国家教育学』（昭和一七年）。

教育古典……『ペスタロッチー教育学』（昭和九年）『ペスタロッチー』（昭和一一年）『モルフ・ペスタロッチー伝』（訳、昭和一四―一六年）『ペスタロッチー伝』（上・下）（昭和二六―二七年）。

教授学……　『教育活動の本質』（昭和一一年）。

最後に、『大教授学』で、「私の教育学は完成する。」と。

教育哲学関係では、これに晩年の、一九五九年『教育哲学――教育学はどこへゆく』が付加されよう。そして『大教授学』だけが未完となる。

したがって長田教育学の構造は、教育哲学、ペスタロッチー研究、教授学の三部門からなる、と考えてよかろう。

（なお、ペスタロッチー（Pestalozzi）の表記は、語尾がツィ［tsi］あるいはツィー［tsi:］であるから、厳密にはペスタロッツィあるいはペスタロッツィーとすべきであるが、長田はこの発音に比較的近く、かつ発音の現地［チーュリヒ］主義の原則から「ペスタロッチー」を堅持していた。おおむね、広島系の人々は「ペスタロッチー」と、東京（文理大、教育大）

系の人は「ペスタロッチ」と表記しているようである。）

１　教育哲学

長田自身が述べるように、長田の教育哲学研究は三部作、『現代教育哲学の根本問題』『最近の教育哲学』、そして戦後の『教育哲学――教育学はどこへゆく』とされている。長田自身がその中に『教育学』と『国家教育学』を加えているのは、長田においては「教育哲学」と人間形成の学としての「教育学」が基本的に同一の概念として考えられていたからである。つまりそこでは「教育学」と「教育哲学」が概念的に区別される必要はないのである。そこにはディルタイやデューイ（John Dewey, 1859-1952）に通底する哲学概念、すなわち哲学イコール人間形成とする共通の立場が伺われる。ここでは特に長田が多大の関心をいだき深く参入したドイツ教育学、とりわけリットとの関連を主軸にして考察する。当時の日本におけるリットの紹介や理解の程度、さらにはその研究については、影響・作用史的観点から「日本におけるテオドール・リットの教育学の受容」のタイトルで章末に注記（２）として詳細に記述した。参照されたい。

まず、長田の挙げる教育哲学の五著作を時系列的に考察する。そこからわれわれは長田における教育学の成立や展開さらにはその特徴を伺うことができるからである。その際、長田の論題の展開や内容（概念）の考察が当時ドイツで問題にされているものを直線的にわが国の実情に於いて一義的に論究されているのか否か。伏線として長田教育学の自律性の問題を吟味したい。

（1）『現代教育哲学の根本問題』（一九二六）

その端緒である本書は、長田が学としての教育学の構築を意図した教育の哲学的論究である。長田は本著序章「現代の教育哲学」において、「教育の学理的考察は二〇世紀に入って、言わば一つの新たなる紀元に入った」と述べ、フリッシアイゼン・ケーラー（Frischeisen-Köhler, 1978-1925）に従い、「実証主義」に立脚する一派を「経験主義的教育学」（Empirische Pädagogik）、「批判主義」に立脚する一派を「批判的教育学」（Kritische Pädagogik）と呼称し、前者をモイマン（Meumann, Eenst, 1862-1915）、ベルゲマン（Bergemann, Paul 1862-1946）の諸説から説明し、それを批判している。批判の根底は、実証主義はすべての実在が自然科学的方法を以て克服しうる所謂「因果関係（Kausal Zusammenhanng）」にあるという前提に立つのであるが、この前提そのものは自然科学的方法を以て取り扱う事ができないからであるとしている。この論拠を、長田はリット（Litt, Theodor, 1880-1962）を援用し、「実証主義の根底には実証主義によって説明することの出来ない根本的仮定が秘められている」からであるとしている。これに対する「批判的教育学」を長田は、ナトルプ（Natorp, Paul 1854-1924）一派を中心にその特徴を説明し、その論理性を批判している。その上で、当時両者を統合しようとして台頭して来た「生命哲学」（Lebensphilosophie）について論究している。すなわち、この立場は存在と当為、現実と理想、普遍と特殊、個人と社会などをすべて二元論的に見ずに、一元論的に統一する立場で、それに基づく教育学、すなわち「文化教育学」について論を展開している。ただし長田はナトルプの「理想主義の教育学」にも生命哲学のこの『生命の全一性』の重視の立場を見ている。特にここで長田がナトルプの社会的理想主義やシュプランガー（Spranger, Eduard 1882-1963）の文化哲学が共に労働を「霊化」しようとし、労働は理念の具体化であり、生命の全一性のうちに潜む形成衝動の表現と把握していることは重要である。周知のように、この立場は続くリットによって古典主義的陶冶観からの「離反」ないし「超克」として深化されるものである。

この論究の参考文献として長田は、リットの『現代の哲学とその陶冶理想への影響』（Die Philosophie der Gegenwart und ihre Einfluss auf das Bildungsideal, 1924）を挙げている。これらの立場は従来の教育学と異なり、生命哲学を基調として哲学や倫理や宗教や芸術等、主として文化の上層ばかりでなく、経済や産業や労働等、文化の最低層まで浸透し、産業文化もしくは労働文化の新建設を図るものである、として注目しているのである。なお本書において長田は、「教育学の基礎付け」、「文化教育学の本質」のテーマで詳論しているが、その多くがシュプランガーに依拠しているのが特徴である。そのシュプランガーとは、一九二二年一月二六日、長田は恩師の小西重直と共にベルリン市クーダム（Berlin, Kurfürstendammstr.262）の私宅を訪問していることは注目される。この旅行（一九二一～二二）は第一次世界大戦後のわが国教育政策の樹立のため、帝国教育会長澤柳政太郎を団長として小西重直、下村寿一（文部事務官）、伊藤仁吉（文部事務官）、長田の五名が共に、約一年間欧米諸国の教育政策・教育事情を視察し、中でもドイツに最も長く滞在し、シュプランガー（ベルリン大学）、リット（ライプチヒ大学）、ナトルプ（マールブルグ大学）、ケルシェンシュタイナー（G.Kerschensteiner, 1854-1932）（ミュンヘン大学）等を訪問している。各人はいずれも当時のドイツの大学を代表する教育学の教授達である。全体的に本書は、一九二〇年代前期のドイツの哲学や教育学思想に従い論述しているのが特徴としてあげられるが、なかでも、シュプランガーの諸説に依拠していることが顕著である。

（2）標準本としての『教育学』（一九三三（昭和八）年）

長田の著作と論文をライフ・ヒストリー的に見れば、本著は先の『現代教育哲学の根本問題』（一九二六）後、ドイツ・ライプチヒ大学への留学（一九二八～二九）を終え、新設の広島文理科大学助教授に就任して四年後の著作である。この間、長田は「文化教育学」（一九三一）を岩波講座『教育科学』の掲載論文として、あるいは岩波講座『哲学』の［問題史的哲学史」として『教育思想史』を刊行している。その上で岩波「続哲学叢書」の第九編として当時わが国における諸学の第一線の研究者と共に執筆しているのが『教育学』である。さらに同年、「ペスタロッチー研究」で三月二〇日、京都帝国大学より文学博士の学位（審査委員、田辺元、野上俊夫）を授与されるというまさに長田に取っては四六歳の研究者として最も油の乗った時期でもある。このような刊行書の一例を見ただけでも、当時の長田がすでにわが国での教育学研究の第一人者として注目されていたことが十分理解されよう。同時に、この長田についての評価は単に日本国内だけに留まるものではなく、国際的にも認知されていた。その証左として、一九三一年刊行された『国際教育学雑誌』（P・モンロー、F・シュナイダー編）の第一巻、二号に長田は「現代日本における教育学の諸潮流（Hauptströmungen der Pädagogik im modernen Japan）」をドイツ語で執筆しているのである（本論文は、そのままドイツ語原文で『教育活動の本質』（一九三六、同文書院）の巻末に収録されている）。同時に「教育活動の本質」の第五編結語で長田は「余の教育学をめぐりて」を記し、「最近公にした『教育学』や『ペスタロッチー教育学』まで辿り来つた道行と、そうして今後たどってみようとしている将来の展望の短かき素描を試みてみたいと思う。」と率直にこの時期における研究上の自己の心境を吐露している。注目すべきは、長田の『教育学』における教育事実の重視が『実際的教育学』の作者としての「澤柳政太郎先生の主張の感化」であること……そして自己の教育学が「若しまた情的契機と理的契機との一種の総合若しくは弁証法の上に成るとすれば、その情的契機は小西重直先生に負うところのものであり、その理的契機は澤柳政太郎先生に負うところのものである」としている。そして『教育学』執筆の依頼が昭和三年にあり、それは新設の広島文理科大学の「学園に起こった……事件の脅威と戦いつつ、何か盗みものでもするやうな気持ちで書き記したものが私の『教育学』なのである。」と記している。「何か盗みものでもするような気持ちで書き記した」書とは一体何を意味しているのか。この末尾の一節は、いつもは論理整然と述べる長田の言説とは異なり奇異の念を抱かせる。

同著の「序」で長田は、「此の書は著者がやがて公にしようとしている「大教育学」の言わば序説として、一つには専門の一科としての教育学の門に入ろうとする者の為に、又一つには教育の実際に携わる者の為に、教育学という一学科の基礎と教育活動と呼ばれるものの本質とを、専門の立場に立ちつつ而もなるべく平明に叙した著作である」としている。また本著の内容の基本について「著者の見るところはナトルプ一派のそれとは違って、教育学的思惟の基礎として真に妥当なものは、源をカントに発する狭義の理想主義よりは、寧ろ其の後に展開して来た……諸学であるかのように思われる」と記している。さらに、注目すべきは以下の記述である。「此の書を通じて読者は又ルソーやペスタロッチーやフレーベルの思想が至るところに引かれているのを見るであろう。それは現代哲学の偏した摂取が教育学を形式主義に陥らせるであろうことを恐れたからである。形式主義の教育学が実質的価値の教育学たる為に効果あるべき選ばれた途は、古典教育学の潮流を汲み来りて十分灌漑を図るにあるのではないだろうか」と。この長田の言説は、この時期すでに長田は、教育学が哲学の単なる応用学ではなく、古典教育学の系譜から汲み取られる「教育（教授）活動の実践学」であることを確信していたのであろう。その源泉を歴史的に探求されたのが一九三六（昭和一一）年刊行の『近世 西洋教育史』（岩波書店）である。ここでも長田はディルタイを引用し「人間の何であるかは幾千年の歴史における人間本質の発展過程のうちに感知する外はない」と記している。ヘーゲルの「哲学史即哲学」を長田は「教育史即教育学」としているのである。このようにすでにこの期に長田教育学は教育哲学と教育古典の二つの柱から構成されていることが明らかである。

さて長田自身は本著を「大教育学」の序説としての「教育学」の「デッサンとして試みた」ものと述べているが、真意はなにか。まずその構成を見ておきたい。

目次から、本書は、第一章教育学の方法、第二章教育活動の本質、第三章教育者と教育活動、第四章教育活動の方法、第五章児童生命の理解、第六章民族と教育活動の六つの章で構成されている。

教育学の方法を第一章冒頭に持って来ているのが本書の特徴である。そこには教育学を体系化しようとする長田の強い意志が感じられるし、またそれは当時の教育学にとつては、喫緊の課題でもあったからである（二〇年代ドイツの教育状況も同じ）。長田は「凡そ一個の学術研究は自覚ある一定の計画に従って運ばれなければならない。此の自覚ある一定の計画が方法であって、学術研究の基礎をますものは常に此の方法である」とその学問論を展開している。このような学問観に基づいて長田は第一節でヘルバルトにはじまる教育学体系の成立、つまりドイツにおける教育学体系の成立をシュライエルマッハー、ナトルプそしてマックス・シェーラーにまで言及して述べている。第二節では哲学と教育学のテーマで、哲学的教育学の難点が、さらに心理学の職分が言及される。そこにはディルタイの「アカデミー論文」（一八八八）の論題に始まる問題が展開されていると考えてよかろう。全体的に、今日われわれが講義で取り上げる『教育学概論』、若しくは『教育原理』における主題で構成されている。ただ最後の「民族と教育活動」の第六章は奇異な感を抱かせる。本章は「第一節客観性の教育、第二節社会及び民族と教育、第三節歴史と教育、第四節全体の立場」の四節で構成されているが、結論として、社会学者ハンス・フライヤー（Freyer, Hans, 1887-1969）が「「教育されるとは国家のうちに嵌め込まれることである」と言いつつ、「国家は文化の完成であり、精神こそそれの目標である。」と言っているのは誤りではない」と否定語を否定する表現を取っていることが印象的である。「蓋し教育の課題は幼き者を国家へと教育するにありと言うのでは意を尽くさない。国家への教育は同時に精神への、永劫なるものへの、神への教育でなくてはならない。」と同年刊行の論文、「民族教育学の概念」（『教育科学』）から引用して本書は閉じる。長田教育学の特徴である具体観と全体観の立場が民族教育学として表出されたのか。本章は長田の民族教育学への端緒として注目する必要があるし、同時にそれは『国家教育学』への伏線でもある。参考文献としてフライヤーの『国家』（1925）、G・W・F・ヘーゲル、Fr・パウルゼン、ディルタイそしてK・ローゼンクランツの『ヘーゲルの生涯（Hegels Leben)』(1844）が挙げられている。ここでの問題は、長田が参考にしたであろう「民族」問題や、その概念が一九二〇年代後半からのドイツでどのような展開をみ、それが三〇年代に入って『国家教育学』にいかに収斂して行くのかを複眼的に考察することが重要である。特に、すでに長田が引用し、その後も傾倒する現実科学としての社会学を主張するフライヤーには注目する必要がある。それは国家対社会の解決を国家に委ねたことから、後にナチスに利用されることになったからである。長田の戦後の改訂版『教育学』（昭和三〇年、改訂第一版）では参考文献からフライヤーの著作が削除されているし、初版で結論として述べられていた五行全文が削除されているのである。このことは何を意味するのか。

（３）『最近の教育哲学』

第三は長田の教育哲学三部作の第二、『最近の教育哲学』（一九三八（昭和一三）年）である。

本書は長田が哲学と教育学との関係に関する問題の解決を、主としてナトルプ以後の生命哲学、弁証法、現象学、存在論、哲学的人間学、歴史哲学等の諸学が教育哲学において結合され、問題の解決を図るものとして論究されているが、ドイツにおける思想探求の変化に伴う教育学の進化に寄り添う形で「主題」「方法」の設定がなされ、論究がなされている。本著をドイツ教育思想の展開として捉えるならば、先の（１）の書物の発展と考えられるが、研究者個人に重点を置いて考察するならば、シュプランガーやリットの文化教育学、とりわけ、私淑したリットの弁証法的思考方法を中心にその手法を受容しながらも、長田独自の「文化教育学」が展開されている、と考えられる。そこでは全体観と具体観の教育学として「生命哲学」にその基礎をおく教育学が強調されている。すでに指摘したように、前著に比べてシュプランガーやナトルプよりリットに依拠する論述が極めて多いのが特徴として挙げられる。具体的に指摘すれば、長田は「弁証法を教育学に導き入れた第一人者はTh・リットである」と断定し、「いかにして〈精神科学〉の基礎を確立すべきかに就いての理論的認識論的関心から［リットが］シュプランガーと袂を分ち、現象学並びに特に弁証法に、従って、またヘーゲルに赴いた」と述べている。長田はリットの弁証法的教育本質観を先の『現代の哲学とその陶冶理想への影響』（一九二五）や『自由か放任か』（"*Führen*" *oder* "*Wachsen lassen*"）（一九二七）などの書物を挙げ詳論している。その上で、長田は「科学としての教育学」の性格を価値科学と存在科学との総合の上に成り立つ一種独自の「全体学」であるとしているのである。さらに、「具体観」を教育学の方法論的原理とする現象学的教育学乃至教育科学に就いて論究しているが、特に、当時のドイツの政治的社会的意味での「危機」と更には存在論的・実存的世界観運動に声援されて、教育の政治化を主張する「政治教育」（Politische Pädagogik）の発展が見られることを指摘している。このドイツの政治的社会的意味での「危機観」と「政治的教育」の発展は一九三〇年代、四〇年代の長田の思索の前哨をなすものとして注目しておく。前者の〈危機〉に関しては先の社会学者フライヤーの『現代の陶冶危機について』（*Zur Bildungskrise der Gegenwart*）（一九三一）を参照して、「将来の国民教育は与えられる具体的生活を基礎として建設されねばならない」と主張するその立場を長田は是認している。後者の「政治的教育」に関しては、ボイムラー（Alfred Baeummler、ベルリン大学）の論文「形式的陶冶の限界」（Die Grenzen der formallen Bildung）から、「教育学は『政治的教育学』として政治科学の広い領野に挿入されるであろう」と長田は肯定的に引用している。この具体観の教育学に関する論述には、全く、リットに関しての論述がみられない。このフライヤーの「危機」の根源としての社会、民族そして国家観の把握やボイムラーの「政治的教育」に対する立場は、リットと根本的に対立するものであり、長田との間には大きな見解の相違が存する。全体的に、本書は一九二〇、三〇年代ドイツ教育哲学の展開を詳細に論究し解釈したもので、それらを基礎に教育理論を把握しかつ教育作用の本質を解明したものとして当時わが国では注目されたが、今日の観点から見れば、問題の本質は三〇年代ドイツに始まる社会、政治的動向に伴う論題、内容を言わば主流派の立場からの考察が中心でその批判的考察が弱いのではないか。また論点の微妙なズレが気になる。例えば、政治的教育について指摘するならば、ヨーゼフ・デルボラフによればリットの場合、「政治的教育」は「政治教育を如何におこなうか」というその「教育方法（術）」を問題にするものであって「政治的教育」の本質を問うものではなかったのである。つまり、教育学の方法論として「政治的教育」を問題にしているのに対して、長田はそれを「本質」論として問題を展開し一種の迷路に入り込むことになる。

同著第八章の民族教育学は、長田の社会、民族、国家論への転換をうかがうためにも特に注目したい。そこで長田は特に田邊元の「社会存在の論理」を引用して、哲学的人間学も今尚真に具体的な立場にあらずとして新たに哲学的社会学の現代的要求たるべき意義を明らかにして次のように引用している。「社会の原理探究は現代哲学の中心課題をなす。単なる人間存在の存在論と人間学とは此の見地からすれば、既に過去に属する。人間は社会において、人間存在は社会存在において、初めて具体的たり得る。社会存在の哲学こそ今日の哲学でなければならぬ。哲学的人間学ではなくして哲学的社会学が今日の要求であろう。」（田邊『哲学研究』昭和九年一一月）長田はこの田邊の言説を梃子に真に具体的全体としての教育学が精神歴史的な具体的全体としての民族に基礎を置く教育学の一系統として民族教育学を位置づけ教育学の進歩として理解している。そしてそれが歴史社会的現実を「歴史的世界（geschichtliche Welt）」の概念の下に強調したディルタイを先達として発展してきた現代的傾向としている（三四三頁）。同時に長田は、「第六節　民族教育学の反省」も行っている。それは教育学における民族的具体化運動の陥穽の一つとして「ファシズム化」を挙げている。具体的には、教育の民族的特殊化に性急すぎたE・クリーク（Krieck, E.）にみられるファシズム化への道である。この民族に基礎を置く教育学が陥穽に陥る一要因として長田は、「民族を固定したものと見ること」であるとして、結論として「民族は在るものではなくて成るものであり、存在ではなく生成であり、永劫の生成である」としている。其の上で長田は「民族の本質は文化を受容し創造する歴史的なる精神または内面性である」と結論している。ここには長田の民族概念をめぐる恩師田邊との強い影響や結び付きと同時に長田のこの期の「文化教育学」の特質がうかがわれる。

（4）苦悩の著『国家教育学』（一九四四（昭和一九）年）

終戦の前年、京都学派の田邊元博士の「御激励と御慫慂とに端を発して」刊行された本著は長田にとって苦渋の書ではなかったか。いかにもぎこちない。本書を考察する際、われわれは必然的に、ドイツ側からみればヒットラー体制下の学問研究及びわが国の国家体制のもとでの「諸学」の統制という観点は不可欠であろう。前著『最近の教育哲学』（一九三八）にも濃厚に見られた一九三〇年代ヒットラー体制下（一九三三年一月―一九四五年五月）の科学、とりわけドイツ大学（フンボルト的大学）における伝統的な学問研究、所謂大学の研究・教育の自由（Freiheit）は「高等教育政策」の転換としてその変質を強制されていたし（ベルリン大学政治教育学講座の設置とボイムラーの教授就任）、わが国においては、一九三七（昭和一二）年の文部省「国体の本義」の配布に始まる教学刷新・国体明徴の運動という一連の強化（一九四二（昭和一七）年）策は、日本諸学振興委員会の設置、文部省教学局『臣民の道』の刊行として具体化される。これら時代の激動の中で長田はどのような立場で、どのような動きをし、どのような発言をしたのであろうか。まず、本著の内容の吟味の前提として、この期の長田の思想と行動を仔細に見ることによって本著の刊行に至る道程を見たい。（長田の行動に関してはその『実践』において纏めて後述する。）

「国家教育学」なる名辞と内実は、長田の場合どこに淵源するのであろうか。時系列的に追ってみよう。タイトルとしては雑誌『精神科学』（一九四〇）に掲載されている「国家教育学への道」が端緒か。いや長田自身が『国家教育学』の「序」で明言しているように「国家教育学」の企図は、「初め昭和八年に発表した論文「民族教育学」に現れているが、それはすでに『教育学』の最後の第六章民族と教育活動にも現れている。「民族教育学」に次いで昭和一一年に発表した論文「政治的教育学」は右「民族教育学」の企画をさらに一歩進めたものであったが

（両論文は昭和一三年刊行の『最近の教育哲学』に収録されている）、それが今や此の『国家教育学』となったのである」。この長田の『序』からは、本著の端緒が十一年前の「民族と教育活動」に開始され、それが「民族教育学」から「政治的教育学」へ、そしてそれを「一歩進めたもの」が「国家教育学」となる。この記述からは「何々から、何々へ、そして何々に成（至）る」という長田特有のレトリック、「弁証法」があるが、続く次の文節、「今公にする『国家教育学』は此等の旧著をも新たな眼もて顧みつつ、特には国家そのものの本質的理解の上に立って所信を披瀝した」と。ここには「新たな眼もて顧みつつ」と、いつもの「否定による統合（止揚）」という長田特有の弁証法的記述は消え「顧みつつ」という文言が使われている点が注意を引く。そこには、長田に特有の用語法である「何々から何々へ」と言う発展的思考とは異なった思考、長田の逡巡する思考があるのではないか。

長田という著者は、「序文」冒頭で問題の結論を明示し、その解明のために書物の刊行目的、内容（章立て）等を、論理的にもかつ明晰な言語で断定的に説明することを心がけていたのではないかと思われる。同著でもその精神が十分にうかがわれるし、長田の言葉のもつ力を感じるが、他の著作と比べて何かが異なる。したがってわれわれはスローガン的な長田の文節の結論に納得しながらも重要タームの仔細な変化をも見逃さないよう心がけて解読することが必要ではないか。この傾向は長田が私淑したリットにもみられるものである（ただしリットの場合は『版』ごとに大幅な加筆や改訂を加えそれを改訂版「序」において明示し、自己の思索の発展に伴う変更を示して読者に注意を喚起している。典型的な一例としては、主著『個人と社会』で、直接長田に「初版本は読むな、また同じ改訂版でも一九二五年の、すなわち最後の版を見るようにと、念さへ押した」と長田は記している程だ（『独逸だより最遊記』（一九三一、一九九頁）参照）。

「序」の第二段で長田は「著者がこの書で企図したところは教育学は一面人間学であって他面国家学でなくてはならぬということを明らかにすることにある」として、以下同著は国家教育学の概念、国家教育学への道、現代の哲学と国家教育学、民族と教育、政治と教育、国家の本質、徳治と法治、文化国家、教育立国の九章からなっている。第一章において「先ず教育作用の有つ性格を主として国家学としての教育学の側より解明して」……教育作用の独自性をあきらかにしている。第二章では特にディルタイの教育学が有するという仕方で、人間学としての教育学より国家学としての教育学への転回の歴史的考察を試み、第三章では理想主義哲学後発展して来た生命哲学・存在論ないし実存哲学等の諸思潮が国家教育学の発展に対して如何なる示唆と声援とを与えているかを概観、第四章、第五章では民族及び政治の有する教育的意義をあきらかにして教育作用の独自性を探究し、第六章国家の本質を道義において見ると同時に権力と福祉とがその世界史的現実としての国家の本質契機でなくては成らぬ所以を解明し、第七章では国家の本質的契機としての法は道義と如何に関連すべきかを、そして第八章では道義国家と文化国家との関連とその構造を解明し、第九章において文化国家における教育作用の位置を政治と経済との関連において教育立国の基盤を明らかにしている。

第三段において著者は、同研究における「プラトン、ペスタロッチー、ヘーゲル、ランケ、ディルタイ、ナトルプ、シュプランガー、フライヤー等の哲学説、国家説、教育説は無論のこと、小西重直博士、西田幾多郎博士、田邊元博士、西晋一郎博士等諸恩師の教えを受けた点多かりしことを特記して」謝意を表している（リットの名がないが一九三三年以降、リットのライプチヒ大学辞職後両者の間の交信は途絶えたであろうし、リットの書物自体が日本に入らなくなったと考えられる）。謝辞に続いて問題の言説、「聖戦の完遂と更には大東亜の建設が如何に国民の教育に負うもの多きかを思う時、人間の形成と国家の形成との相互媒介の理論を明らかにすることを主たる課題とした此の小著が一国教育の妥当な指針への多少の資ともならば著者の幸とするところである。」の文節が続く。そして文末に本書が「このような形をとって世に出るに至ったのは著者が論文「政治的教育学」を発表した際田邊元博士の御激励と御慫慂とに端を発する」と衷心からの謝意を表している。ここには長田の「政治的教育学」論文に始まる京都学派、特に田邊元との思想的交流、影響関係が強く感じられる。さらにその傍証として教育学者森昭の「ヘーゲル復興とともに強まってきた〈国家教育学〉への動きをいわば集大成したのが、長田新の『国家教育学』と言えよう」との指摘はそれを得心させる。

われわれは長田の問題作『国家教育学』の「序」をほぼ全文見てきた。何が問題か。基本は長田の語る道義性に基づく「国家」観の問題ではないか。ヨーロッパに淵源するヘーゲルの国家論から三〇年代ドイツに特有な「国家論」を発展的に捉え、あるいはその変容と捉え、願望としての、理想としての「国家の形成」を、これまた理想主義的な「人間形成」との相互媒介としての『国家教育学』で「超克」を図る。その際も、三〇年代ドイツの国家体制とわが国の国家体制、つまり「天皇制国家体制」と「ナチズム的国家体制」とは全く「異質なもの」あるいは分かり易くいえば「水と油」のように異なる国家体制をペスタロッチー流の「教育立国論」で「超克」しようとしている、と解されるのではないか。

したがって、人間の形成と国家の形成の相互媒介の思想書『国家教育学』は「聖戦の完遂とさらには大東亜の建設という道義」の道具として作用することになるのではないか。この「聖戦」「道義」意識の根底には長田の明治生まれの本音が滲み出ているし、用語の背景には、例えば、一九四四年二月の文部省教学局『日本諸学講演集』（第九篇）「錬成の本義」に見られるように西洋教育思想を規準としてわが国の「錬成」内容の再考を促す思考（「超越型ではなく内在型の錬成」）だがその際にも長田の基層は不変なのではないか。象徴的なことではあるが、すでに紹介した一九三一年長田が寄稿したドイツ語による『国際教育科学雑誌』論文、「現代日本における教育学の主潮流」の冒頭で、長田は日本国の起源を「二五二七年の長きにわたるもの」（das seit seiner Gründung , 2527 Jahre lang）と「西暦」ではなく、「皇紀」で示しているのである。ここには長田の『国家』を巡るアンビバレントな心意が象徴的に露呈されているのではないか。いやこの問題は一人教育学者長田だけの問題ではない。後述する京都学派にも通底する問題でもある。（なお、一九四三（昭和一八）年の時期、西田幾多郎から長田新宛ての二通の書簡がある。）

周知のように、一九三〇年代ドイツにおいては「人種」問題に起因する「民族教育学」、そして「政治の教育化」に対する「教育の政治化」問題として『政治的教育学』の問題が噴出していたのである。国家体制の全く異なるドイツでの問題と日本での問題の把握と超克論。幾重にもかかる思想のフィルター。それは異質な思想・理論を直線的に一義的に結びつけて理論化を図る「接ぎ木」本『国家教育学』の運命的問題でもあるのではないか。そこには思想受容の根本問題とその課題が重くのしかかる。これらの根本的な問題に対する論議を避けても本書に対する評価は厳しい。何故か。管見では、すでに指摘した一九三〇年代以降、長田が私淑する京都学派との交流、とりわけ、田邊元との影響関係が重要と考えている。すでに論究した『最近の教育哲学』（一九三八）に収録された第八章「民族教育学」の中で、長田は真に具体的なる立場として哲学的社会学の要請を田邊元の論文、「社会存在の論理」を挙げ引用している。「社会存在の哲学こそ今日の哲学でなければならぬ。哲学的人間学ではなく哲学的社会学が今日の要求であろう」と（ただし一九三三年の論文、「民族教育学の概念」には此の引用はない。この五年間の中に何があったのか。一般に、京都学派の人々には他者の文献の「引用はしない」のが通例と聞く。長田の場合、一般的に外国書の参考文献を数多く挙げるが、日本人のものはこの田邊の文献だけで例外的である）。田邊と長田の個人的な交流に関する資料は少ない。村田昇述記（一〇月一一日最終講義）では一ヵ所田邊が登場する。ここでの論究テーマと直接的な脈絡はないが長田の教育学観が見事に示されているのでそのまま引用しておく。「ディルタイがベルリン大学の講義の中で『哲学者の最後の言葉は教育学である。何故かと言えば、全ての知識は、畢竟、実践の世界に展開されねばならないから、すなわち教育学である』と言っているが、私は『教育学の最後の言葉は教授学である。各科の教授まで具体化され特殊化されなければ、せっかくの教育学はイデアの世界のような一般的な状況に破棄される』と。その後に「それを田邊先生にいったら、『それはちょっと極端ではないか』といわれた」と。田邊の人間生成としての人間形成（教育学）観と長田の文化内容をより良く伝達する術としての「文化教育学」観の相違である。このように長田と田邊との教育学を巡る根本的な相違がうかがわれるが、この両者の対話から「『大教授学』で、私の教育学は完成する」という長田の教育学の特徴が明示されている。だがその教育学観にいたるプロセスでの「民族」「国家」論には田邊—長田の師弟関係は極めて濃厚なものがあると考えられる。再度、田邊と長田の影響関係に話を戻す。

近年、国際シンポジウムの報告書『近代の超克と京都学派』（二〇一〇、以文社）と題する瞠目すべき書物が刊行された。中でも私を釘づけにしたのは「『近代の超克』思想と『大東亜共栄圏』構想をめぐって」と題する鈴木貞美の論文であった。若干長いがそのまま引用する。「利己主義を超えて国家という共同体に自己を一致させることを理想として説き、それに『世界精神』の実現をこめて語ったのは、ヘーゲル『法哲学』（一八二一）だった。この時期の日本では、京都学派の哲学者、田邊元がそれを転用し、『種の論理』に展開した。そのことは、彼の「種の論理の意味を明らかにす」（一九三七）ると端的に述べられている。「民族の種的制約」をもったまま、普遍的な人類性を獲得した個々人が形づくる国家が「間接に人類性を獲得する」、人類普遍主義を身につけた個々人がつくりだす国家が、民族性と普遍性を同時に体現するものである。田邊の場合、個人と種（民族）と類（人類）の互いに矛盾する三つの段階を超えるのは、その三段階を貫く「生成」の論理である」（同著、二〇五頁）。この田邊の文節を長田的に変換すれば、「『日本民族の種的制約』をもったまま、近代教育の『人類普遍主義』を『人間形成』によって身につけた国民がつくり出す国家」が民族性と人類性を同時に体現する、と。先の民族教育学における長田の「民族は在るものではなくて成るものであり、存在ではなく生成である」というフレーズを想起されたい。このように長田の「民族」「国家」概念の原像が田邊の「種の論理」のコピーとして読み取れるとしたら、「普遍性な人類性」を獲得する「術」として「人間形成」の教育学は、つまりは「国家教育学」なのであろうか。さらに根本的な問題を同『報告書』はわれわれに投げかけている。それは編者の日本思想研究者酒井直樹が「普遍主義の比較研究へ」のテーマでの次の問題提起である。「京都学派哲学の研究においていまだ主題化されていないのは、普遍的哲学の超越論的企てと帝国的国民主義との関係にほかならないということを是非とも指摘しておきたい」。まさに一九三〇、四〇年代京都学派の「国家論」の不在というアポリアを示唆している。さらにこの指摘の背景には、大正期デモクラシーに始まるわが国教養人の特徴である人種、民族、更には国家の存在を無視して個人を世界と直結させようとする一種のコスモポリタニズムへの批判が込められているのではないか。

想うに長田の場合、問題を孕みながらも京都学派のなかで激しく問われた、あるべき近代をめぐる「日本的なもの」と「ヨーロッパ的なもの」との超克を巡る深刻な問題との格闘の形跡は具体的に見られない。そこには「日本的なもの」と「ヨーロッパ的なもの」とが重層（二重構造）のまま、あるいは二重構造を認めながらその上で『近代教育』の理念に基づく「教育立国」を模索するという構図が見て取れる。その結果、過度な日本精神主義を戒めながらも長田の主張は時代の激流の中で翻弄されることになるのではないか。その「あがき」といってもよいような言説が本書に窺われよう。

長田には長期にわたる関心とその経験から体得してきたヨーロッパ流のヒューマニズムに対する信念は極めて堅固なものがあり、それは他方で、本著を貫徹している信念でもある。その意味でも本著は、一九三九（昭和一四）年刊行の『新知育論』（岩波書店）とペアで読まれるべきものだ。本書の「序」でも長田は「愛国的教育学の一片影として日本民族の世界史的使命として……東亜新秩序建設の大業が迫り来るを見て……国民教育の現状に対する」真の知育の必要性を当時のヨーロッパの教育思想からその改革を強調しているのである。モデルは理念化されたヨーロッパの教育思想なのだ。そこには長田の強い理性主義的な教育観が確信されている。だが同時に、われわれはナチスドイツによるユダヤ民族等に対する徹底的な民族撲滅の運動の進行も感知していた。このアンビバレントな人種、民族をめぐる状況をわれわれはどのように考え判断したら良いのであろうか。これは今日に至っても解決をみない問題であろうが、長田の場合、人種、民族そして国家の問題を根底から、一気に根こそぎ払拭したのが、第二次大戦の敗戦に伴う国家体制の大転換であり、同時に長田個人の凄惨な被爆体験ではなかったか。

（5）『教育哲学――教育学はどこへゆく』

教育哲学三部作最後の書『教育哲学――教育学はどこへゆく』（一九五九・八）は、長田教育学の到達点を示すと同時に、第二次大戦後の学界に大きな衝撃と問題を提示することになった。本書は「まえがき」と全一〇章で構成されている。

まえがき／第一章　教育哲学の課題／第二章　歴史を作る人々／第三章　自由の世界史観／第四章　社会科学と教育学／第五章　社会科学とヒューマニズム／第六章　教育学の新研究／第七章　危機と教育／第八章　現代ドイツ教育学の課題／第九章　新教育の基礎理念／第十章　政治と教育

長田は本書の「まえがき」で、長文にわたる自己の教育哲学研究の道程を述べ、次のように記述している。曰く「三部作はそれ自身私の教育哲学研究の歴史的発展であり、本著『教育哲学――教育学はどこへゆく』は私の教育哲学研究が到達した帰着点といっていい。しかもこの三部作が一連の歴史的過程であるというのは教育哲学も超歴史的な固定したものではない」。その際の「歴史的発展」とは、「否定による肯定即ち歴史に媒介される『止揚』によって到達した」と。具体的には、長田が考察、研究の対象としてきたドイツ教育学の歴史、すなわち理想主義（ナトルプ）の立場から、ディルタイ派の生命哲学（シュプランガー、リット）の立場へ、そしてその生命哲学の立場からさらに社会科学の立場への歴史的発展として捉えている。「吾々は今や社会科学の立場に立って歴史をみ、その歴史において人間をみ、その人間を対象として教育を考えなくてはならない」と。個々には長田のテーゼともいってもよい「人間は歴史によって作られ、歴史を作る存在」があり、その歴史の「真に具体的な、現実的な、生命的な把握は、観念論でもなければ、また生命哲学でもなく、結局社会科学による外ない」ことになる。これらの歴史的発展の考察から長田は、歴史の現代的立場が社会体制に取り組み、社会体制と対決しようとする態度を取らなければならず、その態度は具体的に社会体制の問題として経済の問題、そして経済の集中的表現としての政治の問題にあるとしている。結論的に長田は自己の到達点を「社会科学的ヒューマニズム」（一六九頁）の立場とし、学理論的に「今後の教育学の新たな基礎として経済学をあげなければならない」とまで述べている（二〇二頁）。この長田の教育学言説は、それまで、ナトルプに倣い『教育学は全体学』であると主張してきた立場の転回とみなされる。特に長田のこの歴史的発展の「止揚」による「社会科学的ヒューマニズム」がいかなるもの（概念）かを巡って、当時わが国で隆盛をみていたソビエト教育学あるいは社会主義的教育学とあいまって学会では大論争を引き起こし、長田の「転回」として注目をあびたのである。長田の立場は「近代のヒューマニズム」と「現代のヒューマニズム」を明確に区別して、前者の否定の上に歴史的発展の「止揚」として後者があり、それは「社会科学的ヒューマニズム」「社会主義的ヒューマニズムとなる外ない」（二二二―二二四頁）と断言している。このように本書は、長田の前二書とはその立場を大きく転回（変化）させているのである。

この長田の転回ないし変化こそが、論難の書『教育哲学――教育学はどこへゆく』が戦後の学会に大きな衝撃を与え、多くの論争を巻き起こすことになる。この論争の中核は、長田の「社会科学的ヒューマニズム」の立場とそれに依拠する「社会科学としての教育学」を巡る問題である。この問題には当時わが国で隆盛を見た務台理作の「第三ヒューマニズム」論の考察も必要であろうが、ここでは長田のこの転回ないし変化の動因と根拠は一体何であったのかを考えたい。

当時わが国のソヴィエト教育学研究の第一人者矢川徳光は「その（思想）発展と自己の発展の正しさに対する確信とを長田氏に与えたものは、ソ連邦と中国との視察であったであろうと、思われる。」と記している。周知のように、長田は一九五五（昭和三〇）年五月、日本学術会議の学術調査団の一員として約二ヵ月にわたり、ソ連邦および中国を視察している。視察に至る経緯等については、福島要一の「長田 新先生と私」に詳しく書かれている。同時に「長田さんが、この旅行でどんなに感激されたかについては、氏の『原爆の子』の、一九六〇年の文章に書かれている」と述べ、「長田さんの純粋さが良く判り、その面からの評価も彼の人となりを知る一例」としている。もうひとつは「長田 新博士の教育学」を追悼特集号に寄せている皇 至道の条理を尽くした一文である。それは長田のソ連と中国の見聞記『社会主義の文化と教育』の「はしがき」に窺われる長田のマルクス主義の社会科学的立場の理解についての捉え方である。皇は「その理論的な解明は充分とはいえないと思われる」としながらも長田の「社会科学的立場から教育学を基礎付けるようとした熱意と信念のうちから〔本書は〕生まれたものであることは認められてよい」とし、本著を「先駆的労作」と評価している。社会科学的概念の主張を個人的な心情に、あるいは視察という個人的な印象に起因するものとするには飛躍があるように思われるが、「解釈学的」には重要なモメントと考えられる。長田のその学理論的な未熟さを指摘しながらも長田を高く評価するのは矢川その人である。「長田氏が、政治学と経済学とが教育学にたいしてもつ独自な意義をみとめようとされたのは、まったく正しいことである。だが、経済学を「教育学の新たな基礎」にしようということは、全面的に正しいことではないのである」。矢川は長田の問題提起の動機や従来の教育学を基礎付ける倫理学、心理学、哲学にたいする反省からの問題提示を認めつつも、経済学を教育学の新しい〔基礎付の〕、科学的な在り方について、「いささかの単純化の危険をおかしていると思われる」と述べている。これらの言説から、本著はわが国における社会科学的教育学の「想像力を掻き立てる」端緒本であったと言えよう。

もう一つ事例的に挙げておきたいことは、当時のわが国における自然科学の研究、具体的には、物理学研究における「原子力」理解をめぐる思想傾向である。それは本著第七章「危機と教育」において展開される長田と低通する思想傾向である。それを基本に長田は、同第八章「現代ドイツ教育学の課題」として私淑したリットの立場を取り上げドイツ教育学の問題を考察している。それはリット批判である。だがそこには「ドイツ教育学」に参入し、それを「出る（超える）」という長田の学問研究の流儀がここでも見事に貫徹されているし、師を批判的に超出しようとする長田の研究姿勢がみられる。

ここでは事例的に、まず長田の危機観の本質とリットの危機観に対するその批判から考察してみたい。

①長田の危機観の本質：長田は『教育哲学――教育学はどこへゆく』の第七章「危機と教育」で「私は『原子力』の発見が現代が危機の時代である一つの根本契機だと思う。というのは原子力がもし人類を幸福にするという学問そのものの本来の目的から逸脱して戦争に用いられるとすれば、それは人類にとって恐るべき危機だ。」と述べ、「本来の目的から逸脱して戦争に使用されるのは、原子力が帝国主義と結合して『原爆帝国主義』（atomic imperialism）になるからだ」としている。その上で「原子力は帝国主義の問題だ」と断定している。しかも「帝国主義は周知のごとく資本主義の最高段階」であるという（二〇〇頁）。このように長田は「マルクス主義の歴史発展段階説」を忠実に「カノン（Kanon）」として受容し、現代の危機が資本主義に由来すると

しているのである。このような長田の「カノン」の受容は唯単に個人の研究者の態度だけではなく、一九六〇年代の日本では「進歩派知識人」を中心に思想界、学界挙げての思想「運動」ともなっていたのである。それは単に教育哲学だけではなく、自然科学、とりわけ、物理学や生物学に顕著にみられる傾向であった。例えば、当時日本を代表する理論物理学者の坂田昌一（名古屋大学、一九一一―一九七〇）は「現代科学の源マルクス」の標題で、「現代科学と呼ぶにふさわしい科学は一九世紀半ば、社会科学として成立し……そこにはマルクスの唯物弁証法・唯物史観があり……歴史がどのような方向に変りつつあるかを正しく予言し、歴史を変革する力と成り得たのはマルクスの『資本論』であり、レーニン（Lenin）の『帝国主義論』であり、毛沢東の『実践論』と『矛盾論』であった」（岩波講座『哲学』（自然の哲学））（一九六八、三六一―三六二頁）と断定している。このような観点を基礎に坂田は「現代科学の現代性」を記述している。坂田は、「原子の世界の法則―量子力学」の標題で自己の専門分野、「原子物理学」の発展を「固有の法則をもつ無限の階層」、「相互に転化する階層、進化する自然」を詳論している。そこでは、マルクスの発見した社会の法則が社会の階層において成立するのと同じように、個別科学に於いても無限の階層が存在し、……それらが相互に転化する階層であり、……（その転化が）進化する自然」としている。一般に「坂田理論」として一世を風靡した理論の基礎には上記のようにF・エンゲルス（Engels, Friedrich.1820-95）の「自然弁証法」があり、同時に、湯川秀樹の「中性子理論（meson theory）」の発展に協力した同僚の素粒子研究者である武谷三男（一九一一―二〇〇〇）の科学発展の「三段階論」（自然認識は現象的段階、実体的段階、本質的段階を経て発展するという）への共鳴が顕著なのである。坂田は「今日、科学の危機、人類の危機をもたらしている最大の原因はまさにこの（近代科学的方法から全く脱却していない）点にある」としている（三六六頁）。このように当時の日本における危機観は、社会科学、自然科学に共通するものであり、教育学においては長田にその一つの典型を見ることができよう。

②長田のTh・リットに対する批判：長田は本書、第八章「現代のドイツ教育学の課題」で、Ed・シュプランガーの危機観に並んで、リットの危機観とその批判を展開している。長田は戦後リットの主著『人間と世界（*Mennsch und Welt*）』（1948）の冒頭部分、すなわち「今日の人間は安らかな信頼の感情からいきなり放り出されてしまったので、再び自己の実存が何処から何処へ（das Woher und das Wohin）ゆくかということを明らかにし、このような運命を現出した前提を究明し、そしてこうなった現存在に展示されている見込みを判定しなければならないという、のっぴきならない必要を痛感している」を引用して「この一句に出ている現代人の危機意識は、戦後リットの全著作を貫く基調である」と述べている（二四一頁）。そこでリットの問題関心が新たな「人間学（Anthropologie）」の樹立にあり、それは「歴史的人間の存在論的自己解釈としての人間学でなくてはならない」と長田は主張している。長田に一貫してみられる人間観は「人間は歴史によって作られて、歴史を作る存在である」という命題であった。その際、長田はリットの歴史的現実を主体的にないしは行為的に体現する「立場の価値（der Stellenwert）」を認める。問題は、この「歴史的人間」の「立場」ないし「主体」をめぐっての把握の方法、あるいは解釈にリットと長田の間には根本的な相違があることだ。周知のようにリットの場合、歴史的人間にとっては、「人類歴史の全体は、常にただただ一定の立場からのみ……尋ねられ確かめられる」（Die Frage nach dem Sinn der Geschichte, 1948, s.27）。長田は、このようなリットの「立場」ないし「主体」といわれるものが具体的に何を指し、誰を示すのかを問題にする。結論的に、長田はリットの問題意識には「社会科学的な乃至は体制的な立場が希薄である」（長田　同書二五〇頁）と断定している。したがって、リットが同書で示すマルキシズムに対する見解（一五頁）は「弁証法的唯物論の示す社会の発展法則乃至それの客観的性格を必ずしも正鵠を得たものではない」（長田　同書二五〇―二五一頁）と判断しているのである。だがしかし、同時に、リットが歴史的人間の世界に対する「立場設定（die Einstellung）」ないしこの世界での

「方向定位（die Orientierung）」、そこにみられる意味の「遠近法主義（die Perspektivisums）」は、単に歴史的な意味の相対的な「特殊化（die Besonderung）」の基礎付けに正しい論理的確証を教えてくれるだけでなく、さらに歴史の解釈と創造との主体的行為の動機付けに深い実践的確信を与えてくれる（三九頁）と評価している。われわれは歴史意識をめぐる長田のリットに対するこのアンビバレンス（Ambivalenz）な評価をどのように考えたらよいのであろうか？　少なくとも、両者には「弁証法的思考」を基本としながらも、その弁証法もリットの場合はJ・コーン（J. Cohn）の「二極弁証法（bipolare Dialektik）」の影響を受けながらも「二元論の体系」が相互に浸透、融合する弁証法であるのに対して、長田の場合は、明らかに社会科学的な発展段階説の思考方法と受け止めているし、歴史意識もリットの場合は「歴史の意味の自己特殊化」にも人間の「決断を選択する自由（die Freiheit）」がセットで考えられているのに対して、長田の場合は、マルクス主義を「カノン」とする、固い「歴史発展」の法則から歴史意識を一元的に考えていたのではなかろうか？

これらの両者の立場の相違を確認し、続いて長田のリットの文明批判をとりあげる。長田は、リットの『自然科学と人間陶冶』（*Naturwissenschaft und Menschenbildung*）（1952）から、リットが今日普遍化している自然科学的思惟の可能性と限界とを明示する事によって、現代の文明に批判的省察を加える意図を読み取っている。周知のように、リットによれば、人類の歴史は「事物化（die Versachlichung）」を目指してたゆみなく前進し、有機的生命・自由意志・宇宙創成論、さらには社会や宗教などの領域にまで進出し、一切を自己の方法論の優位性の支配下におこうとしている。そこでは人間の本性が変質されて、生命のない単なる「事物（eine Sache）」と化してしまう［リットの場合、「事物」（Sache）は自然科学的客体物とそれをもとに構築される社会的な構築物（制度等）を指すものとしてSacheの語が用いられている］。しかもこの「事物」は単なる手段の対象として規制されるから、人間は科学技術に奉仕する奴婢に転落する。このような情況を前にして、リットは自然科学のもつ妥当性とその正当な権利を認めるとともに、他方、自然科学の限界を明らかにしなければならないとしている。ところが人々は科学技術の効果に対する万能主義に魅せられて、もともと人類社会の福祉増進に奉仕すべき科学を誤って利用する自己矛盾に陥ってしまう。われわれに必要なことは、一方で人類の文明を促進させるとともに、他方破壊させもする相反する可能性をもつ自然科学の統御に関する「賢察（Visitation）」なのである。したがって、今日の教育は人間陶冶の全過程において、科学技術に対する深く正しい認識を身につける人間を形成しなければならないのである。

以上、われわれは自然科学の出現とその異常な発展とを契機として「二律背反」に陥って躓く現代文明の危機の打開に対するリットの主張を長田の記述に従い述べた。だが長田はリットの主張する「自然科学の統御の『賢察』だけで問題が解決するとは思わない」（長田 二五七頁）としている。リットの主張には「資本主義的生産関係の内包する自己矛盾が、科学技術の性格を生産的なものから破壊的なものへと転化せずにはおかない社会科学的考察が欠けている」と長田は批判する（長田 二五三頁）。だが続いて長田は「問題の焦点をあくまでも人間的なものないし教育的なものにおいて捉え、進んで現代文明の危機の根源に遡って危機克服の課題と対決しようとしたリットの意図はそれ自身妥当といっていい。だからわれわれは彼の思索のなかから問題解決への幾つかの貴重な示唆を汲み取ることができる。」（長田 二五三頁）とリットの問題に対するその「意図」を評価している。確かに長田には「ナトルプも、ディルタイも、シュプランガーも、リットも無条件的に否定するものではない。そうではなくて、否定による肯定即ち止揚によってそれ等を発展させる外はない」（「まえがき」）という基本的な研究姿勢（研究スタイル）がある。無論長田は当時のドイツ大学にみられる「神聖な野蛮」という同僚や論敵に対する厳しい批判や攻撃をも充分知ってのことである。同時に上記に見られるリットを全面否定しない長田のこの言説の中に、主義主張を超えた長田のリット教授、ライプチヒ大学そしてライプチヒ市に対する個人的な深い思いがあるように論者には感じられる。

以上の考察を通じてわれわれは長田の最後の書『教育哲学――教育学はどこえゆく』を長田教育学の到達点としてどのように読んだらよいのであろうか。思想史的には「近代ヒューマニズム」から「現代ヒューマニズム＝社会科学的ヒューマニズム」への転回としてあるいはマルクス主義の歴史発展の段階説をカノンとする科学論として位置づけることが可能であろう。その上で教育学は人間と社会の危機を告発しそれに抵抗する人間の陶冶、つまり社会体制の変革を担いそれを実践する人間形成を目的とする学問とも言えよう。

本著『教育哲学――教育学はどこへゆく』の副題は、実は、戦後リットの主著『人間と世界――精神の哲学の基線』（1948）［ただし本著はリット自身述べているように一九三九年の中頃にはすでに完成していたのである］の序の「自己の実存が何処から何処へ（das Woher und Wohin）行くかということを明らかにし」から引用したものと思われる。長田はこのフレーズをそのまま引用している。リットが「人間の実存」が「何処から何処へ」いくかを問題にしているのに対して、長田は「教育哲学（教育学）」が「何処から何処へ」いくかに論点を移転させているのである。

論者は長田の思想、学問観の転回の要因の根底には長田の実存的な広島における悲惨な原爆体験を考えない訳にはいかない。それはまさに長田にとってペスタロッチーの言う「死の飛躍」（solto mortale）そのものでなかったか、と思う。別言すれば長田はペスタロッチーの「死の飛躍」によって「再生」したのである。

２　教育古典への参入――ペスタロッチー教育学の研究

長田は先の昭和二五年広島文理科大学特別講義、「学者としての自伝」（一九五〇）で自己のペスタロッチー研究について幾度となく繰り返し、繰り返し述べている。そこには長田のペスタロッチーという人物への思いから、その研究にいたる道程が、またまたペスタロッチーへの関心を導く恩師あるいは実践の場が実に多面的にかつ深い情感を込めて熱く述べられている。その最終講義のまとめとして教育古典、即ち、自己のペスタロッチー研究の成果として以下の書物を挙げている。『ペスタロッチー教育学』（一九三四）、『ペスタロッチー』（一九三六）、『モルフ・ペスタロッチー伝』（訳。一九三九～四一）、『ペスタロッチー』（上・下）（一九五一～五二）。ここでは上記研究書の解説を省略し、むしろ長田のペスタロッチー研究の特徴を素描したい。なお長田のペスタロッチー研究の特色については中野光の論考、「ペスタロッチを学んだ二人の教育学者――澤柳政太郎・長田新におけるペスタロッチとの出会いと継承」が正鵠を得たものと思われる。

（1）P・ナトルプに入り、ナトルプを出るペスタロッチー研究

「私はペスタロッチーの世界へ導いてくれた一番の恩人は、ナトルプである。……私は教育学に入っていくのに、その門口をナトルプにみつけた。」「ナトルプにはカント的なものとペスタロッチー的なものが渾然として一体となっている。……そのペスタロッチー的なものにいい知れぬ関心をもって進んだ。」と。

「ナトルプの本来の在り方を考えている……著書は、すなわち、『ナトルプにおけるペスタロッチーの新生』（一九二四）である」。本書において長田はナトルプのペスタロッチー理解の特徴をヘルバルトと対比させながら説明し、その偉大さを絶賛している。だが、長田はそのナトルプを出る。その根本的な要因は何か。長田は「ペスタロッチーをカント的に狭く批判的に言うことは困難である。それは広い意味の Idealismus である」と。それに対して長田は人間の在り方の Grund から考え、その考え方が「丁度、ペスタロッチーのそれ」なのである。具体的に言えば、狭い理想主義でもない、論理主義、批判主義、カント主義でもなくて、むしろ生命哲学的な、もしくは全人的な体験が、ペスタロッチーの研究のメトーデなのである。「それを発見し、もしくは理論的にはっきりさせたのが私の京大へ提出したアルバイト」、すなわち博士論文『ペスタロッチー教育学』（一九三三）なのである。こうして

「私はナトルプが歩いたカント的な立場から生命哲学の立場に出た。」のである。生命哲学の立場に立つペスタロッチー研究、それは文化教育学のペスタロッチー研究でシュプランガーやリットのそれである。リットに関していえば、リットは長田がライプチヒ留学前年の一九二七／二八年「ペスタロッチーに関する演習」を行っている。それは一九二七年ペスタロッチーの百回忌を祝《ほ》ぐもので、一九二八年には「ドイツイデアリスムスの哲学」「教育学体系」の講義を、そして一九二八／二九年には「現代の哲学的諸潮流」の講義と「ナトルプの教育学」演習を行っている（Theodor-Litt- Jahrbuch 2009/6. 参照）。しかし長田はこの生命哲学的なリットのペスタロッチー理解の立場からも超出するのである。

この長田のドイツ理想主義に立つペスタロッチー理解を超克し、ペスタロッチーその人、その実践から把握したという説明は極めて重要である。結論的にいえば、長田は近代ドイツ哲学の展開においてペスタロッチーを理解し位置づけるのではなく、それとは異なる第三の系譜において把握していることである。それを確認するかのように翻訳書『ペスタロッチー伝』は刊行される。

（２）伝記から獲得される「如実のペスタロッチー」像――スイスの風土の持つ教育実践学

①ハインリヒ・モルフ著『ペスタロッチー伝』（一九一四～一六年、全五巻、岩波書店）の刊行

長田は「伝記を書くならペスタロッチーだ」と考えていた。それは「ペスタロッチーがあまりにも伝記的存在」で「八十年の生涯は、実に波瀾万丈という他なく」「ペスタロッチーは伝記を通じてのみ、その人の思想、生涯ははっきりする」と確信したからだ。それ故に、長田は、ハインリヒ・モルフ著の『ペスタロッチー伝』第一巻の緒言一「ペスタロッチー研究に就いて」の冒頭で「モルフのペスタロッチー伝を読まずにペスタロッチーを語るなかれ」と喝破したのである。さらに長田が語る緒言四「モルフ著ペスタロッチー伝の邦訳に就いて」での狂気ともい

える程の原典の収集に固執するその執念、そこには「如実のペスタロッチー、神でもあれば動物でもあるペスタロッチー」をひたすら求める長田の姿が示されている（「ペスタロッチー伝を送り出して」『ペスタロッチー伝』第五巻付録参照）。

われわれは、翻訳書が長田のいう全「五〇〇字詰原稿用紙一六〇〇枚」の分量にも驚嘆するが、それを超えて原著者がスイス人で教育実践家のモルフ（Morf, Heinrich, 1818-99）であることに注目したい。一八五二年から六〇年にかけて、ミュンヘンブーフゼーの師範学校長を務め、学校長を退職した後は研究生活に没頭しながら六一年にはヴィンタートゥールの孤児院長に選ばれ、ペスタロッチー精神に基づいて孤児院を運営する、という人物である。一八九〇年一月一二日にチューリヒ大学から名誉哲学の学位が授与されていることからも、『ペスタロッチー伝』を書くのにこれ以上の人はいない。そのような中でもH・モルフがスイス人であること、教育実践家であったことに論者は特に注目する。スイスのこの地方はドイツ語圏ではあるが、同じドイツ語を言語とするドイツ本国とは教育風土がまったく異なるということである。この教育風土の相違にわれわれは特に注意したい。具体的には、実践学としての教育（学）理解である。その根源にはスイスの「敬虔派（Pietism）」の問題が色濃く反映されていると思念される。おなじ「敬虔派」といってもその宗派性の異なりは大変なものがある。とりわけ敬虔主義に根付いた生活実践はドイツにおける多様な敬虔派ともチューリッヒのそれは本質的な相違がある、と考える。「ペスタロッチーが稀に見るほどに敬虔なキリスト教徒であったことを疑うものはいないであろう。だが、彼の信仰が何らかの意味で正統であったかどうかについては……批判や論議の的となってきたことである。」「内面の心情を重んずる信仰と、それを素朴で質素な生活と結合する姿勢とは……自由な信仰上の境地を開いた。」「信仰において特に心情の純粋さを重んじ、貧しく恵まれない子どもたちの中にかえって素朴で汚れのない人間性を認めた。」そこにはペスタロッチーがキリスト教徒として属した改革派の信仰以上に、「何よりもすぐれてこの敬虔主義的な信仰の姿勢がみてとれる」（村井二八―三〇頁）のである。さきの中野論文ではその結論部で長田の「宗教教育論」の問題について「イエス・キリスト」像に言及しているが、そこでの長田のこの問題に対する謙虚さと同時に新たなペスタロッチー像の探究の方向性が示唆されている。基本は、シュタンツの生活実践としての親子関係、生徒と教師との「関係・教育」論である。その基底にはこのチューリヒ的「敬虔派」の『敬虔な生活（プラクシス・ピエタティス）』が深く存する、と思念される。先にこの問題に対する長田の謙虚さとその方向性を指摘したが、そこには、ペスタロッチーが最晩年『白鳥の歌』(1826) で訴えた言葉、すなわち「すべての点を検討し、良い点はこれを保存し、またもし諸君自身のうちに何かよりよい考えが熟してきたら、それを、私がこの書において真実と愛とをもって諸君に与えたようと試みたものに、真実と愛とをもって付け加えられよ」の遺言が長田の胸に去来していたのではないか。

なお、戦時体制下の一九四一年、モルフ著『ペスタロッチー伝』全五巻の刊行等から長田はスイス政府からペスタロッチー賞としてホッツ筆、ペスタロッチー肖像画が贈られ、彼をスイス国立ペスタロッチー研究所の在外研究員に委嘱した。だが、この賞の伝達はスイスが中立国の立場を取っていたこともあり東京のスイス領事館でおこなわれ、長田は小西重直と共に出席した。この時期、中立国のスイス政府が長田のモルフの『ペスタロッチー伝』の刊行の意義を高く評価し、その功績をたたえたことは長田のペスタロッチー研究の国際的評価を証明しており、特記すべきことがらである。

②ドウ・ガン『ペスタロッチー伝』

もう一点、長田が早くから読んだ『ペスタロッチー伝』、ドウ・ガン（de Guimps Roger 1802-94）のそれである。彼もまた、一八〇八年から一七年ころまでイヴェルドンのペスタロッチーの教育施設の生徒であったのである。このような『伝記』から長田が直接ペスタロッチーと関わりのある人物を通じた「真のペスタロッチー」像を理解、把握したことは重大である（もっとも、ドウ・ガン自身は、先のモルフによる『ペスタロッチー伝』によって諸事実を知ったと述べているが）。ドイツ人研究者のペスタロッチー把握、理解を経由したペスタロッチーとスイス人のしかも実践家としてのペスタロッチー把握とは根本的に異なるという観点である。すでに言及したように長田はペスタロッチーを理解する場合、カント的立場よりディルタイ的立場へ、そしてまたそのディルタイ的立場の「リットから出ている」と述べている。それはリットのドイツ的意味での「新教的歴史意識の表現としてのペスタロッチーの人間学」を超えた長田の実践家としてのペスタロッチー理解ではないか。その意味でも長田のペスタロッチー研究はまさに本道を行くものであったといえよう。

（3）長田のペスタロッチー理解における実践性

①成城学園における実践――教科への関心：教授学への道

われわれは、すでに長田の成城学園における実践活動の一端として教科の改革について述べた。この日本における新学校については中野光のペスタロッチーに支えられた『大正自由教育研究の軌跡』（二〇一一）がそれを見事に捉えている。管見では、長田はこの教育実践をまさに教育学の基底としての教育学、すなわちギリシャ語の語源、「パイダゴギケー テヒネー（paidagōgikē technē）」に由来する「子どもを導く術」として捉えていると判断する。それはまさにペスタロッチーの教育実践から獲得された『臨床の知』としての「メトーデ」（Methode）そのものであり、具体的には「子どもを善く導く術」としての「方法と内容」なのである。長田が教育活動の早い時期にペスタロッチーへの関心をその実践から体得したことは極めて重要である。

３　未完の「大教授学」への道

長田にとって長年にわたる「大教授学」の構想はその突然の死によって未完のものとなった。しかし、われわれには長田の成城時代の報告書類やその著『教育活動の本質』が残され、その一端、いやその基本線はうかがわれる。その目標は長田の場合、祖国解放の士、Ｊ・Ａ・コメニウスの『大教授学』ではなかったか。ディルタイのベルリン大学講義では、「教育学の歴史」の記述が中途半端な論究に依るコメニウスで終わっている。それを超える長田の教育による祖国建設への限りない情熱が「大教授学」への道を示しているのではないか。一九五〇年代後半における長田のコメニウスへの強い関心と傾倒がそれを如実に物語っている。それは社会主義国家建設に向かう、東欧圏への関心や旧東ドイツへの関心と通底している。『教育哲学——教育学はどこへゆく』の第二章歴史を作る人々、第六章教育学の新研究にその基線はうかがわれる。しかし現実はどのようなものであったのか。今われわれはそれを歴史的に対象化して考察することが可能な時点に立っている。二、三実例を挙げてみてみよう。旧東ドイツ時代、東ドイツ教育科学アカデミー教育史及び教育理論研究所上級研究員でありフンボルト大学哲学部教育科学科一般教育学及び教育史専任講師でもあったＷ・アイヒラー（Eichler, Wolfgang）はフレーベル国際会議で当時を回顧しながら「東ドイツにおけるフレーベル研究の歴史は、一般の科学史同様、結局のところ、成功と失望、勝利と敗北の歴史だった」と結論づけている。このフレーベル研究に限定されない「一般の科学史」の「成功と勝利」あるいは「失望と敗北」とは一体何を意味するのか？　ドイツ再統一後その一端ではあるが、明らかとなった旧東ドイツ社会の実態、例えばスタージ問題に見られる夫婦、親子等家庭内における人間関係の崩壊、国営企業における人間関係の問題（党幹部と一般労働者間の形式的平等主義）と非効率性、急速な社会主義化に伴う環境破壊等、更には、小さな事例ではあるが、長田があれほどまでに愛したライプチヒ大学は旧ソヴィエト支配下の一九六八年五月一日、市内の中心部、アウグストゥス広場にあった大学教会が、「代物は消さなければならない」という国家評議会会議長・党首、W・ウルブリヒトの命令のもと、東ドイツ政府自らの手によって爆破されるという惨事、その後には無機物なソビエトスタイルの高層の大学建造物を出現させるといった威圧的で独裁主義の事例である。われわれはこれらの歴史的事例から、一体何を学ぶのか。

長田の希求する世界平和への道はその突然の死によって途絶える。一九三三年以来予告された「大教授学」は未完のまま残された。だがそれは長田の『教育学』が未完成であることを意味するものではない。われわれは大教授学が未完成であるということはディルタイのトルソーとしての教育学とはまったく質を異にする問題と考える。それは象徴的な解釈ではあるが、長田の精神的、思想史的な遺書として編著『原爆の子』（一九五一）が教授学の中味に読み替えられるのではないかと考えるからである。論者はそのように解釈している。

「あらゆるひとに、『平和』にかんするあらゆる事柄を教授する普遍的な技法を提示する大教授学」（コメニウス『大教授学』鈴木秀勇訳に「『平和』にかんする」を加筆）と。

間奏曲

（1）食養法家（Diätetiker）としての長田 新と健啖家としてのテオドール・リット

長田が関係した諸団体（三四団体）は、多くが教育学あるいは教育関係、平和運動の団体であったが、なかには養生家としての長田を彷彿させる全日本椎茸普及会会長などの団体もある。晩年、名誉教授として弟子の沖原研究室で四年余り研究・生活を共にした長田は、沖原によれば、「いつも自分で昼食にソバ粉と牛乳とハチ蜜を入れてヒーターにかけ……先生御自慢の「ミルクそば」を作り」、それを二つの茶碗にわけられ共に昼食をとったようである。そのことを弟子の沖原豊は印象深く追憶している。他方長田は大の『うな重』ファンで、特に、天竜川産を好んだようである。われわれ同年の院生全員が、年に一、二度、長田の自宅（「ペスタロッチー研究所」の表札が掲げられていた）に招待された折にはこの『うな重』をごちそうになりながら、先生から教育学研究について、あるいはペスタロッチーについて、さらには日本の教育についてご高説を賜った。そして研究については、つねに「学問（研究）の王道を歩め」というフレーズがあった。

他方、健啖家のリットは、大の「アイスバイン（Eisbein）」（骨付きの豚の足を長時間煮込んだドイツの代表的な豚肉料理）ファンで、ライプチヒ市の中心地アウグストゥス広場にある大学研究室から徒歩で自宅のベートーベン通り三一番地に帰宅途中に位置する古い郷土料理店、チューリンガホーフでそれを取ったようである。また一九二〇年代ドイツで流行した菜園をライプチヒ大学の教授連中と共に手に入れ、家族共々自然とのふれあいを楽しんだ。長身のリットが、背広を着たままで菜園を眺めている写真があるが、この期の大学人の精神的豊かさを感じる微笑ましい風景だ。

（2）音楽への造詣――長田とリット

すでにわれわれは、長田が「自分ほど何事に対しても好奇心をもたないものはない」と公言してはばからなかったことを記した。また長田は自分の研究が「専門馬鹿へ陥らない」ためにも、「多面興味、全体的教養をもとめて未完成で行く」とか、「それで戦っていかないと、線の太い学者になれない」と言い切っている。この全体的教養の中核に長田の音楽への造詣が位置する。具体的には、長田の「ライプチヒだより」、「文化と地方都市」、ライプチヒでの「其の日其の日のこと」等の報告にみられる音楽都市ライプチヒでの生活から得られた音楽体験の豊かさがその基底にある。歌劇を専門とする「新劇場」でのワグナー、トマース教会でのバッハの「モテット」、そしてゲヴァントハウスでのベートーヴェン、メンデルスゾーン等の交響曲、カフェーバウムでのシューマンへの思い。長田はそれらの印象を「魂の逍遥」と表現している。そのチケット代は下宿代とそう変わらなかったと述べていることからも相当の熱の入れようである。長田は自分の趣味としての音楽は小学生なみと謙遜しているが、どうして、哲学的な音楽評論として傾聴すべきものである。長田が急逝する一九六一年四月一八日の前日、一七日、広島の原爆慰霊碑に旧東ドイツ・ライプチヒのゲヴァントハウス楽団一行五名（?）を迎え、慰霊碑前で記念品としてLPによるベートーヴェンの交響曲集を贈られるが、その場に居合わせた者として今、筆者は長田とライプチヒとの何か深い因縁のようなものを強く感じている。

これに対してリットは、本格的なピアノ演奏家といってもよいほどの技術を身につけていた。リットが物理学者、W・ハイゼンベルクと家庭音楽の夕べのために定期的に家族ぐるみで集いの機会をもち、共に音楽を楽しんでいたことは今日、ライプチヒ大学テオドール・リット古文書館に存在するもろもろの資料が証明している。なお、ハイゼンベルクはその自伝の書、『部分と全体』で、自分が購入したグランドピアノで「友人たちと一緒に演奏をしたものだ」と記している。リットの次男、W・ルドルフは父親の音楽的才能を受け継ぎ音楽家の道を歩もうとしたが、第二次世界大戦で右手を失う不幸に見舞われる。後に、ノルトライン・ヴェストファレン州文部次官として活躍するが、リットのピアノ演奏の見事さ等、筆者は、直接ルドルフ夫人、レナーテ・リットから伺った。もう一つリットがカルカチュア（風刺画）の名手であったことも付言しておこう。

第３節　長田の諸実践――行動する知識人

１　日本教育学会の創設

教育学研究者の全国的な繋がりという組織体としての日本教育学会は、一九四一年に設立されるが、その設立過程やその意味や性格については日本教育学会編「特集 日本教育学会五十年誌」に多様な観点から詳しく述べられている。なかでもその性格や意味付けに関しては時代状況下の日本諸学振興委員会教育学会との対比においてその意味を明らかにしている川村 肇／山本敏子論が注目されるし、さらには、教学刷新体制化の教育学を本格的に論究した『戦時下学問の統制と動員―日本諸学振興委員会の研究』第Ⅱ部に詳しく述べられている。それらによれば、設立過程に関しては「学会設立に主導的な役割を果たしたのは私大や文理科大学関係者であり」、「慶応義塾大学の小林澄兄と長田新が牽引し、学会組織形態は長田（広島文理科大学）、入澤（東京帝大）、木村（京都帝大）、小林（慶応義塾大）、寺沢厳男（東京文理大）の幹事運営方式が取られた。」と記されている。この学会設立の牽引者の一人、小林は戦災から残された自己の一九四〇（昭和一五）年の日記から「一一月一一日に挙行された紀元二六〇〇年奉祝会のあと、長田兄と帝国ホテルまで歩き、そこでお茶を飲みながら、教育学会の設立についてはじめて話しあったことになっている」と記し、「翌年四月六日銀座交詢社に長田兄のほか、石山修平、入澤宗壽、加藤仁平氏と私が集まって、いよいよこの設立が発起することを申し合わせた。席上長田兄がとくに熱意を示されたことを思い起こす」と述べている。小林はその後も学会開催の会場、更には運営等について長田との話し合いをもち、日記から「昭和一六年には、長田兄と私との交渉の著しくしげくなったことが、よくわかる。」としている。また加藤仁平は「日本教育学会設立の発意者について」という記事の中で三つの仮説を立てて発意者について探索している。論者は先の小林の日記から以下のように推測する。学会設立でも長田が小林を「牽引し」、学会の運営等でも長田が先導し、その強い意向が相当に反映されたと。それは小林が「九月一〇日の午後、新宿に着くとの電報を長田兄から受け取り、わざわざ駅まで迎えに出て、直ぐに交詢社へ行き、その夜他の諸氏とともに、学会の今後の在り方について相談したのであった」と記しているからである。さらに論者は「日本教育学会創設趣意書」を注意深く読み、その文体が長田に特徴的なものかも吟味してみた。「窓なき単子として独り淋しく専門の領域にたて籠っている」の「窓なき単子」のフレーズは長田がライプニッツを引用する際の常套語である。しかし「教育学が学そのものの性質上一国『分化』の発展乃至は……云々」の『分化』の誤字は、いかに印刷上のミスといえども、この設立趣意書の作成に関係者が相当急がれていたことをうかがわせる。またこの誤記は「文化教育学者」長田としては見逃すことの出来ない点ではなかろうか。したがって、この趣意書からは長田が単独でこの起草に当たったとは考えられない。創設趣意書案の原案はたとえ長田自身が起草したとしても、幹事達の手によって加筆されたと判断するのが妥当な線であろう。問題は何故これほど迄に長田が「官」によらない研究者主体の学会の創設にこだわったのか、ということである。それらはすでに指摘されているように官制の日本諸学振興委員会教育学会に対する長田の抵抗としての民制「日本教育学会」の創設であったのであろうか。その長田の学会構想の背景あるいはモデルとして念頭に浮かんだのは、一九二〇／三〇年代ドイツにおける科学的教育学の形成、成立、展開期にみる諸学会の形成と専門雑誌の刊行ではなかったかと論者は推定している。最も著名な、かつ二〇年代以降ドイツ教育学会を主導した文化教育学者のA・フィシャー、Th・リット、H・ノール、Ed・シュプランガー（編集長）、W・フリットナー、そして著名な出版社 Quelle & Meyer による雑誌『教育——科学と生活の中での文化と教育との連関のための月報（Die Erziehung. Zusammenhang von Kultur und Erziehung in Wissenschaft und Leben）』（1925-1942）の刊行がそれである。実はこの時期からドイツでは多くの教育学関係の隣接誌——例えば、一九二五年刊行の『科学と青年教育のための新年報』、一九三一年刊行の『教育科学雑誌』、そして長田が寄稿した一九三一年刊行の『国際教育科学雑誌』等の諸雑誌、更には文化科学関係の諸雑誌――例えば『ロゴス（Logos）』、『哲学と現象学研究年報』、『認識（Erkenntnis）』等が目白押しなのである。とりわけ、一九三〇年代に入り、ヒットラー体制の進行とともに、専門的な研究者による自衛のための学会（一般には「連合（Verein）」と命名されている）が形成され、それぞれの研究機関誌が刊行される。

このドイツの例にうかがわれることは、学会の設立と学会誌の刊行がセットをなしていることである。今日の公開制の原則でいえば、学会の活動を広く社会に情報を提供する手段として『雑誌』の刊行があり、それによって研究の成果を社会に還元するというもので、それを研究者の主体性において行うというのである。学会活動や成果の公開としての学会『機関誌』の刊行という点に関しては、学会設立にあたった長田、小林そして他の幹事の諸氏にはあまり明確な方針（腹案）はなかったと思われる。その結果機関誌の刊行をめぐり新生日本教育学会は色々な問題を抱え込むことになる。

長田は学会組織の幹事運営方式による学会幹事を二期務め、一九四七年五月、運営方式の変更により日本教育学会初代会長に就任し、一九五八年六月まで一一年間にわたりその重責をはたすが、その後も死去の一九六一年四月まで全国区理事として学会の重鎮として活躍した。学会長としての諸実践活動については、学会誌『教育学研究』等に詳しいのでそこにゆずるが、長田は長く教育学研究の本道を歩み、それを推進し、その線上において日本教育学会の生みの親であるとの自負心は相当なものがあった。

２　日本学術会議での活動

長田は一九四九（昭和二四）年一月、「科学が文化国家の基礎であるという確信の下、行政、産業及び国民生活に科学を反映、浸透させることを目的として、内閣総理大臣の所轄の下、政府から独立して職務を行う「特別の機関」として設立された」日本学術会議会員として、以後連続四回の期間（一九六一年四月一八日の死亡まで）学術会議会員を一一年間務める。その目的や政府から独立した「特別の機関」としての日本学術会議は長田に取ってまさに「飛ぶ鳥、水中の魚のごとき」（F・フレーベル）活躍の場ではなかったか。まさにわが国の激動期における学術に関する重要事項の審議、さらには、学術に関する研究の連絡を図る「空間」として長田は教育学を代表して活躍する。論者が特に注目するのは、この「空間」を通じて長田が他の学問分野のいわば代表的人物との信頼関係を築き、それを基盤に教育研究に携わる専門分野としての教育学を諸学（政治学、歴史学等更には自然諸科学等）に対して認知させ、そこから諸問題の改革のための学術的共同戦線を形成したことである。代表的人物としては、南原繁、上原専禄、末川博、務台理作、更には福島要一、伏見康治、坂田昌一等の自然科学者達である。無論多くの教育学者達との共同戦線も図る。とにかく顔が広いのである。なかでも、すでに言及した一九五三年の「日本学術会議訪ソ・訪中使節団」は長田にとって一つのエポックではなかったかと思われる。日本学術会議時代の長田の活躍については、福島要一の「長田先生と私」に長田の問題関心と共に詳しい。ここでは原子力問題に関する長田の活動を事例的に述べる。原子力問題に関して長田は、政府に対する学術会議としての諸勧告、決議、声明案の作成に積極的に関わり、被爆者の生の発言として学術会議では重視された。なかでも、一九五〇年の「戦争目的の科学的研究の拒否」決議、一九五四年四月二三日「核兵器の研究拒否・原子力研究三原則（公開・民主・自由）の声明」では主要な役割を果たした。全体的にこの時期、教育問題に関して他の学問領域の代表的人物を教育学という学問領域に吸引し、共同戦線を推進・牽引した長田の役割は特記すべきである。その後の教育学会では他領域の著名な専門家達の離反もしくは無関心が顕著になる傾向が見られる。それは教育学の孤立化といってもよい傾向を惹起したのであった。蛇足ながら、私はこの傾向の要因を「戦後教育学」の反省として、特に考察する必要があると愚考している。

３　長田の原爆・原子力問題に関する諸実践

一九四五年八月六日原子爆弾被爆後の長田新（五八歳）の実践は多岐にわたるが、ここでは三・一一のわが国の歴史的悲劇と惨事をも踏まえ「原爆・原子力」問題とし、若干の実践をドイツとの関係を考慮しながら以下、要約的に紹介したい。

（1）長田新編『原爆の子――廣島の少年少女のうったえ』（岩波書店、一九五一・一〇・一四）の刊行

長田は本編著に長文の「序」を書いている。「私は今ここに、当時廣島に住んでいて、原爆の悲劇を身をもって体験し、あるいは父や母を失い、あるいは兄弟に死なれ、あるいは大切な先生や親しかった友達をなくした廣島の少年少女達が、当時どのような酸苦を嘗めたのか、また現在どのような感想を抱いているかを綴った手記を諸君の前に示そうと思う」と。そして末尾で「私は悲しくも、また痛ましくも、消え亡くなった二十四万七千人の霊前に、この手記を捧げて、その冥福を祈り、世界の平和へ出発したい」と結んでいる。本書は「平和教育のバイブル」として今日世界数十ヵ国で翻訳され読まれている。同時に、長田の序文には、連合軍の厳しいプレスコード（Memorandum concering Press Code for Japan）のもと、原爆投下の経緯を「原子力時代」の到来過程の中で述べている。そして「原子爆弾が投下された後、はじめて原子力の平和的利用の問題がとりあげられた」と記している。第二次大戦後の我が国の「平和主義」への歩みや、それに伴う日本の「教育改革」、更には東西冷戦期の緊張下での「平和教育」に就いても言及している。

三・一一の東京電力福島第一原発の悲劇的な事故後、一部の平和問題の研究者から原発の平和利用を容認するよ

うな長田の本編の「序」文の記述に対して非難めいた言葉が発せられた。確かに被爆体験者として同じ平和運動に尽瘁してきた倫理学者森滝市郎の「原爆・原発」を「絶対悪」とする立場は問題の核心を抉り出している。ただわれわれは長田の本編の「序文」が『原爆の子』の刊行された時期、つまり厳しいプレスコードの敷かれた状況の下での「序文」であることを十分考慮すべきだ。むしろわれわれは、その三年後に書かれた長田の論稿、「原水爆と日本のこどもたち」（『思想』（一九五四・八））にみられる火の出るような長田の怒りを感得すべきだ。同時にわれわれは、教育関係者に遺書として残された「平和教育」のバイブルとして本編の「序文」の三、報告書「国際的理解を発展させる実際計画」（昭和二五年一〇月文部省大臣官房渉外ユネスコ課編）を規準に「平和を作る人間教育」として、『平和に対する責任』を自覚する平和教育のための「カリキュラム」とその方法（『メトーデ』）を体系的に開発することこそが重要ではないか。それこそが長田の「平和」に対する強い意志を実現する道であり、長田の未完の『大教授学』はそれによって完成するのである。

（2）ゲッチンゲン宣言と長田新

周知のように、一九五七年四月一二日、旧西ドイツの一八人の原子科学者達が「原子力兵器の製造、実験、配置に、どんな方法でも一切参加しない」という、いわゆる「ゲッチンゲン・マニフェスト（Göttinger Manifest）」を発表して世界中に大きな感動を与えた。日本に於いても、同年五月、湯川秀樹を中心とする物理学者二五人がこの宣言を支持する声明を出して注目された。これらの声明に応答すべく、長田は「ゲッチンゲンの科学者の宣言にこたえて」という廣島の学者一二人の名をつらねる長文の「書簡」を起草し、一九五七年の夏、国民平和使節として欧州諸国へ「反核」の旅に立つ、倫理学者であり同時に廣島の「反核」運動の中心的人物、森滝市郎（元広島大学教授、一九〇一―一九四）に託した。この長田の書簡は、「W・ハイゼンベルク博士をはじめ、西ドイツの指導的科学者一八名の『原子兵器の実験・使用・研究のためには働かない』という宣言を読んで、われわれ廣島の科学者は多大の感謝と感激に浸っている。」で始まり、「原子核分裂エネルギーの平和利用ならびに原水爆の実験・使用・研究の無条件的反対、同時的禁止という要望において、世界平和のメッカ廣島の科学者の悲願と、ゲッチンゲンの科学者の悲願とは、いまや符節を合するごとく一致した。われわれは東西相携えて、世界平和のために奮闘したいと思う。」と結ばれている（『中国新聞』一九五七年八月三一日）。このあまり知られていない『書簡』を抱いて森滝市郎は八月二〇日にドイツに入り、八月二七日、ボンのケーニヒスホテルで四〇人程の参加者を前に記者会見を行いこの書簡について報告している（その模様は一九五七年八月二八日付のドイツの高級新聞「フランクフルター・アルゲマイネ（Frankfurter Allgemeine）」に報道された、と森滝は記している）。その後森滝は、八月三〇日、ハイデルベルク大学（Universität Heidelberg）の物理学研究所（Institut für Physik）にハンス・コッフェルマン教授（Prof.Hans Kopfermann）を訪問し、この長田の書簡を手渡している。

このコッフェルマン博士（1895-1963）はゲッチンゲン宣言の署名者で、長くドイツ原子力委員会の核物理部門の委員長を務めた人物である（長田の日本子どもを守る会をめぐる諸実践については論稿の分量の関係で省略する）。

第４節　長田教育学の位置

長田の弟子であり、同僚でもありかつ長田と同じ大学の教育学研究室で教育制度史、大学制度史を中核とする教育行政学を開拓した皇至道は追悼特集号で「長田 新博士の教育学」について条理を尽くして述べている。その中で皇は、長田の教育学の特色を、①教育学研究における統合的統一的立場、②研究上における『教育史即教育学』という見解、③抵抗の教育学ないしは危機の教育学の三点にまとめその評価と問題点をのべている。長年にわたり長田の思想と行動を直接身近で見てきた人物によるものでまさに正鵠をえた長田教育学の把握である、と判断される。この皇による長田の評価と問題点を軸にここでは長田教育学の位置について考察したい。

①の統合的統一的立場は長田が深く参入したディルタイの生命哲学、すなわち人間的生の全体観・具体観から導出していることは明瞭である。それが長田の「文化教育学」の骨格でもある。だがこの「文化教育学」概念こそが戦後長田教育学の「転回」を不可避なものにする。それは長田の「文化教育学」の「文化」概念が今日、イデオロギー批判的に言えば、社会が、とりわけ「文化」の諸概念の中に包摂されるものとしてその基底や生成を問う必要のない、いわば、イデオロギーを体系の諸概念と理解されたからである。したがって「文化」は安易に社会そのものと直線的に理解される。その結果、社会的・政治的行為は教育理論に不可欠なものとしてその主題や対象にならないことになる。この「文化」概念を克服する企図が戦後長田の論難書である『教育哲学――教育学はどこへいく』であった。そこではいわゆる「教育学」はその格率を担う基底、即ち経済、支配、不平等などに対質させられねばならないものとなる。

②哲学史即教育史の見解については、皇が適切に指摘するように長田の思想史に偏る考察に対して制度史研究を同時に考える必要があろう。ディルタイ自身、「制度は思想の具体的な反映」として「プロイセン教育制度史の概論的構想」（1878/79）を示しているのである。また長田が参照したであろう「ベルリン大学教育学講義」は、「歴史と体系」から構成されているが、この背景には一八世紀の啓蒙主義的、観照的な認識論、ならびにそれを背景に発展した自然科学の客観主義に対する批判が存在しており、その上でディルタイは教育体系を「歴史の内部観察」として提示しようとしたのである。その意味では長田の「哲学史即教育史」というフレーズは単純化と不均衡の誹りを免れえないであろう。また長田のこの歴史観についてもヘーゲル的な弁証法的な発展史観と同時に時間概念としてプロイセン学派のJ・G・ドロイセン（Droysen, 1808-1884）の円環論も伺われ、必ずしも学術論的に吟味され

展開されたものではない、いわば「アバウト」なものであるといえよう。

③危機ないし抵抗の教育学に関して長田は、「危機」については一九三〇年代ドイツの文化教育学、人物的にはシュプランガー、リットの諸説から導出される学問的、社会的な「危機」をわが国の社会・教育状況に重ね合わせながら論じ、具体的に行動した（注記（1）の「危機」を梃子にしたドイツ教育学の展開図を参照されたい）。「抵抗」に関しては、そのペスタロッチー研究を通じて体得されたペスタロッチー像を当初は具体的な開発教授の創造者から晩年に至り社会改革者として把握することによって、特に、第二次世界大戦後長田の教育学が問題を孕みながらも社会科学的教育学、現代のヒューマニズム的教育学への「転回」の道を開いた。皇はそのことを「長田博士がつねに日本教育の歴史的現実に対して抵抗的な感覚をもって教育学的思索をすすめてきたことは、多くの著作に共通にあらわれている」と述べている。その意味では、われわれの長田の教育学に関する諸著作の時系列的な考察は上記皇の長田教育学の特色付けを内在的に解明したものに過ぎないものかもしれない。だが、長田が指標としたドイツ教育学の成立や発展・展開の過程を具体的に担った人物を中心にその動静と長田自身が生きた日本の社会的・教育状況の動向とを突き合わせて両者の比較考察をすることによって、長田教育学の特徴がより生動性をもって把握されたのではないかと愚考される。これらのことから論者は、本論究では上記、皇の特色付けを承認しながらも、それら三点の特色付けから「長田新の教育学はペスタロッチーの教育実践学が基底となりそれらを統合している」と結論し長田の教育学を位置づける。それらの事柄を若干付言し確認したい。

長田は研究室などでの集いでよく「教育学の本山」という言葉を口にしていた。それは学生、院生さらには助手などに対する教育学への「勧奨」から出た言葉かもしれないが、同時にこの学園こそ真性の教育学を探究している、あるいは探究する場としての誇りを語っていたのかもしれない。東京という教育行政の中心地から適度の距離を保ちながら真性の教育学の探究を通じて中央の教育の動きを批判するという場、それが広島という土地であり、長田は終生この『広島』という空間にこだわった。そのこだわり、自負は何に基づくのか。それは教育の天才、ペスタロッチー教育学を血肉化し、自分こそがその衣鉢を継ぐ教育学者であるという自負ではなかったか。われわれはその長田の自負が決して独りよがりのものではなく、今日のグローバル化の観点から見ても、公正な判断であると断定できる。学説史的に再度反芻してその事を確認したい。その際、長田の思考や立場の進展や深化を特徴づけるのは、「何々から何へ」「何々に入って何々を出る」さらには「何々を超えて何にいたる」というフレーズである。以下、この特徴あるフレーズで説明し結論としたい。

長田教育学は一九二〇年代初頭のドイツの社会的理想主義者であり、ペスタロッチー研究者でもあったナトルプの理想主義的哲学から生命哲学の開祖としてのディルタイの文化教育学に入り、それを基盤とする教育学へ、併せて、ナトルプのペスタロッチー研究を超えて教育の実践家であり、「教育的天才のもっとも偉大な権化としてのJ・H・ペスタロッチー」（Th・リット）の教育思想の中核、すなわち社会改革の方途を骨格とする実践教育学に至ったことを意味する。このことは教育学的にナトルプを超え、ディルタイを超えたことを意味する。教育学の方法論としては、ヘーゲルの弁証法を基盤とするリットの教育学方法論に注目しながら、ペスタロッチーの教育方法論である「術（テヒネー）」の論理化（メトーデ）を図り、リットを超えて長田実践教育学（大教授学）の構築を企図していた。

このような長田教育学をドイツ教育学説史の立場と対比し位置づけるならば、丁度一九五〇年代末迄（旧西）ドイツ教育学を代表する「精神科学的教育学派」第二世代のW・フリットナー（Flitner, Wilhelm,1889-1990）が『現代に於ける教育科学の自己理解』（1958）で教育科学を学説史的に「解釈学的・実践的教育学（Die hermeneutishe-pragmatische Pädagogik）」と規定し、それは思弁と実証との「中間の世界」の領域で取り扱うもので、方法的には「第三の方法」と特色づけたが、それはまさに長田が戦前迄ドイツ教育学研究から獲得した、あるいは到達した点、立場でもあった。その意味では長田も「時代の子」であった。だが長田は一歩その先を見据えて時代を超えようとした。丁度ドイツにおいては、W・フリットナーの立場が少なくとも五〇年代まではドイツ教育学界では共通的理解であったが、六〇年代に入ってからのドイツ社会の急激な大変動、例えば、経済環境の変化、それに伴う教育に対する批判と要求から惹起される教育諸改革等、ここではまず目的‐手段関係を前提とする経験主義的教育学が一潮流となり、同時に六〇年代後半の「学生運動」は従来の価値観の大変革をもたらし、理論的には「批判理論」の影響を強く受けた『批判的教育科学』、すなわち、反権威主義的で体制批判的な「解放教育学」にその席を譲ることになる。その意味でも「精神科学的教育学の終焉」（W・クラフキ）のタイトルは極めて象徴的なものであった。戦後の長田は明らかに従来の伝統的なドイツ教育学を超え、ある意味では六〇年代後半以降のドイツ教育学を先取りして、教育学は社会改革を目標とすることになる。その指標にソビエト教育学、そして六〇年代以降の旧東ドイツの教授学がなったのは当然な帰結であったかもしれない。

最後に社会改革として長田の教育学が、第二次世界大戦後、長田自身の広島における被爆体験という歴史的惨禍を経験し、わが国の進歩的な行動する知識人として平和教育並びに民主主義教育実践の先頭に立たせる学問的基盤となったことを再度強調しておきたい。

おわりに

以上の考察から長田教育学をわが国の教育学説史の観点から位置づけるならば、長田教育学はわが国の戦前と戦後をつなぐ、まさにミッシング・リンク（森田尚人）に位置する人物である。長田新は岩波文化（書店）をメディアとして教育学情報を発信した際立った教育学者として影響力のきわめておおきなわが国教育学の巨星であったといえよう。

おわりに、われわれが考察の主要なメルクマールとしたドイツ教育学との関連でいえば、長田新教育学はどのように位置づけられ、評価されるのか、これらの課題を考えたい。

注記（1）の「危機」を梃子とするドイツ教育学の発展図をもちいて説明する。発展図（図3—1）からは長田が一八八八年のディルタイを開祖とするディルタイ学派、すなわち、一九二〇年代の精神科学的教育学派の第一世代、シュプランガー、ノール、リット、フリットナーとその思想、業績、影響力から同列に位置すると考えてよかろう。そしてこの派にとっての最大の「危機」は、一九三三年一月ヒットラーの政権の掌握、具体的には国家社会主義（ナチズム）の台頭と支配であり、核心はそれとの対峙であった。ここでは特に、国家社会主義（ナチズム）とこれら第一世代が取った態度、つまりナチズムとの距離・関係を具体的に、かつ簡潔に書誌的観点から考察し記述しておく。日本に関していえば軍国主義に対する長田の距離・関係と同じ問題である。

周知のように、シュプランガーは一九三三年春、ナチスによるユダヤ人迫害や言論弾圧に抗議してベルリン大学教授職の辞表を提出するが、間もなく撤回し復職する。そして一九三六年から一年間、ヒットラー政権下の日独交換教授として来日し（「内的亡命」ともいわれるが）、当時の全国の主要な大学を中心に京城帝国大学にまで足を運び、八〇回にわたる講演活動をおこなった。それらの講演内容は今日、『文化哲学の諸問題』（一九四一）、『現代文化と国民文化』（一九四二）として残されている。その後ナチス政権末期の一九四四年七月、ヒットラー暗殺未遂事件に連座したかど（研究会である「水曜会」の主要なメンバーであったことから）で拘禁されるが、大島浩・駐独日本大使等の取りなしで釈放された。この詳細な経緯については戦後まもなく刊行された二冊の翻訳書、『文化病理学』

（一九五〇）、『たましいの魔術』（一九五一）の翻訳者、篠原正瑛氏の訳者後記等に詳しい。敗戦後短期間、ベルリン大学総長代理を務めるが一九四六年ソ連占領地区のベルリンを去りチュービンゲン大学に移り教授・講演・著述活動を精力的に行った。一九六〇年代までのわが国教育学には多大の影響力を与えた。

長田の私淑したリットはどうであったのか。ナチス政権下の一九三一―三二年、ライプチヒ大学の総長を務めるが、基本的にヴァイマール共和制を擁護する教養知識人、大学人としての姿勢はナチス青年同盟に属する学生たちと激しい軋轢を生み、講演や講義において猛烈な妨害をうける。当局によって講演も禁止されるところとなり一九三七年には自発的に退職するが、この間も『ナチズム国家における精神科学の地位』（一九三三）、『哲学と時代精神』（一九三五）等の著作を通じて公然とナチズムを批判し、講演禁止等の処分をうけるが、『ドイツ精神とキリスト教』（一九三八）、『プロテスタント的歴史意識』（一九三九）では「人種理論」の誤りを指摘し発行停止の処分もうける（戦後直ちに出版された多くの書物はこの時期に執筆された）。リットもヒットラーに抵抗する保守派勢力への親和性を抱き、ライプチヒ市長ゲルデラーと親交を持ち、抵抗勢力のライプチヒ「水曜会」のメンバーでもあった。一九四五年ライプチヒ大学に復帰し、大学再建のプランを作成するも、ソヴィエト軍占領下の体制と対立し、結局一九四七年西側の母校であるボン大学に招聘され、新設の教育科学研究所の所長に就任する。

西側のゲッチンゲン大学のノールはどうであったのか。一九三三年以前のノールは教育と教育学の相対的自律性の根拠づけに腐心し、教育的行為の自律性、教育理論の自律性、そして教育制度の自律性の探求を行う。そこからえられた結論は教育の「相対的自律」という概念で、その主張は、国家、教会、文化、世界観等々が教育及び教育理論に対しての要求や批判をなしうると同時に、逆に教育が自己に課せられる客観的諸力の要求や組織に対して批判可能というものであった。ノールの教育的関係論や相対的自律論を仔細に見れば、ノールの教育学構想は「本来、ナチズムのイデオロギーと相容れるはずのないものであった」（坂越正樹）。しかしながら「教育の自律性の要求は同時に、論理内在的にその都度の支配的政治的勢力を教育に介入させる「両義性」を含んでいるがために、ノールはナチズムの危険性を十分に見抜きえず、その権力掌握と明確に対決しえなかった」とノール研究者の坂越は結論づけている。坂越は一九三三年以降のナチズムとノール教育学の関係を「非連続」と「連続性」という二面からノールの「書簡」や「テキスト」の分析から考察を行っているが、芸術的感覚の鋭いノールに見られる理論的「あいまいさ」と精神的「不安定さ」はいかんともしがたい思いにわれわれを駆り立てる。国家社会主義教育学のイデオローグ、ボイムラー（Baeumler, A.）によってノール教育学は「つまらないもの、古くさいもの」とされ、一九三七年には教壇を追われるのである。しかし一九四五年教授に復帰後、「ノール学派」を形成、その学派はヴェニガー（Weniger, E.）を介して「精神科学的教育学」の第二世代として、一九六五年頃にはモレンハウアー、クラフキ、ブランケル等による「第一世代」の克服としての「批判的教育（科）学」「解放的教育学」に継承される。彼等はアドルノ、マルクーゼ、ハーバーマスの「批判理論」を背景に七〇年代の実証主義論争に挑むのである。

われわれは、ドイツ教育学の発展図をディルタイ派教育学（精神科学的教育学）、人物としてはシュプランガー、リット、ノールを中心に見てきた。そしてこの派の人物の運命もみてきた。東西に分断された二つの国家、そして体制の全く異なる分裂国家。そこには呻吟する教育学者の姿がみえる。

問題は一九二〇年代からあれほど強くドイツ教育学に惹かれていた長田が、どの時期までその関心を保持していたのかということである。管見では、少なくとも一九四五年までの国家社会主義の教育学者、E・クリーク、A・ボイムラーの著作や論文を見ていたことは確認できる。それに対してリットとの関係は一九三七年以降途絶えている。著作としては戦後の一九四八年に刊行されたリットの主著『人間と世界』が一九五九年、長田の『教育哲学』の第八章、「現代ドイツ教育学の課題」での「リットの危機観」として登場していること、そしてそのリットの問題意識の弱点は「依然として社会科学的な乃至は体制的な立場が希薄である」ということである。この点はすでに詳論した。同論で長田はリットの『歴史科学と歴史哲学』（一九五〇）、『職業陶冶と一般陶冶』（一九四七）も引用しているが、時間的にほぼ二〇年間の空白があるがそれをわれわれはどのように理解したらよいのであろうか。一つは、リットがナチズムと軋轢を惹起し自主的に退職して後、書斎の人になったこと、そしてなによりもリットの著作が発禁もしくは検閲を受けたことで入手が不可能になったことが挙げられる。日独同盟を結ぶ当時の状況からはそのことは容易に理解されよう。しかしながら他方でE・クリークやA・ボイムラーの文献は読まれ、引用されているのも事実である。それは一九四〇年代後半、長田の民族論、国家論を支えるのに好都合であったのか。

他方、戦後長田にとっての主著『教育哲学』の冒頭では「シュプランガーの危機観」としてシュプランガーの戦後の著作『現代の文化問題』（一九五一）、『教育学的展望』（一九五一）さらには『魂の魔術』（一九四九）を引用し、キリスト教的ヒューマニズムに立脚するシュプランガーの教育論を厳しく批判している。

結論的に言えば、両者に対する長田の批判のキーワードは社会科学的な第三ヒューマニズム論であり、それによって強化された社会主義的な立場であろう。その意味でも五〇年代後半の長田は、精神科学的教育学派の第一世代を超えて第二世代の「批判的教育学」や「解放的教育学」の先駆けとなるもので、特に、そのお手本として共産主義国家、旧ソビエト連邦、そしてその傘下の東欧、とりわけ社会主義国家、東ドイツへの傾斜が著しくなっていく。それを長田はコメニウスやペスタロッチーのいわゆる民衆の「下から」の「抵抗」としての教育学を力説するのである。しかしこの立場の根源でもあり体制でもある「全体主義国家」としてのソビエト軍支配下の軍事力による強権的な体質を戦後リット、シュプランガーは体験し、そこからの「自由」を求めて「亡命」を図るが、そこには長田のドイツ教育学（「精神科学的教育学派」）との断絶といってもよい深い溝が明確によみとれる。

同時にここでわれわれは当時の（西）ドイツ教育学の動向も正確に見ておかなければならないであろう。すでに述べてきたように、きわめて象徴的な事柄であるが、精神科学的教育学の第二世代の代表的な教育学者であるW・

クラフキでさえ一九六五年、その編著『精神科学的教育学の終焉』を刊行していることである。つまり『精神科学的教育学』に対しては一九六〇年代西ドイツ本国でも二〇年代以降の「精神科学的教育学」は『終焉』と烙印が押されるのである。したがって、われわれは一九四五年までの「精神科学的教育学（派）」を歴史化し、相対化して考察することが必要なのである。同時にその際、この派の「ナチズム」との距離・関係を一緒くたにして取り組むのではなく「歴史の個性化」（リット）として個々の教育学者の立ち位置を「事実」、つまり資料に基づき正確に分析、考察することである。近時ドイツ本国で刊行されたベンヤミン・オルトメイヤーの著『ロゴスとエートスに代わる神話とパトス』（2009）はその副題にもあるようにナチ時代の指導的教育学者、シュプランガー、ノール、ヴェニガー、ペーターゼンの著作についての瞠目すべき考察である。また近時次々に発掘されるリットに関する諸資料についても改めて「相対化」して分析することが必要であろう。その代表例として、J・エルカースの論文「テオドール・リット復活か？」（一九八五）を挙げておく。

このように見てくると、長田の時代に対する態度を「時代の先取り」としてその先見性を評価するか、あるいは長田の「転向」として判断するかは、ソビエト連邦、東欧諸国の崩壊後二〇年を経過し、グローバル化された今日の国際社会で噴出する民族問題をみても、長田新教育学の評価と断定には、なお相当の時間が必要ではなかろうか。ただ確実なことは、『先駆け』であれ、『転向』であれ、あるいは『断絶』であれ、長田の決断の根底には一九四五年八月六日、広島での生死をわける長田自身の凄惨な原子爆弾の被爆体験があったということである。

今日長田は出生地茅野の頼岳寺に眠る。その分骨は生前の長田新の希望によりスイス・アールガウ州ビル教会のペスタロッチーの傍らに安らぐ。碑文は元スイス・ペスタロッチー研究所長ハンス・シュテットバッハー博士によるものである。

「ここにその最後の願い充ちて
ペスタロッチーの偉大な賛仰者
長田新　1887-1961 の遺骨が鎮まる
広島大学教育学部教授、チューーリッヒ大学名誉博士
日本での広汎なペスタロッチー運動の創始者
ペスタロッチーの著作の日本語への翻訳及び編集者としての弛まぬ活動に感謝を
もって
スイス民主主義の友たり敬愛者たりし人に捧げる。」（村井実訳による）

（補記：長田の遺志により、教え子、前原壽（元広島大学助手、チューリッヒ大学留学、東北大学教授）の尽力によってその分骨はスイス・アールガウ州ビルのペスタロッチーの墓所の傍に埋葬されその記念碑が建立されるが、その経緯と除幕式の様子を含む正式記録が、昭和三六年一一月二九日付け第六九七号として、スイス日本大使館特命全権大使木村四郎七から外務省大臣臨時代理川島正次郎に「故長田広島大学名誉教授の墓碑建立に関する件」として、別添資料（Der Bund（Freitag/Samstag, 24/25november 61.）並びに墓碑建立式典のプログラム（Donnerstag, den 23. November 1961, 15 Uhr die Asche von PROFESSOR ARATA OSADA）を添付して報告されている。同報告書は外務省情報文化局長名で文部省調査局長に関係書類（別添資料のコピー）を付して昭和三六年一二月二七日付で広島大学長宛「スイスにける故長田新教授の墓碑建立について」通知され、「同氏のご遺族への伝達」の依頼が広島大学教育学研究室に届けられている。この貴重な資料は現在ペスタロッチー資料室に保管されている。木村全権大使はこの手書きの報告書で「各方面の協力により、除幕式が行われた」こと、「本行事が同日夜スイスのテレビで放送され、また二四日付の新聞 'Der Bund' にも報道され、両国間文化交流の現状を示す一行事」として報告する、としている。）

補記——私の長田体験記（記録にとどめておきたいこと）

日本流にいえば筆者は長田新先生の孫弟子にあたる。筆者が一九五五（昭和三〇）年四月、広島大学教育学部教育学科に入学した時には、長田先生はすでに退官され名誉教授であられた。したがって、先生から直接その講義を受けたり演習に参加する僥倖にはめぐりあってはいない。ただ入学した年の大学祭（一一月）に当時の教養部の大講堂で開催された長田先生の講演を拝聴したことは今でも鮮明に記憶している。ほぼ満席の会場で、先生は背広の前襟の左右に手を当てる独特のポーズで聴衆を魅了していた。

当時教育学研究室では四月の新入生歓迎会、二月の卒業生送別会、三年次学生の卒業論文テーマ発表会、四年次生の卒業論文発表会が行事化されており、さらに毎週水曜日の昼休みには学生控室で都合のつく先生方（助手）と学生がパンと牛乳持参で昼食を共に歓談する機会があった。発表会にはほぼ毎回長田先生の顔があった。その折の先生の講評は一人一人の学生のテーマや新たな視点を「ほめる」ことが多く、学生達は若干の勇気と自信を与えられ帰宅したように思う。同時にわれわれは先生から時々の会合におけるスピーチのモデルを頂いたようにも思う。超ご多忙な先生がよくこれほど迄に会合や研究会に参加され奨学的な指導・助言をなされるものだと感嘆した。先生は教育者として抜群の才能を発揮されていたと思う。まさに先生は「生まれながらの教育者」（シュプランガー）であられた。

学会として、当時中国四国教育学会があり、その広島部会が設置されており、そこに先生が出席されているというだけで発表者（多くは広島近郊の大学教員）は緊張もし充実感をも味わっていた。その意味でも先生の存在は極めて大きなものがあった。特に、一九六〇年、先生がチューリヒ大学から名誉哲学博士の称号を授与され、その帰国報告会が当時の教育学部大会議室での「茶話会」でおこなわれ、バウムベルガーの「闘士ペスタロッチー」の肖像画が披露されたがその折の会場の雰囲気はまるでプルーストの『失われた時を求めて』のようにいま回想される。

個人的体験としては、教育学研究科教育学専攻・教育行政学専攻の一九五九（昭和三四）年度入学生一二名全員が二回、翠町の先生宅に招待され『うな重』を御馳走になりながらご高説を伺った。一階の広い書斎に並べられた書籍類の膨大な量にわれわれ院生は圧倒され、驚嘆したものだ。その年の一〇月、刊行されたばかりの『教育哲学――教育学はどこへゆく』を先生は院生各人の氏名を確認されながら達筆をふるわれ「すべての偉大なものは嵐の中に立つ（プラトン）　為何々学兄　著者　長田新」とサインされ一人一人に手渡された。ここでは著書本の贈呈のマナーを教わった思いである。もう一冊、私は長田先生のサイン入りのご著書を頂いた。これは先生が出版社にわたす原稿の清書を人を介して依頼された『道徳教育の根本問題』（牧書店、一九五八年刊）である。サインは前書と同様の形式で躍動する先生の筆遣いである。

最後にこれだけは記録に留めておきたいことがある。

第一。それは先生ご逝去の前日の一九六一年四月一七日、来日中のライプチヒ市のゲヴァントハウス管弦楽団一行を広島に迎えた折のことである。「略伝」等によれば、「午後二時半広島駅に教育学部研究室の有志と出迎え、一行を平和公園内のコーヒ店でねぎらった後市内を案内した。原爆犠牲者の慰霊碑に花束を供えて平和を誓った後、東独政府代表は新にむかって挨拶し、レコードその他の記念品を贈った」と記されている。この教育学部研究室の有志とは、藤井敏彦（西洋教育史）、恒吉宏典（教育方法学）、武村重和（理科教育）そして小笠原（教育哲学）である。私は当日所用があり一五時頃直接平和記念公園で一行をお待ちした。一五時半頃であったろうかゲヴァントハウス楽団一行（五名程度であったと記憶する）が公園に到着。慰霊碑前で長田先生が一行と挨拶を交わした後、記念品としてゲヴァントハウス交響楽団演奏のＬＰによるベートーヴェンの交響曲集を受け取られた。その後、先生は大変お疲れのご様子で、われわれに一行の案内を依頼され一六時頃、慰霊碑を後にされた。いつものようにステッキをもたれた悠々迫らざる歩であったがその後ろ姿の寂寥感が今痛く記憶に残る。案内を依頼されたわれわれは慰霊碑に隣接したレストランでコーヒーを取った。だがわれわれのドイツ語会話はまったく通用せず、せいぜい藤井氏の細々としたロシヤ語による会話のみであった。六〇年代当時の院生の会話能力を思い起こしている。私は一八時からの家庭教師のアルバイトのためおいとました。

第二は広島大学教育学部ペスタロッチー資料室に保管されている長田新文庫のことである。

昭和六二年三月頃、長田新先生生誕百周年の記念の年を迎え、長田家から当時の広島大学長の沖原豊氏に対し、欧文文献、貴重な資料などを寄贈したい旨の申し出があった。沖原学長は、さっそく教育学科に受け入れ方の検討を依頼。教育学科としては、そのご好意を受け、教育哲学研究室の小笠原が七月、長田家（長田五郎氏）と東京で交渉に入り、受け入れにともなう保管、受け入れ後の管理、運搬の方法及び費用等について話し合い、合意をえた。かくして、同年一一月一日、二日の両日、長田家と小笠原が長野県茅野市豊平にある長田記念館にて、文献の整理、選定等をおこない、日通茅野市職員の協力を得て膨大な資料（雑誌を含む欧文書籍八三三点）を昭和六二年一一月五日、旧東千田町の広島大学教育学部に移した。その主なものは次の通りである。

1ホッツ筆「ペスタロッチー」（肖像画）、2バウムベルガー筆「闘志ペスタロッチー」（肖像画）、3ペスタロッチーの直筆書簡一通、4フレーベル直筆書簡一通、5ペスタロッチーの初版本を含む諸著作、6ペスタロッチーに関する諸研究書、7ロック、ルソー、フレーベル等に関する諸研究書、8ドイツ現代教育学者（リット、シュプランガー等）関係の文献等、9フランス、イギリス、アメリカなどの教育学文献、雑誌等、10ブロックハウス等の百科辞典、『ロゴス』等の哲学雑誌、教育学雑誌等。

なお、以上の寄贈文献は、『長田新寄贈文献目録』（八二頁）として分類、整理されている。これらの肖像画、直

図3―1 「危機」を梃子とするドイツ教育学の発展図（代表的人物を含む）

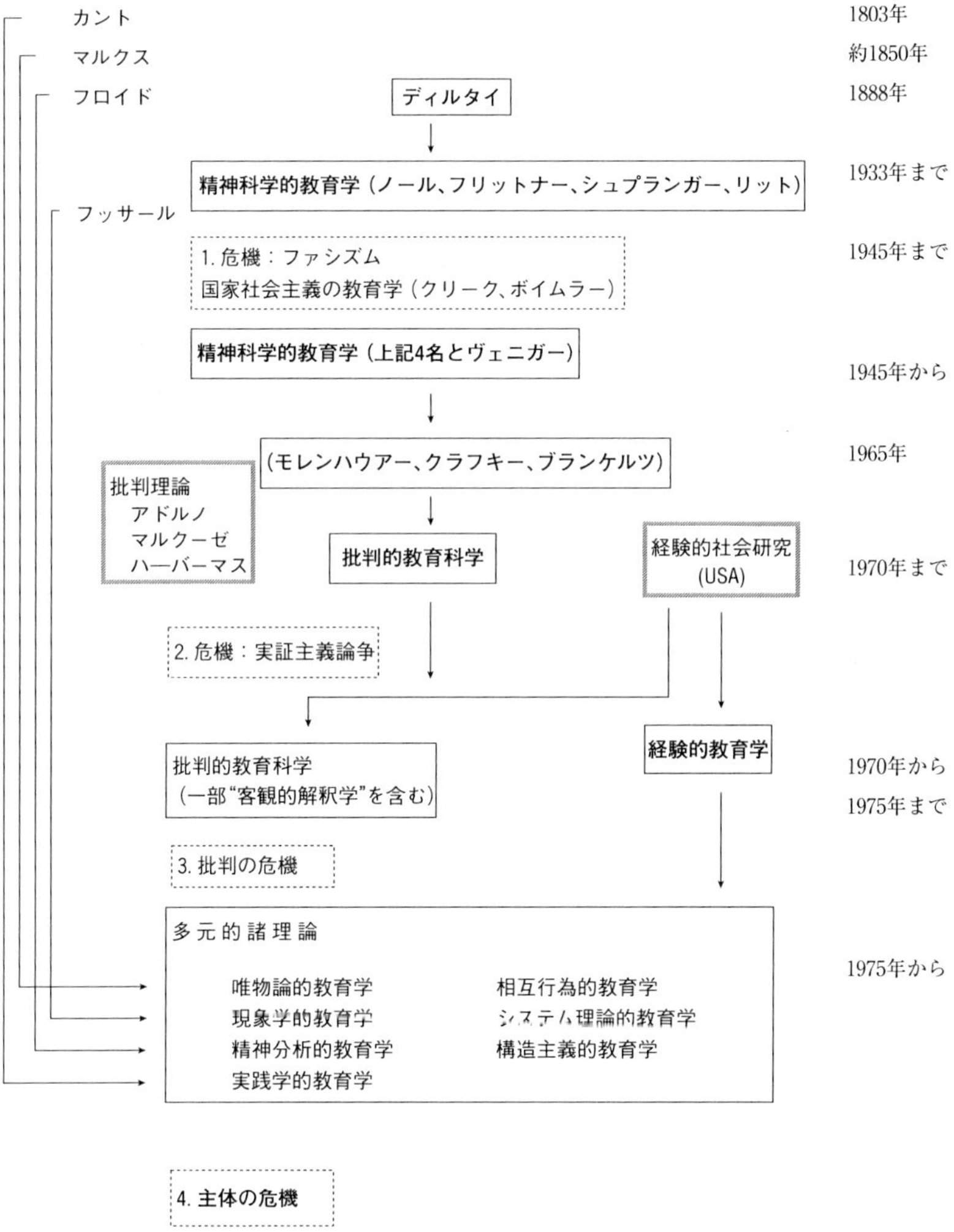

(Vgl.;Dieter Lenzen(Hg.), Erziehungswissenschaft-Ein Grundkurs,2.Auflage,1995,s.27)

筆、文献は、平成元年九月広島市東千田町から東広島市に移転を終えた広島大学教育学部に設けられた「ペスタロッチー資料室」に収められている。

最後に拙論は、教育哲学会の課題研究、「戦後教育学の反省—学説史的検討」の課題から長田新を対象にライフヒストリー的に論究したもので、論述中批判めいた言辞や論者の恣意的な判断にもとづく記述もあり、その点を含め教育学の大先達に非礼を冒すのではないかと危惧される。だが先生は冒頭のペスタロッチーの「白鳥の歌」の言辞を身をもって体現されているのでその非礼を寛恕されると思う。ペスタロッチーの言辞はそのまま長田新の「白鳥の歌」だからである。

註記

（1）「危機」を梃子とするドイツ教育学の発展図（図3—1）を参照のこと。

（2）日本におけるテオドール・リット教育学の受容について

リット教育学の研究やその受容は、わが国の教育学における一九二〇年代の「文化教育学」の受容を前提とし、とりわけディルタイ派の代表的な人物として受け入れられる。それを象徴的に示しているのが、当時わが国で学術的に最も権威のある書店と知られる岩波書店から一九三一年、岩波講座『教育科学』が刊行されるが、その第一冊の付録であった雑誌『教育』の口絵にディルタイ、シュプランガー、リットの三人の写真が掲載され、編集後記に「口絵は毎回の配本内容に関係深い主な学者の肖像を掲げ、その面影を通して学説とともに一層の興味を深める一助ともしたいと考えている」と記されていることである。当時のわが国教育界の三者に対する関心の深さが窺われる。

①論文・著書によるリット紹介

わが国でリット教育学に関して、リットの文献を直接引用して論究した最初の論文は、一九二三年二月、伊藤献典、元台北帝国大学教授（旧台湾）の「教育学方法論」である。本論文は京都帝国大学文学部哲学科の機関誌『哲学研究』（京都哲学会）第八巻一月、二月号の二回に亘って掲載された。なかでも二月号（八三号）では、リットの論文「教育学（Pädagogik）」（Systematische Philosophie, 1921, S.276 ff.）と「教育学的思考（Die Methodik des pädagogischen Denkens）」（Kant-Studien, Bd.XXVI Heft1-2, 1921, S.17ff.）を翻訳し、引用しながらリットの説を紹介している。ここで注目すべきは、伊藤が教育学の「学としての方法論」への関心からリットに着目していることである。この関心は当時のわが国の教育学の重要関心事でもあった。つまりこの問題はヘルバルト以後の教育学において、科学としての「教育学」の自律性を巡る核心的問題でもあった。一九二三〜二四年、長田新も同じ機関誌『哲学研究』（第八、九巻）で「文化教育学の出るまで（1）（2）」の論文を寄せている。ここで長田は、文化教育学の出現を人格的教育学との関係から考察し、「文化教育学はただ人格を文化本質（Kulturwesen）と解し、したがって教育の問題をこの文化本質としての人格に教育にむけた」としている。その上でシュプランガーと相並んで現代文化教育学の一頭目とも見るべきリットが「先ず、教育学見地より主観と客観との本質的関係を明らかにし、以て自らの文化教育学的立場を示すと同時に問題にも答えようとした」と述べている。

この時期、一九二五年から一九四〇年にかけて最も多くその著書や論文でリットに言及した研究者に入澤宗壽（東京帝国大学教授）がいる。入澤もライプチヒ大学に留学しリットと面識がある点に注意したい。入澤は著作『文化教育学と新教育』（一九二五）、『教育思想問題講話』（一九二六）において数多くリットに言及しているが、同年『ディルタイ派の文化教育学説』においては、二五頁に亘り「リットの教育学説」を紹介している。この時期、リットの個人名を冠した論文に小林（石山）修平の「リットに於ける現代哲学と陶冶理想との関係」（一九二六）、村上俊亮の「リットの哲学と文化教育学」（一九二七）、竹井弥七郎の「テオドール・リットの教育学と文化教育学」（一九二七）等があるが、それは次の村上俊亮・海後宗臣共著『リットの文化哲学と教育学』（一九二八）の前段をなすものである。わが国における本格的なリット紹介は、村上・海後共著からと考えてよい。

② 本格的なリット紹介

本著『リットの文化哲学と教育学』の冒頭に両者の恩師・吉田熊次（東京帝国大学教授）が「序」を寄せている。その「序」は本書の構成、内容を実に的確に示していると共に、リットに関する当時のわが国の理解状況を良く著している。曰く、「Litt は Spranger と共に文化教育学者の双璧であるあることは、広く教育界に知られている事実であるが、直接に Litt の学説を調査研究する資料のほとんど翻訳されていないことは、原書を使用し得ざるものの久しく恨事とした所である。Litt のドイツ語は頗る古典的のものであって、美文ではあるが極めて難解である。それが為に Litt の論著にて邦文で紹介されたものは極めて少ないのである。しかるに村上・海後の両学士に依って Litt の哲学思想と教育学説とが纏めて解説せられたことは、我が教育界に取りて大いなる福祉と言わざるを得ない」と。その上で「Litt の思想学説の根本を述べたものは『認識と生活（Erkenntnis und Leben）』及び『個人と社会（*Individuum und Gemeinschaft*）』の二書である」と述べ、「本書の第一章は『認識と生活』の骨子を紹介し、第二章は『個人と社会』のほとんど全体の解説であり、そして、第三章は Litt が別に公にした所の「教育学（Pädagogik）」の詳細なる紹介である」と本著が使用した文献とその構成を明示している。その上で、「本著の如く原著に即して正確にかつ忠実に Litt の思想学説を叙述せるものは何処の国にもないと思う」として、「本著の価値は極めて大である」と評価している。この吉田の言説には当時の日本の教育学のレベルが伺われよう。同時に「序」の結びにおいて吉田は、「文化教育学の思潮の正統派とも言うべきものはシュプランガーにあらずしてむしろリットであると思う。（略）大体においては（リットが）ディルタイの思想学説を継承祖述して居ると考える」とリットを高く評価している。この吉田のリットのディルタイに対する位置関係の判断は村上、海後の両者の判断とも考えられる。村上はその「序文」で「シュプランガーはディルタイの正統的後継者をもって自任しているけれども実際はリットの方がディルタイの思想に近い」と判断している。なお、村上は「（当為と存在、理想と現実、個人と社会等の）諸関係の本質及び本質に基づく普遍的関連を体験の具体的な内容充実に即して捕捉せんとするものがリットの文化哲学である」と断定している。その上で、リットの文化哲学の基礎をなすものが、その構造論と価値論であるとし、本著「第一章で構造論と価値論を、そして第二章で文化哲学概要を述べた」と記している。第三章は海後が担当し、「教育学」を第一節現代の教育学、第二節教育学の原理、第三節教授上の諸問題の三節構成で記述されている。すでに吉田が述べているように、本章はリットの著書『教育学（Pädagogik）』（1924）のほぼ忠実な翻訳に基づく諸説の「紹介」といった性格のもので、ここにはリットに対する批判とか評価はまったくなされていない。これまでわが国で「つまみ食い」的に紹介されてきたリット教育学の問題関心領域、それに対する理論的アプローチの方法が全体的に明瞭になったと考えられる点で、本書は評価される。しかしわが国における本格的なリット研究は、その後第二次大戦後の一九五四年、杉谷雅文の『現代哲学と教育学』の刊行まで二六年待たなければならなかった。無論、この間にも数多くのリット紹介がなされるが、中でも特に注目したいのは、以下の『教育学事典』に「Theodor Litt」の項目が設けられ紹介、記述されたことである。(1)入澤教育事典(一九三二)、(2)増訂教育学事典(一九三五)、(3)岩波書店・哲学小事典(一九三八)、(4)岩波書店・教育学事典(一九三九)。またテーマ的に広がりを持った紹介論文としては以下のものが注目される。(1)宗像誠也「リット、公民教育における国家の理念と現実」(一九三一)、(2)重松俊明「我、我・汝、社会――Th・リットを中心として」(一九三二)、(3)加藤三郎「テオドール リットの全体観について――主として『指導か放任か』を中心として」(一九三三)、(4)入澤宗壽「リット、国家社会主義的(ナチス)国家における精神諸科学の位置」(一九三四)等である。

③ わが国における本格的なリット研究

わが国における本格的なリット研究は、管見では一九五四年に刊行された杉谷雅文の著書『現代哲学と教育学』(柳原書店)においてである。本著は杉谷の博士論文でもあるが、論者がここで特に、単なる紹介とは異なる「本格的なリット研究」というのは、杉谷がリットの主要文献を徹底的に読み込み、リットの思想の全体像とその思考様式を十全に把握した上で、著作を構成し、論述しているからである。結論的に、「本著はリットの教育学を歴史的に又方法論的に論究したもので、(略)特に、第二章はリット教育学の方法論を、生命哲学、現象学、弁証法、形而上学の諸点から詳論したものである」と杉谷は記述している。杉谷は長田の直弟子として、新カント派、ディルタイの生命哲学を学び、さらに、ヘーゲルの弁証法、ジンメルの社会学、フッサールの現象学そしてハイデガーの実存哲学まで巡り、それらを自己の思想の中核に据えた実にドイツ哲学の王道を我がものとした教育学者であった。これら杉谷の学問研究の背景が精緻でかつ体系性を備えたリット研究を可能にしたのであろう。

なお、論者は二〇〇六年、ライプチヒ大学テオドール リット研究所創設一〇周年記念シンポジウムに招待され「日本におけるリットの受容(Die Rezeption Litts in Japan)」のタイトルで講演し、それが論文集“Theodor Litt, Freiheit-Verantwortung-Mitwir-kung”, Leipziger Universitätsverlag”(独文)(2007)に掲載された。また、二〇一一年には、「日本におけるTh・リット教育学受容の研究――日本教育学説史再考の試み」のタイトルで日本教育学説史の視座からリット教育学の受容を論じた(広島文化学園大学学芸学部『紀要』、創刊号、二〇一一、一五―二八頁)。

参考文献一覧（邦文のみ）

長田 新 関係（刊行年順）

Ⅰ　著書（翻訳書を含む）

フレーベル／長田新訳 一九二四『児童神性論』（教育思想精華選第二編）、目黒書店。

長田新 一九二五『ナトルプに於けるペスタロッチの新生』イデア書院。

ペスタロッチ／長田新訳編 一九二五『道徳及宗教教育の本質』（精華選第六編）、目黒書店。

長田新 一九二六『現代教育哲学の根本問題』改造社。

―― 一九三一『独逸だより再遊記』目黒書店。

―― 一九三一『教育思想史』（岩波講座 哲学［問題史的哲学史］）、岩波書店。

―― 一九三三『教育学』（続哲学叢書・第九編）、岩波書店。

―― 一九三四『ペスタロッチーの宗教教育論』（混沌社教育叢書　七）、混沌社出版部。

―― 一九三六『ペスタロッチー』（大教育者文庫　第一五）、岩波書店。

―― 一九三六『教育活動の本質』同文書院。

―― 一九三六『近世西洋教育史』岩波書店。

フレーベル／長田新訳　一九三七『フレーベル自伝』岩波書店。

長田新 一九三八『最近の教育哲学』岩波書店。

―― 一九三九『新知育論』岩波書店。

ハインリッヒ・モルフ／長田新訳 一九三九―四一『ペスタロッチー伝』（全五巻）、岩波書店。

ペスタロッチー／長田新訳　一九四三『隠者の夕暮・シュタンツだより』（文庫）、岩波書店。

長田新 一九四四『国家教育学』岩波書店。

―― 一九四九『フレーベルに還れ』大八州書店。

―― 一九四九『フレーベル自伝』（岩波文庫）、岩波書店。

―――一九五〇『改訂・教育学』岩波書店。

―――編　一九五一『原爆の子――廣島の少年少女のうったえ』岩波書店。

―――一九五一―五二『ペスタロッチー伝』上・下、岩波書店。

―――監修　一九五六『フレーベルに還れ』フレーベル館。

―――監修　一九五六―五七『西洋教育史』全一三巻、牧書店。

―――監修　一九五八―六二『教育学テキスト講座』（全一五巻）。［途中長田の急逝によって、長田新 企画として梅根悟、皇至道、荘司雅子を編集委員として続刊される］

―――一九五八『道徳教育の根本問題』牧書店。

―――編集校閲　一九五九―一九六〇『ペスタロッチー全集』全一三巻、平凡社。

―――一九五九『教育哲学――教育学はどこへゆく』岩波書店。

―――編　一九五九『国際理解の教育――コメニウス三百年記念祭を迎えて』育英書店。

Ⅱ　論文・随筆（「解題」を含む）

長田新　一九二三「文化教育学の出づるまで」京都帝国大学哲学科『哲学研究』第八巻第一二冊。

―――一九二四「文化教育学の出づるまで」（承前）、『哲学研究』第九巻第一冊。

―――一九二五「現代における教育学の基礎付け（1）（2）（3）」、『哲学研究』第一〇巻第四、第五、第七冊。

―――一九三三「民族教育学の概念」広島文理科大学教育学研究室『教育科学』第一号。

―――一九三四「理想主義教育学の新形態」、広島文理科大学教育学研究室『教育科学』第二号。

―――一九三六「政治的教育学」広島文理科大学教育学教室『教育科学』第四号。

―――一九三七「教育科学の立場」広島文理科大学教育学教室『教育科学』第五号。

―――一九三八「新知育論」広島文理科大学教育学教室『教育科学』第六号。

―――一九四四「錬成の本義」文部省教学局編纂『日本諸学講演集』第九編 教育学篇所収。

―――一九四九「広島だより」広島文理科大学教育学研究室『友朋』復刊号所収。

―――一九五四「教育学への道」広島大学教育学研究室『友朋』第四号所収。［なお、本号は表紙にA・アンカー（1831-1910）の「ハインリヒ ペスタロッチーとシュタンツの孤児」（一八七〇）の絵が、そして口絵「同情」（プリトン・リビエール作）が長田新の「解説」によって掲載されている」

――一九五六「教育学のすすめ」、広島大学教育学研究室『友朋』第五号所収。

――一九五九「近思片々」、広島大学教育学研究室『友朋』第六号所収。［グラビヤとして教育学部正面、コメニウス祭（昭和三三年四月、オーエン祭（昭和三三年一二月）の写真が掲載されている］

――一九六〇「身辺雑記」、広島大学教育学研究室『友朋』第七号（研究室三十周年記念号）所収。［表紙裏面に長田新「吉田三郎作 ペスタロッチー胸像について」、「思い出の写真集」として「原爆投下直後の文理大の姿」、「昭和二四年頃の学園」、「現在の広島大学」の三葉が一頁に、二頁には「シュプランガー博士夫妻来学記念撮影」（昭和一二年）、「いちご狩り」（昭和一二年）、「友朋応招」（昭和一四年）、三頁には「文理大時代のペスタロッチー室」、「文理大当時の卒業記念撮影」（昭和一四年）、「新制第一回卒業生送別会」（昭和二八年）の三葉が収められている］

――一九五七「社会科学とヒューマニズム」『教育学研究』第二四巻第六号所収。

Ⅲ　テーマ／人物別の文献（著者名五十音順）

上田閑照　二〇〇八『道程―思索の風景』岩波書店。

――一九八九『自覚について――西田幾多郎哲学論集Ⅲ』岩波文庫。

大橋良介　二〇〇九『日本的なもの、ヨーロッパ的なもの』講談社学術文庫。

小笠原道雄　一九九八「精神科学的教育学の研究――現代ドイツ教育学への展開を中心として」広島大学教育学科編『教育科学』第二四号。

――編著　一九九八『ドイツにおける教育学の発展』学文社。

――編著　一九九九『精神科学的教育学の研究――現代教育学への遺産』玉川大学出版部。

小林敏明　二〇一〇『〈主体〉のゆくえ――日本近代思想史への一視角』講談社。

駒込武・川村肇・奈須恵子編　二〇一一『戦時下学問の統制と動員――日本諸学振興委員会の研究』東京大学出版会。

酒井直樹・磯前順一編　二〇一〇『「近代の超克」と京都学派――近代性・帝国・普遍性』以文社。

坂越正樹　二〇〇一『ヘルマン・ノール教育学の研究』風間書房。

田代尚弘　一九九五『シュプランガー教育思想の研究――シュプランガーとナチズムの問題』風間書房。
田邊元　一九六三『田邊元全集　第六巻』（『種の論理』論文集第一）筑摩書房。
――　一九六三『田邊元全集　第七巻』（『種の論理』論文集第二）筑摩書房。
――　一九六四『田邊元全集　第十二巻』（『科学哲学論文集』）筑摩書房。
――　一九四六『懺悔道としての哲学』岩波書店。
ディルタイ　二〇〇八『ディルタイ全集』第六巻　倫理学・教育学論集、法政大学出版局。
中野光　二〇〇八『学校改革の史的原像――「大正自由教育」の系譜をたどって』黎明書房。
――　二〇一一『大正自由教育研究の軌跡――人間ペスタロッチーに支えられて』、学文社。
――　二〇〇五『ペスタロッチーをどう読んできたか――二〇〇五年二月一二日の記録を中心に』つなん出版。
中村雄二郎　一九八七『西田哲学の脱構築』岩波書店。
檜垣立哉　二〇一一『西田幾多郎の生命哲学』講談社学術文庫。
廣松渉　一九八九『〈近代の超克〉論――昭和思想史への一視角』講談社学術文庫。
和辻哲郎　一九六二『和辻哲郎全集　第九巻』「人間の学としての倫理学」「人格と人類性」岩波書店。

Ⅳ　その他講座・シリーズ本・事典類

荒川幾男　一九七一『現代日本思想史　五　一九三〇年代―昭和思想史』青木書店。
生松敬三　一九七〇『現代日本思想史　四　大正期の思想と文化』青木書店。
稲富栄次郎監修　一九六二『教育人名事典』理想社。
宇沢弘文ほか編　一九九〇『岩波講座　転換期における人間　七　技術とは』岩波書店。
教育思想史学会編　二〇〇〇『教育思想事典』勁草書房。
坂田昌一・近藤洋逸編　一九六八『岩波講座　哲学　六　自然の哲学』岩波書店。
中村秀吉・吉田光編　一九六八『岩波講座　哲学　一二　科学の方法』岩波書店。
古田光・作田啓一・生松敬三編　一九六八‐七一『近代日本社会思想史』Ⅰ・Ⅱ、有斐閣。
『西田幾多郎全集』　一九六五　第一巻（善の研究、思索と体験）岩波書店。
――　一九六五　第二巻（自覚に於ける直観と反省）岩波書店。

――――――　一九六五　第六巻（哲学の根本問題）岩波書店。

――――――　一九六五　第七巻（哲学論文集第一、第二）岩波書店。

――――――　一九六五　第八巻（哲学論文集第三）岩波書店。

――――――　一九六五　第一二巻（続思索と体験、続思索と体験以後、日本文化の問題）岩波書店。

――――――　一九六六　第一九巻（書簡集二）岩波書店。

『カント全集』　一九六五　第三巻（美と崇高の感情に関する考察）理想社。

――――――　二〇〇三　15　人間学　岩波書店。

第四章　森昭を読む
——教育的公共性から世代継承的公共性へ

田中　毎実

はじめに

森昭（一九一五—七六）は、敗戦後のわが国で教育理論をつくり「教育的公共性」を編み上げようとする巨大な集団的営為に参入し、やがてこれを抜け出し、「世代継承的公共性」の創出を志向する新たな理論展開の方向を示して、他界した。本章では、森の理論展開をトータルにたどる。[1] この理論形成史の検討は、戦後教育学の代表的な担い手を扱う共同研究（教育哲学会課題研究「戦後教育学の見直し」）の一環である。かりに教育研究の制度的担い手を扱う「日本におけるゼミナール史」が書かれるとすれば、本稿は、京都学派教育学の展開を受けた大阪大学での教育学研究組織の生成に関するドキュメントとして、ゼミナール史の一部ともなるはずである。

歴史的関心を超える学問論的関心もある。それは、我が国の教育理論の現実性と自律性をあらためて問うことである。これまでのわが国の教育理論は、たんに海外の制度と思想を「送迎展示」（森昭）する啓蒙的営為を遂行したにすぎなかったのか、それともこの種の「啓蒙性」を超えて、ローカルな教育現実へ臨床的に向き合う自律的な理論を構築してきたのか。この学問論的問いは、我が国の教育研究全体へ問いかけているから、だれもこの問いから逃れることはできない。送迎展示を批判する森自身の理論は、戦後の教育理論の基本的特質でもあった「啓蒙性」——以下「戦後啓蒙」と呼ぼう——をどの程度免れているのだろうか。ここで問いただされているのは、我が国の教育理論に一貫する啓蒙性、すなわち明治維新以降の「近代化啓蒙」から森自身の理論構築を含む「戦後啓蒙」へ至る学問論的展開の質である。啓蒙性についてきちんと議論することによって、私たちは、我が国で展開された教育理論の学問としての評価と継承という大きな課題に直面することになる。森は『現代教育思潮』（一九六九）において、『教育思潮研究』（一九二七）「発刊の辞」で吉田熊次のいう「欧米思潮の紹介」に関連して、次のように述べている。

「いまは当時の支配的情勢をいささか誇張して言えば、ⓐ学界の主要な関心は、欧米先進諸国の新しい思想・学説をいち早く『輸入』し『紹介』することにあり、ⓑ現場（特に附属など）の主要な関心は、そこに新しい教育実践の方法や示唆を求めるということにあった。そこから、学界には、新旧思潮を『送迎』し、これを書物や講座に『展示』する方式が広く行われ、他方、現場においては、新しい動向に『飛び付き』、そして『捨て去る』という風習が生まれた」（三四頁）。

この事態を説明するために、森は、丸山眞男の『日本の思想』（一九六一）での「思想伝統の強靭な基軸の欠如」という指摘を援用している。求められるのは、「送迎展示」という受容的・非主体的で自己喪失的な学問上の陋習を脱して、自ら「思想伝統の強靭な基軸」を形成することであり、その意味で、思想を「ここといま」に根差す臨床的な理論として自律化させることである。

送迎展示する理論家は、教育状況の内にではなくあくまで外にいて、外から内へと新たな思想・学説を伝達し啓蒙する。送迎展示する理論は、啓蒙的であるかぎりで、外在的である。我が国にとっては、近代教育制度もその理念もともに、欧米からの輸入物であったから、近代教育制度の確立、維持、発展にコミットした理論の多くは、送迎展示的・啓蒙的であるほかはなかった。それらは、所与の教育状況に対して超越的に、外から内へと関わり、欧米で新たに流行しつつある知や理念や文物や技術を紹介し、伝達し、指示し、啓蒙し、所与の状況に〈構成的に〉関与した。啓蒙性と外在性こそが、明治期から昭和前期に至るまでの翻訳理論から、過度に政治化された（場合によっては、大衆を指導する「前衛」としての）戦後教育理論に至るまで、我が国の教育理論の多くのいわば骨絡みの学問的体質であった。

啓蒙が体質化した理論は、外から「ことといま」に関わる。しかし、ほかならぬ自分自身が生きる生活世界としての「ことといま」から自分の意識が乖離していること、そして自分の理論には（自分自身が現に生きている）生活世界への内的コミットメントの通路が欠落していることなどが、啓蒙的理論に、「ことといま」で展開されている「実践」への屈折した思い入れ（優越感、保護意識、指導意識、連帯・同情、怒り・焦燥・嫉妬、罪責感・憧憬などの複合感情）を生じさせる。このような理論が、たとえば、啓蒙を受け付けないで自立する「すぐれた」実践に出会うと、焦燥や罪責感や憧憬のみが強く刺激されて、一挙に暴発する。場合によっては、理論の実践へのスタンスは、「啓蒙」から「拝跪」へと、くるりと転回するのである（宇佐美二〇〇一）。

外在性・啓蒙性を克服しようとすれば、理論は、状況に対して内在的で応答的な臨床的構えをとるほかはない。それでは、森は、理論の啓蒙性に対してどんなスタンスを取ったのだろうか。森が理論の外在性や依存性に対抗して理論の自律化を志向したことは、たしかである。しかし森は、翻って自ら理論の外在性から内在性・臨床性への展開を図ったのだろうか。私たちの森昭論を駆動する今一つの理論的関心は、森の理論展開が我が国の教育理論の学問的な宿痾であった外在性・啓蒙性とどのように対決したのかについて解明することである。この解明によって、私たちは、教育の理論が戦後啓蒙を克服し、教育的公共性への責任ないし応答性を経て、やがて世代継承的公共性への責任ないし応答性を獲得する方途を展望することができるはずである。これが本章の意図である。

第1節　啓蒙と自律、臨床化と公共性

森は、敗戦直前に本土決戦にむけて動員されたが、前線に立つことはなかった。敗戦後、上の世代の教育研究者の多くはパージされたが(2)、森の世代は無傷なままで教育再建に加わり、新たな理論構築の集団的営為に参画した。在来の拘束の多くが強制的に断ち切られた敗戦後の無重力状態のなかで、理論もまた、安定した基盤を失い、浮遊した。したがって、多くの理論は、新たな根づきの場を求めてさまよった。森の理論もまた、忙しなく変動する時代や他の多くの理論へ応答し、働きかけた。しかし森は大著『教育人間学』の刊行前後から、教育を制度化し理論化し教育的公共性を編もうとする戦後主流の体制的あるいは反体制的な集団的営為から、じょじょに距離を取り、やがてそこから抜け出した。

森の理論展開は、きわめて個性的な一箇の「生命」の表現であった。つまりそれは、「此岸」(敗戦以前の「プレモダン」)から「彼岸」(高度経済成長期以後の「ポストモダン」)へと、(森の遺著『人間形成原論』(一九七七)でのタームを用いるなら)「生命鼓橋を作り渡す」営為であり、(森の処女作『教育理想の哲学的探究』(一九四八a)のタームを援用するなら)「目的や意味を探求する愛知的な自己教育」の過程であった。森の死によって中絶した『人間形成原論』は、この「いのちのつづみばし」の作り渡しとしての理論展開の終わりにあって、それ自体、消え去ろうとす

る「いのち」の表現であり、一瞬の輝きを放つその最後の燃焼であった。

森は、敗戦からポスト経済成長期へいたる「戦後」の色合いを強く帯びた理論展開の、典型的でしかも有力な担い手であった。森の理論は、時代と深く真摯にかかわったからこそ、別の歴史状況にあってその状況と深くかかわる個性的な諸理論と根底でつながりあい、それらと疎通することができる。もちろん、特定の仕方で状況づけられた個性的所産を、異なった状況で生きる異なった個性が、そのままるごとで受容することはできない。できることといえば、その所産を読み手が自己状況を構成する条件として読み込み、その条件に拠って自分なりに「いのちのつづみばし」として、理論を展開することだけである。このようにして生命鼓橋を作り渡す「因果交流電燈」（宮沢賢治一九二四）の貧しい光たちは、互いに互いを照らしあう。電燈たちは、ただ寂しくぽつんぽつんと明滅するだけだが、それぞれの明滅がそれぞれに、ぼんやりとした光の軌跡を描くとともに、そのつどに、いくつかの明滅がむすびあって、それなりにまとまった図柄を浮き上がらせる。本稿では、森という生命鼓橋が作り渡される孤独で個性的な光の明滅の軌跡と、それを一つのきっかけとして、さまざまな光たちが織り成す世代継承性という図柄を、把握していきたい。

森の理論展開は、個性的で自律的であった。たしかに、敗戦直後には、この理論的自律化は、戦時期の支配的言説の解体とそのもたらす空虚によって、外から否応なく強いられた。しかし、強いられた「一切の相対化」と「自律」は、その後、森自身の実存的選択によって自覚的主体的にひきうけられ、やがて自律性の内実を獲得してきた。森は、教育的公共性を編もうとする集団的営みに関心を向けつつも、その初期においてすでにこの集団的営みから慎重に距離をとり、その距離を意識的に維持し、距離化のもたらす余白に向けて世代継承的公共性を志向する固有の理論を表現した。

森は、自覚的な自己関与性の欠如した付和雷同的同調的ナラティブを、体質的に受け容れることができなかった。

なんであれ、教育状況の外から啓蒙する尊大な言説に与することも、あまりなかった。それは、啓蒙的言説の多くが、自らの言説内容そのものへ、自己関与性と自省性を欠いていたからである。戦時下の威勢の良い同調的言説への森の嫌悪感さえ伴う非同調は、その生涯を通じて一貫したスタンスであった。外在的啓蒙のスタイルで政治と癒合する戦後教育の一般的趨勢に対しても、森は、おおむね非同調を貫いた。ごく普通の人々は、「支配的な」言説や見かけの「メインストリーム」などにまるごと絡み取られることはあまりなく、むしろそれを遠巻きにし、模様眺めする。森は、このごく普通の感性や生き方に与し、これを基点として、理論的自律化に向かったのである。

支配的な言説への非同調は、一方では、理論が依拠しようとすれば比較的容易にできたはずの「根づき」を、自ら断つことである。他方で、この非同調は、支配的言説の担い手たちとは別の、生、理論、連携相手などをなんとか見出し、そこに新たな根づきの場を見出そうとすることでもある。根づきの場の模索は、森の場合には、第五節で詳しく見るように、たとえば「文体」(3)の工夫によって新たな読者群を作りだしかれらと連携しようとすることであり、学会や大学などで連携可能な人々を見出そうとすることであった。理論の「根づき」の探索とは、理論が連携すべき人々を求め、かれらの教育的日常性（「こことといま」）へ立ち入り、そこで連帯しようとすることである。理論の臨床化であり、公共性化である。森の初期理論にみとめられるのは、敗戦による強制的な根断ちへの反応であり、これが森を、「私」や「経験」を重視する実存主義や経験主義へ導き、さらに連携相手の探索へと導いた。以後も、新たな根づきを求める理論の教育的公共性化と臨床化とは、たゆみなく持続的に試みられ、これが、森の理論構成を基底で持続的に導く、根源的な駆動力となった。

それでは、森はなぜ、〈根づきへの強迫的駆動〉というきわめて個性的な理論の展開の仕方に至ったのだろうか。これを、森の——時代状況や理論展開からではなく——生涯から説明するべきだろうか。これと関連して、森自身の生涯から語りうることは、資料の少なさもあって、あまり多くはない。森は、研究者、大学人として、比較的平坦で起伏のない生涯を送った。思春期から青年期にかけての自己形成期は、我が国が十五年戦争に突入した昭和のはじめに、遅れて来た大正デモクラシーの子として、しかも都市生活する田舎の地主の子弟として過ごした。この時期についてのわずかな資料としては、切れ切れの証言が残されているにすぎない。それなりの裕福さ、母との強いつながりなどである。森の没後に刊行された私家本（森美佐子 一九七八）に寄せられた知人、友人の証言からは、はにかんだような人なつっこい笑顔、瞬間的な察知を悟られまいとしてすぐに隠蔽しようとするぎこちない仕草などが、幼少期から晩年期まで途切れることなく引き継がれていることがわかる。しかし証言のもたらすのは、秩序立たない切れ切れの断片的事実だけに限られる。

森は、地理的には鹿児島周辺部から都市部へ、さらに京都へと出離し、学問的には旧制高校で自然科学から人文科学へ、さらに京都帝国大学で哲学から教育学へと移った。この移動を通して森は、前者から離れがたいままに後者に棲みつくことを積み重ねた。つまり、森の内部では、見捨てられ疼き続ける「過去の領域」と、自覚的に引き受けられた「現在の領域」とが、分裂したまま共在している。しかも単一の分裂だけではなく、いくつもの分裂が積み重ねられている。分裂した二つの領域の間で、互いを引きあう力と斥けあう力とのストレスにみちたせめぎあいがある。森の内部には、このストレスに満ちた境界性（marginality）が、幾重にも積み重ねられていた。〈根づきへの強迫的駆動〉は、森の生きたこの境界性に由来しているのかもしれない。

古い根を切断し新たな根づきを模索する苦闘がもたらす自覚性、つまりは境界性に棲む不安定さによって強いられた自覚性が、森の生涯と理論展開のどの局面にも刻印されている。森には、たとえば、自分が「哲学と教育学とに引き裂かれている」という強い自負と焦燥に彩られた自己意識がつきまとった。境界性に棲むことへの誠実な反応である。森の理論展開の自律性は、アイデンティティ模索のもたらしたものであり、生涯にわたる分裂とマージナリティの累積への応答である。

徹底的に推敲された文章や強迫的なほど几帳面に整理された著作の構成に見られるように、森の本来の認識の型は、地道なしかし執拗に執着するパラノ型であった(4)。しかし、『教育人間学』という壮大な統合学的構想に見られるように、累積するマージナリィティに由来する根底的な不安定さが、森にスキゾ型の全体直覚的認識を求めさせ、実際に獲得させた。パラノ型を基盤とするスキゾ型認識は、類型的思考の反復を地道かつ執拗に突破していく力をもつ。まさにこの持続的突破力こそが、森の場合、自分自身の認識を限りなく原理化し全体化する駆動力となった。その極点における所産こそが、過剰に体系化され巨大化した『教育人間学』の構築であり、これを突破する『人間形成原論』の展開であった。

パラノ型を基盤とするスキゾ型認識は、パラノに適合する現状維持にも、スキゾに適合する構造変革にも合わない。ただ変動期における「建て直し」の認識に適合する。戦時下における総力戦への総動員体制から、戦後における経済戦への総動員体制へと移りゆく時代状況のもとで、森の「建て直し」型の認識の営みは大きな存在意義をもった。求められたのは現状維持でも構造変革でもなく、戦中期からの連続性と非連続性を見据えた「建て直し」を支える理論であった。次節以下で詳しく見るが、森の理論構築は、師である田邊元による人間の「行為」レベルへの理論的定位、敗戦直後からの地道なデューイ経験主義の研究、実存主義への共鳴などを受けて、経験的で臨床理論的な色彩を帯びてきた。これは、所与の教育現実に根差した「建て直し」という時代的な課題へ応えるものでもあった。

「建て直し」型の教育理論構築の土台は、森の学んだ京都学派の理論にあり、具体的に言えば、師である田邊の理論であり、さらにいえば木村素衛の教育学であった。次節で見るように、「一切を相対化する」戦後の苛酷な教育状況と自覚的な相対化を強いた「比較教育学」の観点によって、理論が全面的に建て直されるにつれて、森の理論の土台そのものも対象化され意識化され掘り崩された。無自覚に継承されてきた土台に代わるものとして、あらたに基礎からの自覚的な構築がめざされた「体系」が、『教育人間学』であった。しかし時代状況は、七〇年代後半以降の経済主義の自己解体とともに、今一度大きく転換した。森は、『人間形成原論』において、新たな時代状況が要求する「建て直しそのものの建て直し」（理論の再臨床化）という理論的課題を予感し先取り的に遂行しようとした。しかしこの仕事は、著者の死によって唐突に切断されたのである。いずれにしても、この森の理論化は、理論の自律化と臨床化とに循環的に規定された生成的プロセスなのである。

森が理論の自律化を志向したのは、すでにみたように、在来の教育理論が「送迎・展示」という（所与の状況への応答性を欠いた）依存的受容的体質を引き継いでいるとみたからである。主体性を欠いた「思想」は、たかだか「思潮」でしかない。「送迎展示」という森の批判は、自身に〈この宿痾を克服して自律化する〉ことを課題づけた。第4節でみるように『現代教育思潮』においても、「送迎展示」という規定の妥当性が十分に検討されているとはいえない。戦前の「講壇教育学」、さらには「京都学派教育学」を含めて、関連理論がこの意味での思想的自律化をどのていど達成しているのかについて具体的かつ詳細に検討することは、十分にはなされていない。この検討は、課題として残されたままである。「送迎展示」という規定は、おそらくは『思潮』に先だって『ドイツ教育の示唆するもの』（一九五四）で描かれているように、敗戦直後の留学先ドイツから遠望したさいに結像した、同じ敗戦国である我が国の教育状況の危機的イメージに由来している。このイメージは、森の関連する議論を通読する限り、理論の「自律化」を一貫して強力に駆動する力となったものと考えられる。

「送迎展示」ということばは、教育理論の私たちの生、生活、生活世界、日常性などへの〈根のなさ〉を批判して、それらへの新たな〈根づき〉（丸山眞男のいう「思想伝統の強靭な基軸」の形成）を求める。この根づきとは、一方では、連携できる理論や関係者を求めて「教育的公共性」を編むという課題であり、他方では、私の前著『臨床的人間形成論第1部、第2部』（二〇一一、二〇一二a）での議論を援用するなら、理論がそのしっかりとした生成の基盤として「こことい ま」に根差した「臨床性」をもつという課題である。森自身の理論展開は、理論の臨床的な根を求めて、常套的な支配的言説から離脱（根断ち）する過程であり、そして新たに連携すべき相手をみつけてかれらと教育的公共性を編む（根づき）過程であり、さらにはこの二つを行き来し循環する螺旋運動の過程でもある。つまり、森の理論展開は理論的自律化の過程であり、一方では、戦後教育学、ドイツ哲学、デューイ理論、京都学派などから次々に自立していく根断ちの過程であり、他方では同時に、新たに想定した連携相手に向けて「文体」を洗練してかれらと疎通して教育的公共性を編み、さらには研究者としての居場所（学派、大学、学会など）を求める根づきの過程であった。本章ではこの自律化過程を見るために、まず、森の著作を読むことから始めよう。

森昭は、数多くの著作を残している。著作の産出数には、年度ごとにかなりの変動があるが、いずれにせよ一人の理論家の産出量とすればかなりのものである。森の仕事の大半は、著作の持続的な産出に捧げられた。大量の著作を通して、森はけっして論争的ではなかった。敗戦後一〇年間の教育理論をふりかえった船山謙次『戦後日本教育論争史――戦後教育思想の展望』（一九五八）の関連箇所をみても、森の方から論争を仕掛けた形跡はまったくない。森は、むしろ論争の外にありたいと願っていたかのようである。つまり、〈実存主義、経験主義、イデアリスムス、京都学派、ドイツ哲学、ドイツ教育学、アメリカ教育学、戦後教育学など〉のどれからも距離を取り、どれにもコミットしない相対的に自律的な位置を取ろうとしたのである。森にとってつねに大切なのは、「正確」な「客観的真理」ではなく、「稔り豊か」な「主体的真理」であった。(5)「客観性」を専有することなどは、およそ関心の埒外にある。理論の自律化とは、依存可能な根を自ら断ち、主体的真理を追究しつつ新たな根を模索するプロセスでもあった。本章では、森の著作を一通りみるが、これによって理論構成と根の模索が同時に進行していることが浮き彫りになるはずである。

森の理論は、教育状況にとって外在的な啓蒙性を克服して教育状況に立ち入り、子どもたちの自己生成を支え、実践者たちと連携し、理論家たちと共同するしっかりした「根」をもつことのできる方途を探求した。「根をもつこと」とは、本稿で最後に議論するように、教育理論が、しっかりと教育状況に根差す「臨床性」をもち「世代継承的（generative）」な「応答性」をもつことであり、それによって関係する人々と連携して教育的な公共性を編み、さらには「世代継承的」な「公共性」を編むことである。ともあれ、森の理論構築は、大著『教育人間学』（一九六一）の刊行と未完の遺著『人間形成原論』（一九七七）刊行を大きな区切り目としている。したがって、以下で私たちが試みる森の著作の通読は、『教育人間学』の刊行以前（第２節）、『教育人間学』の刊行（第３節）、『教育人間学』刊行以後（第４節）に大別されることになる。

第２節　著作を読む（Ⅰ）
――『教育人間学』へ

森の理論展開の前期は、京都大学での修学時代における哲学から教育学への転向、ドイツ教育学を中心とする教育学の学び、敗戦後のデューイ経験主義との格闘、道徳教育論の展開などによって特徴付けられる。京都学派教育学、ドイツ教育学、デューイ経験主義などは、ドイツ留学（一九五二）によって否応なしに強いられた「比較教育学的」な見方によって、おしなべてすべて対象化され相対化され、その反面で、森の理論の自律化と臨床化が可能となる。理論の自律化は、大著『教育人間学』というかたちをとった体系的な理論構築で一応達成されるが、しかしこの体系化・自律化の反面で、それまでの理論の根差していた臨床性が失われることになる。臨床性の回復こそが、『教育人間学』刊行以後、遺著『人間形成原論』に至るまでの森の理論構築の課題となる。

以下、本節での森の初期理論の検討は、『教育人間学』刊行以前の、１初期理論――修学時代、２デューイ経験主義との格闘、３「比較教育学」的な考察――理論の自律化へ、４道徳教育　の四つの項から成る。

1　初期理論――修学時代

森は、一九四五年八月一五日には二九歳。大阪高等医学専門学校助教授であり、長女三歳と次女一歳の父であった。敗戦による一切の価値の相対化のさなかにあっても、育て教えることを一時も途切らすことはできない。教育は、たとえ啓蒙性に安住することはできないにしても、自己関与を免れることのできない不可避の仕事として、目の前にある。森は、ヤスパースの実存主義とデューイの経験主義を土台として、自己関与的な教育理論を打ち立てることになる。その際、理論の土台を形作ったのは森自身が公言するまでもなく、師である田邊元をはじめとする京都学派の人々の理論であった。京都大学での修学を終えた森は、大阪大学に赴任するまでに二つの学校で教えた。

一九四二　大阪高等医学専門学校助教授（ドイツ語担当）
一九四六　関西大学文学部助教授（教育学担当）
一九四九　大阪大学法文学部講師、一二月文学部助教授

敗戦と占領から講和・独立に到るこの時期、教育学者たちを取り巻く状況は苛酷だった。教育の組織体制と思想の破綻、行政さらには占領軍との交渉、新たな教員養成、教員再教育、学会や研究会の組織、理論面では、実践や制度化に資する実際的で実効的な理論の探索、戦前のドイツ教育学に代わるアメリカ経験主義教育論との対決など。三〇歳に到達したばかりの森の学究生活の出発点は、敗戦直後の不安定な教育状況であった。森は、あきれるばかりの量で次々に著作を刊行した。敗戦の廃墟のなかでの「活字への飢え」に応えるかのようなこの爆発的な執筆・刊行のペースは、教育の建て直しを支えるべき新たな理論への社会的要請へ応えるものでもあった。しかし、このペースは、さまざまな要請と応答の間での矛盾や対立の表面化や激化によって、じょじょに穏やかなものになった。

森は、一九四二年に大阪高等医学専門学校に赴任し、同年に、翻訳であるヤスペルス『独逸的精神――マックス・ウェーバー』を出版した。「哲学的実存のイデー」としてのウェーバーについてのヤスパースの記念講演と著作の翻訳であり、原稿の校閲・指導が西谷啓治によってなされた。ここでの生硬な翻訳文体は、以後の森の翻訳にはすっかり見られなくなる。文体論の観点からみてきわめて重要な変化であるが、これについては第5節で議論する。訳者序文では、想定される「実存哲学の抽象性」への批判に対して、「人間が自己自身となる内的行為としての主体的思索に哲学の本質を生きようとする実存的態度は、哲学的思索の一つの根本要件である」（六頁）との弁明が記されている。「人間が自己自身となる内的行為としての主体的思索に哲学の本質を生きる」こととは、処女作『教育理想の哲学的探求』での言葉を用いるなら「教育理想の愛知的探求による自己形成」であり、遺著『人間形成原論』での言葉を用いるなら「生命鼓橋の作り渡しとしての意味模索」である。森は生涯にわたってこの「実存的態度」による「哲学的思索」を放棄することはなかった。

この訳業を通して、森は、自分自身と実存哲学、さらにはドイツ哲学との連関をあらためて見直した。これが、一連の処女著作群の理論構成の前提となったように思われる。若きヤスパースは、ウェーバー夫妻の主宰するサロン（"Weber Kreis"）に出入りした重要な人物であった。ヤスパースのウェーバー論は、ウェーバー研究にとっても基本文献である。しかし森は、ウェーバー研究そのものにはさほどの関心を示していない。森が関心を寄せたのは、ヤスパースの実存哲学の方である。森のヤスパース受容については、師である田邊元の評価は、田邊の「実存哲学の限界」（一九三八）や後で議論する森宛書簡からして、両価的である。ヤスパースにおいては、行為が絶対無に根差すものと把握されておらず、さらには個を超える「種」の弁証法がうまく把握されていないからである。それでは、森にとって実存的個の行為の「社会」や「類」への弁証法的な接合はどのように考えられていたのか。この問いは、『教育人間学』における生成ないし超越に関する理論構成、さらにはこれに対する田邊の評価などと直接に関連する（田中二〇一三）ので、該当箇所であらためて検討することにしよう。

（1）『教育理想の哲学的探求』

森自身の著作の処女出版は、『教育理想の哲学的探求』（一九四八a）と『教育哲学序論――教育哲学の限界状況』（一九四八b）である。両著の議論の基本前提は、当時三〇歳そこそこであった森の（二〇歳代の「ニヒリズム」も四〇歳代の「教養」も共有しない）不安定な中間性であり、敗戦の破壊と相対化のもたらした根源的不安定という限界状況（ヤスパース）をあえて引き受けようとする実存的構えである。『教育理想の哲学的探究』（以下『探究』と略す）は、森によって書かれた最初の「教育原論」である。

あとでみるように、森は未完成に終わった遺著『人間形成原論』のなかで、処女作であるこの『探究』をくりかえし参照している。森の一連の著作では、その発端である『探究』の主題〈教育理想の愛知的探究としての自己教育〉が、末尾である『人間形成原論』の主題〈異世代間の相互的意味模索としての生命鼓橋の作り渡し〉へとつながり、内容的実質的に展開されることによって、巨大なループが閉じられ完結することになった。本章ではこのループを、森自身の「自己教育」ないし「生命鼓橋の作り渡し」の過程として、検討することになる。ところで『探究』では、ヤスパースを中心とする実存主義について論じた箇所（第四章 世界観と教育／第六節 実存主義）が、全体の四分の一を占めており、その他の箇所でもヤスパースに依拠する議論が頻出する。冒頭ですでに、ヤスパース『大学の理念』のことばを援用する次の文章がある。

「……実体が崩れ信念を失った敗戦の廃墟に立って、我々はいかにして教育への決断を使命的に反復しようとするのか。いな人間としていかに真実を生きようとするのか。」

この著作の主題は、戦時期に支配的であった言説や理想の解体後に、教育の関係者たちが自分たちでたどらなければならなくなった「理想の探究」である。なかでも教育理論家が否応なしにたどらされるのは、理想や理念の自己探索による理論的「自立」の道である。ここでの「理想の探究」という愛知的哲学的営為は、「自己教育」とも言い換えられる。理想の探究ないし自己教育は、「一切の理論の相対化」があえて自ら引き受けられた場合には、強いられた受容的営為ではなく、実存的で孤独な主体的行為である。戦前までの日本では、理想や理念は、先進諸国から既製品としてもちこまれ、国家から渡された。そこでは教育関係者たちの探究は、「目的」や「理念」を除いて、もっぱら「方法」だけに限定的に向けられてきた。敗戦は、このようにして断念され放棄されてきた目的や理念の探究を、あらためて強いたのである。在来の教育理論の啓蒙性・依存性からの愛知的探究に拠る自立こそが、森の処女作である『探究』の主題なのである。

既製品を脱して、自分で自分の理想を探求し、それを実現しようとする愛知的な「自己教育」こそが、めざされなければならない。しかし「理想」がいまだ確定せず、なお探究の途上であるとすれば、（大人の側が理想を確定的に保持していることをあてにする）子どもという「他者への教育」は、どうすれば可能になるのか。ここで問題となるのが、「他者教育」と「自己教育」との関連である。この問題は、日々休止することのできない学校教育の現場や幼い娘たちの現実を前にして、森にとって深刻な問題であったと考えることができる。

少し先取りしていえば、森の大著『教育人間学』で主題的に論じられるのは、人間生成という自己教育である。しかし、この大著では「生成」は論じられたが、「形成」が論じられていない。このような自己批判にもとづいて、遺著『人間形成原論』では、「異世代間相互生成」という発想が提起された。しかしこの発想についてつきつめて論じられる前に、『原論』は、森の死によって中絶した。このように考えると、教育をめぐる森のもっとも原理的な思索は、処女作以来、自己教育と他者教育との関連をめぐって展開されてきたのであり、この理論展開は、この関連に関して十分な答えが出せないままに、中絶したと考えることができる。処女著作では、森は次のようにも記している。

「……哲学することによる『自己の教育』こそ我々のなすべき第一の仕事ではないか。だが我々は今『他者の教育』に従うべき倫理的責任を負うている。右に述べた動揺は自己教育か他者教育かの岐路に立ちそして決断にまよう我々の姿に外ならない。このような動揺の不安を超える道はないであろうか。もし他者教育のなかに自己教育の道が打開せられ、自己教育が必然的に他者教育に転ずる道を自覚しうるなら、この不安なる動揺は超えられるのではないか。ある資質をもつ一定の人間が教育者たることを自明な事実として前提する教育学は、この道を我々に示すものではありえない。教育を主体的に『哲学する』ことである『教育哲学』こそ、このような道の自覚的打開に一歩我々を前進せしめるものであると、私は信ずる」（一四頁）

引用文中の「ある資質をもつ一定の人間が教育者たることを自明な事実として前提する教育学は、この道を我々に示すものではありえない」ということばは、近代教育学の始祖であるルソーの『エミール』（Rousseau 1762）における家庭教師の資質規定を思い起こさせる。よく知られているように、ルソーの「消極教育」（l'éducation négative）は、子どもの「魂の周り」に「垣根」をめぐらし、垣根のうちで活動する子どもに「よく規制された自由」を与えるという、「誘惑術」（「その気もないのにその気にさせられる」／「自発的であるつもりなのに教育意図に乗せられている」）まがいの他者教育の構想である。ここには、きわめて近代的な非対称的教育関係があるが、この関係は、家庭教師に考えうる限り優れた資質を仮構的に付与して、かろうじて成立する。ルソーによる恣意的な「完成した教育者」の仮構、さらには「非対称的な」教育関係の想定は、確定的な自己規定を求めて自己模索に狂奔した後期晩年期のルソー自身のありようとは、どうしてもうまく整合しない（田中一九九七）。もとより、「一切の相対化」という過酷な状況下での敗戦以降のわが国の教育においては、『エミール』の仮構は、まったく非現実的である。自己教育と他者教育の相関は、深刻な問題なのである。

同じ引用のなかでは、「他者教育のなかに自己教育の道が打開せられ、自己教育が必然的に他者教育に転ずる道を自覚しうる」という「自己教育と他者教育との主体的統一」について述べられている。その具体例として、森は、まず、「教うるは学ぶなり」という俚諺を挙げ、さらに、「絶対なる者の前で一切の相対的差別を消された師と弟とが、相共に絶対なる者によって向上解脱の道を歩まされつつ歩む」という「同行」を挙げる。一切の相対化によって、教えるものと学ぶ者の非対称性は、成立しがたくなる。そのかわり、師と弟子との「絶対」を前にしての「無知」を前提とする「同行」が、リアルになる。森のこの議論は、『懺悔道の哲学』以来の戦後における田邊の宗教的思索を受けていると思われるが、この点についてはむしろ、『教育哲学序論』での議論（わけても一三〇頁以下）が参照されるべきである。森の議論の基礎にあるのは、総じて仏教と親縁な京都学派の思想伝統であり、わけても師である田邊元のそれである。ともあれ、ここでの「同行」は、遺著『人間形成原論』での〈異世代間の相互的意味模索としての生命鼓橋の作り渡し〉を想起させる。「同行」も「相互的意味模索」もともに、他者教育が成立しがたいという――これまた森の生涯に一貫する――状況認識によってもたらされた理念である。森の理論を再構成的に理解しようとする本稿にとって、きわめて重大な論点である。

敗戦時の「半封建的、半近代的」な日本での教育理論は、「理念」定立を欧米先進諸国や国家へ依存し、自らの営為を「方法」の検討のみへ自己限定していた。森は『探究』で、教育のこの依存性を、愛知的に理念を求める「哲学的」探究によって克服し、教育理論を自立させることをめざした。この議論の途上では、「自らの高等教育機関での教育実践を顧みることなく」「教育」について語ろうとする教育学者の――いわば外在的で依存的で自己関与性を喪失した――「啓蒙性」を自己批判する、次のような文言がある。

「わが国教育学書の殆ど全部が、大学や高専で教育学を研究し教授する学徒によって、しかも主として初等教育者を対象にして書かれていることに対して、私は日頃から多大な疑問をいだくものである。しかも多くの学徒は自らの使命たる大学や高専の教育については殆ど学問的労作を行っていない。自らの使命を懸命に果たさずして、しかも自らがそれに実践的連帯の責任を負うこと軽き他種の学校の教育について指導せんとするのは、非真実であり従ってその思索は非主体的となる外はない。わが国教育学の学問的低調はまさしくここに起因する。」（四―五頁）

この苛烈な批判は、森に一貫する〈自身の帰属する日常的な教育状況としての〉高等教育への自省的関心に根づいており、この引用に続く箇所でも、将来に残された具体的な仕事として「大学論」が挙げられている。教育の理論は、自己状況の自省を理論構成の不可避の契機とすべきであり、さらにいえば、自省のもたらす自己関与性や臨床性を理論構成の不可欠の特質とすべきである。その多くが高等教育機関に所属している教育研究者にとっては、自省は大学教育論というかたちをとるはずなのに、それはどこにもみられない。森のこの批判は、〈いまだ大学論を構築できていない〉森自身にも向けられざるをえない。「兵庫県より小中学教官の講習における教育原論の講義を要請された」ことに応じた自分の講義の不十分さを補おうとして書かれた本書そのものが、「実践的連帯の責任を負うこと軽き他種の学校の教育について指導せんとする」ものにほかならないのである。(6) 森の業績のなかでは、大学論が重要な一角を占めているが、そのことは、この〈自己〉批判と対応している。さらに、この森の自己批判は、〈自らを省みることなく他について云々する〉教育学の体質ともいえる非自己関与的外在的な「啓蒙性」への批判であり、これがやがては「送迎展示」批判として結実し、壮大な自律的理論としての『教育人間学』を産出することになるのである。

これに引き続いて『探究』では、「過去の日本と今日の日本」が比較され、実存哲学的に「教育の主体的問題」について論じられる。「今の」教育のありようについて、歴史的な遡行を通して再把握が試みられ、さらに、教育の立脚すべき世界観（自然主義、理想主義、プラグマティズム、生の哲学、弁証法的唯物論、実存主義）の差異が検討される。すでに触れたように、叙述の圧倒的量は、ヤスパースを扱う「実存主義」の項にあてられる。たしかに、実存主義は、他の立場が依拠しえない主体性に拠ってはいる。しかし、ヤスパースの論には、その貴族主義的・非政治的傾向からして明らかな限界がある。この点から教育と政治の関連が考察され（第五章）、これらを受けて「教育理想」そのものではなく「教育理想の探究的自覚」が論じられるのである。これもまた、遺著『人間形成原論』の理論展開を予示するものである。こうして処女作と遺著とは、互いに互いを参照しあうべく、仕組まれているのである。

（2）『教育哲学序論——教育哲学の限界状況』

『教育哲学序論』は、哲学という森の出自がもっともあからさまに示された、その限りで初期理論の基礎構造が露出した著作である。「教育哲学」における「哲学」とは、「実存の真実なる真理の探究されるべき地平」において「実践的に実存的な Philosophieren をなそうと意志する自己の、全体的交渉意志たる理性の働きであろうことを願」（五〇頁）う営為である。あまりにも生硬で直訳的な文体であるが、ともあれ「教育哲学」とは、教育において「哲学する」営為である。「哲学する」こととは、「自己」が、「全体的交渉意志たる理性」としての「全体」ないし「包括者」（das Umgreifende）とかかわろうとすることである。これは、京都学派的に言えば、「個」が「絶対無の表現」であろうとすることである。この引用から、京都学派、ヤスパースの実存哲学から森の教育学へと至りつく理論展開の軌跡を、思い描くことができる。

ところで、ここでの叙述もまた、「内に向けられるよりも、我々の目は外に向けられ、時代の動向を機敏に察知してこれに乗じ、能うべくんばその先端に立とうとする焦燥が教育学に今日の華やかさを現じしめてはいないか」という、「「教育の学」への懐疑」からはじめられている。この「懐疑」は、のちには我が国の教育学の体質である「送迎展示」への批判となる。こうして懐疑が語られた後、まず「学問としての教育学」が「常識」との関連で規定され、次いでこの学問の求めるべき「真理」が「正確な真理」、「稔多い真理」、「正確で稔多い真理」、「真実なる真理―実存の真理」の順序で問われ、さらに近代までの「教育学」の成立と発展、それ以後の「教育学」と「教育科学」との分化がたどられる。この教育学史を受け、さらに現代の主体的限界状況と客観的限界状況へ応答する理論的試みとして教育哲学が招き寄せられる。

森によれば（一六五頁以下）、ヘーゲルは、「上なる神への超越」「新生（復活）」と「外なる世界への超越」「実現（世界形成）」と「人間の内なる超越」「充実（自己形成）」とを「交互的三一的に媒介統一」したが、この統一においては、「人間存在の下に、それなくしては人間の根源的究極的な自覚が達成され得ないような原理」が認められていない。それは、モノとヒトとに働きかけ、産み出し、変えつつ、かけがえのない一箇の個人として、生きることである。ヘーゲルの欠如を補完するものが、弁証法的唯物論であり、生の哲学であり、実存主義である。この考察を受けて、森は次のように記している。

「かくて現代は原理的に矛盾対立し合う諸々の世界観の分裂態である。……しかしいずれもがそれ自体では人間存在のある一面を捉えるものであって、人間存在の全体的自覚とは云い難い。……しかも人間の教育が『真実なる人間』を理想とするかぎり、これらいずれの世界観にそれの原理を求めるかは、教育哲学にとってヴァイタルな意味をもつ。」（一七五―一七六頁）

森においては「人間存在の全体的自覚」とは、『教育人間学』における統合論的な人間生成論の展開であり、最終的な段階では『人間形成原論』における「生命鼓橋」論の展開である。『教育哲学序論』の「あとがき」では、在来の教育理論が「海外のさまざまな近代的教育学説を、それが発生した歴史的社会的基盤から根こぎにして、著しく観念化された形骸として移入」し、「自らの主体性を以つて教育を思索し実践しなかった」と述べ、敗戦後の新教育にあっても「それの真実性を単純に肯定してただ実行の技術的方策を考究する」に終始したという。この「余りにも pädagogisch（教育学的）」な送迎展示理論の克服こそが、当時の森の想定した教育学の理論的課題であった。

（3）『現代教育の動向と進路』と『今日の教育原理』

森は、これまで見た処女作二冊が「実践を目指す批判の態度」によって書かれたと述べているが、これらに引き続き、『現代教育の動向と進路――「社会建設の人間教育」のために』（一九四九c）、『新教育の哲学的基礎』（一九四九c）、『今日の教育原理』（一九五〇）、『教育とは何か――民族の危機に立ちて』（一九五一a）が刊行された。残念ながら『新教育の哲学的基礎』についてはいまだに読むことができないでいるが、他の二冊では、初期二著作での批判と反省を超えた積極的な理論構築がめざされている。そこでは、時代の中心的な関心が講和と独立に向けられていたことを反映して、「社会」や「民族」や「文化」に関する議論がタイトルとなっていることが目を引く。『現代教育の動向と進路』の前半部は、教育実践への直接の目配りという点では新しさがあるが、議論の多くは、それまでの議論の繰り返しである。新奇性は、第四章「教育実践の拠点と進路」にある。ここでは教育が、史的唯物論に由来する「労働」の発展、デューイに由来する「経験」の発展、そしてデュルタイ、ヤスパースに由来する「体験」の発展から論じられる。余談ではあるが、本書前半部には、本文の説明のために、手書きの図表が多く掲載されている。のちに『教育人間学』で多用される叙述様式である。特に一七一頁の図は教育の全体的構造を示す円錐図であり『教育人間学』の階層論を彷彿とさせるが、これと関連して「筆者年来の願望であった『教育的人間学』」なることばが記されている。図表の多用は、『今日の教育原理』にも引き継がれている。

『今日の教育原理』は、大阪府の認定講習での講義にもとづく森の初めての概論である。草稿段階では「入門的な技術論と、かなり難解な哲学論がいりまじってしまった」ので、あらためて「中級程度に」焦点を合わせて、再執筆されたという。これについては、石山脩平（雑誌『カリキュラム』）や宮原誠一（図書新聞）から「オリジナルな教育哲学、教育原理」だとする評価が与えられた。同書では、何よりもまず、現場教員への呼びかけが意識されている。「です、ます」調で書かれているわけではないが、文体が「呼びかけ」であろうとして大きく変化しており、さらに論旨を視覚化する図式が多用されている。内容からみると、概論にふさわしく、原理、歴史、経験、成長、理念、学習指導、ガイダンス、教育課程などが、包括的に扱われている。前半部では、これまでの著作が要領よくまとめられている。さらに、当時の教育状況に対応して、「デューイ」と「経験」について、第一章からしばしば論究され、第三章のすべてがこれにあてられている。「あとがき」では、「『生活学校の理論』を黎明書房に約してから三年になり、編集間際の『教育の人間学と社会学』を、もういちど加筆するために持ちかえってからも、すでに一年に近い」と記され、これらの相互関連が、次のような理論展開構想として記されている。

「『動向と進路』でつきとめた「人間生存の事実」は、私にとって大きな転機であった。これをぐんぐん掘り下げた末、「人間の世界内生存」（In-der-Welt-existieren, existence-in-the-world）を、教育の基本原理としてつかんだ。『教育の人間学と社会学』はこの原理から教育哲学の体系を組織しようとしたものである。一応の骨格は完成したが、実際的な細部がどうしてもうまく展開できず、技術論との関連を具体化することができなかった。」（二五九頁）

森は続いてさらに、次のようにもいう。つまり、「実験的経験主義の摂取と克服とは、『哲学的探究』いらい」の「大きな問題」であって、「『人間学と社会学』も、それを止揚する体系として展開しようとした」が、「身のほどしらぬ大望」であって挫折した。そのために、まずはデューイに取り組むことにしたと。引き続く森のデューイ三部作の執筆動機である。まとめていえば、森は、まずは本格的なデューイ研究に立ち返り、それによって確保された助走距離を駆け抜けて『人間学と社会学』へと飛躍し、さらに「技術論」に向かおうとする。ここでは、以後森が実際に達成した理論展開（デューイ論、教育人間学、教育実践学、教育哲学の順次的展開）が先取りされている。森の生涯をかけた理論展開の構想は、この時点で、すでにほぼ固まっていたとみてもよい。

ただし、今少し立ち入ってみると、この時点で示された「構想」と実際の「達成」との間には、食い違いもある。たとえば、「人間の世界内生存」を「教育の基本原理」として、ここから「教育哲学の体系を組織しようとした」『教育の人間学と社会学』の構想を検討してみよう。『教育の人間学と社会学』はおそらくは、『動向と進路』で述べられていた「筆者年来の願望であった『教育的人間学』」である。しかしここでは、教育とかかわる分科として人間学と社会学とが並置されており、しかもこれは「教育哲学の体系」でもあるとされている。はやくからくりかえし言及されてきた「教育人間学」ないし「教育的人間学」は、やがて『教育人間学――人間生成としての教育』（一九六一）という形で現実化するが、これは、あとで詳しくみるように、（人間が生物学的レベル、心理学的レベル、人間学的レベル、社会学的レベルを順次超越していく）「人間生成」について記述する壮大な階層論である。この階層論は、すでに『臨床的人間形成論の構築』（六四頁）で論じたように、最上位階層に超越的宗教的レベルが想定されていないという点では、京都学派の人間学的階層論のなかでも三木清のそれに近い。ただし、刊行された『教育人間学』では、「教育人間学」は――あとでみるように――「教育哲学」とはみなされておらず、むしろその「予備学」と規定されている。このようにして、当初の「構想」と実際の「達成」との間には、それなりの齟齬があるとみるべきであろう。

ところで、これらの引用には、デューイのみならず、ハイデッガー、ヤスパース、田邊らの理論に対峙して理論的自立を達成しようとする当時の森のスタンスもまた示されている。「人間の世界内生存」（In-der-Welt-existieren）ということばは、あきらかにハイデッガーの「世界内存在」（In-der-Welt-sein）の言い換えである。それでは、なぜ“existieren”と書き換えられたのだろうか。この根拠を見出すことは、それほど容易ではない。“sein”を「実存」へと書き換えたのであれば、ヤスパースへの理論的同調が書き換えをもたらしたと解することもできる。しかし、この場合の“existieren”には、「実存」ではなく、「生きること」や「活動すること」を想起させる「生存」という日本語が与えられている。ここには、ヤスパースへの同調ではなく、デューイの受容、そして師である田邊の影響、さらには森自身の臨床性志向などが、読み取られるべきであろう。ちなみに、あとで詳しく見る『教育人間学』執筆時の森へ宛てられた一九五七年の書簡で、森の恩師である田邊元は、次のように記している。

「……年来の人間生成論を近く御完成の由、……今回御恵贈の部分早速拝見致し教を受けました。御引用のゲーレン、ポルトマンの説は人間生成の本質に触れるもの、大兄のハイデッガー解釈の実り多きことを裏書きするものと申せませう。此様な一次的発生から二次的発生に及び、対自的に、歴史的世界の内に実存する人間的主体の生成を展望する御立論、たしかに正鵠を得たるものと存じます。」

「ゲーレン、ポルトマンの説」は、人間が自らの生物学的欠損を補償する超越こそが人間にとって本源的な生であり活動であることを示している。人間の生存とは、活動であり、超越であり、やがて森の用いる言葉で言えば、生成である。あきらかなように、この人間の活動と超越のダイナミズムへの着目こそが、ハイデッガーの「世界内存在」というスタティックな規定を、森が「世界内生存」という生成論的な規定へと修正した根拠である。このように理解すると、引用における田邊の評価（「大兄のハイデッガー解釈の実り多きことを裏書きする」）もまた理解可能となる。このことについては、『教育人間学』を扱う際に、今一度検討する。

（４）『教育とは何か——民族の危機に立ちて』

『教育とは何か——民族の危機に立ちて』は、『今日の教育原理』をうけて書かれている。際立った特質は、「です、ます」調で書かれていることである。

前著『今日の教育原理』は、師範学校的な権威主義的特質を脱したデモクラティックな教員養成を志向して、受講生たちを「啓蒙する」のではなく、彼らに「呼びかける」仕方で、書かれた。しかし冒頭であえて「平易に」と記されたのにもかかわらず、必ずしもそうはならなかった。その忸怩たる想いが、『教育とは何か』における「です、ます」調という実験的試みを駆動したのかもしれない。講義内容を受講生たちに主体的に受け止めさせるべく、できるだけ抵抗のない形で易しく届ける。このような意図があると考えられる。この意図がどの程度達成されたかは定かではないが、ともあれ、「です、ます」調の叙述が連綿と綴られて、読者は、森の生身の思索をともに生きるかのような体験を重ねることになる。さらにいえば、この文体上の実験は、すくなくとも森の思考を森自身に対して疎通し対象化するのには役立ったはずである。思索の展開の仕方や質が、あまり無理なく一貫しており、しかもそれなりに個性的だからである。この文体上の実験は、後述の『ドイツ教育の示唆するもの』において、もっと大規模かつ自覚的に遂行されることになる。

しかしこの「です、ます」調は、教員養成での呼びかけを超えて、むしろ広く公衆に呼びかけたいという〈やむにやまれぬ〉衝迫がもたらしたものであり、森のこの時点での切迫した危機意識を示しているかもしれない。『教育とは何か』の「はしがき」には、一九五一年九月九日の日付が記されている。サンフランシスコ講和条約が署名され、日米安全保障条約が締結された日である。あからさまに政治的かつ感情的であり、森を知る人にとっては奇異ですらある。「民族の危機に立ちて」というパセティックな副題にも、同じ奇異な印象がある。「パトス」ということばそのものが多用されており、戦時下で京都学派が用いた「民族のモラリッシェ・エネルギー」（田中二〇一二a、三九頁）を思い起こさせる「民族的パトスの激発」ということばさえもが——しかも肯定的に——用いられている（一六二頁）。森は、「かかるパトスなくしては、日本の植民地化、戦争、暴力に断乎として反対し、民族の独立と、平和と、民主主義へ《ママ》を決意することは、およそ不可能なことであります」（一三三頁）と述べ、全面講和へのコミットを語り、日教組や革新勢力との連帯について語っている（一六八頁以下）。

『教育とは何か』の刊行される一年半前の一九四九年六月には、『アメリカの大学——ジュニア・カレッジの提唱』が刊行された。第5節（2）でふれるように、「公開された占領期資料」に含まれていたイールズ博士（Dr. Walter Crosby Eells）の文書は、この本を生み出すきっかけが博士と当時の関西学院の神崎院長との会談であったことを証言している。このことは、同書の「はしがき」での森自身の記述（五頁）とも一致する。イールズ書簡に記されている院長のことばからは、同書での「提唱」が、占領軍の教育政策に期待し、これに同調しようとする構えのうちにあることがわかる。しかもこの書簡は、院長のこの（いわば「占領軍のパターナリズム」への）「期待」が残念ながら裏切られたことをも、示している。しかし、同書での森の議論そのものは、敗戦後の我が国の高等教育制度の惨憺たる状況からして、「提言」がやむを得ない現実主義的選択であり、その意味で、教育制度の自律的再編をめざす森自身の志向性そのものにもかなっていることを、示している。これに対して、「部分的な」講和条約の締結という事態は、森には、教育の民主的制度化を支える国家そのものの自律的存続を危うくすると受け取られた。かくして占領軍と政府の政策に抗う仕方で、切迫した危機意識が噴出する。

「私はいま、人民大衆の目から真相をおおい、人民の意志を無視し、一方的に世論をつくりあげ、そして日本を決定的にアジアから引放ち、世界独占資本の市場、ならびに第三次大戦の戦場たらしめる危険を含む講和条約と軍事協定を締結するまでの一連の政策を回想し、またこれらによって、日本の〝満州国〟化がぐんぐん進行するであろう今後の事態を予測せざるをえません。」（一六六頁）

森は、「独裁者として、日本人に、民主主義をおしつけた」「マッカーサー元帥」に「一八世紀の啓蒙的絶対君主をおもいおこさざるをえない」（一三四頁）という。「啓蒙的絶対君主」という「矛盾」を出現させたのは「日本資本主義の二重の矛盾」、すなわち「封建的と近代的の矛盾、ならびに近代自身の矛盾」（一五八頁）である。森によれば、この矛盾を止揚するためには、「半封建的近代国家」（一五七頁）としての日本は、まずは、封建制を打破し近代化を徹底し自らを啓蒙し自立し民主主義をわがものとして、次いで、近代の抱える資本主義的矛盾を克服しなければならない。ここでは、当時有力であった講座派マルクス主義の歴史認識が、無媒介に受け容れられている。「ジュニア・カレッジの提唱」における占領軍の教育政策との同調は、占領軍が体現していた前者の「近代化の徹底」に資する限りでのことであった。

森の著作では『教育とは何か』は、きわめてまれな例外である。このように幾分か冷静さを欠く大勢迎合的な語りが露骨に示されることはまずない。森の著述の背後につねに膨大な内的エネルギーが潜んでいることはたしかだが、それがあからさまに表出されることはあまりない。わずかに、理論の構成と再構成の循環を駆動する執拗な力などとして、その片鱗が示されるにとどまる。潜伏するこの内的エネルギーは、やっと遺著『人間形成原論』にいたって、括弧書き部分や本文に情念の激発として書きとめられた。『教育とは何か』のパセティックでナイーブに政治的なナラティブがその命脈を絶たれたのは、あとで見るように『ドイツ教育の示唆するもの』に描かれた同じ敗戦国であったドイツへの留学体験によってである。民族主義、社会主義・共産主義、戦前のわが国を風靡したドイツ教育学、占領国としてのアメリカの思想、デューイの経験主義、京都学派などの一切が、敗戦による外在的強制によってなどではなく、今度は主体的な選択によって、意識的自覚的にしかも徹底的に相対化されたのである。

もっとも、『教育とは何か』には、その後の森の理論展開を支えるいくつかの基本的でしかも個性的な発想の端緒が認められる。たとえば、「はしがき」では、次のように書かれている。

「私は行為主義に立ってものを見たり考えたりする態度をとっていますため、『教育とは何か』という〝理論〟上の問題は、私のばあいには、つねに『教育を如何に行うか』という〝実践〟上の問題と結びつかざるをえないわけです。実践は、いうまでもなく、つねに歴史的現実における実践です。」（二頁）

「歴史的現実における実践」に定位する「行為主義」という自己規定は、師である田邊の立場でもあり、もっと広くみて、西田哲学の臨床性や歴史性、ヤスパースの実存哲学、プラグマティズムなどとも親近である。この立場が、主体的に選ばれているのである。さらに森は、「愛は〝生の人格的共同〟である」と述べ、これを教師・生徒関係に適用する。

「教育者は生徒と共に在ることによって、生徒と共に真実の人間に成ってゆくのです。生徒と共に生き、生徒達めいめいにこころざしをとげさそうと努力することによって、教師もまたよき教師に成ってゆくのだと私は思います。」（六五―六頁）

田邊の「実存協同」を思い起こさせるこの記述は、『探究』での「自己教育」と「他者教育」や「同行」についての議論を補うものでもある。つまり、ここでは、「同行」という伝統的・仏教的な発想に教育の意味が与えられており、さらに、遺著『人間形成原論』での異世代間の生命鼓橋の「相互的」な作り渡しという発想が先取りされている。ちなみに、森においては、養育や教育の関係はつねに、この相互性のレベルでとらえられる。いくぶんパセティックな叙述が頻発する『教育とは何か』を別にすれば、相互性を超える「民族」や「国家」が有意味な実体として論じられることはない。森の理論では、『ドイツ教育の示唆するもの』での「比較教育学」的考察によって「民族」や「国家」が相対化された後、根を失った理論の自律化という課題が、さらには実存的個人、相互性という問題圏が、開かれてくるのである。

以上、処女著作群を通読した。ここにはすでに、『教育人間学』とそれ以降の理論展開を支える中核的な理論装置（たとえば、人間の存在と生成の全体的自覚的把握、存在状況の自己超越ないし生成、生成の相互性、啓蒙批判、臨床性志向など）が出揃っている。この理論装置は、ヤスパース理論を仲立ちとして西田幾多郎や田邊元など京都学派の理論に関連づけられるべきであり、それによってのみ十分に理解することができる。つまり処女著作群から読み取れるのは、孤立無援の理論構成に邁進する森の独創性や創造性であるよりも、むしろ森の理論がその出自である京都学派（わけても田邊元）の理論によってしっかりと基礎づけられているという事実なのである。

2　デューイ経験主義との格闘

この時期に森は本格的に教育理論の構築を始めるが、その基礎となっているのが、デューイ研究である。処女著作群においてすでにデューイ研究は大きな比重を占めていたが、これらはまだ、いずれ（たとえば実存主義の受容に向けて）止揚されるべき消極的な媒介項としての扱いしか受けてはいなかった。しかし研究が進むにつれて、デューイは、たんなる媒介には収まらなくなってくる。

デューイそのものを正面から扱う著作が最初に刊行されたのは、『ジョン・デュウイ』（一九五一b）であった。これは、概説書であり、ありていにいえば〈読ませるために、若干、文体を調整し、加工した翻訳ノートないし研究準備ノート〉である。ここで森は、「偏見をすててこの一年半の間デュウイ哲学に没頭して良かった、と思っている」と述べ、これをさらに敷衍して、「〝いきた人間〟の行動と思考のディーテールをつかむ方法が分かった気がする。少なくとも、人々の生活経験に心から興味がもてるようになった。教育や思想や社会を、〝人間〟の生活と行動に即して理解する方法を、わたくしはデュウイから教えられた」（序文二頁）と述べている。正直な感慨の表出であり、ここからは、森のなかでデューイを介して京都学派と実存主義が融和するという、幸福なイメージが伝わってくる。方法的には、知性の実験的方法、実際の帰結によって実質を見極めるというプラグマティズムの考え方が受け容れられたのだが、のみならず、西田幾多郎『善の研究』（全集第一巻）の「純粋経験」への関心や田邊元の「活動」や「行為」のレベルへの理論の定位が、〈経験主義の受容〉という形で、あらためて自分自身のものとして主体的実存的に受け容れられたとみるべきなのかもしれない。

森はさらに、「本書で足りない部分」は、「『経験主義の教育原理』で詳説する予定」とも述べている。『経験主義の教育原理』（一九五二）は、『ジョン・デュウイ』（一九五一ｂ）および『教育の実践性と内面性――道徳教育の反省』（一九五五ａ）とあわせて、森のデューイ研究三部作をなすことになる。わけても、『経験主義の教育原理』は、我が国のデューイ研究の基礎文献として、つとに評価が高い。『教育の実践性と内面性』については、あとで「道徳教育」の節で議論するが、この著作の末尾には、次のように記されている。

「最後に私事について／『教育理想の哲学的探求』を……出版していらい、すでに七年の歳月がながれた。その後もなお二、三年は、ドイツ哲学と京都哲学の立場から教育を考究しようとした。その次の数年は、デュウイの経験主義に没頭した。しかし昨年あたりから、私にはようやくデュウイを批判して一歩を進める立場がひらけてきたような気がする。本書はこの第三期をふみだした最初の書物である。一九五五年四月一五日」

ドイツ哲学、京都哲学、経験主義。ここに、森の初期理論を構成するもっとも基本的な契機が示されている。『ジョン・デュウイ』が準備ノートであるのに対して、『経験主義の教育原理』は、森のデューイ論である。これに対して、『教育の実践性と内面性』は、森の理論システム（わけても道徳教育論）にデューイの議論を位置づけるものである。私事にわたるが、この三者の連関は、森の死後、整理のために森の書斎に入ってみた光景を彷彿とさせる。

書斎の一角を占めている数個の本棚を、大量の黄色小型サイズの「フィラーノート」[7]が、埋め尽くしていた。それらは、三つのグループに分けられていた。ドイツ語、英語、仏語、和語の雑多に入り混じった膨大な引用文からなる群、この引用文のノート群から議論が取捨選択され整理され体系づけられている群、整理されたノート群を自分の理論体系に組み入れて、新たな体系構成が試みられている群である。三つの群をそれぞれ、引用群、研究群、立論群と名付けるとすれば、デューイ三部作は、この三つのノート群にそれぞれ対応している。『ジョン・デューイ』は引用群、『経験主義の教育原理』は研究群、『教育の実践性と内面性』は立論群である。ここには、森のきわめて几帳面で、幾分強迫的な、仕事ぶりがあからさまに示されている。

ところで、森は、一九五二年一〇月にＤＡＡＤ第一回給費生として独逸連邦共和国へ留学した。この成果である『ドイツ教育の示唆するもの』（一九五四）において、森は、理論的自律を促す「比較教育学」的考察によって、京都学派の理論や経験主義的教育理論を含む既存の理論的基盤の全てを、あらためて距離化し相対化した。『教育の実践性と内面性』におけるデューイ理論の相対化は、この「比較教育学的」なアプローチの所産でもある。ここでの「比較教育学」ということばには、森によって独特のアクセントが加えられていることに、注意を払わなければならない。

３　「比較教育学」的な考察――理論の自律化へ

『ドイツ教育の示唆するもの』における「比較教育学」的な関心は、三つの相対化をもたらした。「ドイッチェ・ビルドゥング」（die deutche Bildung）、さらにはドイツ教育学の相対化、デューイ経験主義、さらにはアメリカ教育学の相対化、そして日本の教育の現実と理論の相対化、の三つである。以下、これらの相対化とそれがもたらした理論的自律性――強いられた自立の主体的引き受けによる自律性の獲得――について考えてみよう。

『ドイツ教育の示唆するもの』は、全体的な印象としては、かなり「読みやすいエッセイ」集である。この「読みやすさ」は、しばしば指摘してきたように、文体論の観点からしてかなり重要な論点である。「読みやすさ」は、本書が頂点であり、帰国後の森の活動範囲が広がり、ドイツで想定した「読者」のような具体性が見失われるにつれて、「読みやすさ」は減退する。ともあれ、本書では、ともに連合軍の占領下にあったドイツと日本との「比較」がさまざまな仕方でなされている。「比較」の意義は、理論的自立を強いる行為として、はっきりと自覚されている。「序」では、「自分の問題と取り組み、探求を進めようとする者にとって、既成の学説や思想は、自国ののであれ外国のものであれ、つねにひとつの〝示唆〟なのである」と述べられている。既製品として提供された理論に無反省に依拠するのではなく、これらをあえて自前の理論構築のための「示唆」として受け取るというのである。本書のタイトルでもある「示唆」ということばは、理論の自立志向を力強く表明するものである。関連して、トゥレルチュの次のことばが、二度（九頁、一五六頁）にわたって引用されているが、これは「示唆」ということばに付与された自立志向と強く重なる。

「旅行は、自分自身に帰ってくる最短の道だといえよう。ところが私達は実はただ比較し学習しつつ、この道をたどって私たち自身へ帰ってくるのである。」（Ernst Tröltsch, 1922, S.709）

森は、この著作以後しばらくの間、別の著書でもあちこちで「比較教育学」ということばを用いている。このことばもまた、既成の分科を指すのではなく、むしろトゥレルチュの「比較」と先の「示唆」ということばの用法を重ね合わせる仕方で、理論の自立志向を示している。森は、「比較」からえられるものは、「一面的絶対化の思考法」に対する「多面的、相対化的な考え方」であり、それによる「思想の成熟」であり、さらにいえば「日本民族の思想的自立の道」（一二頁）であるともいう。「比較」は、思想的自立のために、自分の基盤となっている思想そのものを相対化する。「比較教育学」は、相対化によって思想的に自立しようとするいささか強引な理論的営為なのである。

アメリカやソビエットへの依存は、日独の被占領という同じ事態のもとで引き起こされているさまざまなできごとの冷静な突合せによって、双方ともに相対化される。同じように、戦前の日本の教育理論を主導してきたドイツ教育（学）の威力もまた、ドイツの被占領下での苦闘を冷静に見つめることによって脱神話化され平準化されて、それなりに相対化される。これによって、ドイツからの思想的な自立、同僚化、連帯などが可能となる。森がノールと会見した際の会話の記録は、この相対化と連帯をうまく示している。ノールが、「ドイツ人は〈下から上に〉ものを考えることをしないと歎」いたのに対して、森は、「この意味で、私はこの数年アングロサクソンの経験論を、ドイツ観念論よりも高く評価してき」たと述べて、ノールの共感をえた。ここには、思想的な相対化、解放、自立、同僚化、連帯などが一挙に示されている。アメリカの経験主義教育もドイツェ・ビルドゥングもともに、被占領下にある日本人とドイツ人の錯綜する視線によって相対化され、「とらわれ」からの解放によって、理論の自立化と同僚化が可能になる。このことを森は、「私の留学は、ドイツからの直接的吸収というよりも、日独の相互的反省を主な目的にしている」とまとめている（二四九―二五〇頁）。

こうして、『ドイツ教育の示唆するもの』では、いくつかの相対化・自律化が具体的に実行されている。第一に、戦前に活躍していたドイツ教育学の担い手たちの相対化。本書では、たとえばノール（Herman Nohl, 1879 - 1960）、シュプランガー（Eduard Spranger, 1882 - 1963）、ヤスパース（Karl Jaspers, 1883 - 1969）らとの会見の様子が、報告されている。森のそれぞれに異なった書きぶりから、会談相手への評価の差異が、透けて見える。第二に、占領下ドイツで生活する人の目を通してのソビエトとアメリカの価値的・理論的な相対化。この相対化は、ただちに日本における（ソビエトとアメリカの対立を背景とする）政治と教育における対立からの思想的な自立を可能にする。第三に、無自覚的に継承されてきた常套的文体の相対化と、多様な文体の創造・使い分け。同書では、外国語の日常的使用が強いる〈言語へのいささか過剰な鋭敏さ〉という条件のもとで、文章のさまざまな形態（報告、書簡、小論文など）、さまざまな宛先（日本の研究仲間、教員たち、一般読者など）が想定され、想定された具体的な顔をもつ読み手のそれぞれに向けて、それぞれの場に応じた文体の修練が試みられている。これは、修学期以来身に着けてきた常套的文体が自覚的に相対化され廃棄されるプロセスでもあった。

大阪大学文学部紀要第四巻に掲載された「カントの教育思想の研究――その哲学的究明と批判的再構成」（一九五五c 二〇三―三五八頁）では、「ドイッチェ・ビルドゥング」の相対化が主題的に試みられている。この論文の意図を、森は、次のように説明する。

「ここに発表しようとする研究は、ドイッチェ・ビルドゥング（die deutche Bildung）に関する研究の一部をなすものである。この研究に直接私を動機づけたのは、〈カントはドイッチェ・ビルドゥングの発展に如何なる役割を果したか〉という、思想史上／教育史上の問題であった。それよりさき、私が右のドイッチェ・ビルドゥングに興味をひかれるようになったのは、一年間のドイツ留学を機会に比較教育学につよい関心をもちはじめ、他の欧米諸国の教育に対してドイツ教育を特徴づけるものが、ドイッチェ・ビルドゥングの観念に外ならないことに気付いてからである。」（二〇五頁）

この長大な論文は、カント論としては、森の「カントの大学論」（一九四九a）を受けており、六章から構成されている。「ドイッチェ・ビルドゥング」を直接に扱ったのは、「第五章二　ドイッチェ・ビルドゥングの問題（1）カントとドイッチェ・ビルドゥング、（2）イデアリスムスと内面性」（九六―一〇二頁）である。この「思想史的教育史的」研究を通して、カントの「自由に行為する者としての人間」が「理性の面からのみとらえ」られた「抽象性」をもっていることが指摘され、「人間性（新人文主義）、精神（浪漫主義）ではなく、」「理性と経験との行為的綜合に克服の方向を求め」、さらに、「そこに現代の教育哲学に通じうる道を発見しようとした」（三頁）と述べられている。「ドイッチェ・ビルドゥング」とデューイ的な「経験主義」の双方が相対化され、そのかぎりで両者がともに受容されて、森の理論の基礎となる。この相対化と受容が、上述の引用での「理性と経験との行為的綜合」の実質的な意味であるが、この「綜合」は、翌年に刊行された『教育の実践性と内面性』の基本的な理論的枠組みである。このような理論的展望が切り開かれたせいか、以後、『現代教育思潮』（一九六九ａ）に到るまで、もはや「ドイッチェ・ビルドゥング」はおろか、ドイツに関する「思想史的教育史的」研究が展開されることはなかった。

ちなみに『現代教育思潮』は、森の著作のなかでは、ともに〈森の言う意味で〉「比較教育学的」であるという点で、『ドイツ教育の示唆するもの』（一九五四）と関連の深い著作である。いずれにおいても「比較教育学的」考察を通じて、我が国の教育現実と教育理論が対象化的に把握されている。しかし『示唆』での考察が、占領下のドイツと日本という切迫した状況のもとでの清新な自省であり自己認識であったのに比して、『思潮』での考察は、日本の教育状況についてあえてこの状況から人為的に距離をとった苦々しい記述がなされているという点で特徴づけられる。これについては、『教育人間学』以降の〈人間学から臨床性への転回〉という観点から、後であらためて考察することにしよう。

4　道徳教育

『教育人間学』以前の森の研究歴では、「道徳教育」というテーマが、際立った位置を占めている。なぜだろうか。道徳教育へは、敗戦直後から、広く一般的な関心が向けられた。この関心は、教育の特定部分領域へ向けられる特殊な関心ではなかった。むしろ、敗戦後の教育をどこへ導くべきかという、教育の理念、価値、目標をめぐる論議のかなりの部分が、道徳教育という論題のもとで展開されたのである。そこではさまざまな理念が語られたが、それらには、社会・経済レベルで戦後復興を導いてきた実効的な諸理念、政治的係争をもたらした諸理念、教育領域をリードした諸理念などが混在していた。議論は、社会経済領域、政治領域、教育領域などを――おうおうにして十分にそれと意識することもなく――うろうろと行き来したが、政治的係争を離れることはあまりなかった。教育状況へもちこまれたさまざまな理念や価値の中心には、（右であれ左であれ、ともかくもなんらかの）政治的諸理念があった。この風潮について、森は、『教育の実践性と内面性――道徳教育の反省』（一九五五ａ）の「序文」で、次のように批判的に言及している。

「私は道徳教育に関する日本の文献をいくらかよんでみた。……たいていの書物は、道徳問題をひとごとのように処理して、『自分の自覚』としては論じていないように思えた。道徳問題について実践的、実存的になやんでいる私たちは、そこから殆ど何らの主体的真理を学ぶことができない。道徳教育こそは、私たち教師自身の主体的問題として、まず反省されなければならないのではなかろうか。」

森によれば、「道徳には社会的実践性と共に、人格の内面的自覚がなければならない」。森は、同書を「私自身のために書いた」。そして「なかには他人にむかって語るような表現も少なくないが、全ては直接間接に、私自身にむかって語られている」ともいう。道徳教育は、外在的な価値（社会経済的、政治的、教育的諸価値）を刷り込む営為ではなく、「主体的真理」を求める「愛知としての自己教育」である。しかし当然のことながら道徳教育は、「自己教育」であるばかりではなく、子どもたちの行動を方向づけ規定する「他者教育」でもなければならない。道徳教育の領域においても、〈自己教育と他者教育との関連〉という、森にとっての基底的な問題にゆきあたらざるをえない。

森の場合、道徳教育への関心を駆り立てたのは、おそらくは、ドイツ留学の際の我が国の教育現実からの距離化であり、正確にいえば、距離化されてはっきりと輪郭を結んだ我が国の教育現実総体の貧しさである。政治化された道徳教育が貧しいのは、それが自省性を欠いた啓蒙でしかないからである。外在性と啓蒙性という欠陥は、被教育者たちの経験主義的で愛知的な模索によって実践的に克服されるべきである。子どもたちの経験的な模索は、場合によっては常套的な行為の陳腐なくりかえしであり、そこには内面性や主体性が欠けている。子どもたちの経験主義的な模索は、主体的真理の愛知的な探索としての自己教育へと導かれ、自律的な活動へと高められるべきである。こうして、カント研究からえられた内面的自律という課題の自覚、そして経験主義による内面性の「補完」という課題の自覚から、「経験主義的模索と内面的自覚志向とは相互に補完しあうべきだ」とする森の道徳教育論の基本理念が確立する。この理念は、道徳教育に限られるわけではなく、むしろ教育一般に妥当する。個人の内面的自覚は、社会的な連携や連帯といった経験によって補完され、社会化されたしかし自律的主体的な個人を生成する。この「補完」は、たとえば、〈「個人の確立や内省」と「社会的連帯」は、どのように一致するのか〉という日高六郎の問い（「現代社会と道徳教育」一九五五）に応えるものでもある。

しかし道徳教育の基盤である第一次的社会化の水準では、自律的個人をうみだす自己教育ではなく、まずは他者教育が求められる。森のことばで言えば、「私たちは教育者としてふるまわなければならぬのだから、私たちは自分を教育しつつ、やはり生徒を教育する」（『実践性と内面性』一七九頁）。親も教師も、自己教育とともに他者教育を担わなければならない。その限りで、たとえば「徳目」という形で、「道徳教育の内容をきめる」（『みんなの願う道徳教育』（一九五八、一五四頁））ことを避けることはできない。しかし、「基本的徳目（元徳）は、……時代と社会によって変化してきた」から、「もし私たちがこんにち「徳目の体系」をつくろうと思うならば、何よりもまず現代の歴史的社会的現実の人間生活を見つめなければならない」。つまり、「現代の徳目は、現代の課題を解決し、新しい道徳秩序を創造するような性質の徳目でなければならない」（『教育の実践性と内面性』一八〇—三頁）。このような観点から取り出せる「現代の道徳教育の基本」ないし「目標」が、「自主的個人、民族の独立、人類の平和」（同書一八六—七頁）である。このきわめて一般的で抽象的な「内容ないし徳目」については、具体的には、自身の倫理、創造の倫理、交渉の倫理、集団と社会の倫理などの項目で論じられている（同書二一四頁以下、『みんなの願う道徳教育』一六四頁以下）。

徳目は、啓蒙的発想によって教育状況の外からいきなり持ち込まれるものではなく、「現代の歴史的社会的現実の人間生活を見つめ」ることによって、いわば教育状況の内在的解釈をへてあらためて外から教育状況に持ち込まれる。後者も啓蒙的ではあることにはかわりはないが、前者が外在的啓蒙であるのに対して、後者は内在的啓蒙である。私は前著『臨床的人間形成論の構築』で、京都学派教育学の発端と末尾にある木村素衞と森の教育実践とのかかわりを、前者の「外在的支援型」と後者の「内在的支援型」と対比的に類型化した（表1参照）。徳目の持ち込み方の二つのタイプは、この支援型の差異に直接に対応する。以下、この点を説明しよう。

木村の恩師であった西田幾多郎が小論「教育学について」（一九三三）を書き記したのは、その執筆時期を勘案すると、西田が弟子である木村を広島文理科大学における美学担当から引き抜き、京都大学の教育学講座に就かせ、美学から教育学の世界へといくぶんか強制的に送り出すにあたって、木村へエールをおくるためであった（大西一九九九、二一九—二〇頁）。この論考の中心タームは、美的形成にも教育的形成にも共通する「天地の化育に賛す」という理念である。美学から教育学への転身には無理がないことが説得され、この転身が後押しされているのである。木村もまた、講演という形で教員集団に繰り返し語りかけ、かれらの子どもへの働きかけの意義と価値とを説いて、かれらを励ました。木村から教員集団への非対称的な呼びかけの関係は、教育学への転身を勧める西田と木村の間にあった関係と同型である。西田からのエールを受けた木村は、現場の教員たちの生成にエールを送り、現場の教員たちは、子どもたちの生成へエールを送る。このような非対称的な生成への呼びかけの関係を「外在的支援型」と呼ぶとすれば、この外在的支援型のエールの伝達の連鎖こそが、京都学派教育学の理論・実践連関の基本型である。

これに対して森は、現場の教員集団を相手に講演するに先だって、まさにその教員集団が現に直面している課題について聞き取りを行い、この課題の達成に役立つ仕方で講演を組み立てた（吉岡一九七八）。「外在的支援型」から区別して「内在的支援型」とも呼ぶべき理論と実践との関係である。道徳教育においても、他者教育によって子どもたちを拘束するべく提示される徳目は、子どもたち自身の「課題を解決し、新しい道徳秩序を創造するような性質の徳目でなければならない」から、「何よりもまず」子どもたち自身の現在の「歴史的社会的現実の生活を見つめ」ることによって見いだされなければならない。子どもたちの内在的必要に立脚して提示される徳目は、自分たちの生活の有効な基盤として子どもたち自身によって主体的に受け容れられるだろう。森の支援の内在性は、教師に対しても、道徳教育における子どもたちに対しても、一貫している。

木村と森との間には、教育状況へ向かう構えにおいて外在型と内在型の差異があるが、かれらと教育状況との間には、あくまで「啓蒙する側」と「啓蒙される側」の非対称性が存在する。この点では、木村と森は共通である。この木村と森の非対称的な支援―被支援関係に対して、私自身は『臨床的人間形成論の構築』で、理論と教育状況との関連を対称的な「相互性」であるべきだと主張した。三者の関係を表記すると、表1のようになる。

森の道徳教育論は、理論的定位の基準を西田幾多郎のように「絶対無」にではなく、「活動」においている。この点でも森は、師である田邊に倣っている。しかし理論的定位の「行為」や「活動」のレベルへの制約は、田邊の「懺悔道の哲学」以来の行為論・実践論から存在論・宗教論への理論展開を受けて解除され、じょじょに存在論、宗教論のレベルも理論的な射程に組み込まれてくる。ともあれ、森の内在的支援型の道徳教育論は、これまで見て

表１　理論の教育状況との関わり

	理論・教育状況の相関	対称性／相互性	理論の位置	関係様式
木村	エール、啓蒙	非対称性	外在的支援	モダン型
森	ファシリテート	非対称的相互性	内在的支援	ポストモダン型
臨床的人間形成論	相互生成	（部分的に非対称的な）相互性	相互性	ポスト・ポストモダン型

きたような原理的考察を受けて、実践の現場へ理論的成果を手渡す仕方で、『みんなの願う道徳教育』、『みんなで進める道徳指導』へと展開される。なお、『教育の実践性と内面性—道徳教育の反省』における全体理論の骨格は、その本文と「補説——教育人間学の構想」とをあわせると、『教育人間学』の理論的骨格とほとんど——人間生成の生物学的レベルに関する詳細な理論展開を除けば——重なっている。『教育人間学』は、『教育の実践性と内面性——道徳教育の反省』での考察を直截に受けて構築されているのである。

最後に、『教育の実践性と内面性』以後の道徳教育論について触れておこう。まず、『みんなの願う道徳教育』（一九五八）は、道徳指導の副読本『新しい生活』（東京書籍）との強いつながりのもとに書かれた。ここでの「です、ます」調の文体は、『ドイツ教育の示唆するもの』のそれを継承している。現場の教員に意思疎通すべく、柔らかい文体によって、深い思索が展開され、伝達されている。さらに、道徳教育は、『未来からの教育——現代教育の成立と課題』（一九六六）の末尾（第六章「現代教育の基本課題（その３）」第二節「現代人の人格形成」）のテーマでもある。この箇所では、「完結なき課題」というタイトルの下で「人間の混迷」、「教育の混迷」、「明暗の未来」、「完結なき課題」などが議論されている。これらの議論は、一見したところ、『未来からの教育』が扱っている一九六〇年代半ばの（変動を恒常的に内在化した）ポストモダン状況に根差しているかのようにみえる。しかしそうではない。これと同じ記述を、私たちは、森の敗戦直後の処女作品群以来、一貫して見続けてきた。人間存在の根源的不安定性という森に一貫した把握こそが、『未来からの教育』の記述から当時の風潮の一つであった楽観論的な未来論的色彩の一切を抹消し、やがては『教育人間学』のめざした堅固で安定した階層論的人間把握を無効にし、ついには『人間形成原論』における臨床性に焦点づけた考察を動機づけたのである。

第3節　著作を読む（Ⅱ）
――『教育人間学』

『教育人間学』「序」の末尾には、「1960・10・3」という日付が記されている。政治の季節が終わりを告げるとばぐちにある日付である。日米安全保障条約は、激しい反対闘争のさなか六月一九日に自然成立し、岸内閣が退陣し池田勇人内閣が成立（七月一九日）した。池田内閣は所得倍増計画を打ち出し、社会党も経済政策で対抗したため、安保闘争は遠くなった。一一月二〇日の総選挙で、自民党は大勝を収めた。政治対立は一定の形に収束し、固定化され、五五年体制が凝固した。森の『教育人間学』は、このような政治的な動きからあえて自省的に距離をとって書き上げられた。『ドイツ教育の示唆するもの』をきっかけとして、送迎展示的で依存的な教育理論の自律化が課題づけられ、森は、人間と教育についてトータルに自省し、その全体的な理解をはからざるをえなくなった。前節でみたように、森は、さまざまな理論的試行を蓄積してきたが、その集大成が『教育人間学』である。今一度繰り返すが、原理的全体的理論へのこの自省的転向は、六〇年安保闘争を頂点とする激しい政治の季節に、あえて背を向けることでもあった。

『教育の実践性と内面性』以降、森の著作活動では、道徳教育に関する論考を除いてまとまった仕事はなく、比較的長い空白がある。この間に『教育人間学』をめぐり、北軽井沢に隠棲していた師田邊との間で、学位論文指導をおもわせるやり取りがあったと考えて良い。『教育の実践性と内面性』における人間学的規定は、『教育人間学』の壮大な人間生成の階層論の展開に比して、たとえば生物学的階層についての議論など――「自然的生命を生きる生物」といったひどく貧しい規定を除けば――かなり薄弱である。このことが端的に示しているように、人間学的考察はすべての階層にわたって貧困である。その後、理論的補強が大幅に加えられ、その一部――人間生成の生物学的基底に関する考察――に田邊から肯定的評価が与えられることになるのである。

『教育人間学』の理論構成は、京都学派の哲学的人間学のスタイルを踏襲して、階層論の形を取っている。人間は、その存在の各層を順次超越しつつ自己生成していく存在として規定される。人間の経験、活動、相互行為などの多くは、この意味での自己超越であり人間生成である。こうして、在来の「送迎・展示」的な教育理論の受容性ないし依存性は克服され、自律的で体系的な統合学的人間学が自前で構築された。『教育人間学』は、森の理論にとっても当時のわが国の教育理論にとっても記念碑的な、大作となったのである。以下、まずこの大著の内容を概観し、次いで、この著作についての評価を、森の師であった田邊のそれをはじめとして、見ておくことにしたい。

1　『教育人間学』の構成

『教育人間学――人間生成としての教育』の内容構成は、次のとおりである。

「序」はきわめて短いがよくまとまっており、この長大な論稿の意図と達成と残された課題とを要領よく示している。意図は、次の三つにまとめられている（五―七頁）。

1「教育とよばれている事象を「人間の生成」としてとらえることによって、もっと広い視野のなかで、教育の理論的、実践的本質にいっそう深く迫っていけるかも知れない。」

2「教育の研究は、世界の内に生まれ生活する人間の生成に関する一切の学問的成果を媒介としてこそ、より多く進められるのではなかろうか。……諸学のいちじるしい分化は、同時に統合的研究の必要を大ならしめている。」（傍点は筆者による）

3「私は「人間の生成」に関係ありと判断される一切の問題を、探究意欲のおもむくまま、能力と体力のゆるすかぎり追求しようとし、追及の過程のなかで人間生成の理念をさらに解明してゆこうと努めた。むろん全面的な追及は実際上不可能であるから、「教育」に考察の焦点をあわせた。論文の題目を「教育人間学――人間生成としての教育」としたゆえんである。……戦後、日本の教育研究は、社会科学と心理学の分野において、戦前とは面目を一新するほどの進歩をとげた。しかし、人間全体を生成の相の下で総合的にとらえるという点に、なお問題を残しているのではなかろうか。……教育の実践も、科学的認識を媒介とする人間の深い理解を必要とする。」

ここでは、森の処女作以来の理論展開（たとえば傍点を付した「世界の内に生まれ生活する人間の生成」ということばにみられるハイデッガー批判などを含めて）のすべてが、『教育人間学』を構成する契機として受けとめられており、さらに、人間生成と教育の関連についても語られている。次の引用では、まず、この著作の意図が語られ、この本来の意図の実現の度合いを基準にして、ほぼ完成したこの論稿に自己評価が加えられ、厳しい自己批判が加えられている。

「現代の人間諸学の研究成果をできるだけ学び取りながら、人間の生物的、心理的、社会的、人格的生成を究明しようと努力したものの、社会科学的研究が十分でなかったことを反省せざるをえない。実は生物学と心理学の勉強と、それの人間学的な意味づけとに、意外のエネルギーを注がざるをえなかったためである。……また諸学の統合にさいして要求される哲学的思索も、むろん十分であったとはいいがたい。」（七頁）

この引用から、『教育人間学』における階層論の基本構造を把握し、各階層のうちでどこに重点が置かれたのかを読み取ることができる。残された課題として、社会科学的研究と哲学的思索とが挙げられている。この自己批判には、すぐあとでみる『教育人間学』をめぐって師である田邊との間で取り交わされた博士論文指導まがいのやりとりにおいて示された師の批判ないし課題提起が、重ね合わされているようにもみえる。『教育人間学』の「序」に師の影が覆い被さっているのに対応して、末尾（八四三―八四四頁）は、田邊への語りかけで閉じられている。

第一章と第二章では、この大著の理念と意図が示されている。第一章「教育の研究と教育人間学」の冒頭では

「教育人間学の研究動向」がまとめられ、「教育人間学の課題」が、「教育学の内部に見出される素材と作業の混沌を、「人間生成」の理念によって照射し、整頓し、かくして、教育諸科学と教育実践学と教育哲学の関係を秩序づけようとする一つの試み」と規定されている。この規定から読み取れるのは、教育人間学と教育哲学とのきわめて錯綜した関係である。教育人間学は、教育哲学そのものなのか、それとも、教育哲学的思索を本格的に展開するための予備学なのか。この点については、森自身が揺れているように思われる。ともあれ、第一章では次いで、教育学以前から教育の学の成立に至るまでの歴史がたどられ、教育心理学と教育人間学、教育社会学と教育人間学の関連が検討され、さらに総合教育科学の類型として「社会科学としての教育科学」と「精神科学として教育科学」が検討される。

第二章「教育の理念と人間生成」では、まず「教育理念の基本的諸類型」として「成長者助成」、「精神的陶冶」、「人格的覚醒」、「社会的形成」の四つが取り上げられ、次いで、「人間生成論の歴史的源流」としてヘルダーの「特異的生物としての人間」とマルクスの「社会的存在としての人間」が取り上げられ、最後に「人間生成の人間学的研究」と「人間生成の教育学的研究」が概観される。人間生成の人間学は、「教育を必要とする動物」と「教育を必要とする世界」の相補的連関を示し、人間生成の教育学は、機能的教育、意図的教育、制度的教育、自覚的教育を順次扱う。

第三章は、「人間生成」の階層的基盤にある「生物・心理的基底」を扱う。その前提として、まず人間のさまざまな定義が列挙され、ここから高坂正顕の『象徴的人間』（一九四一）における規定「人間とはむしろ種々に定義され得る存在として定義されうる」が参照される。しかしこの高坂の規定は、生成論の立場から、「人間は、さまざまな在り方をなしうる、またさまざまに語られ得る存在へ、多様に生成することのできる動物」と再定義される。次いで、この生成論的定義の内実を満たす仕方で、人間生成の人類発生学的考察、個体発生学的考察が展開され、人間生成の発達段階と基本的課題が追及される。第四章の「人間生成の心理・人間学的考察」では、学習と思考の発達、人格的社会的発達などが生成論の立場からたどられる。第五章「歴史的社会における人間生成」と第六章「現代社会における教育の課題」では、社会が歴史と現在という視角から把握され、人間生成の階層論の補完が試みられている。ここでの考察には、さほどのエネルギーを感じることはできない。森自身が残された課題として「社会科学的考察」を挙げていることが、よく理解できる。

それでは、この大著はどのような理論的文脈に組み入れられ、どのような評価を受けてきたのか。この点について考えるために、まず師である田邊元の評価を参照し、次いで、他の評価を参照することにしよう。

2　『教育人間学』は何であったのか（1）——田邊元の評価

『教育人間学』をめぐる恩師田邊元との交渉について触れている唯一の文献は、田邊元全集第八巻「月報」に掲載された森の「田邊先生の書簡から」（一九六四）である。私は前著『臨床的人間形成論の構築』でこれを検討したが、本稿では、『教育人間学』の理解に必要な限りに限定して、考察を繰り返しておこう。田邊は、一九五五年八月三〇日付書簡では、「人類生物学の実証的基礎を教育哲学に与えようとせらるる御着眼は小生も賛成です。ただし低次の下部構造から上部構造へ昇るのに、弁証法的媒介関係を十分に具体化せられることが、一般に重要と思います。」と述べている。次いで、一九五六年八月一一日付書簡でも、議論の大筋は同型であり、まずは生物学という「実証的基礎」に関する森の議論の意義が肯定的に評価される。

「……第二部に於ける生物学的御研究は特に心を惹かれました。〝個体発生は系統発生を反復する〟という旧説に対して、〝個体発生は系統発生を創造する〟という新しい主張を取入れられたこと、全く同感です。小生が論理的に、種の矛盾対立の間から、個がそれを超えて、対立を統一する類の象徴として自らを実現すると考えてきたのは、それと帰趨を一にするからです。今実証的にそれが確かめられるのは本懐です。さういふ生物学の見解に基づき人間の第一次的生成を考えられることは、人間存在とその発生に対して甚だ有意義と思います。更にその実践自覚により歴史が成立する関係も、小生が論理的に展開した所と一致するのは甚だ愉快です。」

田邊の積極的肯定的評価は、『教育人間学』における人間生物学的議論――これは全体（八四六頁）のわずか一五パーセント（一三〇頁）を占めるにすぎないが――のみに集中している。すぐ後で示すように、これらの書簡からは、田邊が原稿段階での『教育人間学』を順次通読しているように読み取れるから、これは全体を通しての田邊の評価であると考えることができる。この二通の書簡から、少なくとも次の三点があきらかである。

（1）田邊は、森によって『教育人間学』が〈「人間存在論」から区別される「人間生成論」〉と規定されていることを十分に承知しているが、この規定に、さほどの関心を払ってはいない。「人間存在論」からの「人間生成論」の区別ないし差別化という論点には、森の〈教育学に従事する哲学者〉としての自己規定ないし自負（「人間存在論に対抗して人間生成論を展開する教育学者／哲学者という二重性を生きる自分」）が賭けられているのだが、この森にとって大切な論点は、田邊によってはかならずしも受け容れられてはいない。

（2）森の仕事は、田邊自身が「種の論理」に関連して「論理的に展開した所」に「人類生物学という実証的基礎」を与えた点で、評価されている。つまり、教育人間学は、森の哲学者としての自己規定が賭けられた原理的試みとしてではなく、たんに哲学に「実証的基礎」を与えるものとして価値づけられているにすぎない。こうして森には、〈実証的理論を越えた原理的理論の展開〉が課題づけられることになる。森がこの課題に応えようとしたのが、『人間形成原論』であると、さしあたっては、考えることもできる。

（3）森の仕事は、「個体発生が系統発生を創造する」とする点で評価されているが、この評価は、田邊の「種の論理」にしたがって、「種の矛盾対立の間から、個がそれを超えて、対立を統一する類の象徴として自らを実現する」という「弁証法」の枠内での評価である。森は、「系統発生を創造する」個――『教育人間学』でのデューイ的な「民主社会を構成する個人」――の実存的営為に焦点づけるのだが、田邊からすれば、この議論は個、種、類のダイナミックな弁証法的連関から力動性を抜き去るものである。これが田邊の次の書簡での森への批判ないし課題提起（実存主義哲学からの脱却）の前提である。

田邊は、一九五七年八月二〇日付の書簡で次のように記している。この前半部はすでに引用したが、これをも含めてあえて全文を引用することにしよう。

「……年来の人間生成論を近く御完成の由、……今回御恵贈の部分早速拝見致し教を受けました。御引用のゲーレン、ポルトマンの説は人間生成の本質に触れるもの、大兄のハイデッガー解釈の実り多きことを裏書きするものと申せませう。此様な一次的発生から二次的発生に及び、対自的に、歴史的世界の内に実存する人間的主体の生成を展望する御立論、たしかに正鵠を得たるものと存じます。ただ小生として恐れる所は、かかる実存主義的人間学をもって、果たして今日教育と教育学とを同時に脅かす左翼的偏向を抑えて、その抽象を自覚せしめ、より具体的なる立場に転ぜしめることができるかどうかといふことです。」

ここでの「ハイデッガー解釈」の意味については、「世界内存在」の「世界内生存」への読み替えという議論との関連で、すでにみたとおりである。田邊はこの書簡で、本来のマルキシズムについて「政治権力そのもの」を「人間解放すなわち本質的人間生成の手段とするもの」と規定し、以下のように述べる。

「（真面目な教育家の組合運動への）感激は実存主義哲学の与え得ざる所でしょう。その原因がどこにあるかといへば、小生の察する所、その立場が個人の実存に終始し、自己犠牲の愛を以て実存協同（ゲマインシャフト）を社会的歴史的に達成しようとする理想主義を欠くからです。……人間生成も人類解放と離れるなら抽象たるを免れませぬ。」

「人間生成も、愛に於ける人類解放の歴史でなくては、無力に終わらざるを得ますまい。此生死関頭に立って、大兄が新思想を展開せられることこそ、必要ではないでせうか。御反省を切に希うしだいです。」

ここで森に「反省」を求める田邊の批判の形は、先の「種の論理」による実存主義哲学批判のそれと同型である。さらにこの引用からは、森への批判には、種の論理のみではなく、「懺悔道の哲学」以来の死・復活、実存協同といった田邊の晩年期の理論が前提されていることもあきらかである。

森によれば、人間は生物学的基礎の逆説性からして行為し表現して世界と自己を規定し「生産的人格」へ自己生成することを強いられた存在である。人間存在を行為や表現のレベルで捉え、さらに行為し生成する存在として捉える点で、森と田邊は一致する。しかしこの行為や生成を組み入れる文脈、さらには行為や生成のさしむけられる方向（すなわち理念）が示されていないというのが、田邊の批判である。

その際、両者の交渉が、博士学位論文指導の趣をもっていることは、すでに指摘しておいた。とすれば、田邊の書簡に書かれている限りでの『教育人間学』の評価と批判には、両者にとって自明な論点は、あっさりと省かれているものと考えてよい。省略された自明な論点として想定できるのは、たとえば、森の議論が、「絶対無」などではなく、階層の超越ないし生成としての「活動」にこそ焦点づけられていることなどである。この点は、両者にとってあまりにも自明な共通了解であるから、あえて言及されることもなかったと考えられるのである。

田邊はたとえば、超越ないし生成の弁証法的把握の欠如を批判し、種や類のレベルを亡失しかねない実存主義の克服を課題づけ、超越や生成の主体は個か種か類かと問いかけている。「種の論理」や田邊の後期晩年期理論からの批評ないし批判である。しかしこの田邊の議論は、『教育人間学』の末尾の田邊への言及や『人間形成原論』での宗教への言及を見る限り、森には、自分の理論の行為ないし道徳のレベル（「実践理性」のレベル）への集中が、宗教のレベル（「絶対無」のレベル）の見落としという点から批判されたものと受け取られた節がある。これは、わけても死に直面した時期の森にとっては、極めて深刻な問題となった。これについては、あとで遺著の関連個所に関して議論する。

いずれにしても、『教育人間学』をめぐる田邊とのやりとりは、森に対して、その出自である京都学派にどのように依拠し、どのような距離を取るべきかという問いを、あらためて課したはずである。遺著『人間形成原論』にいたるまでの森の思索は、この問いに応えるべく京都学派との対話として構成されたと考えることもできるのである。

3　『教育人間学』は何であったのか（2）――森田尚人の評価など

それでは、『教育人間学』は、当時の教育関係者たちにどのように受け止められたのだろうか。今となってはこれについて証言するのは、わずかに、当時書かれたいくつかの書評だけである。それは、すぐには意図さえ理解できない異様な大著を前にしての驚愕や気おくれであったり、平常心を取り戻すためにこの仕事から意識的に距離をとり、これを相対化しようとする構えであったりする。いずれにせよ、この大著は、かならずしも〈戦後教育学の展開から必然的に出現した業績〉とは受け取られてはいない。極言すれば、『教育人間学』は、十分に受け容れられないままに忘却されてきた戦後教育学の鬼っ子ないし徒花である。これらの評価とは異なる際立った例外として、森田尚人の評価がある。森田はむしろこの森の仕事を、「戦後啓蒙」そのものに帰属するとみなす。森田は、拙著『臨床的人間形成論　第1部と第2部』についての懇切な書評のなかで、次のように論じている。

「評者（注：森田のこと）には、『人間形成原論』はともかくとして、『教育人間学』は戦後教育学の性格をかたちづくるのに多大な影響を与えた著作のようにみえる。……（中略）……たしかに『教育人間学』に示された壮大な体系性と、それを裏付けるための博引傍証ぶりはほとんど類書をみないものである。しかも、その後の研究の趨勢を予見するかのような、文献読解に際しての質の高さも驚くばかりである。しかし、そのためにひとつひとつの文献の背後にある諸分野の研究動向をたどるという作業がないがしろにされていることは否定できない。今日のような文献データベースの整備できていなかった研究状況に、こうした研究方法を求めるのは酷なことであるにしても、『教育人間学』が戦後啓蒙の刻印を免れていないことは否定しようがない。」（森田二〇一二、一四五頁）

幾度か指摘してきたように、森は、『教育人間学』を書くことによって、送迎展示を事としてきた啓蒙的で外在的依存的な風潮に果敢に抗して、自前で壮大な人間生成論をつくり、理論的自律性をえようとした。依存性を脱して自律性をえることによって、啓蒙性を突破しようとしたのである。戦後啓蒙への帰属という森田の規定は、この森自身の意図には、反している。とはいえ、森田の指摘には妥当なところがある。この大著では、引用文献もまた膨大であり、この膨大な文献の一つ一つについて、〈それぞれの置かれた理論的文脈においてそれぞれについて内在的対話的な理解を試みる〉という思想史的アプローチの手法はとられていない。文献はむしろ、森の理論構成の契機として、道具的に利用されるにとどまっているのである。こんな勝手な利用の仕方をされれば、それぞれの文献にはそれなりの疎通の努力の差し向けられるべき他者性のあることなどは、すっかり忘れ去られてしまう。森の理論は教育状況への――先に用いたことばでいえば――「内在的支援型」の「啓蒙」に向けられており、文献はどれであれすべて、これに資するべく、ただ功利的・道具的に利用されるにとどまるのである。この意味で、森の理論は、啓蒙の特質を強く刻印されているのである。

ところで、繰り返しみてきたように、森の理論では、自己教育については十分に論じられているが、他者教育についてはうまく論じられていない。さらに、「生成」と「形成」との関連もまた、うまく説明されてはいない。生成は自己教育と、形成は他者教育とつながるので、二つの概念対（自己教育／他者教育、生成／形成）それぞれにおける理論的規定の不備は、ともに同じ性質を帯びている。両者の理論的不備をつきつめていえば、〈いずれの場合にも、他者性がうまく扱われていない〉という問題にゆきあたる。ここには、〈他者性〉が無視されるという、森の理論の――おそらくはヤスパースの実存哲学への強いコミットメントなどと関連する――難点が露呈している。

森の理論は、他の実践や理論とのかかわりのさなかから、臨床理論的に生成してくるわけではない。この理論は、具体的な教育状況においては、その外であらかじめ〈仕立て上げられた理論〉として登場してくる。森の理論は、外から教育状況へ呼びかけるのである。この点からすれば、森の理論は、〈外〉から〈内〉を操作し統制しようとする「戦後啓蒙」に帰属しているようにしかみえない。森の理論展開は、自閉的かつ独在論的である。他の教育理論や教育実践は、森の理論展開に利用される道具ではあっても、理解し疎通する努力のむけられるべき自律的な他者ではない。ここでは、他の理論は（そしておそらくは翻って森自身の理論も）、理解と疎通の努力の差し向けられるべき他者とみなされてはいないのである。森の理論構築の仕方は、相互生成的ではなく、自閉的・独在論的である。この理論構築の特質は、その所産である理論そのものにも刻印される。森の理論そのものが、自閉的かつ独在論的なのである。

ここでは十分に議論することができないが、この森の理論の難点は、ヤスパース流の実存哲学の本質的な問題でもある。たしかにヤスパースは、「意思疎通」（Kommunikation）を取り上げ、これについて繰り返し論じている。しかしこれが論題になるのは、かれの理論において「実存」が自閉的かつ独在論的であり、関係的ではないからである。人間にとっての関係（ないし意思疎通）は、一次的な与件ではなく、二次的な課題である。私はそのようには考えないが、この点に関しては、ヤスパースをめぐる森と田邊の理論的位置について、あらためて検討する必要がある。ともあれ、自閉的で独在論的な森の理論は、他との相互生成のうちにはなく、他の外にあって他へ内在的支援型の啓蒙をおこなう。このことが、森の理論を「戦後啓蒙」に帰属させる見方を支持する。啓蒙性の克服は、それが他に外から支援的にかかわるかぎりでは不可能である。そうではなく、啓蒙性の克服は、関係の第一次性を前提として、自他の内部には、簡単に疎通できない、すなわち、やすやすと分かったり操作したり指示したり支援したりすることのできない他者性があることをみとめ、他者性をターゲットとして関係を全体的な意思疎通へと深め、互いに相互生成的にかかわり合うことによってのみ、可能となるはずである。なによりもまず求められるのは、経験を通しての自他の深い観察ないし省察としての臨床的認識である。

よく知られているように、ライト・ミルズは、「理論家が観察のレベルまで論理的に下降することができないほど一般的なレベルでの思考を頭から採用して」おり、「実はあらゆる具体的経験的な問題から逃避」しているような理論を、「誇大理論」（grand theory）と呼んでいる（Mills 1959）。森の壮大な『教育人間学』は、関係の第一次性と他者性とを十分に顧慮しておらず、その意味で、状況外在的であり、臨床性や臨床的認識からは縁遠い。この点では、ミルズの「誇大理論」の規定にすっぽりと該当する。(9) 他者性、臨床性、相互性を欠いた外在的な支援志向という点で、『教育人間学』は、啓蒙的な誇大理論である。他の理論との相互生成を欠いた自閉的独在論という点ばかりではなく、状況外在性と操作性という点でもまた、森の理論は、政治化された戦後啓蒙と同類である。逆にいえば、このような同類性があるからこそ、森は戦後啓蒙の風潮のなかで、攻撃もされず孤立もせず、ただひたすら自閉的かつ独在論的に自分の理論を紡ぐことができたのである。その意味で、森田の「戦後啓蒙への帰属」という規定はあたっている。本章の以後の考察に引き付けていえば、『教育人間学』森の晩年期の理論でこのような他者性、臨床性、相互性がどのように扱われたのかをみることこそが、『教育人間学』以降の森の仕事をみるばあいのもっとも肝心な評価点でなければならない。

さて、それでは森自身にとって、『教育人間学』はどのような仕事であったのか。この著作に関する自己批判はすでにこの著作のうちにかなり書き込まれており、同じ趣旨の発言はその後の著作でもいくども繰り返されている。このうち「原理的考察の不徹底」などへの自己批判は、田邊からの批判ないし課題づけを森が受け容れたものとみることもできる。このようにして自己批判が繰り返されているのに対して、大著を仕上げたときに当然あってしかるべき達成感や成就感は、ほとんど述べられていない。たしかに森の場合、自分の研究に関しては、過度な謙遜が述べられるのが通例である。しかしこれを割り引いて考えても、この学位論文に関してかなり激しい自己批判のみが繰り返されていることについては、その意図を少し真面目に受け取るべきかもしれない。『教育人間学』では、全体的人間学的な反省が統合学的に遂行され、送迎展示的理論の依存性が突破され、理論的な自律性が達成された。しかしその半面で、理論の臨床性と自己関与性がすっかり失われてしまった。送迎・展示批判によって戦後教育学を批判してきた森自身が、『教育人間学』においては臨床性と自己関与性とを喪失してしまった。このことへの、歯がみするような自己批判がある。このネガティブな事態を真摯に受けとめるなら、森は自身で今一度、臨床性と自己関与性を取り戻すことを志向せざるをえなくなる。これが以後の課題になるだろう。

　京都学派の流れをくむ森の理論においては、つねに体系性（全体的自己理解）志向と臨床性（臨床的自己理解）志向との対立的拮抗がある（田中二〇一二、二三頁以下）。この拮抗は、理論の「根」――理論の前理論的基礎――としての日常性、生活、生活世界からの離脱とそれへの還帰を交互に駆動した力でもあった。『教育人間学』以降の仕事は、この交互的循環的規定のうちにあって、臨床性と自己関与性への再帰の試みとみることができるのでなければならない。

第４節　著作を読む（Ⅲ）
――『人間形成原論』へ

『教育人間学』以降の仕事に、人間学的全体的自己理解志向から臨床性志向への基本的な理論的志向性の転回（ないし再帰）を認めることができる。この臨床性志向は、『教育人間学』を批判的に乗り越えようとした『人間形成原論』において実現されている。以下では、臨床性志向の実現という角度から、森の最晩年期の仕事をみることにしよう。

１　「教育の現代化」という名の「ポストモダン教育」論

『教育人間学』以降、森は、少し長い停滞期にはいる。この時期を経て、森は、まずはポストモダンにおける教育を考えることから再出発した。

　全米教育協会『教育の現代化』（一九六五　岡田渥美と共訳）では、一九五七年のスプートニク・ショック以来の「教育の現代化」（一七九頁）が扱われている。森によれば、「最近アメリカでは、従来の（生活適応教育）に対する活発な反省と批判が提起され、未来を志向するいくたの改革と展望が試みられている」という。「教育の現代化」がめざすのは、現在へ適応させる教育ではなく、変動する未来に向けて自立させる教育である。敗戦期の日本の教育は、半封建的体制の近代化をはかる「モダンの教育」をめざしていた。これに対して『教育の現代化』がめざすのは、未来の変動を主体的自立的に引き受けることを可能にするための「ポストモダンの教育」である。ここで私たちは、〈「ポストモダンの教育」への教育改革が「教育の現代化」と呼ばれる〉という表現上の逆説性を、意識しなければならない。『教育人間学』において残された課題として挙げられたのは、「教育実践学」と「教育哲学」の展開であった。ここではまず、「ポストモダンの教授学」の紹介という形で、「教育実践学」の基本文献が翻訳された。これを受けて森自身の「教育実践学」が展開されたのが、『未来からの教育――現代教育の成立と課題』（一九六六）である。この点について森は次のように記している。

「『教育人間学』のつぎに「教育実践学」の研究をすすめ、最後に「教育哲学」を展開して、教育学の体系をつくりあげたいというのが、一〇年来のプランである。その「教育実践学」を、とくに現代教育の成立と課題に焦点づけて展開したものが、本書『未来からの教育』にほかならない。しかしこのテーマを着想したのが九ヶ月前であったため、題名にふさわしいかたちに全体をきれいにまとめることができたとはいえない。」（四三七頁）

『未来からの教育』は、「はじめ、『現代教育の成立と課題』と題される予定」であった。過去と現在にアクセントをおくかのようにみえるこの最初のタイトルが、「未来からの教育」と改められた契機は、森が執筆時一九六〇年代に目撃した「日本の社会と教育の未曾有の発展と変化」の「容赦ない進行」であった。激烈な発展と変化のもたらす「不確定な未来」というポストモダン状況を考慮に容れて、「現代教育」というタイトル名は、伝統的社会の「過去からの教育」、子どもたちの現在から未来への発達に新しい未来の実現を期待した近代社会の「現代《ママ》からの教育」から区別されて、不確定な「未来からの挑戦に対応できる能力と態度を」「青少年に形成する」「未来からの教育」に書き換えられた。「教育の現代化」ないし「ポストモダンの教育」が、「未来からの教育」とよばれたのである。関連して森は、「最近来日したボルノー教授とこの表題の表現（Erziehung von der Zukunft her）について話し合ったとき、教授は自分にはたいへんよくわかると語っていた」（一一頁）とも述べている。

「教育実践学」としての『未来からの教育』は、教科書的な概論である『現代教育学原論』（一九六八）の基礎となっている。このことは、両書の目次を比較すれば自明である。「教育の現代化」、つまりは変化の常態化としての「ポストモダン」への教育的対応は、カリキュラムや実践の組織化などの具体的な問題ではなく、深く原理的な問題である。森の考える「教育実践学」は、歴史的・原理的な考察によって導かれる総合理論であり、教授学、教育方法学、教育工学などを基礎づけ、包摂する。教育実践学が原理的総合的な性格をもつとすれば、これと教育理想を哲学的に探究する教育哲学とを区別することはそんなにたやすくはなくなる。自己教育と他者教育という区別を援用するなら、教育哲学が愛知的な自己教育であるのに対して、教育実践学は他者教育を基礎づけるといえるかもしれないが、この場合にもなお、すでに述べたように、自己教育と他者教育の規定がはっきりしていないという問題が残る。

ともあれ、未来志向的な著書『未来からの教育』は、『教育人間学』において失われた臨床性――つまり、「ここといま」への拘泥――を回復するきっかけであることはできない。ただし、「未来からの教育」という発想には、「ここといま」が、「過去」や「未来」を包む「時間化された空間」であると見る見方が含まれている。遺著『人間形成原論』は、「ここといま」に拘泥する臨床的な見方を取る。この臨床的な見方においては、教育を支える関係は、〈こどもとおとなとの間の非対称的な形成関係〉ではなく、むしろ〈異世代間の相互的な生涯鼓橋の作り渡しによる世代継承的公共性の編成〉である。この見方の拡大は、「いま」を〈「過去」や「未来」を包む「時間化された空間」〉と見る『未来からの教育』の発想によって可能になったと、考えることができる。その意味では『未来からの教育』は、遺著『人間形成原論』における臨床性への展開を準備したともいえる。

臨床性への転回をまねく直接の契機は、なによりもまず、ボルノウの『教育を支えるもの』（一九六九ｂ　岡田渥美と共訳）である。一読すれば明らかなように、この翻訳は、教育関係の「情感的基礎」を掘り下げるというその内容からして、理論の臨床性への転回を促すかなり強烈な力となったとみるべきである。今一つの有力な契機は、『現代教育思潮』（一九六九ａ）である。これは、「比較教育学的」考察が展開されているという点で、森の著作のなかでは『ドイツ教育の示唆するもの』と、きわめてつながりの深い著作である。両著のいずれにおいても、「比較教育学的」な考察を通じて、啓蒙的な発想が、理論と実践の両面で相対化され、臨床性にしっかりと根ざした理論と実践の自律的展開が求められるのである。

『思潮』は、『未来からの教育』を受けて書かれた。「未来からの教育」という森の「未来主義」に対して、中内敏夫は、同書第六章「現代日本の教育思想」三の「戦後日本の教育思潮」と題する座談会で、辛辣な批判を加えている。中内によれば、未来主義は、特定の階層に依拠している。「過去からの教育」は「上層階層、旧家の親たち」にみられ、「大衆の教育要求」が「現在に軸をおいて形成される」のに対して、「未来からの教育」は、主に「こんな勉強のしかたでは将来偉い人になれませんよ」という——今日の高度大衆教育の時代において社会の前面に出てきた——「新中間階層」の教育意識である。中内によれば、未来からの教育は、「思想形成の軸を根底において失っているが故のたえざる《ママ》外にモデルを求める思惟のタイプ」であり、「送迎展示方式のペースになかば引き込まれながら、最近とみにふくれあがった中間層の教育方法意識を把えたもの」である。そして「これでは、日本の教育思想の悲劇であった思想の思潮化という悪じゅんかんを断つことができないのではないかと思う」という。この中内の批判は、「思想の思潮化という悪じゅんかん」を断つために思想が準拠すべき根拠として、「民衆のなかにあった核」なるものの存在を前提している。森が批判されるのは、かれがこの「核」に準拠していないからだというのである。当然のことながら、この中内の想定の妥当性ないしリアリティこそが問われなければならない。この座談会からおよそ半世紀後からみると、中内の想定をもたらした当時の歴史的文脈がかなり可視化され、この想定の妥当性についてもすでに判断可能になった（田中二〇一一、四五頁）。

いずれにせよ、『思潮』は、森自身の生涯をかけた理論展開において、特別な位置を占めている。つまり、大著『教育人間学』（一九六一）と未完の遺著『人間形成原論』（一九七七）とを結ぶきわめて有力なリンク（Missing Link）の一つであると考えることができる。すでに繰り返し述べてきたように、『思潮』では、日本の教育理論が「送迎・展示」ということばによって丸ごとに批判され、理論の教育現実への根づき、すなわち臨床性が強く求められたからである。

六九年には、森は、大阪大学にあって大学紛争に遭遇した。自己状況についての自省性の欠如という、処女作における教育批判が、今一度想起される状況である。同年には、高等教育改革国際会議に出席するために、西ドイツに出張し、紛争の一段落した七一年には、幼年教育の実態調査と欧州各国の人間諸科学の動向を調べるために、欧米各地へ出張した。この年には孫娘であるソリエール安紀が誕生し、翌年の七二年には、かれ自身が網膜剥離で入院した。この年には、大阪大学人間科学部人間形成論講座が発足した。森は、公私にわたる変動に直面し、処女作以来の理論展開の自己点検を迫られたと考えることができる。『人間形成原論』が書かれるまでには、次のような著作が相次いで刊行された。久方ぶりに旺盛な著作活動である。

一九七〇a　『教育課程の創造』森昭・佐藤三郎編
一九七〇b　『人間の形成』森昭ほか
一九七三　『幼児』森昭編
一九七五　『教育の思想』森昭［ほか］編

『人間形成原論』における臨床性への転回を促したきっかけとみることができるのは、前著『臨床的人間形成論の構築』で論じたように、『幼児』巻頭に掲載された孫娘への「手紙」である。これは、死去三年前の森から、一八歳になった（当時生まれたばかりの）孫娘ソリエール安紀に向けて仮構的に書かれた「手紙」である。この「手紙」は、現在の祖父から未来の孫への、すなわち、一箇の「時間化された空間」から他の一箇の「時間化された空間」への仮構的な呼びかけである。この仮構的ではあるが切実な呼びかけの執筆は、自己関与性と臨床性を失った対象化的全体的な統合理論である『教育人間学』を、自己関与性をもつ臨床理論としての『人間形成原論』へと大きく転回させた今一つの強力な衝迫になったとみることができる。本章の最後で論ずるように、「時間化された空間」どうしの出会いは、相互性を生きることのもっとも深い意味である。これらを受けて、『人間形成原論――遺稿』（一九七七）が刊行された。『人間形成原論』は、森による「概論」の最後の形であるとともに、その破綻でもあり、さらにいえば概論の破綻による臨床理論への転回である。

２　『人間形成原論』

森の遺著『人間形成原論』は、異様な著作である。まずは、長年の研鑽のもたらしてきた理論的蓄積へ、直近にえられた新たな知見群が加えられて、新たな理論展開のためのしっかりとした土台ができあがる。そしてこの土台の上に、人間形成の理論が、宇宙レベルから実存レベルに至るまでの階層性に沿って、構築されるはずであった。しかし、この壮大で緻密な理論展開は、パセティックな文章群の群発的な噴出によって、実にしばしば妨げられる。この種の文の噴出は、当初はなんとか本文に塗りこめられ処理されているが、やがて本文では取り繕うことができなくなり、括弧によって本文から括り出される。なおも噴出による破れ目は拡大し、括弧による括り出しという応急的な取り繕いでは、とても間に合わなくなる。しかし、この錯綜した流れからパセティックな文章群だけを拾い出し読んでいくと、ここには、緻密な論理展開とは別の、今一つのくっきりとした濃密な流れがあることがわかる。それは、病と死の進行にともなって否応なくすすむ情念の流れである。緻密な議論の流れとパセティックな情念の流れとが、互いに互いを抑制しあい、促進しあい、入り混じりあって、遺著は、ひと時も休むことなく進む“Prozess”(Jaspers, K., 1930) そのものである。この異様な作品の構成は、次のとおりである。

序
第一章　教育と人間への問い
第二章　自然と人間と歴史
第三章　人間の発達と生涯
第四章　人間形成の目的――生涯成就・自己成全

構想としては、第一章の問題提起を受けて、第二章と第三章では、『教育人間学』と同様の階層論が展開され、これに田邊の宿題にこたえるかのような目的論、理念論が続く。冒頭の短い「序」には、一九七六年八月一日の日付がある。この著作は、戦後の経済成長が頂点に達し、やがてバブルの崩壊に至る、浮薄で危機を孕んだ時代状況への応答であると同時に、自らの死という切迫した近未来への切実な応答でもある。

同年七月二七日、森は、朝を迎えても立ち上がることができず、病の進行で下半身が完全に麻痺したことを自覚した。その日のうちに、近しい人たちを自宅ベッドの周りによびよせ、三時間半にわたって、新著の構想を語った。私には、森の切迫した語り方についてかすかな記憶があるが、その具体的内容についての記憶はまったくない。

入退院が繰り返されるなか、執筆は途切れることなく続けられた。仰臥の姿勢しかとれず、それでも執筆できるよう、さまざまな工夫がなされた。第二章までの執筆は、ほぼ順調だった。原稿は、例の黄表紙小型フィラーノートに書き込まれたが、やがてじょじょに筆圧が弱まり、本人はともかく、他人には読みとりがたくなった。第三章は、原稿ノートから自力で清書することができなくなったが、本人による清書校の点検はかろうじてできた。やがて急速な視力の衰えによってなにも読めなくなり、第四章の執筆は口述となった。筆記録の本人による点検は、もちろんできなかった。第四章の構成について、なんどか異なった指示があったが、現行の構成は口述筆記中断時のそれである。口述は一二月一日から始まり、昏睡状態に陥った一〇日に中断された。森は、一二月一八日に死去した。まずは、この遺著の理論展開を振り返っておこう。

（1）人間形成原論の展開

第一章では、現状が把握され、課題が設定された。その末尾では、処女作『教育理想の哲学的探究』が想起され、今一度、処女作で論究されたヤスパースの文言が引用されている。敗戦直後にリアルであったヤスパースの「実体崩壊」という状況認識は、ポストモダン状況で無効になったのではなく、むしろよりいっそうリアルになった。実体崩壊に対処する途が模索される。まず、全体ないし実体への適応は不可能なので、かわりに、「自己教育（自己形成）の重み」が増すとされ、これを「より包括的な「生涯成就」の人生課題の一環として捉えたい」（六〇頁）という。さらに、実体に支えられこれを担う教育責任主体は分散し霧消し「被教育者自身が自己責任の主体となる」ほかなくなったので、この自己責任の問題を「より包括的な「自己成全」の人生課題の一環として捉えたい」（六一頁）という。最後に、実体崩壊状況ではもはや「終局的教育目標」は設定できないので、私たちのとることのできる「教育目標に関する態度」は、きわめてかぎられてくる。この「態度」について、森は、生涯成就と自己成全という二つの人生課題をまとめる仕方で、次のように述べる。一読すれば明らかなように、この引用箇所はそのまま、目的ないし理念に関して田邊から森へ課せられた宿題への、森の解答でもある。

「結論をいそぐならば、教育される人々に『意味探索』の自覚を目覚ますことであり、教育する人々自身がその自覚をもって人生を生きることであり、教育する者とされる者が相共に……生涯成就・自己成全の願いをもって意味探索の道を歩むことである。」（六二頁）

異世代間の相互的な意味模索について述べられているが、これは、処女作『探究』での「同行」や「教育理念の愛知的探究としての自己教育」という思念を自覚的に引き継いでおり、これがやがて、本書『人間形成原論』第三章結論部での「異世代間の相互的意味模索としての生命鼓橋の作り渡し」という発想へ展開される。教育的相互性は、個体の死を超えた世代の連続性をもたらし、やがては世代継承的公共性を編む。これが『人間形成原論』の結論であり、森の死がなければ、おそらくは第四章でこの結論が「生命鼓橋」論という形で、より詳細に展開されたはずである。処女作以来一貫した議論のこの締めくくり方をみると、これをたどってきた今となっては、それなりの感慨がある。

それとともに、ここでは、未決のまま放置されてきた問いが今一度浮かび上がってくる。森にとってはやはり、自己教育、自己形成こそが、理論の中軸であった。この点は処女作以来いささかの変化もない。遺著で処女作が想起されているのにも、十分な理由があるといえよう。それでは、他者教育や形成はどう扱われるのか。これがよりいっそう重大な問題として残る。この問題については、最後に立ち返ることにしよう。

目次から読み取れる当初構想では、第二章と第三章においては、『教育人間学』のそれを踏襲するかのような仕方で、人間形成の階層論が展開されたはずである。第二章では、人間形成が宇宙と自然の形成のうちに位置づけられる。『教育人間学』で田邊に高く評価された人間生成の生物学的レベルの検討が、より拡大された視野に組み込まれ、包括的な議論が展開される。人間は宇宙と自然の進化の産物であるが、「進化の最終目的ではなく」、「偶然の産物」である。その意味では、人間の出現そのものが「巨大な冒険」であった。この大きな視野からみれば、人間は、創造的非確定者であり、実存的多重分裂者であり、世界へ開かれた者であり、自己に目覚める者であり、彼方に想いを馳せる者である。さらに、歴史的にみれば、被造的創造者である。このような人間にとっては、形成ないし生成が本質であるほかはないが、在来の諸学はこの点を見落としてきた。ここから森は、形成ないし生成をこそ人間の本質として扱ってきた自分の研究歴を、振り返る（一三一―三頁）。

一九四〇年に「大学院に進学し、田邊・木村両教授の指導で教育哲学を専攻することになって以来」、哲学と教育学の間を右往左往した。処女作の『教育理想の哲学的探究』が大きく哲学に傾斜したのち、じょじょに教育の比重が大きくなり、「人間諸科学の勉強」が重くなった。これは「教育〈哲学〉者としてのアイデンティティの危機」であり、「こうした自覚の具体的な展開が『教育人間学』であった」。しかし『教育人間学』は、「執筆した動機ないし意図はまちがっていなかった」にしても、「（量的に）巨大なだけの失敗作」であった。それは、「人間生成の自覚的な、特に価値的・人格的な〝頂点〟への追及・省察がおろそかになった」からである。ほぼ田邊の宿題をそのままうけたかたちでのまとめである。この「頂点への追及・省察」を試みるのが、本書『人間形成原論』である。

第三章では、議論の主題は、宇宙・自然の進化から、人間の発達と生涯にうつる。第一節では、まず、歴史的世界での人間の発達が、「社会化・文化化・人格化」として検討される。しかし実体の崩壊した世界では発達は、たとえば「子どもがおとなになる」といった「終わり」をもつことはできない。今一度、第一章末尾で示された人間形成の目標――生涯成就、自己成全、相互的意味模索――が想起される。第二節では、発達の人間学と人間の一生が検討される。在来の発達把握を超えて、「発達する具体的な子供」を「子供自身の立場から」考察したいという。森は、自分がこれまで哲学を前面に据えることは回避して、科学的研究に学ぶことを第一義にしてきたと述べ、さらに次のように続けている。

「しかし科学的諸研究を積極的に学びとるために必要な体力も持ち時間もとぼしくなってしまった今、これまでの科学的探究の成果について一貫した哲学的省察を加えて、単に人間を構成する諸層の研究成果の寄せ集めではない「発達人間学」を展開したいと思う。『人間形成原論』は哲学的省察なしには体系化され得ないのである。私にとって、本当の哲学はまさに人生の夕暮れにやっと本格的に飛び立つミネルヴァの梟であるらしい。」（一七三頁）

森がここまで展開してきた人間生成の階層論は、関連する膨大な科学的諸研究に学び、その諸成果を体系的に位置づけるのに用立てられてきた。この余裕は失われ、階層論的叙述は放棄される。かわりに、「発達的人間学」という名の「哲学的省察」において、処女作以来の「理念の愛知的探究である自己教育」が今一度、前面にせり出してくる。発達的人間学の哲学的省察への転回によって、第二章の宇宙論的考察は、この人間学の基盤としてあらためて位置づけなおされる。発達的人間学は、最終的には、生涯成就、自己成全、相互的意味模索を内容とする「生命鼓橋」論として展開されるのだが、この展開は、森の死によって断ち切られる。ともあれ、階層論的な体系化は断念され、理論展開は生命鼓橋論へと収斂していくのである。

森の最後の思索に立ち戻ろう。森は、「具体的に発達してゆく子供」をとらえるためにランゲフェルトとハヴィガーストの所論を援用し、これを「発達する子供自身（男児）のことばで、（多少ぎこちないが）表現してみよう」と述べ、次のような男児の語りを仮構する。

「僕たちの世界は大きくて、いままで知らなかったいろいろなものごとがあるんだ。いままで行かなかったところへ独りでゆくと、いい気分だし、これまで知らなかったものや知識を知ると、利口になってゆくように感じるんだ。そしてもっともっと遠くまで行ってみたいと思うし、これからもっと利口になれると思うと、ほんとに嬉しいんだ。」（一七六頁）

あえて稚拙に書かれてはいるが、この語りを大人の成熟や老いと死の受容にまで拡張して適用すれば、「生命鼓橋」なるものの実質的で内容的な説明になる。なによりもこの語りは、ささいなことにも目を輝かす好奇心の塊のような愛知的存在であった森自身による、自分自身のありようについての自己表明である。それでは、子どもの冒険は、究極的な目的をもつのだろうか。森は、ランゲフェルトとデューイの所論を比較検討して、究極的目的が存在しないことを今一度確認する。冒険は、いずれ死によって、中途で唐突に切断される。人生は有限であり、一回的である。森は、人生の有限性について考え、人生構造と人生展望の年齢的変化について考える。この考察の末尾には、次の祈りが記されている。

「……死はただただ虚空に己れを落とすだけなのか。虚空の彼方、虚空の上に、現世から見えぬ高次の実在があるかも知れぬ。いや、私の一生に意味を超えて意味を与える実在があって欲しい。」（一九七頁）

肢体が四散して、暗黒の奈落の底へと落下していく。森の死のイメージである。しかし場合によっては、この落下そのものが、超越的実在によって意味づけられるかもしれない。悪は、摂取される。これは、森に近しい浄土真宗であるかもしれず、田邊をはじめとする京都学派の宗教性であるかもしれない。摂取は、死の落下のみならず、落下を含む生命鼓橋の全体におよぶのかもしれない。これはおそらく、未完に終わった生命鼓橋論の大切な論点であっただろう。いずれにせよ、生命鼓橋論は、切迫した臨死状況で語り出されている。さまざまなライフサイクルのイメージを探索したあげくに、森は、生命鼓橋のイメージに到達する。

「いろいろとイメージを探す途中でふと浮かんだのが、こちらの岸から向う岸へ太鼓橋を作りついでいく最近の一工法である。人間の生涯も向こう岸（仏教的にいえば彼岸）へ『生』を先へ先へと作りついでゆくようなものではないか。――おそらく工学的には種々の批判・異論もある（であろう）が、さきは存在せぬ未来へ作りつぐという点だけを受け取ってほしい。」（二〇二頁）

第四章では、「生命鼓橋」論を受けて、これを「人間形成の目的 - 生涯成就・自己成全」についての考察によって充たそうとしている。現行の『原論』ではこの章は、「第一節　生命鼓橋の作り渡しとしての生涯」のみが、死によって途切れたままの形で印刷されている。まず、ビューラーとエリクソンの生涯論が検討され、次いで、デップ - フォアバルトの引用を通して、「両者に欠落する視点」が「偶然」であることが示される。変動を常態化し確実性を欠いた世界で、さまざまの偶然に直面せざるをえない人々は、かつてのように「人間の本分」を暗黙の前提にもできず、ただそれぞれに「意味を模索」するほかはない。人間は、意味を求めて「彼方に想いを馳せるもの」であり、偶然に彩られた「所与の中に彼方を探るもの」である。生命鼓橋の作り渡しは、この探求によって進められるのである。

（２）『人間形成原論』の意義

遺著『人間形成原論』では、徹底した生成論的考察が展開された。森は、まさに田邊の注文には逆らう仕方で、理念ないし教育目的の設定が極度に難しくなったという状況認識を示し、次いで、このニヒリズムを積極的に引き受ける異世代間の相互的意味模索としての相互生成（「生命鼓橋の作り渡し」）について論じた。つまり森は、たとえば木村素衞の教育論（木村　一九四六）に前提されている「表現的生命の自覚的表現点としての人間」といった、無限と有限とを調和させる宥和的な見方を破壊している。

京都学派教育学の一部にみられる安定した状況超越的枠組みそのものの破壊の結果、教育をみる視線は、日常的生活世界における各人の相互生成へと、自省的・臨床的に転回させられる。森は『人間形成原論』において、一方では、『教育人間学』に関して田邊からだされた宿題――理念や目的について論ずるという課題、弁証法的に理論を再構成するという課題――を婉曲に拒絶した。そして他方では、田邊の実存協同や死についての晩年期の思索を受け継ぎつつ、「生命鼓橋」という実存的で孤独な自己形成の可能性、そして異世代間の「相互性」という生成関係の可能性を探求した。

森のいう「生命鼓橋の作り渡し」とは、体験の外に体験を超えた究極的目的をもちえない人間が、日常的生活世界の「ここといま」から彼岸に向けて自己投企しつつ、自分なりの人生を作り渡す過程である。しかもこの各人の自己投企は、単独者の孤独な表現であるにはとどまらず、関わり合う人たちとの相互的応答――私が前著で用いた表現を援用するなら「パトスの相互表現」（田中 二〇一二、二〇〇頁）――のネットワークのうちにある。各人の生命鼓橋は、日常的生活世界でさまざまな相互性が織り成しているネットワーク網のうちに、編み込まれているのである。

ところで、あえて比喩的に言えば、田邊から課せられた課題（目的論理念論の展開や弁証法的理論構築）が放棄された森の理論の空隙（無、偶然、創造の余地）には、九鬼周造の『偶然性（博士論文）』末尾のことば（九鬼 一九二八）が響いている。

「無をうちに蔵して滅亡の運命を有する偶然性に永遠の意味を附与するには、未来によって瞬間を生かしむるよりほかはない。誰人も彌蘭の『何故』に対して理論の圏内にあっては十全なる解答を与え得ないであろう。わずかに問題を実践の領域に移して『遇うて空しく過ぐる勿れ』ということが出来るだけである。」

「遇うて空しく過ぐる勿れ」ということばには、前提がある。生命鼓橋の架橋以前に私たちの被投性は、無であるわけではなく、すでにあらかじめ、日常的生活世界を織り成しているネットワーク網に組み入れられ、そこからさまざまに規定され、呼びかけられている。私たちは、自分に加えられるさまざまな外的・内的な規定や呼びかけを自分から捉え返し、これに応答することによって、自分自身を意味づけ価値づける。私たちは、偶然にも特定の日常的な生活世界のうちに織り込まれており、そこにおいて内からも外からも支えられ、認められ、無視され、拒否される。私たちは、無数の呼びかけに遭遇しつつこれらに応え、このように応えうる自分への信――すなわち永遠の今に触れるパトスとしての自分自身への信――をえつつ生命の鼓橋を作り渡し、まさにこの相互性において、じょじょに私たち自身になっていくのである。

『原論』第一章末尾を素直に読む限り、生命鼓橋の架橋は、いずれ〈異世代間の生涯をかけた相互生成的な意味模索〉として語られるはずであった。たしかにこの語りは、森の死によって実現されなかったが、それでは、どんな語りがなされるはずだったのか。恣意的な読み込みと言われかねないが、相互生成的生命鼓橋論は、今まさに引用した九鬼周造の論を援用して語られたはずだと考える。

『原論』の随所に、九鬼との対話の痕跡がある。まず、最終章直前の第三章末尾で、森は、九鬼の講演“LA NOTION DU TEMPS ET LA REPRISE SUR LE TEMPS EN ORIENT”（九鬼　一九二八）を思い起こさせる仕方で、「大年」と「小年」について言及している。九鬼はこの時間論で、大宇宙年の反復によって無限に累積される――本来は偶然でしかなかった――「現在」を意志によってあえて必然として引き受ける「武士道」について語っている。さらに、先ほど触れたように『原論』の中程では、「遇うて空しく過ぐる勿れ」という九鬼の『偶然性（博士論文）』末尾のことばが援用されている。最後に、最終章の森の死による中絶箇所の直前では、いくぶん唐突な息急き切る仕方で、「偶然」について語りはじめようとされている。これらすべてを伏線とみるなら、相互生成的な生命鼓橋論は、二つの前提を構成要件として語られたはずだと考えるべきではあるまいか。二つの構成要件とは、第一に、流出する力としての自然の代行――「天地の化育に賛す」――という本覚思想的生命論生成論を基盤とすることであり、第二に、西田幾多郎のいう「永遠の今」（田中　二〇一二a、一二五―三一頁）の実存的引き受け（先の「時間」講演）と「互いに応答しあう相互性」（「遇うて空しく過ぐる勿れ」）とを契機とすることである。この場合には「生命鼓橋」は、さまざまな世代が互いに支えあい作り渡す「いのちのかけはし」である。鼓橋の架け渡しは、天地の化育を主体的に代行する人々の相互的な営みなのである。

しかし実際には、『原論』第三章では、「大年」という観念は現代人にとっては非現実的だとされる。さらに、

『原論』全体の基調は、本覚思想的なオプティミズムとは遠く懸け離れている。私たちの手元に残されているのは、相互生成という暖かなイメージではなく、単独者の孤独な自己生成という苛酷なイメージである。これは、死を前にした森の孤絶感を反映しているのかもしれない。この強い孤絶感と子どもたちへの温かいまなざしとが交錯して、人間形成原論に独特の緊張に満ちた世界が織り成されている。いずれか一方にアクセントを置けば、たちどころに『原論』の世界のリアリティは失われる。

それにしても、「遇うて空しく過ぐる勿れ」ということばを核心に据えた生命鼓橋論の展開は、結局の所、西田幾多郎と木村素衛の初心に帰ることではないか。木村の「一打の鑿《のみ》」は、まさにそのように呼びかけられてある日常性そのものに臨床理論的に定位して、働きかけ（一打）とそれへの応答への応答（次の一打）との錯綜した連鎖について、重厚な議論を繰り広げた。のみならず、応答に際しての個人の孤独や不安すら、丹念に理論化されている。「一打の鑿」の中核的部分で（幾分唐突に）持ち出される「悉皆成仏」という（いかにも本覚思想的な）用語は、この孤独や不安が見出す信である。森は、結果として今一度まさにここに、立ち帰ったというべきではなかろうか。この見解は、一面では正しく、他面では誤っている。

森は、田邊によって課せられた理念や目的の追求という課題を放棄した。この放棄は、個人の人生やその活動をあらかじめ確定的に意味づける超越論的信を理論の基礎とすることの断念である。木村の悉皆成仏という信は、たしかに「一打の鑿」では、日常的相互性から要請される信であり、つきつめていえば、絶対無や永遠の今という超越論的なものとの接触感覚である。この点では、日常性におけるパトスへの信とかかわるところはない。しかし木村はこの後には、悉皆成仏を自身の形而上学的教育学体系を支える最深の根拠として措定した。この超越論的信へのよりかかりは、森や九鬼の論からみれば理論のあきらかな頽落である。信は、相互性をあらかじめ支えるのではなく、日常性のさなかでの存在論的不安によって呼び起こされ、ほかならぬ相互性体験を通じて相互性を支えるパトス（人間存在の受苦的情熱的応答性）への信として、繰り返し見いだされ生成するのである。今一度、森の絶唱ともいうべき祈りを再録しておこう。森は、「……死はただただ虚空に己れを落とすだけなのか。虚空の彼方、虚空の上に、現世から見えぬ高次の実在があるかも知れぬ。いや、私の一生に意味を超えて意味を与える実在があって欲しい。」と祈る。

日常の相互性と生命鼓橋とパトスへの信とのこの生成的な循環が遮断されると、相互性は、非対称的操作へと転落する。今日における技術的合理性の支配と官僚制の跋扈は、この転落の典型的な実例である（田中二〇一二）。森の人間形成原論は、この跋扈や転落に対して強く拮抗し対立するのである。

これまで、森の仕事を初期から終末期までたどってきたが、この“Prozess”を通して一貫しているのは、愛知的な理念探索としての自己教育への執着である。これが、遺著の段階では異世代間の「相互的な意味模索としての生命鼓橋の作り渡し」にまで展開される。異世代間の相互的意味模索は、まずは「教育的公共性」を編み、次いで教える世代の死を結び目として「世代継承的公共性」を紡ぐ。次章ではまず、「教育的公共性」の編成をめざした森の理論構築の過程を概観しよう。

第５節　教育的公共性へ
——文体と関係構築

森の著作群には、これまでみてきたのとは別の、いくつかの筋がある。これらの筋を構成する著作群は、森の理論構築のメインルートを示すこれまでの記述には、うまく収まらない。現場の教員や学生や初学者たちに向けて書かれた「概論」であり、「大学論」であり、「翻訳」である。これらはすべて、教育理論の自律化・体系化・精緻化のためにあえて教育現実から距離をとった結果、理論の根ざすべき基盤を失った森理論が、新たな基盤ないし根を求めた試行に属している。つまりこれらのすべてに、新たな読者を想定し、かれらへ通じる「文体」を模索し、この文体によってかれらへ呼びかけ、かれらとの間に「教育的公共性」を編もうとする模索がみられるのである。もちろん、新たな文体と関係による教育的公共性編成の模索は、「概論」群、「大学論」群、「翻訳」群だけにみられるわけではなく、むしろ森の理論展開の全体にみられる。しかし、この模索がもっともあらわなのは、この三つの領域での仕事なのである。本節では、この三領域の仕事を中心に、森の文体模索・関係模索を通しての教育的公共性編成の試みについて、考えてみよう。

1　文体の模索と教育的公共性の編成

森の著作は、その時々の森自身の理論的関心と（他のさまざまな利害当事者たちと共有される）時代的関心との交点で書かれている。刊行された順序で読むと、主題も論理展開も前後の著作でかなり重なり合っていることがわかり、〈連続性〉がきわだっている。それぞれの著作は、内容上前著と重なりながら、わずかに新たに展開する。しかし、もう少し距離を取ってみると、いくつかの大きな切れ目があることがわかる。ナショナルなあるいはインターナショナルな教育理論展開のメインストリームとの緊張の下で、森自身によって数度にわたって大きな理論転回がなされているのである。たとえば、『教育人間学』における人間学への転回であり、『人間形成原論』における臨床性への転回である。

連続性と非連続性はまったく異なった印象であるが、ともに誤ってはいない。森は、自分の関心と時代の関心に、ともに誠実に応えようと努めた。自分の理論に一貫性をもたせようとする努力は、状況の変化への対応によって揺さぶられ続けた。その結果、ある場合には、理論の連続性を断ち切る鋭角的な変化がもたらされた。森の文体にも、まさに同じような連続性と非連続性が認められる。文体は、誰に向かって書くのかという、多くは無自覚的・半自覚的な志向性と関連する。次項で検討する「関係」のありようと関連が深いのである。文体とは、暗黙のうちに想定された読み手の読み方を規定して、読み手との関係を定めようとする書き手の投企なのである。この意味で、森による文体の模索と修練は、相互性を編み教育的公共性を編成しようとする活動でもある。

全体を通してみれば、森の文章には、十分にこなれたわかりやすさという、根本的な特徴がある。〈こなれたわかりやすさ〉は初期作品にはないが、たとえば教員相手の講演や講習会などを通して「現場の教員」という読者が具体的に自覚されるにつれて、文体の基本的特徴となった。ヤスパースの二つの著作の翻訳『独逸的精神――マックス・ウェーバー』（一九四二）および『大学の理念』（一九五五ｂ）を比較してみると、この二つには、あからさまな文体のちがいがある。前者『独逸的精神』が生硬な直訳文体であるのに対して、後者『大学の理念』は、かなりこなれていて読みやすい。後者ではさらに、各章のはじめとおわりにいくぶん懇切すぎる解説があり、文中でも注記や内容の補足や説明の符号などが過剰なまでに加えられている。読みやすさへの強迫的なまでの配慮は、その後の森のすべての翻訳書に一貫する特徴となった。

『独逸的精神』の生硬な文体が読者として暗黙のうちに想定しているのは、おそらくはドイツ哲学になれた仲間内の研究者たちである。これに対して、『大学の理念』の序文では、大学教員と学生のそれぞれに対して、この本の読み方について事細かな指示がある。読者を具体的に想定するこの種の指示は、戦後初期から森の著作には繰り返しみられる。わかりやすい文体への修練は、読者を具体的に想定してなされる。読者の想定と文体の修練とは、密接に関連しているのである。

文体の変化は、翻訳書に限らず、一九五五年前後からの森の著作ではかなりめだってきている。平易化がきわだって認められるのは、『大学の理念』の前年に刊行された『ドイツ教育の示唆するもの』である。すでに指摘したように、このドイツ留学に関する報告書は、かなり緻密な議論を展開し膨大な情報を伝達しているにもかかわらず、どこをとってもきわめて読みやすい。エッセイ風の文章、書簡体の報告文、論文調の短文などの雑多な集積であるが、わかりやすさは一貫している。この文体が生み出されるきっかけは何であったのか。きっかけはおそらく、留学のあいだの言語とそれを担う人々へのストレスに満ちた過敏なほどの関心の集中である。さらにいえば、海外でのナショナルなものの相対化・距離化によって、自他（日本人とドイツ人、ドイツ人とドイツ人、ドイツ人とアメリカ人、アメリカ人と日本人など）が互いにわかりあうべき相手としてはっきりと自覚されたことである。森は、あまり不自由なくドイツ語や英語で疎通できた。森の没後、書斎の一角に残された（おそらくは講義準備や論文作成のための）膨大なノート類の多くの部分は、独英仏の文献からの直接引用で埋まっている。外国語は日常化されていた。しかし森の文体は、翻訳文体からはほど遠い。このことは、森の関心が外国文献紹介（「送迎・展示」）にはとどまりえず、それをきっかけとする実質的な意思疎通の実現――語りかける相手との連携に向けて、理論がかれらの日常的な生活世界へ根づくことを模索すること――に向けられていることを示している。森の送迎展示的・啓蒙的な理論的営為からの距離感（「ここは自分の場ではない」という自立感覚）は、著作を通覧した今の時点で言えば、『ドイツ教育の示唆するもの』でほぼ確立したとみてよい。

すでに見たように、森は『ドイツ教育の示唆するもの』という表題における「示唆」について、「自分の問題と取り組み、探求を進めようとする者にとって、既成の学説や思想は、自国のものであれ外国のものであれ、つねにひとつの〈示唆〉なのである」（序）と述べ、さらに、トゥレルチュのことば――「世界一周の旅行は、自分自身に帰ってくる最短の道だといえよう。ところが私達は実はただ比較し学習しつつ、この道をたどって私たち自身へ帰ってくるのである。」――を二度にわたって引用している。他の理論に依存するのではなく、他の理論を経由して自分自身へと立ち帰り、自律的に自分自身の理論を構築する。このような理論的自律は、『ドイツ教育の示唆するもの』のドイツ的なものからの自立、もっと限定して「カントの教育思想の研究」におけるドイツ観念論の「ドイッチェ・ビルドゥング」からの自立、『教育の実践性と内面性』におけるデューイの経験主義からの自立などによって、じょじょに達成されていく。根を断つことと根を求め模索することとが、同時に進められるのである。

森の業績を通読すると、翻訳文に限らず文章全般において、生硬な論文調のうちにじょじょにくだけた日常的な文体が混じり込み、やがて論文調そのものを平明なものに変容させてきていることがわかる。「こなれた、わかりやすさ」への努力を強いた、いくつかのきっかけがある。まず、敗戦や「比較教育学」的思索によって、一切の在来の権威が大なり小なり相対化され、どうしても自前で理論をうみださなければならなくなったこと。つまり啓蒙的な「送迎展示」の構えを脱して、理論の自律が求められたのだが、そのためには、自前で書き、新たな書き手と読み手の関係を作り出さなければならない。たとえば、現場の教員たちといった研究者仲間以外の具体的な顔をもつ読者たちが自覚され、かれらへなんとか意思疎通しようとする努力が強いられるのである。

森の場合には、これとは別の、はるかにさまつではあるが、大切な、きっかけもある。まずは、物的・技術的な支え。何度も書き直すことを想定した原稿用紙の桝目の森に独自な使い方や、鉛筆やボールペンの使い方の工夫――本人に言わせれば「発明」――など。そして、これらに支えられた、文章の修練である。次いで、森の人柄。森のはにかんだような人なつっこさや優しさは、その人柄を直截に知る人には、なによりも最初に受ける強い印象である。森の文章には、他への攻撃性はあまりない。このことも森の人柄や対人関係の取り方と直截に関連している。「こなれた、わかりやすい」文体への修練を強いた今一つのきっかけは、たとえば現場の教員向けの講演や概論での工夫に見られるような、森の人柄に由来する「サービス精神」なのである。

ところで、文体のわかりやすさ志向と、緻密な正確さ志向とは、おうおうにして相克する。しかしそんな場合、森によって選択されるのは、わかりやすさ志向の方ではない。すでに指摘したように、森は実にしばしば、ヤスパースを援用して、理論の「正確さ」よりも「豊かさ」を重視すると言明している。この言明の趣旨は、〈想定された読者へ疎通し、理論の臨床的基盤を確定するためには、正確さを犠牲にしてでも、疎通可能な「やさしい」文章を書かなければならない〉ということにある。しかし、森の文章を概観すると、「正確さ」よりも「豊かさ」を重視するという言明は、むしろぎりぎりまで「正確さ」を追求してやまない自分自身の内的な強迫性を宥める〈効き目の悪い〉〈おまじない〉であるとしか思えなくなる。自分の論の妥当性を立証すべき諸事実について、枚挙や整理が不足していると感じられると、かれは極度な居心地の悪さを感じる。論理構成が不十分であることについては、恐怖すら感じるようである。森は、「すきまへの勇気」（Mut zur Lücke）（『ドイツ教育の示唆するもの』一一八頁）が大切だというが、他の誰よりもかれ自身こそが、このような「勇気」などもちあわせてはいなかったのである。

森の生活の全体は、執筆に向けて、合理的に編成されていた。大学などでの〈雑務〉で乱されない限り、きわめて早い就寝、早い起床、仕事、簡便なオートミールの朝食、仕事、散歩といった循環が規則正しくくりかえされた。生活の場も、ほぼ執筆のための別棟に限られており、大学の研究室には生活の痕跡はあまりない。これらの強迫性は、どのように現れ、研究上どのような役割を果たし、森をどう導き、高揚させ、苦しめたのか。今となってはこれについて証言を求めることもできないが、いずれにせよ、過度に強迫的な整理の反対側には、どうしても整理できないもの――情念の流れなど――が出現する。しかし森は、これを無視しない。ときには叙述の均衡を失してまで、これをあえて言語化した。この無理無体な言語化が、森のなかでのバランスをかろうじて可能にしたのかもしれない。

脱人格的で客観的な記述と主観性の表出との混在は、すでに初期作品の序文やあとがきなど処々に認められる。しかし本文中でも、平静な論理的進行をいきなり打ち破る主観的表出が、突沸するかのようにして現れる場合がある。しかもこのアンバランスは、校正を経てなお抹消されない。これが極端に頻出し噴出したのは、すでにみたように遺著においてである。終末期には、遺著を執筆するという思索的な仕事と短歌・俳句を詠むという情念的な表出とが

――入り混じることなく――交互交代になされて、かろうじて精神的なバランスをとったという（高原博 一九七八）。森の生涯を振り返ってみると、このようなバランスのとり方はかれの生涯で幾度も繰り返されてきていることがわかる。たとえば、森の旧制高校時代の理科から文科へ、大学時代の哲学から教育学への、急角度な志望変更。これは、自分自身の過度な整理癖のもつ強迫性への――より無秩序な方へ、そして生へと向かい、バランスを回復しようとする――抵抗ではなかったのかとも推察される。ユング的な「魂の全体性」を想定してみよう。森の生涯では、ユングのいう「全体性への自己実現」がかぎりなく遂行されてきたのだということもできよう。

森の文章は本来、論理的整合性の強迫的な追及の所産であり、追及の軌跡である。この軌跡の全体は、基本的には自己内対話によってのみ進行する。したがって、独話である。他からの介入や修正的働きかけを構成的契機とはしない独話は、それだけに、過剰な正確さや緻密さを追求する。これによってネグレクトされた情念が、内的バランスの回復を求めて噴出する。こうして森の文章は、〈強迫的に正確で緻密な思索〉と〈潜在して噴出の機会をうかがう情念〉とによって不器用な仕方で織り成された、自閉的で独在論的なナラティブである。この自閉性からの脱出を求めて、森は、ナラティブを具体的な顔に向けての「わかりやすい」語りにかえようとする。こうして森の文章には、緻密で正確な思索、情念の表出、わかりやすい語りかけの三者が混在することになる。

わかりやすさへの修練は、たとえば『ドイツ教育の示唆するもの』のあたりでは、具体的な顔を持つ相手に向けてなされたが、あとの時期になるほど、〈宛先のないわかりやすさ〉といったものへと退廃している。わかりやすい文章の宛先は、現場の教員たちでもなく、後継者を含む学生たちへでもなく、同僚の研究者へでもない。ひたすらに文章は洗練されるが、この洗練は、どの具体的な顔にも向けられてはいない。これは、高度大衆教育の時代へ対応するために、社会大の巨大な学校複合体が組織され、高度な分業システムへと整備された結果、もたらされた事態である。教育理論構築という仕事もまた、学校複合体のうちにあって、一定の分業的なシステム役割を割り当てられる。分業を担う確定した場が割り当てられて、教育の理論を書くという仕事もまた、それに応じたやりかたへと常套化される。以前のように、たとえば大学という場を超えた語りかけが、現場の具体的な顔に向けてなされ、それによって語りかけそのものが洗練されるようなことは、もはやほとんどなくなる。語りかけは、定まった場所から、当て処もなく彼方へと発せられるのである。

高度大衆教育の時代での教育理論の——具体的な顔をもつ相手を見失った——きわめて抽象的な語りは、教育理論が、学校複合体に拮抗する教育的公共性を編む力をすでにほとんど失っていることを、象徴的に示している。これに対して、遺著における情念と思索との間を行き来する森の緊張にみちた語りかけは、学校複合体における教育理論産出という分業システムを超え、さらに「こことといま」に共在する人々とともに教育的公共性を編むことすらも超えて、すでにない世代、いまだあらわれていない世代を含む人々と世代継承的公共性を紡ごうとする志向性を示している。たしかにあてどのない寂しい旅ではある。しかしそれは、私たちが残されたわずかな希望を託すことのできる旅でもある。ここへ議論をうつすまえに、森の理論展開における関係構築志向を概観しておこう。これは、かれの理論における教育的公共性編成志向をたどることでもある。

2　関係の構築と教育的公共性の編成

森の理論は、多くの場合、雑多なしかし具体的な顔をもつ教育関係者たちへ語りかけた。相手は、教育学者たちであり、大学の同僚たちであり、弟子たちであり、学会の関係者たちであり、現場の教員たちであり、行政者たちであった。行政者たちとの関係は、さほどおおきくも、深くもなかった。すでに述べたように、現場の教員たちとのつながりもまた、内在的支援型という、いくぶんか非対称的で啓蒙的なものにとどまった。取り上げるべきは、大学の同僚、研究者仲間、弟子たちとの関係である。森は、かれらとの間でどのような公共性を編もうとしたのだろうか。この点について考えてみよう。

（１）学会とのコミット

森は、京都大学の哲学会、日本教育学会、教育哲学会、関西教育学会などに、乞われるままに参加した。司会などには加わったが、それ以上に——選ばれて理事などの役職を受けることはあっても——組織的な関与をすることはなかった。ありていに言えば、自分自身の学問に意味があると思えばつきあうという、わがままともみられかねない関わりかたであった。

教育哲学会は、政治主義化した戦後教育学から自省的に距離を取ろうとした。森のスタンスは、このような距離化とはうまく同調した。現実からの自省的距離化には、二つのやりかたがある。第一に、距離化が、現実の変容にダイナミックに即応して、つねに所与性を超脱しつづける「ずれ」の永続運動である場合（「流動モデル」）。そして第二に、理論が全体的自己理解を志向して「部分的」な現実から離脱するとともに、「具体的」な現実とのつながりを失うことにも耐えきれず、結局は、離脱要求と関係欲求とが相殺されて「立ち竦み」（「メタクシュ」／中間）をもたらし、理論的立場の凝固をもたらす場合（「固定モデル」）。自省的距離化には、「流動モデル」と「固定モデル」の二つがありうる。その際、前者で強く働いているのは、理論の臨床志向であり、後者で働いているのは、理論の全体的自己理解志向である。教育哲学の出発が五五年体制へのアンチテーゼであったとすれば、（政治的な）現実からの距離化を典型的な仕方で示す流動モデルと固定モデルは、教育哲学という特異な世界のありようを端的に示しているといえよう。

それでは、政治体制からの理論の自省的距離化は、具体的にはどのような理論をもたらしたのか。それは、政治主義の華々しさに幻惑されない堅実な原理的で統合的全体的な研究（固定モデル）であり、あるいは、騒々しい政治主義が往々にして見落としがちな日常的実践と地道に連携する臨床的研究（流動モデル）である。しかしどんな研究も、研究者自身が生きる（不可避的に政治的でもある）教育現実を、すっかり突き抜けることはできない。臨床的研究においても、臨床状況が政治的文脈のまったくの外にあるわけではない。それでもあえて距離化を通そうとすれば、一切の安定性を断念してひたすら状況への内属と超越のあいだを往復する運動に自分をゆだねるか（「ずれ」）、さもなければ、政治的なものの一切を捨象して状況への内属と超越とのあいだに固定点を仮構するか（「メタクシュ」）以外に途はない。持続的な距離化は達成不可能なのだが、この虚構は、安定の断念と安定の仮構とのあいだのどこかに存在の場をみいだすことになる。

森の理論展開は、本章でみてきたように、固定モデル（『教育人間学』）を経て流動モデル（『人間形成原論』）へ至った。森は、流動の臨床性志向と固定の体系性志向の双方を生きることによって、教育哲学会の主要な二つの流れに時々に同調するかのようにも見えたかもしれない。しかしどちらかのグループに所属することは決してなかった。

（2）大学とのコミット

大学への森のコミットは、今少し身が入っている。まず、大学の理論的検討について。すでに処女作の森のことばを引用したが、今一度繰り返しておこう。森は、「自らの高等教育機関での教育実践を顧みることなく」「教育」について語ろうとする教育学者の――いわば外在的で依存的で自己関与性を喪失した――「啓蒙性」を、自己批判した。つまり、「わが国教育学書の殆ど全部が、大学や高専で教育学を研究し教授する学徒によって、しかも主として初等教育者を対象にして書かれていること」、さらに「多くの学徒は自らの使命たる大学や高専の教育については殆ど学問的労作を行っていない」ことに対して、「自らの使命を懸命に果たさずして、しかも自らがそれに実践的連帯の責任を負うこと軽き他種の学校の教育について指導せんとするのは、非真実であり従ってその思索は非主体的となる外はない」と批判し、「わが国教育学の学問的低調はまさしくここに起因する」とまでいう。この苛烈な批判は、森に一貫する（自身の帰属する日常的な教育状況としての）高等教育への自省的関心に根差しており、この引用に続く箇所でも、将来に残された具体的な仕事として「大学論」が挙げられている。実際に書かれた森の一群の大学論を、まとめてみておこう。

まず、「大学の理念の史的展開」（一九四八c、五九一―六〇一頁）では、ヤスパースの『大学の理念』についての言及がある。これに続いて「カントの大学論」（一九四九e）が書かれ、これは先述の「カントの教育思想の研究」へ直截につながる。さらに、『アメリカの大学――ジュニア・カレッジの提唱』（一九四九b）は、比較大学論の探求であり、欧米各国の大学それぞれの制度・内容・理念を考究して「真実の大学理念を自主的に把握する」ことをめざす一環として、書かれた。森のいう「理念の愛知的探究」の大学版である。ただし、この著作が書かれた直接のきっかけは、すでに前節で幾分詳しく触れたように、占領軍総司令部のイールズ博士と、関西学院院長であった神崎氏が、会談をもったことであった(10)。ここにはさらに、森が当時デューイ研究を始めていたことを反映して、プラグマティズムの制度化への興味も伺える。

ヤスパースの『大学の理念』（一九五五b）については、「大学の教師になって間もない頃、第一版を田辺先生から拝借して読んだ」とされ、さらに「ドイツ留学中にヤスパース教授から直截に翻訳の許可を得た」とも書かれている。この翻訳では、文体に大きな変化が認められるが、それだけではない。のちの森の関連する言動を思い合せるなら、このヤスパースの著作との出会いこそが、森自身の大学への制度的・実践的な関わりのありようを、規範的に定めたとみることができる。弟子と自分との関わりのイメージ、弟子たちがつくるべき研究共同体のイメージ、さらには、大阪大学人間科学部の設置に結実する制度としての大学のイメージなどである。

森の所属は、京都帝国大学文学部、大阪高等医学専門学校、関西学院大学文学部、大阪大学文学部、人間科学部

と移り変わった。しかし、どこにおいても、積極的に大学の経営や執行に参与することはなかった。学問の面では、ことわるまでもなく京都大学とのつながりが濃密である。つながりの意識は生涯を通じて一貫して保持され、自宅は、大阪大学への通勤には不便で、京都大学へは至便な、高槻市、長岡京市に定められた。ただし、京都大学文学部から分離して設置された教育学部との現実的なつながりは、京都学派を介しての間接的なものにとどまった。教育学部の設置は、次のように説明されている。

「教育学教授法第二講座、教育心理学講座が文学部から移管され、新たに教育史講座、教育方法学講座が設置されて、教育学部が発足したのは、昭和二六年四月一日であった。……教育学教授法講座の主任教授は、谷本富、小西重直、木村素衛であり、二一年の木村の急逝の後二三年八月に、下程勇吉に引き継がれた。初期の教育学部には、下程のみならず、片岡仁志、髙坂正顕など直截に西田幾多郎の指導を受けた人々があり、それに限らずこの時期の関連する人たちの理論構成には、京都学派の強い作用が認められる。」

下程の授業科目として、すでに一九五〇年には「教育の人間学的基礎」が挙げられている。森の理論は、これらの人々の仕事との緊張において展開され構築された。

大阪大学文学部にもまた京都学派に連なる人脈があり、これが『教育人間学』から『人間形成原論』に到るまでの森の原理的な仕事を駆動する力となった。たとえば、先にみた大阪大学文学部紀要に掲載された長大な「カントの教育思想の研究――その哲学的究明と批判的再構成」は、哲学科に在籍する京都学派出自の同僚たちを強く意識して書かれている。森のもとで助教授であった岡田渥美はかねがね、この論文を、きわめて重要な教育思想史上の労作として高く評価してきた。しかしこの論文は、森自身によっては十分な「固有性」を主張するにたる業績とはみなされず、したがってこれによって学位が請求されることもなかった。おそらくは、学位請求論文の宛先である大阪大学文学部に在職していた京都学派の流れをくむ同僚の存在が、強く意識されたからだろう。これに対して、恩師であった田邊元とのやりとりを通して書かれた学位論文『教育人間学』は、十分にこの意味での「固有性」を主張しうるものと考えられたとみてよい。

大阪大学文学部は、当初は、一九四八年に設立された大阪帝国大学法文学部の法学科、経済学科とならぶ文学科であった。翌年、哲学、史学、文学の三学科一四講座を擁して文学部として独立し、一九五二年には教育学科を設置して四学科一九講座の編成となった。ここに京都学派を出自とする幾人かの同僚がいたのである。一九七二年には、人間科学部が創設されることになり、その結果、文学部から教育学科五講座と、哲学科所属の心理学二講座、社会学二講座が人間科学部に振り替えられた。人間科学部は、心理学、社会学、教育学の三系九講座で創設されたのである。人間科学部の設立には、森は、「教育人間学」において教育理論の人間学的統合論的再編を試みた立場から、積極的にコミットした（大島康正 一九七八）。しかしこのコミットはあくまで例外であり、森が発足後の学部の経営や執行に関与しようとした形跡はない。森が学部の創設に積極的にコミットしたことについては、次に引用する人間科学部ホームページの記述が、明示的に証拠立てている。ここには、教育人間学的な統合学の発想がみとめられ、さらに、学部設置直前の「欧州各国の人間諸科学の動向を調べる」欧米出張報告における文や発想がちりばめられている。

「……人間科学部を構想する初期においてその発想のヒントになっていたのは、アメリカの文化人類学などに見られたサイエンス・オブ・マン（science of man）の理念であったように見える。これはたとえば「文化とパーソナリティ」などの学際的研究のために要請された、人類学・社会学・心理学などにまたがる統一科学的理念のシンボルであった。……むしろその範として考えられていたのは、フランスにおいて発達してきたシアン・ジュメンヌ（sciences humaines）である。これは人間を対象とし、経験的方法を重視する諸科学を総合する分類概念であり、「領域的には人文諸科学と相覆い、自然科学に対しては開かれた態度をとる」ことを特色とする。……本学部がさしあたり心理・社会・教育の三部門を母胎として構想されたものであるかぎり、それは人文科学の全領域と相蔽うとは言いがたいであろう。それはまず「人間の行動・社会・教育についての諸科学の総合的協力研究（インターディシプリナリー・スタディー）」によって、「現代という未曾有の転換期の学問的・社会的要請にこたえる」ことを目的とするものである。……しかし本学部が、「人間科学」を旗印として掲げるということは、この学部が、その野心からすれば、……文科系と理科系とに開かれた媒介交流の場であろうとすることを示している。……今日、学問はただ個別的な問題の解明や、それによる自己の学問の進歩だけに専念すべきではなく、人間や社会の全体的把握のために、個々の成果を総合する方向に努力すべきであり、そのような学問的指向性が、人間科学部の創設の理念だと考えられる。しかしそういう総合的認識は、諸科学の成果をただ寄せ集めることによって到達されるものではない。それは自己の専門性を深めつつ、同時に、どのような技術的な問題でさえ、「人間とは何か」という問題へと収斂させてゆく批判的な反省によって裏打ちされていなければならない。」（傍点は筆者）

この文章には、森の統合学志向がつよく作用している。とくに傍線を付した箇所では、森の欧州視察旅行報告が引き写されているようである。この統合学志向のもとでの教育体制では、当時としては珍しい「副専攻制」が設けられた。ここにも、森の意思が反映されていると見て良い。森は、六〇年代以降の爆発的な諸学の展開という事実を前にして、〈個人の力業による統合学の構築〉をもはや時代錯誤だとして断念し、これを、〈組織的連携による研究活動〉にゆだねた。この発想が、「人間科学部」として結実する。このことを考慮に容れていうなら、『教育人間学』に至るまでは森単独の力業であった統合学構築という仕事は、『教育人間学』以降は、学際的な研究者たちと学生たちからなる人間科学部の創設、隣接科学へ足がかりをもつ複眼的研究者の養成（副専攻制）による互いに開放的で相補的な研究者集団の形成、そして森自身の人間形成原論での臨床理論構築へと、三分割されたと考えることができる。

ちなみに、人間科学部発足前後に、教育哲学・教育史講座、次いで人間形成論講座に所属した学部生たち・大学院生たち――ここに筆者も帰属する――はすべて、教育哲学・教育思想史以外に、社会学、科学哲学、フランス文学、キリスト教学、ギリシャ哲学、精神分析などの「ネーベン」（隣接科学）をもつべく仕向けられた。森自身の意向であるとともに、人間科学部の副専攻制を先取りするものでもあった。

（３）森の理論展開と学問共同体の創出

森は、よく推敲され精緻化され整合化された理論による語りかけでもって、人々と連携し、学会や大学で相互生成的な関係を築こうとした。教育関係者たちが編む相互性の積み重ねの彼方に、巨大な学校複合体に拮抗し、これへ働きかけ再編しようとする教育的公共性のイメージが結像する。かりにこの像がいくらかでも現実化されたとして、そこに森自身の力はどのていどはたらいたのだろうか。学会や大学という具体的に制度化された組織に、森の力が及んだとは考えにくい。それでは森は、その理論によって研究者たちと相互性を編むことができたのだろうか。

すでに拙著『臨床的人間形成論の構築』（二〇一二ａ）で概観したように、森の理論展開は、京都学派教育学の歩みそのものである。木村素衞による発足時の京都学派教育学が、戦前の我が国の教育現実への理論的応答であったように、森の理論構築もまた、敗戦から高度成長期を経て現在に至る教育現実への理論的応答であった。森の生涯の大半は、いわゆる「五五年体制」の凝固した政治対立のもと、高度経済成長に向けて疾走する状況のさなかにあった。森は、この変動状況にあってなお人間存在が生成の主体であることを確認するために、京都学派の哲学的人間学の伝統に根差して、人間の存在と生成と形成のトータルな把握を試みた。遺著『人間形成原論』の中心タームである「生命鼓橋の作り渡し」には、人間の生成や生涯形成や世代間形成関係のすべてがすっかり不安定化したことが、前提されている。『人間形成原論』は、高度成長期の終わりとともに訪れたポストモダン状況における社会文化経済の全局面での変化（「変化の普遍化」）へ、先取り的に立ち向かった理論的な試みであった。

森は、『未来からの教育』を経て『人間形成原論』へ至る時点ですでに、ポストモダン状況を予感していた。しかし、これを実際に体験することは、もはやなかった。ポスト・ポストモダン状況では、状況も主体ももろともに、全面的かつ持続的に変化する。変化の常態化に対応するために、私たちはそのつどに、まず主体を仮構的に想定しこれを実存的に引き受け、このような仮構的実存的主体として、変化する状況に働きかけ、ここから翻って、あらためてまた主体を仮構的実存的に再生成する。私たちはこのような状況構成と主体生成のダイナミックな循環を、とどまることなく繰り返さなければならない。主体生成は、一方では、個人の孤独で永続的な自己生成であり、他方では、育ち学びつつある人たちと育て教える人たちの相互生成である。この個の永続的な生成と非対称的相互性に拠る異世代間の相互生成をまるごと含めて、森は、「生命鼓橋の作り渡し」と呼んだのである。

しかし、異世代間の相互生成は、森没後、到来したポスト・ポストモダン状況での「変化の常態化」によって、もはやどのような安定した型をももちえなくなった。森の議論にも一部予見的に組み込まれてはいたが、森の場合にはただ予感されたに過ぎない〈非対称性抜きの相互性、偶然、生成、世代の錯綜〉などが、私たちにとっては、不可避の重い現実である。ここで要請される新たな理論展開を、私は、森の人間形成原論を継承して、「臨床的人間形成論」と呼ぶ。これは直接には、森の生命鼓橋論を継承し、この新たな状況で展開する試みである。以上の理

表２　臨床的人間形成論の系譜的位置

	時代背景	変化のありよう	テーマ
京都学派教育学	戦前 モダンへの移行	変化の漸次性、変化の人為的・仮構的な加速	先取りされ仮構されたモダンとそれとの仮構的な拮抗
教育人間学	戦後から高度成長期 疾走するモダン	変化の自動的爆発的な加速	疾走するモダンからの距離化・対象化
人間形成原論	停滞の予感 ポストモダンへの移行	状況と主体もろともの変化の普遍化	仮構された実存の構成とその実存の引き受け
臨床的人間形成論	バブル崩壊以後 ポスト・ポストモダンの到来	変化の常態化とその加速	相互性、偶然、生成、世代の錯綜

論展開をあえて表記すれば表２のようになる。

京都学派教育学から森の理論構築、そして臨床的人間形成論へ至る理論の展開は、人間の全体的自己理解志向と臨床性志向とを同時に満たして、京都学派の基本的志向性を受け継いでいる。二つの理論志向は、この学問集団の仕事を方向づけたばかりではない。すでにみたように、これは、過度に政治化された戦後教育学へ対抗する際に、「教育哲学」という名の下に結集した人々が採用した、二つの理論展開戦略でもあった。

森は、教育状況全体に対してそのつど適切な距離をはかりつつ、自分に固有の理論展開を進めた。かれの理論は、そのときどきの教育実践者たち、教育研究者たちに呼びかける仕方でつくられた。しかし森は、じっと応答を待つ以外のもっと積極的な仕方で、この人たちと連携したりこの人たちの組織化をめざしたりすることはなかった。呼びかけが、向こうに届こうと届くまいと、聞き容れられようと聞き容れられまいと、そんなことにはあまり拘泥もせず、森は、呼びかけ続けた。呼びかけは、うまくいけば、読み手や聞き手との間で相互性を結び、さらには教育的公共性を編む。これは実を結んだのだろうか。森の呼びかけは、少なくとも私たちには届いている。森を超える年齢に達した私に、今なお応答を迫っているのである。

臨床的人間形成論は、森の呼びかけへの応答である。本稿がこのような応答に属していることは、ことわるまでもない。

このようにしてあちこちで、かならずしも目立たない仕方で、相互性が結ばれ、新たな公共性を編む端緒がつくられているのかもしれない。しかし、森の語りかけはすでに、かれにとっての「ここといま」を空間的にも時間的にも超えて、幾重にも相互性を結び新たな公共性を編みつつあるのかもしれない。この公共性は、「ここといま」に共に生きる人々の編む教育的公共性を超えて、空間的にも時間的にもはるかに広く、世代継承的公共性を紡ぐ。最後に、この世代継承的公共性について考えることにしよう。

第6節　世代継承的公共性へ

森は、戦後啓蒙の担い手の一人であったが、同時に、戦後啓蒙を走り抜け、新たな理論的展望を見出そうとした。啓蒙の克服とは、第一に、理論が教育状況への外在性から内在性へ、超越性から臨床性へと身を移すことであり、第二に、送迎展示的な他理論への依存を脱して、しっかりと臨床性に根差して自律することであり、第三に、非対称的な啓蒙／被啓蒙関係を超えて、他の理論や実践と相互性を編み教育的公共性を編成することである。森は、啓蒙性を克服すべく理論の自律化を進め、人間の存在と生成と形成の全体的自己認識としての「教育人間学」を体系化した。しかしこの体系化は、理論が「ここといま」の教育状況から離隔して臨床性を喪失することでもあった。それゆえに、それは、教育的公共性を編むことをむつかしくした。森の『教育人間学』から『人間形成原論』へ至る理論的な転回は、今一度「ここといま」に再帰して臨床性を回復し、あらためて教育的公共性の編成に立ち返ろうとする歩みであった。

森の達成したのは、教育人間学の構築と解体であり、人間形成原論の構築という新たな課題の提起であった。この森の仕事は、教育理論の自律性・臨床性の回復と、教育的公共性の編成をめざすものであった。理論は、たしかに臨床化され自律化された。そしてこの森の自律化した理論は、〈異世代間の意味模索としての相互生成的な生命鼓橋の作り渡し〉というイメージを伝える。しかしこの呼びかけは、相互性を幾重にも編むことができたのだろうか。この森の呼びかけは、幾重にも重層する相互性によって、教育的公共性を編成する端緒を切り開くことができたのだろうか。これについて十分な評価はできない。森の理論は、「こことい ま」の〈内〉に向かい、臨床的であろうとはしたが、結局のところ独話的自己完結的に〈外〉にあり続けた。森の理論は、相互性や公共性の生成する教育状況の手前にあって、〈ともに相互性や公共性を編もう〉と呼びかけ続けるにとどまった。この意味では、外在性や啓蒙性を脱することはできなかった。しかし森の呼びかけは、「こことい ま」の世界にともにある人々へ教育的公共性を編むべき呼びかけるという域をはるかに超えて、もっと遠くにまで及んでいる。森の呼びかけは、未来の孫娘への呼びかけという（かれにとっては不可避的かつ必然的な）「仮構」に典型的に示されているように、過去と未来を含む世代継承連関にある人々全体への語りかけとなった。森の理論において教育的公共性を超える局面、すなわち世代継承的公共性への呼びかけの局面に、私たちの議論の焦点をあてることによう。

1　森昭の理論と世代継承的公共性

（1）公共性と世代継承的公共性

まずは、「公共性」についてあらためて考えることから、始めたい。そもそも公共性は、どんな人々によって担われるのか。たとえば、カントの『啓蒙とは何か』（Kant 1781）はドイツ読書人層の出現を前提としている。読書人たちは、書き読むことを通して国家の枠を超え、世界市民社会としての「公共体」（ein gemeines Wesen）へ参与する。読書人・世界市民として公共性へ参与するのに不可欠な主体的条件は、「人間が自ら招いた（後見人の必要な）未成年状態から抜け出ること」、つまりは「悟性の自己使用」および「理性の公的使用」である。推論する能力としての理性および認識する能力としての悟性は、書き読み話し聞く言語的コミュニケーション能力の構成要件であるから、公共性への参与資格は、言語的コミュニケーション能力の保持にあるともいえよう。

しかしまさにこのように規定したとたんに、言語的コミュニケーション能力をもたず「未成年状態」にある人々は、公共性から疎隔されることになる。疎隔されるのは、十分に語れない無告の民であり、いまだ語れない将来世代であり、すでに語れない過去世代である。「語れない」人々を排除するなら、公共性は、「ここといま」で言語的コミュニケーションに長けた（たとえ少なすぎることはないにしても）限られた人々のみにかかわる特権的なことがらとなる。これは問題である。公共性が一人一人の個を生かした全体とかかわるとすれば、言語的コミュニケーションに参加できない人々を、どうにかしてコミュニケーションに組み込まなければならない。「ここといま」で言語能力をもつ人々ともたない人々は、どうすればうまく連携できるのだろうか。つまり、広く豊かな世代継承的公共性は、どうすれば生成するのだろうか。

世代継承的公共性は、「ここといま」に属していて言語能力をもつ人々が、「ここといま」に「すでに／まだ」属していない人々へ応答することによって、生成する。つまり、それなりに言語性のある世代が、聞く力、想像力などの高度なコミュニケーション能力を精一杯動員することによって、語らない世代の意思を聴き取るのである。語る世代に求められるのは、語られないことばをあえて聞く力である。聞く力をできるだけ強く有効にしかも正確に働かせて、語る世代は、語れない世代へ応答する。この応答性には教育的、社会的、世代的といった階層がありうるが、[11]世代継承的公共性を成立させるのは世代的応答性である。この応答性が、語れない世代との言語的コミュニケーションを開く。つまり、語る世代は、将来世代の語りを聞き取りそれによって現在を規制し未来へ応答するとともに、過去世代の語りを聞き取りそれによって伝統を継承し抑圧された可能性を実現して[12]過去へ応答する。つまり、語る世代は、〈ここといま〉を異なった時間を生きる諸世代の出会う「時間化された空間」[13]として生き、聞き取る力を精一杯発揮することによって、語れない世代の語りを聞き取るのである。

しかしこの応答性は、語る人々による一方的な「思いなし」であるにすぎないのかもしれない。思いなしは、たんに誤解やお節介でありうるばかりではなく、場合によっては破壊的ですらありうる。それでは、世代継承的応答性は、どうすれば実現可能になるのだろうか。このきわめて実践的な問いに対しては、理論のレベルでは、いたって一般的抽象的に語るほかはない。私たちは、自分自身が過去、現在、未来を包摂する「時間化した空間」として、すなわち「〈ここといま〉において〈永遠の今〉に触れるパトスとしての人間」として、他の「時間化した空間」としての世代に出会うときにのみ、世代継承的応答性を生きることができる。このきわめて一般的な出来事が、実際にどのように生きられるのかについては、事例を挙げることしかできない。たとえば、前に触れた「ヴァレリー＝安紀への手紙」である。この「手紙」は、祖父から未来の孫への語りかけであるが、すでに述べたように、この「時間化した空間」同士の仮構的な語りは、人間の対象化的全体的自己把握である『教育人間学』を生命鼓橋論・相互性論としての『人間形成原論』へと転換する強い契機となった。「時間化された空間」どうしの出会いは、相互性を生きることのもっとも深い（世代継承的公共性を紡ぐという）意味次元を開示している。

（２）子どもと大人の関係と世代継承的公共性

子どもと大人との間の世代関係、教育関係は、世代継承的応答性のありようを象徴的かつ集約的に示している。大人は現在と過去を象徴する存在であり、子どもは将来を象徴する存在である。大人と子どもとの出会いは、過去世代現在世代の将来世代との出会いを象徴的に示すのである。大人と子どもの教育関係・世代関係においてこそ、語る世代による聴き取りと応答が、象徴的集約的に示される。教育関係における先行世代による後続世代への「応答」は、なぜ必要であり、それはどのようにして正当化されるのだろうか。これについて考えるためには、まず「私たちはなぜ教えるのか」という教育の成立根拠にまで遡ってみなければならない。

世代継承的応答性の問題は、子どもと大人との間の世代関係、教育関係に、集約的に示される。子どもにはまだ、人や物への適切な関わり方がわからない。子どもを取り巻くさまざまな関わりでは、多くの場合、大人による相応の保護や援助が求められる。子どもと大人は、対等な言語的コミュニケーションをむすぶことはできない。そればかりではない。個としての自律性が欠如しているという意味では、子どもはそもそも、個ですらない。個ですらない子どもと大人との関わりをあえて「関係」と呼ぶとすれば、この関係の基本的特質は、非対称性――正確に言えば、大人の保護と援助を不可欠の媒介とする対称性――にある。このことから、たとえば公共性一般と教育的公共性とを、前者の対称性と後者の非対称性を根拠にして、区別することができる。しかし子どもはやがて成熟する。この成熟によって、大人の保護と援助は徐々に無意味化され、子どもと大人の非対称性は、対称性化相互性化されることになる。非対称的な教育的公共性は、徐々に対称的な公共性のうちに解消される。こうして教育的公共性は、公共性一般の発生的生成的基礎となり、後景に退くのである。

しかし、大人だけが一方的に子どもに働きかけるわけではない。子どももまた、大人へ働きかける。ランゲフェルトは、子どもを「二重の存在」と規定している。つまり子どもは、一方では、一人では生きていくことすらできず大人に依存する「私たち大人のもとにある存在」(Bei-uns-sein)であり、他方では、つねに自分自身であろうとしてイニシアティブを握りたがる「自分自身のもとにある存在」(Bei-sich-sein)である(Langeveld 1960)。依存する子どもにも、自分自身であろうとする根源的な構えがある。この点、大人と変わるところはない。子どものさまざまな欲求は、一貫して、自分自身であろうとする根源的構えに根ざしている。しかし子どもの欲求は、たとえ大人のそれと根が同じであるにせよ、大人のように定型的でも恒常的でもない。むしろ、めまぐるしく変容する。子どもは、〈特定の固定された欲求を充たすために、ただひたすら大人の助力を待ち受ける〉ような、受動的消費者などではない。子どもは、欲求し、活動し、欲求そのものを変容させて、また活動し、これを繰り返して、成長していく。ダイナミックな活動的生成的存在なのである。

大人の保護と援助が、子どもの恒常的固定的欲求を前提とするなら、それは、非現実的で無意味である。そればかりではなく、子どもの不断の変化を認めないという点では、抑圧的ですらある。大人の側には、常套的応答ではなく、子ども自身の活動によって次々に開けてくる新たな地平に即した、臨機応変の応答が、求められる。さらに、新たな応答に向けて自分を新たに組織する大人自身の変容や成熟もまた、求められる。求められているのは、子どもの欲求への一方的な応答ではなく、相互性における相互的応答であり、相互生成である。大人と子どもとの間には、ダイナミックな相互生成がある。子どもと大人の関係を把握するにあたっては、一方通行で片務的な責任や代理を含む非対称性モデルではなく、相互性モデルが求められる。世代関係にはつねに、非対称性のみではなく、対称性（相互性）の局面もありうるのである。

（３）森理論の難点――他者教育、他者性、非対称性

もう少し一般化してみよう。森昭は先にも述べたように、「人間とはさまざまに定義可能な存在である」とする規定を、人間においては「生成によって本質そのものが形成される」ことから、「さまざまに定義可能な存在へと生成することの可能な存在」であると再規定した（森 一九六一）。この人間学的規定の転換によって、人間学を「生成的」人間学としての教育人間学へと理論的に拡張できると考えたのである。しかしここには、世代関係を対称性と非対称性の錯綜する複雑なコミュニケーションとみる見方が欠落している。人間は、教育人間学が示してきたよ

うに「教育の必要なしかも教育の可能な存在」であるばかりではなく、「教える存在」でもある。大人と子どもは、ともに教える存在であるという点で、対称的である。人間の教育必要性、教育可能性、教育者性の三者の複雑な絡み合いこそが、世代関係の内実を構成するのである（田中 二〇〇三）。ここには、森の理論の根本的な難点がある。

再三指摘してきたように、森の理論には盲点がある。森の理論は、子どもと大人の関係における対称性と非対称性との混淆、自己教育と他者教育との関連、わけても大人の教育責任と子どもにおける他者性などを、うまく把握していないのである。森は、処女作における「教育理想の愛知的探究としての自己教育」という発想から遺著における「生命鼓橋の作り渡し」という発想に至るまで、一貫して自己教育ないし自己形成に焦点をあててきた。これにはさらに、処女作の「同行」や遺著の「異世代間の相互生成」のイメージも被さってはいる。しかしこの相互生成・相互形成にもなお、他者性や他者教育のニュアンスは欠けている。

自己教育も生命鼓橋の作り渡しもともに、まるでスピノザのモナドのように、それぞれに自閉的かつ自己完結的なプロセスである。外からの声は、このプロセスの偶発的な契機として、受け容れられたり無視されたりする。ここには、他者性によって隔てられたものどうしの厄介な意思疎通、さらにはその疎通のもつ相互的投企という賭けのニュアンスなどについてのセンスが欠けているようにさえ思われる。

さらに、森の理論には、特定の社会文化的規定の一切を知らずに生まれてくる子どもを大人が規定せざるをえないという非対称的関係のイメージも、あまりはっきりとは見出せない。そこでは相互性や応答性を超える教育責任という根源的に教育学的な発想には、出現する余地そのものが、あまりないのである。

森の理論は、愛知的な自己教育や生命鼓橋の作り渡しなどを主軸として構成されており、これに、異世代間の「同行」や「相互生成」という論点が付加されている。他者教育や教育責任や子どもの他者性などは、この理論のうちにはうまく組み込まれていない。しかも森の理論は、他の理論や実践と意思疎通を通じて連携を組むようには設えられていない。その意味では、自己完結的で、自閉的である。それでは、この種の理論には、存在意義はないのだろうか。森の理論は、西田・木村の理論がそうであったように、他の関連する人々へのエールであり、呼びかけであり、かれらを自己教育や生命鼓橋の作り渡しへといざなう。しかし理論なるものは、本来、他の研究者や実践者への呼びかけ以外ではありえない。そう考えるなら、森の理論の存在意義は、その持続的な自己教育や生命鼓橋への誘いないし呼びかけにこそあるといえるのではあるまいか。これが、私たちの暫定的な結論である。そもそも本稿そのものが、時空を超えてここまで到達してきた森の持続的な呼びかけに応えて、書かれたのである。

それにしても、世代継承的公共性とは何か。それはどのようにして紡がれるのか。このように問うことによって、私たちは森昭の理論を突き抜けて私たち自身の問題に直面している。最後にこのことについて考えよう。

2　世代継承的公共性を紡ぐ

世代継承的公共性について考えるために、まずは、その典型である大人と子どもとの養育関係・教育関係について考えてみよう。

子どもは、一方で、「大人のもとにある存在」(Bei-uns-sein)として「関係志向的存在」であるとともに、他方で、「子ども自身のもとにある存在」(Bei-sich-sein)として「関係離脱志向的・自己志向的存在」でもある。この二つの存在がともに尊重されることによって、子どもは、自律性へと成熟する。この成熟を促進するためには、大人もまた、関係志向と関係離脱志向をバランスよく生きることができるのでなければならない。人間には、関係志向と離脱志向がともにある。カント的にいえば「非社交的社交性」であり、ブーバー的にいえば「原離隔化と関係化」である(田中毎実二〇一三a、一四七頁以下)。この場合、関係志向・離脱志向、原離隔・関係化、非社交性・社交性のすべてが大切であり、それぞれのペアの間でバランスをとることが求められるのである。

大人を考えてみよう。エリクソンによれば、成人期の大人が、他世代へ生産的に応答するという発達課題をうまく達成できた場合には、「生み出す力」(generativity) がみにつき、それが達成できなかった場合には、「萎縮の力」(stagnation) がみにつく。大人の「生み出す力」は、成長の初期段階での子どもの“Bei-uns-sein”を引き継いでおり、関係志向的に他世代の依存に応えて他世代を生み出し成熟させつつ、自分をも成熟させていく力である。これに対して、大人の「萎縮の力」は、子どもの“Bei-sich-sein”を引き継ぎ、関係離脱志向的自己志向的に自分の内的な力をじっくりと成熟させることを可能にする。それとともに、やがては、引退や死などの別離を受容する基礎となるのである。このようにして、大人と子どもとの関係志向と関係離脱志向は、複雑に絡み合いながら、両世代の相互生成を可能にする。これをエリクソン (Erikson 1964) は、「歯車の噛み合い」(Cogwheeling) と呼んでいる。

エリクソンのいう「歯車の噛み合い」こそが、互いに「時間化された空間」として諸世代が出会う世代継承的公共性のありようを、もっとも象徴的に示している。諸世代は、「永遠の今」から力を得た互いの生成的応答（生み出す力の発揮）を媒介として、関わることと自分を保つこととのバランスを取りながら、互いに成熟していく。その際には常に、アンバランスや不安定さがつきまとう。ある世代の離脱志向的利己愛が、他世代への関係志向的ケアを押しつぶす。逆に、ケアへの応答強制が、自己志向・関係離脱志向を押しつぶす。諸世代は出会いにおいて関係志向的に支えあい、しかも互いの自己志向の余地を尊重し大切にして、互いの成熟を達成しなければならない。求められているのは、関係志向と自己志向、私性と公性などの生成的バランスである。このバランスが可能であるのは、関係しあう人たちが、お互いに〈関係に向けて自己限定しつつも、永遠の今とふれあい力をえる、受苦的情熱的存在（パトス）〉として相互性を生きることによってである。

今日の高度産業社会での私たちの生き方を根本的に規定しているのは、商品流通の激しい回転速度である。この速度に規定されて、私たちには、過去を保存しつつ遠い未来に向けてゆっくりと歩むといったことは、すっかり難しくなってきている。私たちは、ただ次々に殺到する近未来にむけてひたすら適応しつづけることだけで、精一杯である。変動する環境へ適応すべく常時緊張状態にある私たちは、たとえ病的な水準にはないにしても、つねにそのすこし手前の興奮と軽躁の状態にある。あまりにも多くの刺激に対して、間を置くことなく応答しつづけるために、応答のレベルは、つねに表層的である。表層的な応答の繰り返しのなかで、私たちの内部は十分に活動しない。応答を積み重ねれば積み重ねるほど、内部は麻痺し、腐朽し、空虚化する。そればかりではない。近未来への切れ目ない適応作業を強いる高度産業社会での忙しさと軽躁状態のさなかで、私たちは、自分たちの存在をくみいれる錯綜した全体的連関への想像力を失いがちである。

見落とされているのは、〈こことい ま〉が、空間的時間的全体への結節点であることである。しかも、私たちの存在は、根源的に受苦的かつ情熱的であり、その意味で私たちは「パトス」である。こうして、私たちの存在は、否応なく異世代間の世代継承的な相互性の網の目のうちに、活動的に編みこまれている。私たち自身が〈「こことい ま」で「永遠の今」に触れるパトスとしての存在と生成〉である。このことは、忙しさにかまけておうおうにして忘れられがちであるが、この忘却が乗り越えられ、今一度、相互認識と相互生成が達成されるためには、私たちが現にある世代関係に積極的にコミットし、他の世代と部分的な役割関係に限定されないで、相互性を生きるのでなければならない。

私たちの自覚以前の存在は、生へのパトスである。子どものパトスへ応答する無数の大人たちのケアなしには、子どもは、成長することはおろか、生き延びることすらできない。他方、この大人のケアそのものが、エリクソンのグランドプランが含意するように、私たちがそうであるパトスの発現である。子どもの生へのパトスは、大人のケアのパトスを発現させ、このケアのパトスが今度は、子どもの生へのパトスへ、応分の応答を求める。子どもは、無自覚なパトスとして、そして幼い受苦的活動的存在として、大人との応答の相互性を生きる。受動性はじょじょに能動性・主体性に転化し、子どもは、創られた者から創る者へと転身し、生成や成熟の不安やよろこびを体験する。応答性の交錯する異世代間の相互性において、私たちは、ライフサイクルのそのつどの段階でそれぞれに成熟する。しかし、高度産業社会において、私たちの生へのパトスは全面的な発現の機会を奪われ、私たちの思念が生の根源にある絶対的受動性や超越的契機に及ぶこともない。私たちは、根源的パトスを小出しに費消しつづけ、パトスそのものを疲弊させ、自分自身を貧困化させている。それでもなお、世代継承的公共性は成立しうるのだろうか。

子どもがそうであるように、将来世代もまた、"Bei-uns-sein" であり、"Bei-sich-sein" であり、関係志向と自己志向の両面を生きる存在である。現在の世代はまず、将来世代の "Bei-uns-sein" に応えなければならない。つまり、有限な地球環境の保持や適切な文化の効率的な伝達など、将来世代の基礎的な生存条件を整えることは、私たちのもっとも基本的な応答責任である。しかしそれだけではない。私たちは、将来世代の "Bei-sich-sein" にも応えなければならない。将来世代のニーズもまた、定型的でも恒常的でもなく、むしろ次々にめまぐるしく変容する。将来世代もまた、欲求充足のためにただひたすら助力を待ち受ける受動的消費者などではなく、不断に活動し、欲求そのものを変容させ、成長し、成熟する、ダイナミックな活動的生成的で自律的な存在である。将来世代に関して比較的恒常的で固定的なニーズのみを想定する現行世代の「応答」は、かならずしもリアルではない。私たちに求められるのは、将来世代の活動に余地を残しておくことである。そして、想定される将来世代の新たな活動やニーズの変化に即して臨機応変の応答ができるように、私たち自身をつねに新たに再組織する変容や成熟の可能性を保持しておくことである。ここでも、教育関係におけるのと同様に、一方的な非対称的代理ではなく、相互的応答と相互生成が求められる。私たちと将来世代の間にも、ダイナミックな相互生成がある。将来世代との関係を把握するにあたっても、一方通行で片務的な責任や代理の非対称性モデルではなく、相互性モデルが求められるのである。

世代継承的公共性もまた、公共性一般がそうであるように、非対称性からの対称性・相互性の創出運動によって不断に生成する人間の共同性であり、個の活きる生成的な全体性である。公共性は、固定して動かない実体ではなく、不断に生成する相互性の運動である。いいかえれば、公共性における私性と公性との融和は、生成する相互性の運動のうちでこそ実現される。公共性が非対称性からの対称性・相互性の不断の創出運動であるとすれば、世代継承的公共性は公共性一般のうちに解消されたりその基礎であったりするわけではないということになる。世代継承的公共性はむしろ、つねにそれ自体、生成する運動として、公共性一般そのものであるといわなければならない。公共性は教えること学ぶことという不断の世代継承運動によって、つねに新たに創造されつづけるのである。

3　森昭に応える

森昭の理論展開をトータルにたどってきた。それにしても、森が遺著『人間形成原論』執筆途上で急逝して、すでに三〇年以上の歳月が経過した。この仕事を今日あらためて読み直す意義はどこにあるのだろうか。森は、敗戦後のわが国における集団的な教育理論構築の只中にあって、その理論を構築し展開した。その意味で、私たちの本稿での作業は、戦後教育学の代表的な担い手を扱う私たちの共同研究の一環でありうる。つまり、森の理論展開をたどることによって、私たちの教育の現実と理論の基盤となっている戦後の教育とその理論のありようをその初源から浮かび上がらせることができるはずなのである。この目論見は、いくらかなりと達成されたのだろうか。

たとえば、私たちの理論的関心の一つは、森の理論構築が戦後教育学の基本的な性格であった「啓蒙」――正確には「戦後啓蒙」――とどのような関連にあるかについて解明することであった。「はじめに」でも記したように、森は、敗戦後のわが国で教育理論をつくり「教育的公共性」を編み上げようとする巨大な集団的営為に参入し、やがてこれを抜け出し、「世代継承的公共性」の創出を志向する新たな理論展開の方向を示して、他界した。森は、戦後啓蒙の担い手であり完成者の一人であったが、同時に戦後啓蒙を走り抜け、新たな理論的展望を見出そうとしたのである。

森の理論展開の出発点は、敗戦による一切の相対化のもとで、養育と教育の理論と実践を建て直すことであった。敗戦による強烈な破壊や森が自身で遂行した「比較教育学」的検討によって、「一切の」在来の権威は、大なり小なり傷を受け相対化された。どうしても自前で理論をうみださなければならない。理論には、啓蒙的な「送迎展示」の依存的受容的な構えを脱した自律性が求められる。そのためには、自前で書き、新たな書き手と読み手の関係を作り出さなければならない。森の業績を通読すると、敗戦直後の初期理論の生硬な論文調のうちに、じょじょにくだけた日常的な文体が混じり込み、やがて論文調そのものを平明なものに変容させてきていることがわかる。

森のこの「わかりやすさ」への文体の修練は、たとえば『ドイツ教育の示唆するもの』のあたりでは、具体的な顔をもつ個々の相手に向けて、具体的に実行された。しかし、あとの時期になるほど、このわかりやすさは、〈宛先のないわかりやすさ〉といったものへと退廃してくる。わかりやすい文章の宛先は、現場の教員たちでもなく、後継者を含む学生たちへでもなく、同僚の研究者へでもない。ひたすらに文章は洗練されるが、この洗練は、どの具体的な顔にも向けられてはいない。すでに述べたようにこれは、高度大衆教育の時代へ対応するために、社会大の巨大な学校複合体が組織され、高度な分業システムへと整備された結果、もたらされた事態であり、それへの主体的理論的反応である。教育理論構築という仕事もまた、巨大な学校複合体のうちにあって、一定の分業的なシステム役割を割り当てられた。分業を担う確定した場が割り当てられて、教育の理論を紡ぐという仕事もまた、それに応じたやりかたへと定型化され常套化される。以前のように、たとえば大学という場を超えた語りかけが、現場の具体的な顔に向けてなされ、それによって語りかけそのものが洗練されるようなことは、もはやほとんどなくなる。語りかけは、定まった場所から、当て処もなく彼方へと発せられるのである。

高度大衆教育の時代での教育理論の――具体的な顔をもつ相手を見失った――きわめて抽象的な語りは、教育理論が、学校複合体に拮抗する教育的公共性を編む力をすでにほとんど失ってきていることを、象徴的に示している。これに対して、森の遺著における情念と思索との間を行き来する緊張にみちた語りかけは、学校複合体における教育理論産出という分業システムにおける役割遂行を超え、さらに「ここといま」に共在する人々とともに教育的公共性を編むことすらも超えて、すでにない世代、いまだあらわれていない世代を含む人々と世代継承的公共性を紡ごうとする志向性を示している。森の理論は、現行の役割システムの定型的行動を超え、教育的公共性を編むことをも超えて、世代継承的公共性を紡ぐことに向けられたのである。

森はその生涯を通して、「教育人間学」を構築して解体し、「人間形成原論」の構築という新たな課題を提起した。この仕事は、教育理論の啓蒙性を脱して、自律性・臨床性の回復をめざして、教育的公共性を編み、世代継承的公共性を紡ぐことをめざした。森の理論は、たしかに臨床化され自律化された。そしてこの自律化した理論は、〈異世代間の意味模索としての相互生成的な生命鼓橋の作り渡し〉というイメージを伝えた。しかしこの呼びかけは、幾重にも重層する相互性を生成し、教育的公共性を編み、世代継承的公共性を紡ぐ端緒を切り開くことができたのだろうか。

私たちの見るところ、森の理論は、「ここといま」の教育状況の〈内〉に向かい、臨床的かつ自律的な理論を構築しようとはした。しかしそれは結局のところ、独話的自己完結的に教育状況の〈外〉にあり続けた。森の理論は、相互性や公共性の生成する教育状況の手前にあって、〈ともに相互性や公共性を編もう〉と呼びかけ続けるにとどまったのである。この意味では、外在性や啓蒙性を脱することはできなかった。しかし森の呼びかけは、「ここといま」の世界にともにある人々へ教育的公共性を編むべく呼びかけるという域をはるかに超えて、もっと遠くにまで及んでいる。森の呼びかけは、未来の孫娘への呼びかけという（かれにとっては不可避的かつ必然的な）「仮構」

に典型的に示されているように、過去と未来を含む世代継承連関にある人々全体への語りかけとなったのである。

あるいは、あちこちでかならずしも目立たない仕方で、森の呼びかけに応えてさまざまな相互性が結ばれ、新たな公共性を編む端緒がつくられているのかもしれない。森の語りかけはすでに、かれにとっての「ここといま」を空間的にも時間的にも超えて、幾重にも相互性を結び新たな公共性を編みつつあるのかもしれない。そのときには、この公共性は、「ここといま」を共に生きる人々の編む教育的公共性を超えて、空間的にも時間的にもはるかに広く、世代継承的公共性を紡ぐことになるだろう。本稿もまた、森の呼びかけへの応答である。私自身はこの応答が、森の未完の人間形成原論を受けた臨床的人間形成論の構築と展開として結実されるべきだと考えている。

註

（1）本章では、森昭論を主要な部分とした筆者の前著『臨床的人間形成論』（わけてもその第二部第一章、第二章）の議論をさらに展開した。森の最晩年期の弟子であった筆者にとっては、個人的な思いもあり、森の理論からきちんとした距離をとることは、必ずしも容易ではなかった。以下の註（3）で「文体」についてあれこれと考えているのは、そのためでもある。

（2）一九四六年（昭和二一年）一月四日附連合国最高司令官覚書「公務従事に適しない者の公職からの除去に関する件」に基づいて、「就職禁止、退官、退職等ニ関スル件」（昭和二一年二月二八日勅令第一〇九号）が公布・施行されたが、この勅令が改正されて、「公職に関する就職禁止、退職等に関する勅令」（昭和二二年一月四日勅令第一号）となった。ここでの「パージ」とは、この勅令に基づく公職追放のことである。

（3）一般的に言えば、「文体」とは、語句・語法・修辞などにみられる書き手に固有の文章表現である。この個性的表現が、読み手の読み方を規定する。つまり、「文体」とは、想定された読み手の読みの方向を規定すべく設えられた書き手の仕掛けである。もちろんこの仕掛けは、いつでも十分自覚的に設えられるとは限らず、むしろ書き手が身を置いているとみなしている状況への反応として、書き手によって前意識的・無意識的に生み成される場合の方が、はるかに多い。本章では、このような仕掛けとしての森の文体に着目する。文体に着目することによって、著作をそれが位置づけられる文脈から読むことができるからである。本章の表題である「森昭を〈読む〉」とは、現に森の著作がその文体によって構成しようとしている文脈を二次的に構成しながら、そこにおいてあらためて著作を解釈することをくりかえすこと、これを意味する。

本章の執筆にあたっても、「書き方のスタイル」——つまり「文体」——について、あれこれと考えざるをえなかった。私は森昭の死に随伴した最晩年期の弟子なので、執筆対象から適切な距離を取ることは、個人的には至難である。書き方について、自覚的であらざるをえないゆえんである。執筆の文体を考えたときに、まずイメージしたのは、京都大学に転出する直前まで所属していた愛媛心理療法研究会における二つの典型的な症例報告の形式である。研究会の中心メンバーであった精神科医（小野従道）とカウンセラー（砂田良一）は、際立って対称的な記述のスタイル（文体）で、それぞれの症例を報告した。精神科医（小野）は、ある場合にはクライエントの報告した夢の記録を、別の場合にはクライエントの作成した箱庭の写真を、ほとんど何の注釈もなしに、ただ時間的な順序にしたがって並べ、示した。しかし、これを集中してみつめると、そこにはあきらかに一つの流れがあり経過があることが、読み取れた。これに対して、カウンセラー（砂田）は、症例の経過を時間の順序にしたがって、一連の出来事として、しかし出来事を構成する「客観的諸要件についての語り」や「主観的うけとめについての語り」が雑然と入り混じる仕方で、連綿と記述した。このナラティブもまた、経過や流れをはっきりと示しており、それらは誰にとっても十分に理解可能であった。

両者のナラティブのスタイル（文体）は、前者はいわば「客観的」であり、後者はいわば「主観的」であって、いずれにせよはっきりと対立的である。しかし、理解可能性という点では、両者は完全に等価である。両者の症例報告は、ともに、ヤスパース（一九五三）が『精神病理学総論』でいう“Prozess”（できごとの不可避的かつ不可逆的な経過）を、正確に記述していた。この場合の“Prozess”は、主体の活動と状況の構成作用との合作である。後で触れるように、森のいう「生命鼓橋」にもまた、この意味での“Prozess”のニュアンスがある。私は本章で、森のトータルな理論構成過程に認められるはずの“Prozess”を、なんとか描出したいと考えた。

ただし、精神科医とカウンセラー双方のナラティブが共に理解可能であるのは、それぞれのナラティブのスタイル（文体）のためというよりも、むしろ語り手が二人とも、きわめて優秀で、しかも自覚的な、セラピストであったからである。このような「語る主体」のありようを無視して、「語るスタイル」が理解可能性を決定するなどと考えることは、本末転倒である。この意味では、文体の選択以前に、私は、本稿の語り手としては、役者不足であったのかもしれない。

ともあれ、森の理論展開を扱う本章は、当初、なるべく注釈を加えず、できるだけ森の引用だけで、構成したいと考えていた。主観性を排除した精神科医（小野）の「客観的」ナラティブを目指したのである。客観的な立場がとりきれない弟子の、苦渋の選択であった。しかし実際には本章では、この当初の意図は生かしきれず、わずかにその痕跡が、表題（「森昭を読む」）と「著作を読む」というタイトルをもつ三つの節に、残存しているにすぎない。当初の客観主義的構成意図が破綻したのは、たとえば、第2節2のデューイ論に関して、〈筆者が森の死後に書斎に入って目撃した大量の「フィラーノート」〉について叙述せざるをえなくなった時である。比喩的に言えば、（精神科医の）客観的ナラティブへ（カウンセラーの）主観的ナラティブが不作法に浸入してきた瞬間であった。叙述スタイル（文体）の統一を断念した結果、本章の叙述は、この種の評論的文章ではありふれたことだが、主観的ともつかず、客観的ともつかない、中途半端なものとなってしまった。今となっては、この中途半端な記述が――多少ぼやけていようがいまいが、ともかくも――森の理論展開を貫く“Prozess”を描き出すことになんとか成功していることに、望みをかけるほかはない。

「書き方」（文体）に関する以上の反省的な所見は、森の著作をその「文体」から把握しようとする本章の意図と、密接に関連している。

（4）　中井久夫は、分裂病親和的な狩猟民の微分回路的認知と執着気質的な農民の積分回路的認知とを対比させ、さらに前者を「世直し」を唱える者、（仕法家二宮尊徳に代表される）後者を「建て直し」を唱える者に対応させる（中井一九七二）。以下で私たちの言う「建て直し」は、この比喩に直接に依存している。つまり私たちは、積分回路的（パラノ的）認知を土台とする微分回路的（スキゾ的）認知の担い手であるマージナルな認知主体に適合する役割を、構造変革的ではなく部分改良的な「建て直し」であると考えるのである。なお、森の理論構築と森自身の性格ないし気質との関連に気づかせてくれたのは、矢野（一九九六）である。この簡明で鋭い論稿で矢野は『教育人間学』に関連して、「目次から文章にいたるまで文字の字数を揃えようとするところに表現されている過度ともいえる形式への指向性に由来する」「このテクストそのものを読むときに感じる息苦しさ」について触れている。矢野のこの論稿は、この「息苦しさ」の指摘に限らず、たとえばデューイ理論との関連の指摘なども含めて、森のごく身近にいた者にはかえってよくみえない部分がとてもよくみえているという点で、私にとってはまことに衝撃的であった。

（5）たとえば、森は、「確かさのみを求めて豊かな実りを捨てるよりも、まず実りを豊かにしようと試みた。」『未来からの教育』（四三七頁）などと書くが、これはほとんど常套句としてあちこちにちりばめられている。

（6）いささか個人的な感慨を記すことになるが、筆者が愛媛大学教育学部から京都大学高等教育教授システム開発センターに転出するときに、筆者の背中を押したのは、森のこの批判ないし自己批判であった。私の著書『大学教育の臨床的研究』（二〇一一）は、教育研究者としての私にも向けられた森のこの批判的立言への筆者なりの理論的応答である。

（7）COMZINE BACKNUMBER 二〇〇六年五月号（http://www.nttcom.co.jp）によれば、森の使用した「フィラーノート」は一九六一年の発売。次の記述がある。「コクヨは、……一九五九（昭和三四）年四月、当時としては珍しい無線綴じのB5ノートを発売。……その二年後には、切り取ってファイルできるミシン線付きの「フィラーノート」を発売。この製品には、新たにリングを使ったスパイラル綴じが採用された。」

（8）階層のうち重点があてられた層としては、生物学と心理学が挙げられている。人間生物学的な知見への深い関心を、森自身はしばしば、「どうしても抜け出せない性質《タチ》の悪い個人的趣味」といったニュアンスで説明してくれた。しかしこれについては、森が、大学で医学または生物学に進む課程である旧制第七高等学校理乙に入学したことが、深く関連しているように思われる。この点については、黒丸正四郎「森昭君の思い出」を参照されたい。後者については、たとえば心理学者であった前田嘉明との深い交友関係などを想起すべきかもしれない。

（9）次のような、ミルズのパーソンズ批判を参照。「誇大理論が成立する基本的な条件は、そのような理論家が観察のレベルまで論理的に下降することができないほど一般的なレベルでの思考を、頭から採用していることにある。」／「実際をいえば、誇大理論のなかでとり上げられると、どんな実質的な問題も、あいまいにしか記述されないようになってしまう。」／「この特殊な誇大理論で『体系的』といわれているのは、実はあらゆる具体的経験的な問題から逃避する方法の別名である。」。ミルズの批判は同時に、「抽象的経験主義」にも向けられている。誇大理論批判は、『教育人間学』に妥当するのだろうか。すくなくとも森自身の『教育人間学』以後の理論構成は、このような面の自己克服（実存的経験的関係への回帰・根づきの模索／臨床化）に向かうと考える。

（10）　これに関連して、関東学院の木田竜太郎氏のご厚意で、イールズ博士が上部セクターに院長との懇談について報告した文書を入手することができた。八〇年代の占領期資料公開以降、教育史その他様々な分野で利用されてきた「GHQ/SCAP文書」民間情報教育局（CIE）交信記録の一部（CLASSIFIED E.O.12065, SECTION 3-402　No.775017）である。木田氏は、立命館大学のプロジェクトチームが複写し、関西学院の学院史編纂室が「百年史」編纂のため同大学より譲り受けたものを同室取材の際に発見し、編纂室の厚意によりデータ化した。今回、これを読むことができたのである。会談に際しての院長の言葉が長く引用されているが、ここからは、占領軍の政策がもつ決定的な力が読み取れるとともに、戦前の専門学校などを含めて大量の機関が四年制大学に移行しようとする当時の情勢において、「ジュニアカレッジ」が緊急のオルタナティヴとして浮上していたことが示されている。森の意向は、この政策形成過程のうちに組み込まれていた。本文で論及した森の占領軍の政策へのパセティックな反応は、あるいはこのような文脈において生み出されたものと考えてよいかもしれない。

（11）　教育的応答性、社会的応答性、世代的応答性は、順次、前者が後者に包摂されるつながりのもとにある。被教育者、無告の民、先行世代と後続世代のそれぞれに対して、語る人々によって教育的応答性、社会的応答性、世代的応答性が担われ、それぞれのレベルで公共性（教育的公共性、共時的公共性、通時的世代継承的公共性）が生成する。

（12）　ベンヤミンは、抑圧された記憶の救済・解放（Erlösung）と関連して、「私たちにもかすかなメシア的な力が付与されており、過去はこの力の働きを要求する権利がある」（浅井訳『歴史哲学テーゼ』六四六頁）と述べている。

（13）　よく知られているように、宮沢賢治の『春と修羅』の「序」を読むとじょじょに、異なった時間が重層的に共在する空間のイメージが結像してくる。「序」の末尾は、「すべてこれらの命題は／心象や時間それ自身の性質として／第四次延長のなかで主張されます」という言葉で閉じられている（宮沢賢治 一九八六）。

文献

宇佐美寛　二〇〇一『「出口」論争とは何か――宇佐美寛・問題意識集 一』明治図書出版。
大島康正　一九六八「解説」田邊元『哲学入門――哲学の根本問題』筑摩書房。

―――― 一九七八「森昭君のこと」（森昭著作集 第三巻 月報六）黎明書房。

大西正倫 一九九九「木村素衞――実践における救いの教育人間学」（皇紀夫・矢野智司編『日本の教育人間学』）玉川大学出版部。

―――― 二〇一一『表現的生命の教育哲学――木村素衞の教育思想』昭和堂。

木村素衞 一九三三「一打の鑿」（一九九七『表現愛』こぶし文庫所収）。

―――― 一九四六『国家に於ける文化と教育』岩波書店。

九鬼周造 一九二八 "LA NOTION DU TEMPS ET LA REPRISE SUR LE TEMPS EN ORIENT"（＝一九八一 九鬼周造全集 第一巻、岩波書店。）

―――― 一九三五「偶然性（博士論文）」（一九八〇 全集第二巻）。

高坂正顕 一九四一『象徴的人間』弘文堂書房。

高坂正顕ほか 一九四三『世界史的立場と日本』中央公論社。

高原 博 一九七八「森さんの短歌について」（森美佐子編『光芒 森昭の思い出』私家版所収）。

高山岩男 一九三八『哲学的人間学』岩波書店。

田中毎実 一九七七「「自己愛」と「自己実現」――ルソーからフロムへ」（愛媛大学教育学部教育学科『道徳教育の研究』第1集）。

―――― 一九九九「森昭の教育人間学―統合学と原理論を循環する生成理論」（皇紀夫・矢野智司編『日本の教育人間学』）玉川大学出版部。

―――― 二〇〇三『臨床的人間形成論へ――ライフサイクルと相互形成』勁草書房。

―――― 二〇一一『大学教育の臨床的研究――臨床的人間形成論第1部』東信堂。

―――― 二〇一二a『臨床的人間形成論の構築――臨床的人間形成論第2部』東信堂。

―――― 二〇一二b「はじめに」「人間学と臨床性――教育人間学から臨床的人間形成論へ」（田中毎実編『教育人間学――臨床と超越』東京大学出版会）。

田邊 元 一九三八「実存哲学の限界」（全集第七巻）筑摩書房。

―――― 一九四六『懺悔道としての哲学』（全集第九巻）。

中井久夫　一九八二『分裂病と人類』東京大学出版会。

西田幾多郎一九一一『善の研究』（二〇〇三　全集第一巻）岩波書店。

――――一九三三「教育学について」（二〇〇三　全集　第七巻）岩波書店。

日高六郎　一九五五「現代社会と道徳教育」（『現代道徳教育講座（1）』）岩崎書店。

船山謙次　一九五八『戦後日本教育論争史――戦後教育思想の展望』東洋館出版社。

丸山眞男　一九六一『日本の思想』岩波新書。

宮沢賢治　一九二四『春と修羅』（一九八六　宮沢賢治全集I　ちくま文庫）。

森　昭訳　一九四二　ヤスペルス著『独逸的精神――マックス・ウェーバー』弘文堂書房。

森　　昭　一九四八a『教育理想の哲学的探求』黎明書房（現在は、森昭著作集　第一巻、黎明書房）。

――――一九四八b『教育哲学序論――教育哲学への限界状況』蕉葉書房（現在は、森昭著作集　第一巻、黎明書房）。

――――一九四八c「大学の理念の史的展開」（『哲学研究』二月、五九一―六〇一頁）。

――――一九四九a「カントの大学論」（『哲学』季刊第九号）。

――――一九四九b『アメリカの大学――ジュニア・カレッジの提唱』黎明書房。

――――一九四九c『現代教育の動向と進路――「社会建設の人間教育」のために』黎明書房。

――――一九四九d『新教育の哲学的基礎』福村書店。

――――一九五〇『今日の教育原理』黎明書房。

――――一九五一a『教育とは何か――民族の危機に立ちて』黎明書房。

――――一九五一b『ジョン・デュウイ』金子書房　教育文庫。

――――一九五二『経験主義の教育原理』（著作集　第二巻）黎明書房。

――――一九五四『ドイツ教育の示唆するもの』黎明書房。

――――一九五五a『教育の実践性と内面性――道徳教育の反省』（著作集第三巻）黎明書房。

――――一九五五b　ヤスパース著『大学の理念』一九五二、理想社。

――――一九五五c「カントの教育思想の研究――その哲学的究明と批判的再構成」大阪大学文学部紀要第四巻、二〇三―三五八頁（一―一五三頁）。

――一九五八『みんなの願う道徳教育』黎明書房。

――一九六一『教育人間学――人間生成としての教育』（著作集第四、五巻）黎明書房。

――一九六四「田邊先生の書簡から」月報（田邊元全集 第八巻付録）筑摩書房。

――一九六五 全米教育協会『教育の現代化』（岡田渥美と共訳）黎明書房。

――一九六六『未来からの教育――現代教育の成立と課題』黎明書房。

――一九六八『現代教育学原論』国土社 現代教職課程全書。

――一九六九a「現代の教育と教育思潮」（森昭編『現代教育思潮』）第一法規出版。

――一九六九b O・F・ボルノウ『教育を支えるもの』森昭・岡田渥美共訳、黎明書房。

――一九七〇a『教育課程の創造』森昭・佐藤三郎編、明治図書出版。

――一九七〇b『人間の形成』森昭ほか（日本放送出版協会『これからの教育5』）。

――一九七三『幼児』森昭編（日本放送出版協会『人間のための教育1』）。

――一九七五『教育の思想』森昭ほか編（小学館増補版 教育学全集2）。

――一九七七『人間形成原論』黎明書房（著作集第六巻）。

森田尚人 二〇一三「書評 田中毎実著『大学教育の臨床的研究――臨床的人間形成論第1部』／『臨床的人間形成論の構築――臨床的人間形成論第2部』」『教育哲学研究』第一〇七号。

森美佐子編 一九七八『光芒／森昭の思い出』私家本。

ヤスパース・カール 一九五三 内村祐之・西丸四方・島崎敏樹・岡敬蔵 訳『精神病理学総論〈上巻〉』岩波書店。

矢野智司 一九九六「生成の教育人間学再考――森昭『教育人間学――人間生成としての教育』の射程」（和田修二編『教育的日常の再構築』玉川大学出版部）。

吉岡正幸 一九七八「信州での森昭先生」（森美佐子編『光芒 森昭の思い出』私家本所収）。

吉田熊次 一九二七「発刊の辞」（『教育思潮研究』教育思潮研究會編 第一巻第一輯）目黒書店。

Buber, M., 1948 *Das Problem des Menschen*. Lambert Schneider.（＝一九六一 児島洋訳『人間とは何か』理想社。）

Cassirer, E., 1944 *An Essay on Man — An introduction to a philosophy of human culture*. Yale University Press.

Erikson, E. H., 1964 *Insight and Responsibility*. Norton.（＝一九七一 鑪幹八郎訳『洞察と責任』誠信書房。）

Jung C.G, 1930 The stages of life ; *The Collected Works, vol.8*, R,K,P.
Kant,I., Beantwortung der Frage : Was ist Aufklärung?（＝二〇〇六　カント／中山元訳『永遠平和のために――啓蒙とは何か　他三編』光文社古典新訳文庫、光文社。）
Langeveld, M.J., 1960 *Die Schule als Weg des Kindes*. Braunschuwieg.
Mils. C. W., 1959 *The Sociological Imagination*. Oxford University Press.（＝ライト・ミルズ／鈴木広訳　一九六五『社会学的想像力』紀伊国屋書店。）
Rousseau, Jean-Jacques,. 1762 *Émile*, ou De l'éducation（＝一九八〇、一九八二　ルソー全集第六巻、第七巻『エミール（上）（下）』白水社。）
Shitahodo, Y., 1971 *Drei Prinzipien der anthropologischen Pädagogik*. Quelle & Meyer.
Tröltsch, Ernst, 1922 *Der Historismus und seine Probleme*. Scientia Verlag 1977.

あとがき

本書は、我が国の教育学を構成してきた代表的な四人の理論家をターゲットとする、共同研究である。すでに序論で述べたように、私たちの共同研究は、当初は、戦後教育哲学の「出発点」へと理論的に遡行することをめざした。この遡行によって、新たな理論構築への助走距離を確保し、より高くより遠くへの飛翔を可能にしたいと考えたのである。しかし実際にこの共同作業を進めていくと、戦後のはじまりをこえて、さらに戦前へと遡らなければならなくなった。つまり、戦後教育学を準備しながら戦後教育学そのものによって顧みられなくなった戦前の教育学にまで、遡行しなければならなくなったのである。こうして私たちは、戦後教育学によって抑圧されてきた記憶の想起へと至りついた。それにしても、抑圧された記憶の想起とは、どのような営為であるのか。

かつてハーバーマスは、フランクフルト社会研究所五〇周年記念講演で、それまでの研究所の組織的意思を、精神分析の治療上の操作目標である「無意識の意識化」になぞらえて、「未来へと方向づけられた想起」と規定した。ハーバーマスはこの講演では、「想起」の「過去が現在に及ぼす力を打ち破る」機能のみを強調した。しかし、「想起」は、なにも抑圧からの解放のみをめざすわけではない。「未来へと方向づけられた想起」は、むしろ、過去において抑圧され覆い隠された「未来の痕跡」を見出し、露わになった可能性の実現をめざす。私たちの「抑圧された記憶の想起」もまた、過去に「未来の痕跡」を見出し、それによって、過去の教育理論がかすかに垣間見たはずの新たな理論構成・現実構成の可能性をあらためてとらえ、この可能性の実現という仕事を引き継ごうとしたのである。

実際に、私たちの取り上げた四人はいずれも、それぞれの歴史状況において、時代の激しい流れにときにはよりそい、ときにはあらがい、自らの資質に促されて、それぞれに他にとりかえのきかないユニークな理論を構成し続けた。私たちはそれぞれの理論を、あらためてそれぞれの未来への可能性において把握した。このようにして抑圧や合理化や置き換えや昇華などによる隠蔽をとりはらえば、戦前から今日に至るまで一貫する理論構築の苦闘の生産的な歴史が露わになる。私たちの現在は、これを基盤にし、これをひきつがなければならない。

本書は、四編の論文からなっている。叙述の対象も文体もそれぞれに異なってはいるが、いずれも密度の高い力作であり、だれよりも私自身が、これらの文章を読み、その迫力に気圧された。それぞれの文章の根底には、これだけは語っておきたいという強い思いが読み取れる。私たちは、それぞれを駆動する思いについてはお互いによく了解しあっていた。この思いの強さは、読者にも十分におわかりいただけるものと思う。それは、「講壇教育学」というジャーゴンによって隠蔽されてきた東大教育学部の戦前の豊かな達成を再評価しようとする思いであり、広島大学における戦後教育学の出発点における豊かさを戦前にまでさかのぼってあらためて確認しようとする思いであり、私たちの教育理論の骨格を形成してきた京都学派の仕事を、戦前から戦後にわたってきちんと追跡し露わにしようとする思いである。

ともあれ、今回の共同研究をめぐる四人の意思疎通は、きわめて豊かで充実した経験であり、しかもとびぬけて楽しかった。これまで教育哲学会のプロジェクトを組織し運営していただいた自然な流れを引き継いで、今回の共同研究においても、その構想から運営、さらには編集の実務にいたるまで、すっかり森田先生のご配慮を受けることになった。先生のお仕事は、東大教育学部の理論的蓄積を戦前にまでさかのぼって確認するものであったが、それにとどまるわけではない。講壇教育学というラベルを剥がし、たなざらしにされてきた埃をふりはらうことによって、あらためて戦前の理論的蓄積の豊かさを受け止めることが可能となる。この仕事は、その端緒となるものである。

小笠原先生のご手配で、きわめて生産的で楽しい研究合宿をくりかえしもつことができた。この共同研究では、先生の存在そのものが重石となって、私たちの共同作業の全体がまとめられ、重厚なものになった。序論で指摘されているように、今回の仕事が先生ご自身にとってけっして容易なものでなかったことは、これを通読するだれにも痛いほどによくわかるはずである。しかしこのお仕事によって、長田教育学は、時代状況とあいわたる悪戦苦闘の一つの個性的なドキュメントとして、私たちの財産目録の中に貴重な資産として確実に数え入れられることになった。

矢野氏と私とは、戦前から戦後に及ぶ我が国の教育学における京都学派の仕事の位置と機能を再確認する共同作業を、今回、さらに進展させることができた。氏の今回の仕事を読むことによって、何よりも篠原を中心とする人々の仕事について、私自身が十分な反省のないままに持ち続けてきたステレオタイプな前理解が大きく動揺変容させられることになった。いつもながら、目の覚めるような生産的な体験である。私自身は、今回の仕事で、私の研究を可能にし規定もしてきたなつかしい力と、正面から向き合うことになった。それによって私は、この力からかなり自由になったとも感じている。

なお、巻末の「資料　関連文献の出版年表」は、矢野氏の労作である。これによって本書の叙述相互のつながりが、見通しやすくなったのではあるまいか。氏のご苦労に対してここで、謝意を記しておきたい。

今回の共同研究では、教育理論における失われた記憶を想起する学説史を展開した。この研究は同時に、東京大学、広島大学、京都大学、大阪大学における教育理論の制度化を描く「ゼミナール史」の端緒でもある。思想史と制度史の交接面におけるこのような学術的記述が、今後、より一層実質的に進展することを望みたい。それこそが、今後の我が国の教育理論の展開を支えるしっかりとした基盤を構築するはずだからである。ふりかえってみれば、私たち執筆者四人のうちの三人までが、すでにメインの仕事を引退している。一般に、教育は、自分たちの死を前提とする先行世代からの後続世代への贈与である。今回の私たちの「未来へと方向づけられた想起」が、後続世代への「贈与」でありうるのなら、これにまさるよろこびはない。

いずれにせよ、私たちの共同作業は、とても充実した体験であった。最後に、この楽しい仕事を可能にするさまざまの懇切な助勢をいただいたことについて、勁草書房編集者である藤尾やしおさんに、感謝の言葉を記しておきたい。

田中　毎実

執筆者紹介（五十音順）

小笠原道雄（おがさわら　みちお）　はしがき、第三章

1936年生まれ。広島大学大学院教育学研究科博士課程単位取得退学。教育学博士

現在　広島大学名誉教授、ドイツ・ブラウンシュヴァイク工科大学名誉哲学博士（Dr.phil.h.c.）

主著　『現代ドイツ教育学説史研究序説』（福村出版、1974）、『フレーベルとその時代』（玉川大学出版部、1994）、『精神科学的教育学の研究』（編著、玉川大学出版部、1999）、『フレーベル』（清水書院、2000）、『原子力と倫理』（編著、東信堂、2012）、“Pädagogik in Japan und in Deutschland”: Historische Beziehung und aktuelle Problem（Leipziger Universitätsverlag, 2014）等

田中毎実（たなか　つねみ）　第四章、あとがき

1947年生まれ。大阪大学大学院文学研究科博士後期課程単位取得退学。博士（教育学）

現在　武庫川女子大学文学部教授

主著　『臨床的人間形成論へ——ライフサイクルと相互形成』（勁草書房、2003）、『大学教育の臨床的研究——臨床的人間形成論 第1部』（東信堂、2011）、『臨床的人間形成論の構築——臨床的人間形成論 第2部』（東信堂、2012）、『教育思想史で読む現代教育』（共著、勁草書房、2013）、『未来の大学教員を育てる——京大文学部・プレＦＤの挑戦』（共著、勁草書房、2013）等

森田尚人（もりた　ひさと）　序論、第一章

1944年生まれ。東京大学大学院教育学研究科博士課程単位取得退学

元中央大学文学部教授

主著　『デューイ教育思想の形成』（新曜社、1986）、『教育学年報１——教育研究の現在』（共編著、世織書房、1992）、『近代教育思想を読みなおす』（共編著、新曜社、1999）、『教育と政治——戦後教育史を読みなおす』（共編著、勁草書房、2003）、『教育思想史で読む現代教育』（共編著、勁草書房、2013）等

矢野智司（やの　さとじ）　第二章

1954年生まれ。京都大学大学院教育学研究科博士課程退学。博士（教育学）

現在　京都大学大学院教育学研究科教授

主著　『自己変容という物語——生成・贈与・教育』（金子書房、2000）、『動物絵本をめぐる冒険——動物 - 人間学のレッスン』（勁草書房、2002）、『贈与と交換の教育学——漱石、賢治と純粋贈与のレッスン』（東京大学出版会、2008）、『教育思想史で読む現代教育』（共著、勁草書房、2013）等

人名索引

ア行

カ行

サ行

タ行

ナ行

ハ行

マ行

ヤ行

ラ行

ワ行

事項索引

ア行

カ行

サ行

タ行

ナ行

ハ行

マ行

ラ行

資料　関連文献の出版年表

1874（明治７）年	**吉田熊次生まれる**
1876（明治９）年	**篠原助市生まれる**
1887（明治20）年	**長田新生まれる**
	西村茂樹『日本道徳論』
1891（明治24）年	日高眞實『日本教育論』
1898（明治31）年	谷本富『将来の教育学：一名国家的教育学卑見』
1900（明治33）年	Bergemann, P., *Soziale Pädagogik auf erfahrungswissenshaftlicher auf Grundlage und mit Hilfe der induktiven Methode als universalistische oder Kulter-Pädagogik dargestellt.*
1901（明治34）年	吉田熊次訳・P. ベルゲマン著『ベルゲマン氏社会的教育学及進化的倫理学』
	大瀬甚太郎『実用教育学』
	中島力造『現今の倫理学問題』
1903（明治36）年	熊谷五郎『最近大教育学』
1904（明治37）年	吉田熊次『現今の教育及倫理問題』『社会的教育学講義』『社会的倫理学』
1907（明治40）年	Meumann, E., *Vorlesungen zur Einführung in die experimentelle Pädagogik und ihre psychologischen Grundlagen.*
1908（明治41）年	吉田熊次『実験教育学の進歩』
	乙竹岩造『実験教育学』
	小西重直『学校教育』
	Dewey, J. and Tufts, J. H., *Ethics.*
1909（明治42）年	吉田熊次『系統的教育学』
1910（明治43）年	吉田熊次『教育的倫理学』『訓練論』
1911（明治44）年	文部省編『國民道徳ニ關スル講演』
	西田幾多郎『善の研究』
1912（明治45・大正元）年	吉田熊次『我が国民道徳と宗教との関係』
	穂積八束『国民道徳の要旨』
1913（大正２）年	吉田熊次『国民道徳の教養』『社会教育』『教育教授の諸問題』
1915（大正４）年	**森昭生まれる**
	吉田熊次『現今教育思潮批判』
	西田幾多郎『思索と体験』
1916（大正５）年	朝永三十郎『近世に於ける「我」の自覚史』
	Dewey, J., *Democracy and Education.*
1917（大正６）年	西田幾多郎『自覚に於ける直観と反省』『現代に於ける理想主義の哲学』

1918（大正７）年	吉田熊次『我が国民道徳』『教育の米国』
1919（大正８）年	吉田熊次『西洋教育史概説』『国民道徳とデモクラシー』
	上野陽一・阿部重孝編『モイマン実験教育学綱要』
1921（大正10）年	吉田熊次『現今教育学説の根本思潮』
1922（大正11）年	吉田熊次『本邦教育史概説』
	篠原助市『批判的教育学の問題』
1923（大正12）年	西田幾多郎『芸術と道徳』
1924（大正13）年	宮沢賢治『春と修羅』
1925（大正14）年	吉田熊次『国体と倫理』『教育の根本概念』『輓近の教育及教育学』
	長田新『ナトルプに於けるペスタロッチの新生』『形式的陶冶の研究』
	Litt, Th., *Die Philosophie der Gegenwart und ihr Einfluss auf das Bildungsideal.*
1926（大正15・昭和元）年	吉田熊次「教育学の独立科学性」『倫理学概論』
	長田新『現代教育哲学の根本問題』
	三木清『パスカルに於ける人間の研究』
1927（昭和２）年	『教育思潮研究』創刊
	吉田熊次『教育学原論』
	長田新『ペスタロッチーの教育思想』
	西田幾多郎『働くものから見るものへ』
	Litt, Th., *"Führen" oder "Wachsenlassen".*
1928（昭和３）年	村上俊亮・海後宗臣『リットの文化哲学と教育学』
	三木清「人間学のマルクス的形態」
	九鬼周造 "La notion du temps et la reprise sur le temps en Orient"
1929（昭和４）年	吉田熊次『陶冶と価値』
	篠原助市『理論的教育学』
1930（昭和５）年	吉田熊次『教育勅語釈義』
	篠原助市『教育の本質と教育学』
	西田幾多郎『一般者の自覚的体系』
	田邊元「西田先生の教を仰ぐ」
1931（昭和６）年	吉田熊次『教育及び教育学の本質』
	長田新『独逸だより―再遊記』
	城戸幡太郎「人間学としての心理学の問題」
	海後宗臣『クリークの教育哲学』
	上村福幸「篠原教授の理論的教育学を評す」
	西田幾多郎「人間学」
	田邊元「人間学の立場」「綜合と超越」
	高山岩男「人間学と世界観説」

1932（昭和７）年	篠原助市「民族と教育」 長田新・沢柳政太郎・田中未広共著『児童語彙の研究』 西田幾多郎『無の自覚的限定』 三木清『歴史哲学』 城戸幡太郎「哲学的人間学」
1933（昭和８）年	篠原助市「自由と愛―再び民族と教育につきて」 長田新『教育学』「民族教育学」 近藤壽治『人間学と国民教育』 渡部政盛編『吉田熊次氏の教育学』 西田幾多郎「教育学について」 木村素衛「一打の鑿」
1934（昭和９）年	吉田熊次『教育学説と我が国民精神』 長田新『ペスタロッチー教育学』『ペスタロッチーの宗教教育論』 田邊元「社会存在の論理」 和辻哲郎『人間の学としての倫理学』
1935（昭和10）年	西村茂樹・吉田熊次校訂『日本道徳論』 長田新「余の教育学をめぐりて」 和辻哲郎『風土』 三木清『人間学と歴史哲学』 九鬼周造「偶然性（博士論文）」
1936（昭和11）年	吉田熊次『国体明徴の方法原理』 長田新『教育活動の本質』『ペスタロッチー』『近世西洋教育史』 稲富栄次郎「篠原助市氏の教育学に就いて」 西田幾多郎「論理と生命」 三木清『哲学的人間学』（未完）
1937（昭和12）年	吉田熊次『事変と教育』『修身教授と国民道徳』 長田新訳・F. W. A. フレーベル著『フレーベル自伝』 西田幾多郎『続思索と体験』 高橋里美『体験と存在』
1938（昭和13）年	吉田熊次『教育目的論』『輓近教育問題の研究』 篠原助市「教育の両極」『教育断想』 長田新「教育学の人間観」『最近の教育哲学』 和辻哲郎『人格と人格性』 九鬼周造「人間学とは何か」 高山岩男『哲学的人間学』 田邊元「実存哲学の限界」
1939（昭和14）年	吉田熊次『日本教育の理念』 篠原助市『教育学』

	長田新訳・H. モルフ著『ペスタロッチー伝』(1939-41)
	長田新『新知育論』
	木村素衞『国民と教養』『表現愛』
	田邊元「方法論」(『教育学辞典』に「数理哲学」の項目とともに執筆)
	務台理作『社会存在論』
1940(昭和15)年	長田新「国家教育学への道」
	近藤壽治『日本教育の本義』
1941(昭和16)年	吉田熊次『国民学校教育論』
	森昭「教育的現実：教育哲学基礎論」
	木村素衞『形成的自覚』
	高坂正顕『象徴的人間』
1942(昭和17)年	吉田熊次『西村茂樹』『ソ連邦における教育改革と教育思想』『教育方法論』
	森昭「現代教育哲学の道」
	森昭訳・K. ヤスペルス著『独逸的精神』
1943(昭和18)年	長田新訳・J. H. ペスタロッチー著『隠者の夕暮 シュタンツだより』
	高山岩男・高坂正顕ほか『世界史的立場と日本』
1944(昭和19)年	吉田熊次『教育的皇道倫理学』
	長田新『国家教育学』「錬成の本義」
	Cassirer, E., *An Essay on Man*.
1946(昭和21)年	長田新「世界史の発展と新教育」
	木村素衞『国家に於ける文化と教育』
	田中耕太郎『教育と政治』
	田邊元『懺悔道としての哲学』
1947(昭和22)年	吉田熊治『民主主義的教育論』
	長田新「人文主義と教育」
	木村素衞『教育学の根本問題』
1948(昭和23)年	長田新「恒久平和論」
	森昭『教育理想の哲学的探求』『教育哲学序論』「大学の理念の史的展開」
	木村素衞『教育と人間』
	Litt, Th., *Mensch und Welt*.
	Buber, M., *Das Problem des Menschen*.
1949(昭和24)年	長田新『フレーベルに還れ』『宗教と教育』
	森昭「カントの大学論」『アメリカの大学』『現代教育の動向と進路』『新教育の哲学的基礎』
1950(昭和25)年	長田新『改訂・教育学』「文化国家」
	森昭『今日の教育原理』

	宗像誠也『教育研究法』
1951（昭和26）年	長田新編『原爆の子』
	長田新『ペスタロッチー伝』（1951-52）
	森昭『ジョン・デュウイ』『教育とは何か』
	務台理作『第三ヒウマニズムと平和』
1952（昭和27）年	森昭『経験主義の教育原理』
1954（昭和29）年	長田新編『教育哲学の課題』
	森昭『ドイツ教育の示唆するもの』
1955（昭和30）年	森昭『教育の実践性と内面性』「カントの教育思想の研究」
	森昭訳・K. ヤスパース著『大学の理念』
1956（昭和31）年	篠原助市『教育生活五十年』
	長田新『社会主義の文化と教育―わたしのみたソ連と中国』
1957（昭和32）年	**篠原助市没**
	長田新「社会科学とヒューマニズム」
	Flitner, W., *Das Selbstverständnis der Erziehungswissenschaft in der Gegenwart.*
1958（昭和33）年	長田新『道徳教育の根本問題』
	森昭『みんなの願う道徳教育』
1959（昭和34）年	長田新『教育哲学』
	長田新（編集校閲）『ペスタロッチー全集』全13巻（～1960）
	長田新編『国際理解の教育―コメニウス三百年記念祭を迎えて』
	Bollnow, O. F., *Existenzphilosophie und Pädagogik.*
1960（昭和35）年	Langeveld, M. J., *Die Schule als Weg des Kindes.*
1961（昭和36）年	**長田新没**
	森昭『教育人間学』「教育哲学における教育研究の立場と方法」
	皇至道「長田新博士の教育学」
1962（昭和37）年	務台理作「長田新博士を偲ぶ」
1964（昭和39）年	**吉田熊次没**
	森昭「田邊先生の書簡から」
	Erikson, E. H., *Insight and Responsibility.*
1965（昭和40）年	森昭・岡田渥美共訳・全米教育協会『教育の現代化』
1966（昭和41）年	森昭『未来からの教育』
	務台理作「教育基本法教育の目的」
1968（昭和43）年	森昭『現代教育学原論』
	大島康正「解説」（田邊元『哲学入門』）
1969（昭和44）年	森昭編著『現代教育思潮』「現代の教育と教育思潮」
	森昭・岡田渥美共訳・O.F. ボルノウ著『教育を支えるもの』
1970（昭和45）年	森昭・佐藤三郎共編『教育課程の創造』

	森昭・村井実・吉田昇『これからの教育５ 人間の形成』
1971（昭和46）年	Yukichi Shitahodo, *Drei Prinzipien der anthropologischen Pädagogik.*
1972（昭和47）年	稲垣忠彦「解説」（『近代日本教育論集８　教育学説の系譜』）
1973（昭和48）年	森昭編『人間のための教育Ⅰ 幼児』
1975（昭和50）年	森昭ほか編『教育の思想』
1976（昭和51）年	**森昭没**
1977（昭和52）年	森昭『人間形成原論　遺稿』
1978（昭和53）年	大島康正「森昭君のこと」（森美佐子編『光芒／森昭の思い出』所収） 高原博「森さんの短歌について」（同上書所収） 吉岡正幸「信州での森昭先生」（同上書所収）

（作成：矢野智司）

日本教育学の系譜
吉田熊次・篠原助市・長田新・森昭

2014年8月25日　第1版第1刷発行

著　者　小笠原道雄
　　　　田中毎実
　　　　森田尚人
　　　　矢野智司
発行者　井村寿人

発行所　株式会社　勁《けい》草《そう》書房

112-0005　東京都文京区水道2-1-1　振替　00150-2-175253
（編集）電話　03-3815-5277／FAX　03-3814-6968
（営業）電話　03-3814-6861／FAX　03-3814-6854
港北出版印刷・牧製本

日本教育学の系譜
吉田熊次・篠原助市・長田新・森昭

2023年9月20日　オンデマンド版発行

著者　小笠原道雄
田中毎実
森田尚人
矢野智司

発行者　井村寿人

発行所　株式会社　勁《けい》草《そう》書房

112-0005 東京都文京区水道 2-1-1　振替　00150-2-175253
（編集）電話 03-3815-5277／FAX 03-3814-6968
（営業）電話 03-3814-6861／FAX 03-3814-6854
印刷・製本　（株）デジタルパブリッシングサービス

AM055
ISBN978-4-326-98562-3　Printed in Japan